Anweisungsfall

三角關係上의
不當利得

Anweisungsfall

三角關係상의
不當利得

박세민 지음

KSI 한국학술정보㈜

목차

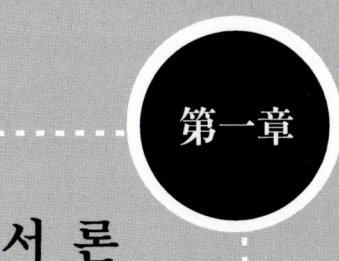

第一章

서 론

　법률상 원인 없는 재산의 이동에 관련된 자가 손실자와 이득자 두 사람에 불과하다면 부당이득반환소송의 원고와 피고를 결정함에 있어 특별히 곤란한 문제가 발생하지 않는다. 손실을 입은 자는 원고가 되고 이득을 얻은 자는 피고가 될 것이기 때문이다. 그러나 당사자가 세 명 이상이고, 그들 사이에 계약관계와 비계약관계가 공존하고 있다면 문제는 결코 간단치 않다. 부당이득반환관계의 당사자를 확정하기 위해서는 이득을 얻은 자와 손실을 입은 자가 우선적으로 밝혀져야 하는데, 이처럼 복잡한 법률관계일수록 관련되는 당사자 개개의 법적인 이해관계가 빠짐없이 고려되어야 하기 때문이다. 이것이 바로 부당이득법에서 三角關係,[1] 三面關係, 三者關係, 多數

---

[1] 三角關係는 독일어인 'Dreiecksverhältnis'의 직접적인 번역어로서 실제 가장 보편적으로 지칭되는 개념이지만, 용어 자체가 주는 별도의 뉘앙스로 인해 각 문헌마다 의도적으로 이를 피해가고 있는 것이 아닌가 여겨진다. 그렇지만 다른 용어에 비해 三角關係라는 용어의 장점이라고 한다면, 세 당사자의 독자적인 지위와 역할을 부각시킬 수 있으면서도,

當事者關係라고 일컬어지는 영역이다.

민법[2]은 제741조 이하에서 법정채권발생원인의 하나로 부당이득에 관한 규정을 두고 있다. 그렇지만 민법 전반에서 부당이득으로 인한 반환청구권을 문제 삼는 곳은 여기에 국한되지 않는다. 가령 제141조는 무능력을 이유로 법률행위가 취소된 경우에 그 무능력자는 받은 이익이 현존하는 한도에서 상환할 책임이 있다고 규정하고 있고, 그것은 성질상 부당이득의 반환이다. 또한 제201조 이하의 점유자·회복자 관계에 관한 규정을 보더라도, 위 제141조처럼 규정형식에서 자연스럽게 부당이득법이 추론될 수 있는 규정도 존재하지만, 규정의 특성상 논리적으로 부당이득법과 관련지어 해석되어야 하는 것도 있다. 이처럼 민법 전반에 산재해 있는 개별규정들과 구분되는 위 제741조 이하의 규정들의 성격을 밝히자면, 결국 그런 개별규정들의 기본원리를 천명한 일반적 성격의 규정들이라고 할 수 있을 것이다.

그중에서도 민법 제741조는 "법률상 원인 없이 타인의 재산 또는 노무로 인하여 이익을 얻고 이로 인하여 타인에게 손해를 가한 자는 그 이익을 반환하여야 한다"고 하고 있다. 이것은 민법상의 단일하면서도 독자적인 채권발생원인의 하나인 부당이득반환의 일반적인 요건과 효과를 정하는 가장 기본이 되는 규정이다. 그러므로 일반조

대가관계·보상관계·지급관계의 서로 다른 법률관계를 함께 제시할 수 있다는 점이다.
2) 이하에서 법명을 제시하지 않고 조문을 언급하는 것은 민법상의 조문을 가리키는 것이다.

항의 일반조항이라고 할 수 있는 이 규정에 정당성과 실효성을 확보하는 일이 바로 모든 부당이득법론의 최종적 목표가 된다. 양자관계로부터 발전하여 특별히 삼각관계를 다루는 것도, 실은 모든 법률관계에 일관되게 적용될 수 있는 일반적 특성을 포착하기 위함이고, 결국에는 부당이득법의 정체성을 확립하는 작업의 일환인 것이다.

부당이득법을 연구하면서 독일의 이론을 참고하는 일이 빈번하다. 발생사적으로 우리 부당이득법의 유래를 독일법에서 구하게 된다는 점도 하나의 원인이 된다. 더욱이 독일민법 제정 이래 백여 년간 축적되고 끊임없이 연마되고 있는 독일 부당이득법론을 접할 때 우리 법을 정비하는 과정에서도 참고할 만한 부분이 적지 않다. 다만 양자 사이에 존재하는 법률상 또는 사실상의 차이점은 확실히 해두어야 한다. 가장 쉽게 발견할 수 있는 규정형식의 측면에서 보더라도 민법 제741조는 부당이득이 발생하는 구체적인 과정을 지적하고 있지 않은 반면에, 역시 부당이득법의 일반조항인 독일민법 제812조 제1항3)은 급부로 인해 발생하는 부당이득과 비급부에 의한 부당이득을 구분하는 형식을 취하고 있음을 알 수 있다. 그리고 지금까지도 독일에서 여전히 평행선상을 달리고 있는 통일론과 유형론의 대립은 바로 이 독일민법의 규정방식에서 비롯된 것이라고 할 수 있다.

---

3) "Wer **durch die Leistung eines anderen oder in sonstiger Weise auf dessen Kosten** etwas ohne rechtlichen Grund erlangt, ist ihm zur Herausgabe verpflichtet. Diese Verpflichtung besteht auch dann, wenn der rechtliche Grund später wegfällt oder der mit einer Leistung nach dem Inhalte des Rechtsgeschäfts bezweckte Erfolg nicht eintritt."(굵은 글씨체는 필자가 강조하는 부분이다, 이하 같다)

그런데 이처럼 독일 부당이득법에 존재하는 대립상황은 이 연구에서 다루고자 하는 삼각관계에서도 그대로 나타나고 있음을 알 수 있다. 우선 부당이득의 상이한 발생과정을 강조하는 유형론의 입장에서는 삼각관계를 해결하는 중요한 도구로 급부부당이득의 給付 자체를 확정짓는 것에 관심을 둔다고 할 수 있다. 그 결과 目的的 給付概念이라는 특징적인 개념수단을 문제해결의 기준으로 삼고자 한다. 그런데 이 목적적 급부개념론이 '급부자의 目的性'이라는 추상적인 관념에서 비롯된 내재적 한계를 드러내었고, 그로 인해 부득이 판례를 통해 기본적으로는 급부개념을 중시하면서도 "두 명 이상의 당사자가 관련된 과정을 부당이득법적으로 취급할 때 모든 도식적인 해법은 금지되고, 개별사례의 특수성이 중시된다"[4]는, 이제는 정형화되어 버린 문구를 사용함으로써 모든 선택에 개방될 수 있는 여지를 남겨두게 된다. 이런 주관성을 강조한 방식은 객관적인 도그마성이 부족하기 마련이고, 이에 통일론의 입장에서는 이득의 발생과정의 측면보다는 오히려 부당한 이득의 잔존이라는 결과적 측면에 주목하였다. 즉 재산이동의 관점을 중시함으로써 부당이득법의 도그마성을 특별히 강조한 것이다.

현재 우리 민법학에 있어 삼각관계론은 여전히 낯선 분야라고 할 수 있겠지만, 다만 최근에 와서 그 중요성을 인지한 일부 문헌들이 삼각관계론을 비중 있게 소개하고 있는 것은 그 자체만으로 매우 긍정적인 일이라 생각된다. 부당이득법도 계약법이나 불법행위법 등과

---

4) BGHZ 89, 376, 378 등. 이것은 v.Caemmerer (1962), 325에서 제시된 공식을 받아들인 것이다.

마찬가지로 민법상의 독자적인 제도로서 확고히 자리매김하기 위해서는 그 자체적으로 축적되고 정리된 법칙과 도그마가 더욱더 절실하다는 점에서는 異論이 있을 수 없고, 이 연구도 그와 같은 노력의 일환인 것이다.

그런데 근간에 대법원이 독일에서 전개되고 있는 소위 '삼각관계론'을 연상하게 하는 중요한 판결을 내놓은 바 있음을 지적해야 한다. 대법원 2003.12.26.선고 2001다46730 판결은, 계약의 일방 당사자가 계약상대방의 지시 등으로 급부과정을 단축하여 계약상대방과 또 다른 계약관계를 맺고 있는 제삼자에게 직접 급부한, 이를테면 전형적인 삼각관계 사례를 다룬 것이라고 할 수 있다. 위 판결에서는 그 지시를 받은 자가 제삼자에게 급부함으로써 "급부를 한 계약당사자의 상대방에 대한 급부가 이루어질 뿐 아니라 그 상대방의 제삼자에 대한 급부로도 이루어지는 것"이라고 하였다. 그러므로 부당이득반환이 이루어지는 경우에 그와 같이 지시를 받아 실제로 재산을 이전시키는 행위를 한 자는 그 재산을 수령한 제삼자를 상대로 해서는 반환청구를 할 수 없다고 판시한 것이다.

이 판결이 우리 부당이득법에 삼각관계론이 일반론으로 논의될 수 있는 계기를 마련해 주었다는 점은 매우 큰 의미를 지닌다. 그리고 오랜 시간 독일민법학상 심도 있게 다루어졌지만 아직도 뚜렷한 결론을 내리지 못하고 있는 삼각관계론의 논의에, 무엇보다도 판례가 앞장서 그 가치를 인식하고 적극성을 보였다는 점도 긍정적으로 평가될 수 있다.

그런데 위와 같은 단축급부사례 외에 다른 유형의 사례에 대해서도 중요한 판례들이 속속 나오고 있는 점을 주목해야 한다. 예컨대 채권이 양도된 경우의 부당이득반환을 다룬 대법원 2003.1.24.선고 2000다22850 판결, 이행인수의 사례인 대법원 2006.1.26.선고 2005다 54999 판결, 제삼자를 위한 계약의 경우인 대법원 2005.7.22.선고 2005다7566,7573 판결은 물론이고, 관련사안으로서 전용물사안에 대한 판례로 평가되고 있는 대법원 2002.8.23.선고 99다66564,66571 판결, 대법원 2005.4.15.선고 2004다49976 판결은, 앞으로 지속될 삼각관계론의 지침이 될 주요 판례들이며, 이 연구에서도 면밀히 검토되고 분석될 주요 연구대상이다. 관련되는 판결 간에 이론적으로 긴밀한 상호관련성을 확보하는 작업을 거쳐, 앞서 밝힌 바대로 민법상 부당이득법의 일반조항에 정당성과 실효성을 부여하고, 나아가 부당이득법이라는 독자적인 법제도로서의 정체성을 확립시키는 기초가 형성될 것이다.

부당이득법의 일반규정을 두고는 있지만 독일과 다른 구조를 취하고 있는 우리 법에서 그와 같은 독일의 학설을 반드시 염두에 두어야 하는 것인지에 대해서는 약간의 의문과 거리낌을 부정할 수 없다. 그러나 우리의 부당이득법이 태생적으로 완전히 독자적이고 자체완결적인 것이라면 그리 큰 문제가 될 것도 없겠지만, 부당이득이라는 표제하의 조문 하나하나가 다양한 역사적 배경을 가지고 수 세기에 걸쳐 유럽법학에서 끊임없이 수정되고 정리된 관념들이 함축된 것들이라는 점을 간과할 수 없다. 이것이 비단 부당이득법에 특유한 문제일 수는 없지만, 어쨌든 그런 관점들이 도외시된 해석론은 충분히 납득할 수 있는 이론적 결말에 이르기 어려울 것이다.

그렇지만 당면과제를 해결하기에 급급하여 행여 그들 나름의 독자적인 배경과 치밀한 논리구도에 대한 고찰을 생략한 채 결론부분만을 성급히 인용할 위험은 어느 때이고 존재할 수 있음을 경계해야 한다. 특히 위 판결과 같은 소위 리딩케이스에 폭넓은 근거와 논리를 마련해 주기 위하여 외국의 법이론을 소개하고 연구하는 작업에는 특별히 주의를 기울여야 한다. 새로운 학설에 몰두한 나머지 기존의 연구성과를 도외시해서는 안 될 일이기 때문이다. 앞으로 이어질 후속판결을 염두에 두더라도 그와 같은 태도는 확실히 유지되어야 한다.

또 연구과정에서 이 삼각관계론을 해결하려는 필요에서 등장한 헤아릴 수 없이 많은 독일 이론들을 일일이 언급하고 소개하는 일은 가능하지도 않을뿐더러 수고로움에 비해 그만한 가치를 지니지도 않는다. 더욱이 소위 목적적 급부개념을 기본 입장으로 하는 독일의 다수설 내부에서도 이미 자체적으로 여러 문제점을 인식한 나머지, 그 비판론의 숫자도 엄청나고 다양하다. 다수설을 점하는 부당이득 유형론의 입장이라고 하더라도 목적적 급부개념론이 삼각관계를 해결할 수 있는 만능열쇠가 되는 것으로 인식하는 시기는 이미 지나왔기 때문이다.[5] 이런 현실에서 실상 독일학계 내부적으로도 수십 년간의 논쟁은 서서히 축적되고 정리되어 가고 있고, 이제는 대표적인 몇 가지 학설로 압축되고 있음을 알 수 있다. 따라서 이 연구에서는 그런 사정을 염두에 두고, 모범이 되는 대표적인 학설들을 기준으로 최대한 논리 압축적이고 단순하게 정리해 가면서 전개하고자 한다.

---

5) Esser / Weyers (2000), 43에서도, 독일의 다수설로 지칭되는 학자 중 누구도 모든 사안에 대해 특정한 급부개념만을 가지고 해결될 수 있다고 주장하는 학자는 없다고 하였다.

제2절 구체적인 연구방법

1. 연구범위

실제로 삼각관계에 속하는 부당이득의 모습과 종류는 매우 다양하다. 분업화된 상품공급이나 노무의 급부 또는 비현금거래 등을 망라하여 다양한 거래형태가 형성되고 있는 것이다. 그런데 이처럼 분업화되고 익명화된 채 다양하게 혼재하는 법률관계 중 어느 하나에 이상이 생긴 경우에 그 재화이동을 원래의 상태로 회복해야 하는 경우는 흔히 있을 수 있는 것이고, 그 모든 것들을 포괄적으로 해결할 수 있는 법적 수단이 바로 부당이득법이다.

우리 민법만 보더라도 이와 같은 삼각관계라는 용어로 대표되는 다자관계에 포함되는 유형은 매우 다양하다. 가령 타인채무의 오상변제나 지시변제 외에도 제삼자를 위한 계약이나 채권양도 등이 존재하는 것이다. 그렇지만 그런 상황에서 만일 이득을 반환해야 할 사유가 생긴 경우에, 아무리 복잡한 법률관계라 하더라도 당사자는 자신이 관여한 계약 이외의 자로부터 이행 내지 청산의 청구를 받기를 원치는 않는 것이 당연하다. 만일 계약상대방 이외의 자로부터 이러한 청구를 받게 된다면, 이것은 응당 거래상의 신뢰나 예견가능성을 크게 손상하게 될 것이기 때문이다. 반면에 부당이득의 반환을 청구하는 입장에서는 다수의 당사자들 중에 보다 반환이 확실하고 용이한 쪽을 상대방으로 하고자 하는 것이 당연하다.

이와 같은 중대한 논점을 안고 있는 다양한 삼각관계 유형 중에서, 이 연구에서는 통상 대표유형으로 언급되곤 하는 指示(Anweisung)에 의한 급부사례를 중심에 두고자 한다. 지시에 의한 급부사례란, 채무를 가지고 있는 자가 자신의 채무자에게 지시하고, 피지시인은 지시인의 지시내용에 좇아 채무의 변제를 자신의 채권자인 지시인이 아닌, 지시인의 채권자에게 지급하는 것을 말한다. 즉 두 개의 연속된 채권관계와 단 한 번의 현실적인 재산이동이 있는 것으로, 이 법률관계의 어느 영역에 이상이 있어 효력을 유지할 수 없는 경우에 그 이득의 반환을 다루게 된다.

소위 지시사례(Anweisungsfall)라고 일컬어지는 이 영역이 부당이득법에서 매우 중요하게 여겨지고 있는 이유는, 그것이 독일 삼각관계론의 주된 연구대상으로 등장한다는 점을 들 수도 있겠지만, 독일 삼각관계론 전개의 중심축을 이루는 목적적 급부개념론이라는 것이 다름 아닌 이 지시사례에서의 부당이득문제를 해결하려는 필요에서 우러나온 것이라는 점[6]이다. 또 앞으로 살펴보게 되겠지만, 다른 삼각관계유형에 비해 부당이득법적으로 문제될 수 있는 여러 개념을 압축적으로 포괄하고 있어 기타 유형에 적용하기 위한 일반적인 규칙을 마련함에 있어서도 적합하다는 점도 있다.

그렇지만 그와 같은 검토를 거치고 나서도 최종적으로 거기에서 도출된 몇 가지 원리들이 다른 유형의 삼각관계에서도 별다른 부작용 없이 그대로 적용될 것인지, 이것이 부당이득법의 전반에서도 그대로 타당한 것인지의 검토가 반드시 이루어져야 한다.

2. 연구진행개요

이 연구는 종래 독일에서 이루어진 삼각관계상의 부당이득조정에 관련된 연구를 모범으로 하여 이것을 상세히 검토하면서, 궁극적으로는 우리 부당이득법에서 문제가 되는 점을 극복하고 해결하기 위한 가장 합리적인 방법론을 찾아내고자 하는 것에 목적이 있다. 지시사례를 중심으로 진행될 앞으로의 논의는 이와 같은 목적에 적합한 형태로 이루어질 것이며, 구체적으로 다음과 같다.

第二章에서는 삼각관계 유형에 관한 주요 판례들을 소개하면서 이것들을 중심으로 앞으로 진행하게 될 연구과제를 정리하기로 한다. 그리고 지급지시 유형이 이와 같은 연구과제를 진행하기에 가장 적합한 모델이라는 전제에서, 그 기본적인 법률구조에 대해 살펴보기로 한다.

第三章에서는 지시사례에서 有效한 지시가 존재하는 가운데에 원

---

6) 民法注解 ⅩⅦ, 제741조(梁彰洙 집필부분, 2005), 206.

인관계상 채권의 효력에 이상이 있는 경우의 반환관계에 관해 살펴보고자 한다. 이를 위해 종래 독일에서 다수설과 판례로 제시되었던 목적적 급부개념론과 그 반대학설을 소개하기로 한다. 독일의 유형론과 통일론의 대립상황을 배경으로 하여 지시사례에서 소개되고 있는 기본적 학설들의 주요 내용을 검토함으로써, 그 내용과 문제점은 무엇이고, 우리 법을 해석하고 적용함에 있어서 어떤 시사점을 얻을 수 있을 것인지 확인하고자 한다.

第四章에서는 지시가 缺如되어 있거나 지시 자체의 效力에 異狀이 있는 경우에 그 반환관계에 관해 논의한다. 지시사례만의 고유한 특징을 소개하면서, 이것이 부당이득법적인 논의와 관련하여 어떤 의미를 지니는지 찾아가기로 한다. 급부의 단축기능은 물론이고, 점차 그 중요성이 강하게 인식되고 있는 무현금거래에서 더 큰 의미를 지니게 되는 지시라는 법제도를 새롭게 조명하기로 한다.

第五章에서는 第三章과 第四章의 내용을 종합하여 정리한다. 즉 채권, 이행, 변제효의 상관관계 및 지시와의 효력을 중심으로 한 종합적인 지시사례의 해법을 마련하고, 특히 소위 이중하자 경우의 직접청구 가능성을 타진해 본다. 이것과 더불어 우리 민법학에서 여전히 그 인정여부를 둘러싸고 논란이 계속되고 있는 轉用物訴權을 살펴봄으로써, 지시사례를 해결하기 위한 방법론의 도출에 어느 정도 기여할 수 있을 것인지 검토하기로 한다.

第六章에서는 민법상의 제도로서 실질적으로 단축급부의 기능을 수행하고 있는 지명채권양도 사례와 제삼자를 위한 계약의 사례를 기타 유형의 대표적 사례로서 다루기로 한다. 먼저 해당하는 제도의

특징을 이해한 후에 지시사례를 통해 도출된 부당이득법의 기본적 원리를 적용해 본다.

第七章에서는 이상의 연구의 결과를 정리한다.

第二章

삼각관계론의 의의와
지시유형

제1절 삼각관계론의 의의

단지 여러 사람이 관여한다고 해서 삼각관계가 되는 것은 아니다. 부당이득법에서 중요하게 다루어지는 삼각관계도 일단은 兩者契約과 같은 두 당사자 간의 채권관계에서 출발한다. 이 통상적인 양자계약에서는 그 계약에 기한 이행도 계약의 상대방에 대해 이루어지겠지만, 경우에 따라서 계약의 이행이 제삼자에게 이루어지는 것을 목적으로 하거나(예컨대 제삼자를 위한 계약), 반대로 계약의 일방이 자신의 채권을 타인에게 양도한 경우(예컨대 지명채권양도)도 있을 수 있다. 또한 선의이든 악의이든 원래의 채권관계에 있지 않은 제삼자가 대신 채무를 이행하는 경우(예컨대 제삼자의 변제)도 있다. 그 밖에도 목적물의 인도과정을 단축하는 형태인 지시사례, 특히 중간생략등기 같은 것은 법으로 규정되어 있지 않더라도 이미 일반적인 제도로 널리 인식되고 있다. 이렇게 양 당사자 간의 원인관계를 기본으로 하고, 그것을 외부에 존재하는 제삼자와의 법률관계로 연결시킴으로써 다양한 삼각구도가 형성될 수 있다.

최근에 점차 관심과 논의를 더해가고 있는 삼각관계론이란 것이 마치 독일 부당이득법의 최대관심사인 지시사례만을 지칭하는 느낌이 없지 않으나 실상 여기에만 국한되지 않는다. 문자 그대로 이것은 세 사람 이상이 관여하는 각종의 법률관계가 일정한 사유로 해소되는 과정에서 이미 발생한 부당한 이득을 공정하게 조정하기 위한 이론이다. 지시사례 같은 대표적 유형 외에도 현대사회의 다양한 경제생활 가운데 복잡한 법률관계가 얼마든지 생성될 것이라는 것은 충분히 예상할 수 있는 일이다.

대세효를 지니는 물권의 경우와 달리 채권의 경우에는 기본적으로 일정한 자에게만 적용이 있다. 로마법에서는 이것이 매우 엄격하여 채권관계에 대한 관념은 채권자와 채무자 사이의 일신전속적인 견련성(iuris vinculum)을 특징으로 하였고, 따라서 채권의 승계 같은 것은 개념적으로 불가능했다.[7] 그러나 당시에도 필요에 따라 그런 엄격한 특징을 완화시키는 방도들이 허용된 바 있을뿐더러, 현대에 이르러서는 다양하고 복잡한 경제활동에 현실적으로 부응하기 위해서도 당사자 사이의 특별한 결합관계에도 제삼자의 이해관계가 개입할 가능성이 커져가고 있으며, 또 법을 마련하고 집행하는 입장에서도 이런 점을 고려하지 않을 수 없게 되었다.

이런 현실적인 필요성 외에 삼각관계를 논의하는 또 다른 의의는, 부당이득법 자체의 의미를 확인하기 위해서이다. 계약법이나 불법행위법과 마찬가지로 부당이득법도 민법 전반을 아우르는 독자적인 법

---

7) 최병조 (1999), 452.

제도이다. 말하자면 이것은 민법의 전체에 걸친 교집합과 같은 영역이다. 양자관계에서보다는 다수당사자가 관련되어 있는 사례가 해당 영역의 논점을 더 정확히 부각시키고 이론을 더욱 엄정하게 한다는 점은 부당이득법에서도 예외가 아니다. 부당이득법에서 삼각관계를 논의하는 궁극적인 목적은 바로 부당이득법의 이론을 정밀하게 하여 그 독자적 의의를 찾기 위한 것에 있다.

민법 제741조는 일반조항의 특성상 삼각관계를 특별한 유형으로 인식하고 있지는 않다.[8] 즉 동조의 문언은 법률상 원인 없이 타인의 재산 또는 노무로 인하여 이익을 얻은 자가 그 재산 또는 노무를 제공하여 손해를 입은 자에 대해 반환청구할 수 있다는 식으로 되어 있어, 부당이득반환청구권 발생의 기본적 요건과 기본당사자만을 표시하고 있는 것이다. 물론 그 이하에 배치된 이 일반조항에 대한 예외조항들[9] 중에 제745조처럼 규정형식상 삼당사자 이상을 염두에 두고 규정된 것이 있기는 하다. 그러나 이것이 앞으로 다루고자 하는 삼각관계론과 일정한 관련성을 두고 있어 많은 참고가 되는 것은 차치하고서라도, 실상 모든 삼각관계유형을 포괄하기에는 역부족이다. 그러므로 삼각관계론이라는 제하에 진행되는 모든 연구의 목적은 부당이득반환이 문제되는 모든 사안에서 당사자의 다소를 불문하

---

8) 참고로 독일 부당이득법의 개정을 위한 쾨니히(König)의 입법제안에는, 급부부당이득반환, 침해부당이득반환, 비용부당이득반환과의 동렬에 제삼자관계에 관한 규정이 별도로 마련되어 있다. 그리고 여기에는 지시급부, 제삼자를 위한 계약, 채권양도의 순서로 각각의 반환관계가 명시되어 있다. König (1981), 1524f. 참조.
9) 金亨培 (2003), 80.

고 이 일반조항의 취지를 일관되게 구현할 수 있는 논리를 구성하는 것이라고 할 수 있다.

그런데 양자관계와 달리 삼각관계에서 특별히 유념해야 할 점이 있다. 바로 삼각관계를 구성하는 개별제도와의 관계상 논리정연함을 유지하는 것이다. 가령 매매의 경우에 매매대금을 지급하는 방법으로 매수인은 지급지시이든 채권양도이든 본인의 의사에 따라 자유롭게 선택할 수 있다. 그리고 그 선택된 제도에는 법률이 마련한 합당한 규칙이 적용된다. 그런데 문제는 그 규칙들이 당해 제도로 빚어진 결과의 청산과정까지는 완벽하게 고려하고 있지 않다는 것에 있다. 그렇다면 부당이득법은 필연적으로 그 각각의 제도의 특성을 고려한 청산까지도 염두에 두어 해석론을 전개해야 한다는 부담을 안게 된다. 다시 말해 삼각관계의 부당이득반환사례에서는 필연적으로 '개별사례의 특수성'이 고려되기 마련이다. 그런데 여기에는 부당이득법이라는 법제도 자체의 고유한 원리와 이론이 일관되게 유지되어 적용되어야 한다는 또 하나의 임무가 있다는 점도 결코 간과되어서는 안 된다.

指名債權의 讓渡를 예로 들어보자. 민법은 제449조 이하에서 채권양도의 성립을 비롯하여 그것에 수반하는 다양한 효과를 마련해 놓고 있다. 특히 규정의 대부분은 채권양도계약으로 인해 채무자가 입을지 모를 불측의 상황을 예방하기 위한 준비에 할애하였다고도 평가할 수 있겠다. 그렇지만 채권이 양도되었으나 그 대상인 채권 자체가 효력이 없거나 취소 또는 해제된 경우에 그 반환관계를 규정한 명시규정은 존재하지 않는다. 다만 제451조 제2항의 규정에서 端緖를 구할 가능성이 있기는 한데, 동조항은 "양도인이 양도통지만을 한 때에는 채무자는 그 통지를 받은 때까지 양도인에 대하여 생긴 사유로써 양수인에게 대항할 수 있다"고 하고 있다. 그렇다면 채권의 부존재, 무효나 취소 등의 사유는 실제로 통지 이전에 생긴 사유이므로 그것에 기해 발생한 부당이득반환청구권 역시 양수인에게 주장할 수 있는 것이 아닌가 하는 문제가 생기게 된다. 그렇지만 어쨌든 채권이 양도되었기에 현재의 채권자는 양수인이고, 현실적으로 급부를 수령한 자도 양수인이다. 결국 양도된 채권에 기해 이루어진 재산의 이동을 교정하기 위한 부당이득반환관계는 과연 누구와 누구 사이에서 이루어져야 하는지의 문제로 귀결된다.

법규정이 완비되지 않아서 생기는 문제는 그것을 일반적으로 해결하기 위해 구성되는 理論에 의해 배려되어야 한다. 그것은 각각의 삼각구도의 법률관계 속에서 존재하게 되는 채권의 해소문제에 있어 실정법의 한계를 극복하고 전체 부당이득법의 관점에서 개별사항이 어떻게 하면 부작용 없이 용해될 수 있을지를 모색하는 작업이다. 각각의 법제도, 개별적인 사실관계와 법률관계의 관련성을 놓치지 않는 것은 물론 중요하다. 그렇지만 이 연구는 그것 외에도 여전히 다른 법제도로부터 그 안정성을 위협받고 있는 부당이득법의 정체성을 찾는 것이다.

모든 연구작업에 앞서 우선, 우리 판례에서 확인되는 몇 가진 중요한 판결들을 중심으로 삼각관계에 관한 민법적 현황과 연구를 통해 해결되어야 할 과제를 확인해둘 필요가 있다. 구체적인 사실관계를 통해 삼각관계에서 다루어지는 주요한 도구개념을 추출하기 위해서이다.

제2절 삼각관계 관련판례

1. 대표적 판례

현재 국내에서 '삼각관계'라는 제하에 일반론을 전개하고 있는 곳은 그리 많지 않다.[10) 이것은 부당이득법의 영역 내에서 삼각관계라는 주제가 중심적 주제가 될 수 있음을 인식하기 시작한 것이 얼마 되지 않았다는 점을 반영하는 것이기도 하겠지만, 그것보다는 다른 법영역에 비해 부당이득법 자체가 가지는 이론적 불비가 보다 근본적인 이유라고 생각된다.

그런데 최근 일련의 판례에서 다양한 삼각관계유형을 통해 부당이득반환관계가 잇달아 언급되고 있다는 점은 매우 고무적이다. 아무리 이론이 정밀하게 마련된다고 하더라도 판례를 통해 실현되지 않

---

10) 현재 국내에서 삼각관계를 일반론으로 다루고 있는 저서로, 梁彰洙, 民法注解 ⅩⅦ (2005), 203 이하; 金亨培 (2003), 281 이하가 대표적이다.

는다면 무용지물이겠지만, 여기에서는 오히려 판례가 형성되고 축적되면서 학설의 발전에 밑거름이 되고 있기 때문이다. 다시 말해 판례가 動因이 됨으로써 우리 민법에서도 삼각관계론을 심도 있게 논의해 볼 수 있는 계기가 마련되고 있다고 할 수 있다. 그 대표적인 예가 바로 第一章에서 언급한 바 있는 판례들이다. 이하에서는 판결문의 설시내용을 통해 추론될 수 있는 부당이득법의 주요 쟁점들을 확인하기로 한다. 그리고 그런 쟁점들을 중심으로 이어지는 삼각관계의 부당이득반환관계를 정하는 이 연구의 모티브로 삼고자 한다.

1) 지시 등의 단축된 급부 사례

사실상 대법원 2003.12.26.선고 2001다46730 판결[11](이하, "분양대금지급지시사례"로 한다)은 삼각관계론의 차원에서 본다면 매우 획기적인 판례라고 할 수 있다. 사실관계 자체는 전통적인 삼각관계 중의 일유형인 '단축된 급부'의 가장 전형적인 모습을 하고 있다. 또한 판결문의 내용상 판례는 그간 독일에서 심도 있게 논의되어 온 삼각관계에서의 부당이득반환에 관한 논의를 정확히 인식하고 있는 것으로 받아들여지기에 충분한 모습을 하고 있다.

사실관계를 살펴보면, 이 사건의 회사(이하, '○○유통')는 상가를 신축한 이 사건의 피고와 상가에 대해 매매계약을 체결한 후에 이 사건 원고들과 상가분양계약을 체결하였다. 그리고 원고들로부터 직

---

11) 판례평석으로, 金大元 (2004), 86 - 106이 있다.

접 분양대금을 지급받는 대신에 급부를 단축하여 직접 피고에게 지급하도록 한 것이다. 이에 원고는 계약상대방인 ○○유통과의 분양계약상의 흠을 들어 피고에게 지급한 분양대금의 반환을 구하였다. 원심[12]은 "피고가 원고들에 대하여 계약이행책임을 부인하고 있는 이상 위 대금의 수령권자는 ○○유통이고 피고는 이를 수령할 권한이 없으므로, 피고는 법률상 원인 없이 동액 상당의 이득을 얻고 원고들은 동액 상당의 손실을 입었다고 할 것이어서 특별한 사정이 없는 한 피고는 원고들에게 각 그 지급받은 대금을 부당이득으로 반환할 의무가 있다"[13]고 판단하였으나, 대법원은 다음과 같은 이유로 이를 파기하였다.

"계약의 일방 당사자가 계약상대방의 **지시 등으로 급부과정을 단축**하여 계약상대방과 또 다른 계약관계를 맺고 있는 제삼자에게 직접 급부한 경우, **그 급부로써 급부를 한 계약당사자의 상대방에 대한 급부가 이루어질 뿐 아니라 그 상대방의 제삼자에 대한 급부로도 이루어지는 것**이므로 계약의 일방 당사자는 제삼자를 상대로 법률상 원인 없이 급부를 수령하였다는 이유로 부당이득반환청구를 할 수 없다.

그런데 원심이 인정한 사실관계에 의하면, 이 사건에서 사실상의 급부관계는 원고들과 피고 사이에 발생하였지만, 그것은 위의 법리에 따라 원고들의 ○○유통에 대한 급부와 ○○유통의 피고에 대한

---

12) 서울고법 2001.6.27.선고 99나17113 판결.
13) 원심판결은 공보에 게재되지 않았으며, 이 내용은 대법원 판결문으로부터 인용하였다.

급부가 아울러 이루어진 것으로 볼 수 있으므로, 그렇다면 피고가 원고들로부터 분양대금을 수령한 것은 ○○유통과의 계약관계에 의한 것으로서 정당하게 수령한 것이 되고, 따라서 원고들은 피고에게 부당이득반환청구를 할 수 없다고 할 것이다.

원심은 또 원고들이 ○○유통과 사이의 분양계약이 적법하게 해제되었으므로, 이에 기하여도 피고에게 부당이득반환청구권을 행사할 수 있다고 부가적으로 판단하고 있으나, 기록상 원고들이 위 분양계약이 해제되었다는 주장을 한 바 없을 뿐만 아니라, 가사 원고들이 위 분양계약을 적법하게 해제하였다고 하더라도 **그 계약관계의 청산은 계약의 상대방인 ○○유통와 사이에 이루어져야** 하고, 피고를 상대로 분양대금을 지급한 것이 부당이득이라는 이유로 그 반환을 구할 수 없다. 왜냐하면, 원고들이 제삼자인 피고에 대하여 직접 부당이득반환청구를 할 수 있다고 보면, 자기 책임하에 체결된 계약에 따른 위험부담을 제삼자에게 전가시키는 것이 되어 계약법의 기본원리에 반하는 결과를 초래할 뿐만 아니라 수익자인 제3자가 계약상대방에 대하여 가지는 항변권 등을 침해하게 되어 부당하기 때문이다."

이 대법원의 판단은 사실상 삼자 이상이 관련된 부당이득반환관계의 소재를 명시적으로 지적한 최초의 것이다. 우선, "계약의 일방 당사자가 계약 상대방의 지시 등으로 급부과정을 단축하여 계약 상대방과 또 다른 계약관계를 맺고 있는 제삼자에게 직접 급부한 경우"에는 "그 급부로써 급부를 한 계약 당사자의 상대방에 대한 급부"는 물론이고, "그 상대방의 제삼자에 대한 급부로도 이루어"진다고 하였다. 즉 한 번의 급부로 두 개의 계약상의 채권이 동시에, 그러나 각각 이행된다고 한다. 그리고 그렇게 됨으로써 "급부를 이행한 계약의 일방 당사자는 제삼자를 상대로 법률상 원인 없이 급부를 수령하였다는 이유로 부당이득반환청구를 할 수 없다"고 하였다.

일단 민법상 규정되지 않은 '지시'라는 제도가 단축급부를 위한 일유형의 제도로 인정되었다는 점에 주목하게 된다.[14] 그렇지만 이 판결은 삼각관계의 리딩케이스답게 다양한 측면에서 음미해 볼 만한 가치가 있다. 우선, 지시 등으로 인한 단축급부의 경우에 기존의 두 개의 원인관계, 즉 보상관계와 대가관계 모두에 있어서 동시에 이행효가 발생한다는 점을 인정하였다(同時履行效). 그다음으로 재산이동방향의 문제인데, 현실적으로 채무의 내용이 되는 재산은 급부자의 채권자에게로 향한 것이 아니라 계약상대방 아닌 제삼자에게로 흘러간 것이 분명하다. 그런데도 두 개의 원인관계가 변제되어 소멸한다는 사실은, 보상관계와 대가관계를 거치는 관념적인 재산상 이동이 이루어졌음을 의미한다(財産의 經由的 移動).

이 사례를 통해 또 확인될 수 있는 것은, 지시를 받은 자의 입장에서 볼 때에 債務履行行爲가 이루어지는 방향과 債務履行效果가 發生하는 방향이 분리되고 있다는 점이다. 물론 채무부담행위와 채무이행행위는 관념상 구별된다. 그런데 현실적으로도 원고로서는 이 사건 회사와의 분양계약을 체결함으로써 지급의무를 부담하였고, 실제로는 피고에게 지급한 것이다. 바로 이런 점에서 양자관계와 달리 취급되어야 할 삼각관계의 부당이득반환의 특징을 확실히

---

14) '지시'라는 제도에 대해서는 이 章 제3절 참조.

알 수 있다. 결국 이 판결에서는, 원인관계가 무효 등의 사유로 채권이 효력을 잃어 부당이득반환이 필요한 경우에, 그 부당이득반환청구가 履行效果가 발생하는 방향으로 이루어져야 하는지 또는 채무에 대한 履行行爲의 방향으로 이루어져야 하는지의 문제에 있어, 후자가 아닌 오직 履行效果發生의 方向으로 이루어진다는 결론에 이르렀다.

그 밖에도 이 판결문에 나타난 "지시 등으로 급부과정을 단축하여"라는 문언으로 미루어 볼 때, 판례는 지난 수십 년간 독일에서 논의에 논의를 거듭해 온 지시사례에서의 부당이득반환을 중심으로 한 三角關係論을 확실히 파악하고 있는 것으로 판단된다. 그리고 다시 한 번 강조하지만, 이것을 계기로 그간 간간이 단편적으로만 언급되고 있던 삼각관계에서의 부당이득반환에 대해 이제 우리 민법학에서도 본격적으로, 보다 일반론적 차원에서 체계적인 연구를 진행시킬 준비가 마련되었다는 점에 위 판결의 의의를 발견하게 된다. 또한 지시사례에 한정시켜 생각해 볼 때, "同時履行效의 發生"이라든지, "財産의 經由的 移動"이라는, 부당이득법적으로 매우 큰 의미를 지니는 채무이행의 문제와 재산의 이동에 관한 문제를 모두 포괄할 수 있다는 점에서도 이 판결은 매우 중요하다.

그렇지만 이 판결 이전에 다수당사자가 관련되어 있는 부당이득반환관계가 전혀 존재하지 않았다는 것은 아니고, 또 현실적으로 전혀 없을 수도 없다.15) 그럼에도 불구하고 관련 판례가 크게 부각되지

---

15) 실제로 대법원 1990.2.23.선고 88다카33657,33664 판결; 대법원 1996.9.20.선고 96다1610 판결 등은 수표 관련사례로서 나름대로 신중히 검토해 볼 중요

않았던 것은 그런 사례가 전혀 존재하지 않았기 때문이 아니라, 부당이득법에서 삼각관계가 가지는 의의가 크게 의식되고 있지 않았기 때문이라고 하는 것이 올바른 지적일 것이다.

가령 최근의 대법원 2006.5.26.선고 2003다65643 판결만 하더라도 이전에 있었던 대법원 1996.9.20.선고 96다1610 판결 등의 취지를 거의 대부분 이어가고 있는 것이라고 할 수 있다. 이 판결은, 제시 은행에 추심을 의뢰하여 예입한 약속어음이 지급은행에 개설된 발행인 계좌의 예금부족으로 현실적으로 추심되지 않았음에도 불구하고 어음교환업무규약 등에 정해진 시각까지 부도어음통보 등이 이루어 지지 않아 그 어음이 정상적으로 추심된 것처럼 결제자금이 입금·처리되고 추심을 의뢰한 어음소지인이 이를 인출하여 간 경우를 다룬 것이다. 이에 판결은, "소지인이 얻은 위 인출금 상당액은 원칙적으로 지급은행의 결제자금 상당의 손해로 인한 것이므로 사회통념상 법률상 원인 없는 부당이득으로 반환할 의무가 발생"한다고 하였다. 그 논거에 대해서는 앞으로 검토하게 되겠지만, 지급은행이 이득의 수령자를 상대로 직접청구를 인정한 이 판결의 결론이 혹시 앞선 "분양대금지급지시사례"가 표방하는 결론의 취지에 반하는 것은 아닌지에 관심이 가게 된다.

유가증권은 민법상 규정된 전형적 지급지시를 위한 것이며, 대표적인 삼각관계유형 중 하나이다. 그러므로 앞서 언급한 바 있는 동시이행효나 재산의 경유적 이동과 같은 관념은 물론이고, 원인관계

한 가치가 있는 것들이며, 위 2001다46730 판결 이후에도 2006.5.26.에 선고된 대법원 2003다65643 판결로 이어지고 있다.

상의 채무소멸의 방향과 별도로 이루어진 재산이동의 방향과의 관계
도 반드시 고려되어야 한다. 그렇다면 위 분양대금지급지시사례와
부도어음사례는 공통적으로 지급지시를 청산하기 위한 사례로서 법
률관계를 해석하고 판단함에 있어서는 양자가 균형을 이루며 일관성
을 유지해야 할 것이다.

2) 채권양도 사례

통상 삼각구도의 법률관계가 이루어지는 이유는 재화이동의 수단
을 간단히 하고자 하기 위한 방편에서 비롯된 것이다. "분양대금지
급지시사례"의 경우는 그중에서도 연속된 법률관계에서 중간에 위치
한 자의 指示를 통해 단축된 급부가 이루어진 경우이다. 그렇지만
단축된 급부는 지시사례에만 머무르지 않고, 채권양도와 제삼자를
위한 계약 등 다양한 방식으로 이루어질 수 있다. 오히려 분양대금
지급지시사례에서 나타난 지시급부라는 것이 민법상 규정되어 있지
않은 것임에 반해, 채권양도(민법 제449조 이하)와 제삼자를 위한 계
약(민법 제539조 이하)은 민법상에 명시적으로 규정을 두고 있는 단
축급부의 전형적 예가 된다. 그러므로 지시와는 달리 이것들에 관한
부당이득법적 문제를 다룸에 있어서는 그 제도 자체를 형성하는 실
정법규와의 조화도 간과할 수 없는 것이다.

그런데 지시급부사례와 더불어 채권양도의 부당이득반환관계에 관
해서도 최근에 대법원이 그 반환관계에 대하여 명시적 입장을 밝혔
다는 점에 주목하게 된다. 대법원 2003.1.24.선고 2000다22850 판결

(이하 "분양대금채권양도사례")의 판결문으로 미루어 볼 수 있는 사실관계는 다음과 같다.

건물분양계약이 체결되어 채무자 A는 채권자 B에게 분양대금 일부를 지급하였다. 그 후 B는 C에게 분양잔대금채권을 양도하였고, 이에 A는 채권양수인 C에게 잔대금을 지급하였다. 그 건물이 완공된 후에 A에게 분양된 건물이 인도되기는 하였지만 A 명의로 소유권이전등기가 경료되지 못하고 있던 중, 이 소유권이전등기가 이행불능이 되었음을 들어 A가 분양계약을 해제하고 C를 상대로 이미 지급한 분양대금의 반환을 구하였다. 그리고 피고 C는 이에 위 계약의 해제로 인한 피고의 대금반환의무는 B가 A로부터 건물을 인도받는 것과 상환으로 이행되어야 한다는 것, 즉 동시이행의 항변을 주장하였다.

다음과 같이 도식화할 수 있다.

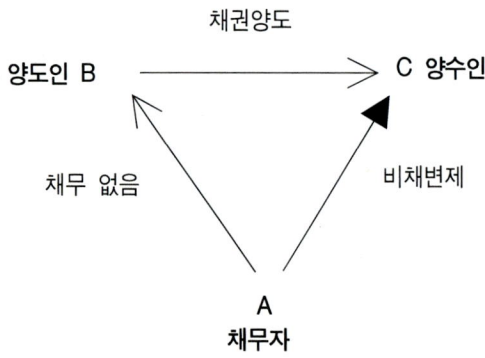

앞의 "분양대금지급지시사례"와 비교할 때, 분양대급의 지급을 위한 방법을 정함에 있어서 지급지시의 방법을 택하였느냐, 채권양도의 방법을 택하였느냐의 차이가 있을 뿐, 양자는 공통적으로 지급의 단축을 위한 것이다. 그런데 대법원은 C의 위와 같은 항변을 배척하며, "민법 제548조 제1항 단서에서 규정하고 있는 제3자란 일반적으로 계약이 해제되는 경우 그 해제된 계약으로부터 생긴 법률효과를 기초로 하여 해제 전에 새로운 이해관계를 가졌을 뿐 아니라 등기·인도 등으로 완전한 권리를 취득한 자를 말하고, 계약상의 채권을 양수한 자는 여기서 말하는 제3자에 해당하지 않는다"고 하여, "계약이 해제된 경우 계약해제 이전에 해제로 인하여 소멸되는 채권을 양수한 자는 계약해제의 효과에 반하여 자신의 권리를 주장할 수 없음은 물론이고, 나아가 특단의 사정이 없는 한 채무자로부터 이행받은 급부를 원상회복하여야 할 의무가 있다"고 하였다. 그래서 "분양계약상의 분양대금채권 중 미수금채권을 양도받은 피고는 원고에게 그 양수 이후 원고로부터 지급받은 판시 금원을 반환할 의무가 있다"고 결론지었다. 요컨대 대법원이 배척한 동시이행항변권의 인정 여부에 대한 판단은 별론으로 하더라도, 결국 채권양도의 讓受人을 원상회복의 의무자로 판단한 것이다.

앞의 "분양대금지급지시사례"에서 언급한 것과 마찬가지로 이 경우에도 재산을 내놓은 자의 입장에서 볼 때에 義務負擔行爲와 義務履行行爲의 방향이 각각 분리되고 있다. 즉 채무자인 C가 분양계약을 체결하고 분양대금을 지급할 의무를 부담하는 상대방은 채권양도인 A이지만, 실제로 분양대금을 지급하는 상대방은 채권양수인인 B이기 때문이다. 그렇지만 실제로 의무이행의 目的을 둔 곳과 실제 財産移動의 방향은 일치하여 채권양수인에게로 향하고 있으므로 이것이 지시사례와 구별되는 특징이라고 할 수 있고, 따라서 지시사례의 특징이라고 할 수 있는 채권의 동시이행효의 발생이나 재산의 경유적 이동이 이 경우에는 해당되지 않는다. 그렇지만 채무자의 입장에서 보면, 어쨌든 두 사례 모두가 분양대금을 계약상대방이 아닌 제삼자에게 지급한다는 점에서 마찬가지라고 여길 것인데, 왜 앞의 사례와 뒤의 사례가 결론에 차이를 두어야 하는지 의문을 갖기 쉽다.

또 이 "분양대금채권양도사례"에서는 계약의 해제로 인한 효과가 미치는 범위가 부당이득반환관계에 영향을 미치고 있음을 알 수 있다. 이것은 위 "분양대금지급지시사례"에서 "계약법의 기본원리"를 들어 계약관계 이외의 제삼자의 이익을 보호해야 한다는 차원에서 부당이득반환청구를 배제하였다는 점과 비교된다. 즉 전자의 부당이득반환청구권이 해제의 효과가 미치는 제삼자의 범위를 매개로 인용된 반면에, 후자에서는 오히려 해제의 효과가 미치지 않는 제삼자의 범위에 이득의 수령자를 포함시켰다는 점이다.

그리고 이것은 앞서 잠시 언급한 제451조 제2항의 양수인에 대한 채무자의 대항사유에 채무자의 부당이득반환청구도 속하는 것인지의 문제와도 관련이 있는 것으로 보인다. 판례가 양수인에 대한 부당이득반환청구를 인정한 이상, 부당이득반환청구권은 위 항변사유에 해당하는 것으로 보이기도 하지만, 과연 그것이 다음에 살펴볼 제삼자를 위한 계약에서의 제542조와 관련하여서도 마찬가지로 해석될 수 있는 것인지는 좀 더 생각해 보아야 할 것이다. 즉 모든 삼각관계에 통용될 수 있는 설득력 있는 기초가 마련되어야 한다.

민법상 단축급부를 위한 지급방법을 규정한 것으로 또 다른 대표적인 것이 아래에서 살펴보게 될 제삼자를 위한 계약(민법 제539조)이다. 그리고 그것의 부당이득반환관계에 대해서는 명시적인 판단을 내리고 있는 판결이 있기에, 이하에서 그 개요를 소개하고자 한다.

3) 제삼자를 위한 계약 사례

대법원 2005.7.22.선고 2005다7566,7573 판결(이하, "제삼자지급계약사례"라고 한다)은 실정법상 규정된 단축급부의 일유형인 제삼자를 위한 계약이 있는 경우에 그것의 부당이득반환사례를 정면으로 다룬 판결이다. 이 판결은 위에서 소개된 다른 유형에 대한 판결들과 비교하여 부당이득법적으로 논리일관성을 유지해야 한다는 목적에서도 중요하겠지만, 그것 외에도 판결문에 나타나는 세 가지 논거가 부당이득법적 판단에 있어 고려되어야 할 관념들을 차례대로 잘 적시하고 있다는 점에서도 매우 가치 있는 판결이라 생각된다.

판결문을 통해 나타나는 사실관계는 다음과 같다. X는 친구인 A가 Y에 의해 사기죄로 고소당하고 있는 것을 보고 이를 취하하도록 할 의도로 A가 Y에 대해 부담하고 있는 채무를 변제하기 위한 방편으로 A로부터 공장설비 등을 매수하고 그 매매대금을 Y에게 지급하기로 하는 계약을 체결하였고, 이에 기해 그 대금을 Y에게 직접 지급하였고 고소는 취하되었다. 그런데 그 매매계약은 이미 A가 B에게 그 목적물을 매도하고 이전시킨 이후에 이루어진 것이어서, 이에

X는 A를 상대로 소유권이전의무가 이행불능상태임을 이유로 민법 제570조의 담보책임을 물어 적법하게 해제하였다. 나아가 이제 X는 Y를 상대로 자신이 이미 지급한 매매대금을 부당이득으로 반환할 것을 청구한 것이다.

위 판결이 제시하고 있는 논거는 원심판결[16]에서 이미 적시된 내용을 재확인한 것에 지나지 않는다. 원심 판결에 제시된 논거는 다음과 같다. 첫째, Y에 대한 X의 모든 급부는 기본관계를 이루는 이 사건 매매계약의 당사자인 X와 A 사이의 채권관계에 기한 것일 뿐이므로 이로 인한 부당이득반환의무는 당연히 X와 A 사이에서만 발생한다. 둘째, 기본관계는 해제로 인하여 무효라 하더라도 대가관계에 아무런 하자가 없는 경우 제삼자의 급부수령은 요약자와의 관계에 기한 정당한 수령으로서 부당이득반환의 대상이 되지 아니하며, 또한 제삼자에 대한 낙약자의 급부에 의하여 요약자가 채무를 면하게 되며 요약자와 제삼자 사이의 유효한 결제를 부인할 필요가 없으므로, 낙약자로서는 제삼자가 아닌 요약자에 대하여 부당이득의 반환을 청구하여야 한다고 한다. 마지막으로 셋째, X가 Y에 대하여 직접 부당이득반환청구를 할 수 있다고 보면, 자기 책임하에 체결된 계약에 따른 위험부담을 제삼자에게 전가시키는 것이 되어 계약법의 기본원리에 반하는 결과를 초래하게 된다.

여기에서도 앞에서 소개한 다른 판례에서 확인되는 것처럼 계약상대방이 아닌 제삼자에게 재산이 이동하였다. 그리고 계약관계 이외

---

16) 광주지법 2004.12.31.선고 2002나2443,2450 판결.

의 자에 대한 부당이득반환청구를 제한하는 사유로 계약법원리가 등
장하는 점도 마찬가지라고 할 수 있다. 그런데 앞의 두 사례와는 구
분되는 특징이 있다. 이 사례의 낙약자의 수익자에 대한 재산출연에
는 채무변제목적지정과 실제의 재산이동이 일치하고 있다. 이를테면
수익자가 계약상의 이익을 받는 의사표시(제539조 제2항)를 통해 낙
약자의 채권자가 된 것이다. 이처럼 채권자를 상대로 채무를 이행하
였음에도 불구하고, 판결은 계약의 상대방인 요약자를 반환의무자로
정하였고, 그 논거로 계약법의 기본원리를 든 것이다. 다시 말해 이
사례에서의 계약법원리는 채권에 기해 이동한 재산의 반환까지도 제
한하는 논거로 작용하고 있는 셈이다.

그것과 더불어 주목해야 할 것은 바로 두 번째의 논거로 등장하
는 "대가관계상 채권의 효력"인 것이다. 삼각관계를 구성하는 법제
도가 실정법상의 제도인 만큼 실정법이 규정하고 있는 제도 자체의
규율에 유념해야 한다면, 민법 제539조가 규정하고 있는 제삼자를
위한 계약은 결코 대가관계를 전제로 하는 제도가 아니라는 점[17]을
상기하게 된다. 즉 판례가 대가관계를 논거로 제시하고 있는 것은
제삼자를 위한 계약의 개념정의를 넘어서는 것이라는 점이다. 따라

---

17) 대법원 2003.12.11.선고 2003다49771 판결은, 제삼자를 위한 계약의 체
결 원인이 된 대가관계의 효력은 제삼자를 위한 계약 자체는 물론이고
기본관계(보상관계)의 성립이나 효력에 영향을 미치지 않는다고 하였다.
이에 기해 낙약자는 대가관계의 항변으로서 수익자에게 대항하지 못하
고, 요약자도 대가관계의 효력을 들어 낙약자에게 대항하지 못한다고
하였다. 池元林 (2005), 1126도, 대가관계는 요약자와 수익자 사이의 내
부관계에 불과하며, 제삼자를 위한 계약의 내용이 아니라고 하고 있다.

서 판례의 입장에 의할 때, 부당이득법적인 의미에서라면 제삼자를 위한 계약은 그 대가관계의 존부 내지 효력여하에 좌우되는 부당이득반환관계라는 것을 상정할 수 있다는 의미로도 받아들여진다.

그리고 이 사례에서는 이득을 수령한 자가 '기본관계'인 보상관계의 효력과는 별도로 대가관계상에서 이득보유의 정당성을 인정받게 된다면 낙약자의 부당이득반환청구에 응하지 않을 수 있다고 하고 있다. 이것을 부당이득법적으로 달리 表現하면, 수익자가 이득의 보유를 정당화하는 대가관계상의 일정한 사유, 즉 채권과 같은 것이 낙약자의 부당이득반환청구를 배제할 수 있는 法律上 原因이 된다고까지 할 수 있게 된다. 비단 제삼자를 위한 계약만이 아니라 삼각관계를 구성하는 법제도라면 어느 것이든 수령자의 입장에서 자신에게 직접 재산을 이전시킨 상대방 이외에 이미 직접적인 채권관계에 있었던 제삼자가 존재할 수 있다. 그런데도 이 "제삼자지급계약사례"의 판결에서만 이처럼 대가관계가 유의되고 있는데, 그렇다면 이 것은 과연 제삼자를 위한 계약에만 특유한 것인지 의문이 든다. 이 것은 후에 삼각관계상 대가관계 채권의 효력이 부당이득반환에 미치는 영향이라는 측면에서 다시 생각해 볼 여지가 있다고 여겨진다.

다른 한편 지적해 볼 수 있는 것으로 여기에서도 보상관계상 계약의 해제와 그 해제의 효과를 받는 당사자 범위의 문제가 있다. 채권양도의 양수인과 마찬가지로 제삼자를 위한 계약의 수익자가 기본계약인 보상관계가 해제되는 경우 그 효과를 받는 당사자에 해당한다는 것은 이 판결에서도 인정되고 있다. 그럼에도 불구하고 판결은 수익자가 "당연히 계약해제로 인한 원상회복의무를 부담해야 하는 것은 아니"라고 하였다. 또 채권양도의 경우에 제452조 제2항이 언급된 바도 있지만, 제삼자를 위한 계약에서도 제542조에 의해 채무자는 기본계약에 근거한 항변을 수익자에게 주장할 수 있다. 그렇지만 이것에 대한 해석으로 "계약해제에 따른 항변으로 제3자에게 그 지급을 거절할 수 있는 것이나, 이는 이미 지급한 급부에 대해 계약해제에 따른 원상회복을 구하는 것과는 다른 경우로서 동일한 법리가 적용될 수는 없는 것"이라고 하며, 제542조의 항변사유에 계약해제에 따른 원상회복 내지 부당이득반환은 포함되지 않는다고 하였다. 그렇다면 앞서 지적한 채권양도의 경우에 제452조 제2항의 대항사유에도 위와 같은 것들이 속하지 않는 것이 아닌지 의문이 생기게 된다.

이처럼 지시사례이든 채권양도사례이든 제삼자를 위한 계약이 문제되든, 결과적으로 이 모든 것들에는 부당이득법과 계약법의 상호 긴장관계가 잘 나타난다. 그러므로 민법의 두 제도, 즉 부당이득법과 계약법의 관계를 정리해 나가는 것은 이 연구의 중대한 과제 중 하나가 될 것이다.

지금까지는 단축급부를 위한 제도를 중심으로 정리해 보았다. 그런데 현대사회에는 이처럼 단순히 지급을 단축하기 위한 수단 외에도 다양한 형태의 삼각관계유형이 나타나고 있다. 그 대표적인 것이 신용카드거래이다. 이하에서는 이것이 단축급부의 경우와 어떤 점에서 차이를 보이는지를 간략히 살펴보기로 한다.

4) 신용카드거래 사례

통상 삼각구도의 법률관계가 이루어지는 이유는 재화이동의 수단을 간단히 하고자 하기 위한 방편에서 비롯된 것이다. "분양대금지급지시사례"의 경우는 그중에서도 연속된 법률관계에서 중간에 위치한 자의 指示를 통해 단축된 급부가 이루어진 경우이다. 그렇지만 단축된 급부는 지시사례에만 머무르지 않고 채권양도와 제삼자를 위한 계약 등 다양한 방식으로 이루어지고 있다고 하였다.

그런데 현대사회에서는 단축된 급부를 위한 삼각관계유형만이 존재하는 것도 아니다. 오히려 수표나 어음 같은 유가증권 내지는 신용카드를 지급방식으로 채택하는 경우가 증가하면서 삼각관계론에서 더 큰 비중을 차지해 가고 있다. 그리고 그와 같은 현실이 다수의 판례에서 확인되고 있다.

대법원 2005.4.15.선고 2003다60297,60303,60310,60327 판결은 미성년자가 신용카드거래를 하던 중 신용카드 이용계약을 취소한 경우의 법률관계를 다룬 것이다. 신용카드 이용거래란, 이용자가 물건을 구매할 때에 현금을 지급하는 대신에 신용카드로 결제를 하게 되면 카드이용자와 이용계약을 맺은 신용카드발행인이 그 물건을 매도한 가맹점에 이용자를 대신하여 물건대금을 지급하면서, 이제는 카드이용자에게 그 대금에 대한 구상채권을 가지게 되고 매달 일정기일에 이것을 청구하는 방식으로 이루어지는 것이다. 세 당사자가 각각 다른 당사자들과 계약을 맺는 전형적인 삼각구도의 법률관계일뿐더러, 이것이 일회의 거래에 그치지 않는 계속적 계약이라는 점을 특징으로 한다.

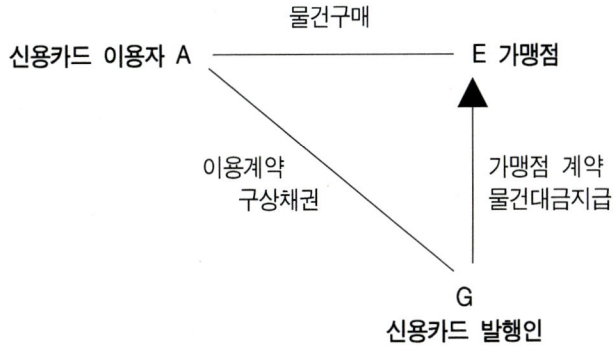

물건구매

신용카드 이용자 A ——————————— E 가맹점

이용계약
구상채권

가맹점 계약
물건대금지급

G
신용카드 발행인

　일단 신용카드문제는 급부단축의 경우에 속하지 않는다. 오히려 물건구매자의 편의를 위해 굳이 현금을 사용하지 않고도 간편하게 물건을 구입할 수 있으며, 매번 물건의 대금을 지급하지 않고 일정 기간 유예한 후에 일괄적으로 지급할 수 있게 한, 소비자편의를 위한 제도이다. 물론 이런 경우에 관해 카드이용자와 카드발행인 사이의 신용카드 이용계약을 제삼자를 위한 계약으로 해석하여, 요약자에 해당하는 카드이용자를 대신하여 낙약자라고 할 수 있는 카드발행인이 수익자인 가맹점에 대신 물건의 대금을 지급하는 관계로 이해할 수도 있을지 모르겠다. 그러나 이것은 제삼자를 위한 계약과도 다른데, 이미 이 삼각관계의 삼면 모두에 각각의 개별적인 계약이 존재하기 때문이다.

　그런데 삼면에 존재하는 각각의 법률관계를 모두 포섭하여 설명할 필요성을 가진다는 점만이 신용카드 이용거래를 언급하려는 목적의 전부는 아니다. 이런 거래에서는 이미 삼면에 재산이동과 채권의 발생에 관한 각각의 原因關係가 존재하고 있지만, 실제로 문제가 되는 카드 발행인으로부터 가맹점으로의 재산이동은 이런 원인관계에 근거해서라기보다는 오히려 물건을 구매하는 카드이용자가 가맹점에서 카드를 提示하고 일정한 確認節次를 거친 후 署名하는 과정을 거치면서 이루어진다. 그런 카드제시 등의 행위 자체의 효력 여하도 부당이득반환관계를 정함에 있어서 매우 중요한데, 이것은 앞서 단축급부를 다룬 "분양대금지급지시사례"의 경우에 지적된 바 있는 指示에 상응하는 것이기 때문이다. 다만 그것이 일회성에 그치지 않고 계속적으로 반복하여 이루어질 가능성을 가지고 있다는 점에서 차이가 있다. 그렇다면 "분양대금지급지시사례"와 이 신용카드사례에 공통적으로 발견되는 原因關係의 債權과 지급을 위한 指示는 不當利得을 發生시킨 財産移動의 契機로서, 별도로, 그러나 동시에 작용하고 있다고 할 수 있다.

다만 "분양대금지급지시사례"의 사실관계로 미루어 볼 때, 그것은 현행 민법의 범주 내에서 어떤 식으로든 해석론을 펼칠 가능성이 전혀 없는 것은 아니다. 가령 제삼자를 위한 계약의 경우라면 제삼자약관의 효력을 문제 삼아 보상관계상의 계약의 효력 여하를 가늠해 보게 될 것이기 때문이다. 그러나 일정한 약정상의 기간 중에 수차에 걸쳐 이루어지게 될 카드제시행위와 그 확인절차 각각에 대해 그것을 보상관계의 효력문제와 결부시키는 것은, 여기의 신용카드거래나 은행송금거래 같은 현대적인 거래가 지향하는 편리하고 신속한 거래의 취지에도 부합하지 않는다. 결론적으로 그 效力有無가 補償關係에 無因으로 작용하는 별도의 法的 制度를 상정하지 않는다면 이러한 문제점들이 궁극적으로 해결되기 어렵다. 즉 지시의 효력이 부당이득반환에 미치는 영향에 관한 논의가 이루어져야 한다.

그렇지만 신용카드거래는 전형적인 지시사례와 구분되는 차이점이 있다. 미성년자의 신용카드거래에 관한 위 판결은, 미성년자가 카드발행인과의 사이에 신용카드 이용계약을 체결하여 거래를 하였으나 미성년자임을 이유로 이 이용계약을 취소하였다는 사실관계에 기초한 것이다. 여기에서 물건을 구매하고 카드를 제시한 미성년자의 행위는 법정대리인의 동의 없이 이루어졌기에 취소할 수 있는 것이고, 그래서 카드이용계약이 취소되었다. 그렇지만 "신용카드회원과 해당 가맹점 사이에 체결된 개별적인 매매계약은 특별한 사정이 없는 한 신용카드 이용계약취소와 무관하게 유효하게 존속"한다고 하고, 또 "신용카드발행인이 가맹점들에 대하여 그 신용카드 사용대금을 지급한 것은 신용카드 이용계약과는 별개로 신용카드발행인과 가맹점 사이에 체결된 가맹점 계약에 따른 것"이라고 하였다.

요컨대 카드발행인이 가맹점에 지급한 것은 가맹점이 구매자에 대해 가지고 있던 대금채권의 변제를 위한 것이기에, 가맹점은 대가관계의 유효한 채권의 측면에서 보더라도 이득보유의 법률상 원인을 가지는 셈이다. 그렇지만 이 판결이 주로 지적하는 것은, 가맹점의 이득보유는 실제로 신용카드이용계약과 별도로 카드발행인과 가맹점 사이의 가맹점계약에 기초한 것이라는 점이다. 결국 이 미성년자는 신용카드발행인의 가맹점에 대한 대금지급을 통해 이 가맹점에 대한 자신의 대금지급의무를 면하게 되었으므로, 이와 같은 채무면제 역시 재산상의 이득에 해당하므로 반환되어야 할 부당한 이득이라고 결론지었다.

이 사례는 앞서 살펴본 "분양대금지급지시사례"에서와 같은 전형적인 지급지시와는 차이를 보인다. 이 사례에서 가맹점의 이득수령은 카드발행인과 가맹점 사이의 계약을 근거로 이루어진 것이므로, 그 이득의 반환은 오직 당해 계약상의 채권의 효력에만 좌우되는 것이다. 즉 가맹점과 구매자 사이의 계약상의 효력이나 구매자와 신용카드발행인 사이의 카드이용계약의 효력과는 무관하다. 반면에 전형적인 지시사례에서는 지시를 받은 자가 수령자에 대해 고유의 의무를 부담하는 일은 없다. 그러므로 원인관계의 소재와 재산이동관계의 소재가 다르다는 전제하에서 그 원인관계의 효력이 부당이득반환관계에 미치는 영향을 고찰하려는 것이 이 연구의 목적이라면, 사실이 신용카드거래라는 유형은 그다지 큰 의미가 없다고도 할 수 있다.

다만 앞서 언급하였듯이 카드이용자가 물건을 구매하며 가맹점에서 카드를 提示하고 일정한 確認節次를 거친 후 署名하는 과정을 '지시'라고 표현할 수 있다면, 이런 것은 유가증권이나 은행송금에서도 발견된다. 원인관계와 더불어 재산을 이동시키는 별도의 계기로 작용하는 지시의 효력이 부당이득반환관계에 어떠한 영향을 미치게 되는지가 또 하나의 중요한 주제이다.

2. 판례로부터 추출되는 연구과제

지금까지는 우리 민법의 범주 내에서 삼각관계의 부당이득반환이 문제될 수 있는 몇 가지 전형적인 유형을 나열해 보고, 관련된 문제점을 지적해 보았다. 제일 먼저 소개된 "분양대금지급지시사례"처럼 두 개의 원인관계의 채권의 변제가 별도로 문제가 되는 지시사례가 삼각관계의 대표유형으로 일컬어지고 있고, 이 연구에서도 그것이 주요한 연구대상이 된다. 그러나 이 연구에서 말하는 삼각관계는 채권양도와 제삼자를 위한 계약을 비롯하여 그 밖의 유형까지도 포괄한 광의의 것이다. 이제 그것들에서 공통적으로 고찰되어야 할 주요 과제들을 순서에 상관없이 정리해 본다.

(1) 우선 목적지정방향과 재산이동방향의 분리를 들 수 있다. 양 당사자들 간에 계약내용의 이행이 있다면 계약상대방에 대해서 의무를 부담하게 되고 이행하게 된다. 즉 이행이 있더라도 이것은 상대방에 대한 채무의 이행을 목적으로 하는 것이고, 또 그를 상대로 재산상의 지출 내지 부담을 안게 되는 것이다. 요컨대 義務負擔行爲와 履行行爲의 방향이 일치한다. 그리고 해당하는 채무를 변제할 目的을 指定하는 方向과 실제로 財産이 移動하는 方向이 일치한다. 따라서 이런 경우에 일정한 사유로 채권의 효력이 문제된다면 그 반환관계는 매우 단순하다. 즉 법률관계의 당사자들 간에 반환이 이루어지고, 제삼자에게 전가되어서는 안 된다.

그런데 삼자 이상이 관여하는 법률관계에서 이것이 그대로 유지되기를 기대할 수 없다. 가령 채권자에게 이행해야 할 급부내용을 그의 지시에 좇아 제삼자를 상대로 이행하게 된다면, 이때에는 당연히 의무부담행위와 이행행위의 방향이 분리된다. 또 債權讓渡에서도 일단 채무자가 계약을 체결한 상대방은 채권의 양도인이겠으나, 실제로 채무이행을 위한 재산출연의 상대방은 채권의 양수인이므로, 마찬가지로 지시사례에서와 같은 개념분리 현상이 일어난다.

그런데 그나마 채권양도의 경우에는 채권양수인이 새로운 채권자로 등장한 것이므로 채무변제목적을 둔 방향과 실제 재산출연의 방향은 일치한다고 할 수 있다. 그것과 달리 지시사례는 그러하지 않다. 피지시인은 자신의 채권자를 상대로 債務를 辨濟할 目的을 가지게 될 것이지만, 實際로 財産이 移動하는 方向은 지시상의 수령자를 향하고 있기 때문이다. 즉 目的指定方向과 財産移動方向이 일치하지 않게 될 수도 있다.

양자관계와 다른 삼자 이상의 관계에서 이와 같은 목적지정과 재산이동은 지속적인 긴장관계를 유지한다. 그리고 이후에 살펴보게 되겠지만, 이것은 어느 한편을 선호하는 형태로 표현되어 실상 독일 부당이득법론에 있어 目的的 給付概念論과 財産移動中心論으로 나타나기도 한다. 그리하여 두 방향이 분리되는 삼각관계에서 부당이득반환이 과연 채무변제를 위한 목적설정을 중심으로 이루어질 것인지, 아니면 가치의 흐름을 기준으로 하여 정해지는 것인지가 문제될 것이다.

(2) 두 번째의 연구과제는 부당이득법과 계약법의 관계이다. 목적지정방향이나 재산이동방향이라는 개념을 형성하는 기본은 채권의 존재이고, 그 채권은 계약을 비롯한 다양한 발생원인에 의해 생겨난다. 그런데 삼각관계의 부당이득반환에 관한 판례에서는 어김없이 "契約法의 基本原理"[18]가 언급되고 있고, 계약관계에 있지 않은 제

---

18) 대법원 2002.8.23.선고 99다66564,66571 판결(소위 전용물사안에 대한 판결); 대법원 2003.12.26.선고 201다46730 판결(이 연구의 "분양대금지

삼자들 사이의 부당이득반환청구의 제한원리로 작용하고 있다.

"契約을 締結한다"는 것은 양 당사자가 자신의 계약상대방과 계약내용을 스스로 결정하는 것을 의미한다. 이미 계약체결에 즈음하여 상대방의 자력을 심사할 기회가 있었고, 상대방이 갖게 되는 항변권도 충분히 예상할 수 있었으며, 나아가 스스로 자기 재산의 운명을 결정하는 처분의사가 존재했다. 즉 계약당사자로서는 계약과 관련된 상대방의 항변도 감수해야 하며, 그 연장선상에서 만일에 있을지 모를 상대방의 무자력위험도 부담해야 한다. 그리고 그와 같은 기회가 전혀 없었던 제삼자에게는 이와 같은 계약상의 책임을 전가하지 않는 것이 계약법의 원리이다. 그리고 그와 같은 원리는 해제의 효과가 미치는 범위를 규정한 제548조 제1항에서 확인되고 있다.

바로 위에서 계약법원리를 언급하며 계약상대방의 무자력위험을 언급하였지만, 부당이득법에 있어 무자력위험의 문제를 배제하고서는 논의가 진행될 수 없다. 급부시점과 반환시점 사이에 당사자들의 자력이 유지되어 급부된 것을 주고받는 과정이 별 탈 없이 진행될 수 있다면 문제될 것이 없다. 그러나 두 시점 사이에 누구든 무자력이 될 수 있는 것이므로, 계약체결에는 상대방의 무자력위험에 대한 부담까지 포함된다고 할 수 있다.

계약법원리를 간략하게 표현하면, 계약당사자만이 계약상의 권리와 의무를 가지는 것이 바람직하다는 것을 가리키는 것이라고 할 수 있겠다. 그런데 위에서 밝힌 것처럼 삼각관계유형 중에는 채무변제

급지시사례"); 대법원 2005.7.22.선고 2005다7566,7573 판결(이 연구의 "제삼자지급계약사례").

를 위한 목적지정의 방향과 실제로 재산이 이동한 방향이 분리되는 경우가 있을 수 있는데, 계약법원리를 특별히 강조하게 되면 그런 경우에 응당 채무변제를 위한 목적지정의 방향으로 반환청구가 이루어지지 않을 수 없고, 이때 계약관계에 있지 않은 제삼자를 상대로 하는 경우는 있을 수 없다. 그러므로 만일에 제삼자에 대한 반환청구를 긍정한다면, 이것은 사실상 계약법원리의 파괴라고도 할 수 있는 것이다.

그런데 "제삼자지급계약사례"에서는 이 계약법원리가 채권에 기해 이동한 재산의 반환까지도 제한하는 원리로 작용하고 있음이 확인되었다. 뒤에 살펴보겠지만, 급부이득의 반환은 부당이득법의 원형이다. 채권에 기해 이동한 가치는 채권이 효력을 잃으면 비채변제로서 원래 채권의 채무자에게 반환되는 것이 원칙이다. 그러므로 이 제삼자를 위한 계약의 경우에 낙약자의 수익자에 대한 반환청구를 원천적으로 봉쇄하는 결론에 이르렀다는 사실은, 부당이득법에 대한 계약법의 명백한 우위를 보여주는 것이라고 하지 않을 수 없다.

결국 不當利得法과 契約法이다. 이 연구가 궁극적으로 추구하는 이상적인 목표는 다름 아닌 이 두 제도를 조화롭게 해석함으로써 민법 전반을 관통할 수 있는 설득력 있는 결론을 도출하는 것이어야 한다. 이후에 살펴보게 되는 카나리스의 세 가지 평가기준은 이와 같은 이념을 반영한 것이며,[19] 앞서 살펴본 주요 판례에서도 이런 관점이 지속적으로 견지되고 있음을 알 수 있다.

---

19) 第五章 제4절 2 참조.

(3) 삼각관계에서의 부당이득반환을 가능하게 하는 利得의 法律上 原因 不在를 밝히는 것도 중요하다. 부당이득반환청구권이 성립되기 위해서는 최우선적으로 법률상 원인의 부재라는 요건이 입증되어야 하는데도 불구하고, 사실 삼각관계의 리딩케이스가 되는 "분양대금지급지시사례"나 "분양대금채권양도사례"에서는 이런 관점에 특별한 주의를 기울이지 않은 것으로 보인다. 이것은 계약이 해제되어 채권이 효력을 잃음으로써 그 채권에 기해 이루어진 이득은 응당 원래의 채권관계의 채무자에게 반환되어야 한다는, 다시 말해 기본적으로 給付事例로 이해한 결과로 파악된다.

그런데 "제삼자지급계약사례"의 결론과 논거는 상당히 특이하다고 생각된다. 이 경우에 낙약자에게서 수익자에게 이동한 것은 채권에 기한 것이므로 분명히 급부이득이다. 그러므로 受益者가 이득을 보유할 수 있는 法律上의 原因이라는 것은 응당 제삼자를 위한 계약에서 발생하는 債權에 기한 것이다. 그러므로 당해 채권을 발생시키는 계약관계상의 하자가 채권의 효력에까지 영향을 미치는 것은 그런대로 수긍할 수 있는 것이다. 그리고 그것이 계약법원리를 통해 제한된 것이다.

그런데 이 판결에서 내세우는 반환청구배제의 논거 중 하나가 바로 對價關係에 관한 것이다. 즉 제삼자를 위한 계약의 "대가관계에 아무런 하자가 없는 경우"에 수익자의 급부수령은 '정당한 수령'으로서 "부당이득반환의 대상이 되지 아니"한다고 설명하고 있는 부분이다. 보상관계로부터 발생한 채권이 효력을 잃어 이득반환의무를 부담하는 수익자에게, 그것 이외에 별도로 부당이득반환의 대상에서 제외될 수 있게 해 주는 또 다른 법률상 원인이 주어질 수 있는 것인지의 문제인 것이다.

판례는 수익자가 "대가관계에 아무런 하자가 없"어서 정당하게 수령할 수 있다고 하며 요약자에게 부당이득반환의무를 부담시키고 있다. 요약자가 낙약자의 계약상대방이므로 원상회복의무를 부담한다고 한다면 그것은 그 자체로 계약법원리를 관철시킨 결과하고 하겠으나, 이 사례는 기본적으로 부당이득법을 다룬 것이다. 부당하게 이득한 자가 이득반환의무자라는 기본적인 원칙에 비추어, 이득이 실제로 수익자에게로 전해진 상황에서 도대체 요약자에게 잔존한 부당한 이득이라는 것이 무엇인지에 의문이 든다.

그런데 대가관계상 유효한 법률상 원인이 존재한다고 하여 수익자에게 부당이득반환의무를 배제시킨 판례의 논거에 대해서도 좀 더 생각해 볼 여지가 있다. 만일 수익자가 요약자에 대해 채권을 가진다면 '채권의 상대성'이라는 특성에 비추어 오직 그들 내부적으로만 채권이 주장될 수 있는 것이고, 그 채권이 효력을 잃었다면 오직 그 채권관계의 상대방에게 반환하는 것이 원칙이라고 하겠다. 그런데 그 채권의 효력 여하가 제삼자인 낙약자의 부당이득반환청구에 대해서도 영향을 줄 수 있는 것인가. 이 점은 비단 제삼자를 위한 계약뿐만 아니라 지시사례에서도 마찬가지로 문제될 수 있을 것이다.

이득보유를 정당화하는 법률상 원인이 되는 것인지를 판단하는 것은 부당이득법에 있어 기본이 되는 문제이다. 삼각관계유형에서는 이득의 실제 이동이 채권채무관계와 반드시 일치하지 않을 수 있다는 점이 중요하다. 따라서 添附(제256조 이하)와 善意取得(249조)의

가능성을 언제나 염두에 두어야 한다. 그런데 법률은 전자에 대해서는 제261조를 통해 부당이득의 반환을 인정하고 있는 반면, 후자에 대해서는 그와 같은 이득조정을 예정하고 있지 않다. 양자가 공통적으로 법률의 규정에 의한 재산이동현상임에도 불구하고 왜 이득조정에 있어서는 그와 같은 평가상의 차이가 존재해야 하는 것일까.[20] 다시 말해 이것은 왜 첨부로 인해 얻게 되는 이득은 왜 이득보유의 법률상 원인이 되지 못하며, 선의취득은 그와 같은 법률상 원인이 되는 것인지로 표현될 수도 있겠다. 그렇지만 실정법과 판례의 조화로운 해석을 위한 이 연구의 취지를 상기하면서, 연구는 삼각관계유형에서의 정당한 법률상 원인을 확인하는 것으로 제한하기로 한다.

(4) 마지막으로 指示의 效力에 관한 연구가 이루어져야 한다. 즉 앞서 신용카드 거래의 서명 등 확인절차, 또는 가장 대표적인 것으로 은행송금을 들 수 있는데, 일정한 약정상의 기간 중에 반복적으로 재산이동의 원인을 제공하는 지시라는 법제도가 부당이득반환관계에 어떤 영향을 미치는지에 대한 것이다. 이것을 언제나 원인관계의 효력에 관한 문제의 일부로 이해하여 문제 삼는 것은 반복적이고 지속적인 지급방법으로 다양한 형태를 예정하고 있는 현대사회에는 그다지 적절치 못하다. 즉 원인관계와 無因인 독자적인 제도를 상정하여 그것과 부당이득반환의 관계를 별도로 논의하는 것이 바람직할 것이다.

삼각관계유형 전반에 통용되는 일반적인 부당이득법원리를 도출해

---

20) 民法注解 ⅩⅦ, 제741(梁彰洙 집필부분, 2005), 161.

내기 위해서는, 해당되는 유형을 모두 망라하여 상호 간에 비교하고 검토하는 방법이 가장 좋은 방법이 될 것이다. 그렇지만 유형의 다양성만큼이나 그 현실성이 부족하기에, 위에서 소개한 주요 개념들을 압축적이면서도 포괄적으로 담을 수 있는 이상적인 유형이 있다면 그것을 모델로 삼아 연구를 진행하는 것이 적절한 것으로 보인다. 그리고 거기에서 도출된 이론을 다른 유형에 대입해 본 후 적절한 결론에 도달할 수 있음을 확인하게 된다면, 그것으로 그 도출된 원리는 일반성을 확보하게 되는 것이다.

그런데 실제로 동일한 사실관계를 두고서 그것이 어느 제도에 해당하는 것인지 명료하지 않은 경우도 있다는 점이 문제이다. 예컨대 우리 민법학에 최초로 삼각관계론의 단서를 제공했다고 평가할 수 있는 "분양대금지급지시사례"만 보더라도, 이것이 전적으로 지시사례의 전형을 보여주는 것이라고 하겠지만, 실상 제삼자를 위한 계약으로 이해하고 해석론을 전개하는 것[21]이 실정법에 근거를 두고 있다는 점에서 오히려 더 공감을 얻을 수도 있을 것이기 때문이다. 이하에서 확인하게 되겠지만, 이 연구에서 삼각관계의 대표적 유형으로 지시사례를 모델로 삼는다면 과연 실정법이 마련해두고 있는 법제도 이외에 별도의 유형으로서 지시사례를 새롭게 상정하여 논의를 전개할 필요가 있는 것인지도 신중하게 검토되어야 한다. 그러므로 제삼자를 위한 계약이나 채권양도 등과 달리, 삼각관계유형 중에서 指示事例만이 가지는 기본적 구조와 성격이 먼저 파악되어야 한다.

---

21) 金東勳 (2004), 191 이하 참조.

제3절 · 삼각관계 중의 지시사례

제3절 삼각관계 중의 지시사례 ⋯⋯⋯⋯⋯⋯⋯⋯⋯⋯⋯⋯⋯⋯⋯⋯⋯⋯⋯⋯

1. 지시사례 고찰의 필요성

민법전 내외를 불문하고 다양한 형태의 삼각관계유형들을 발견할 수 있지만, 일단 삼면을 구성하는 법률관계의 어느 하나는 필연적으로 채권관계로 이루어져 있다는 것을 알 수 있다. 그리고 일단 채권의 효력에 기해 이루어진 재산이동이 부당이득으로서 반환되어야 한다면, 그것은 종전의 채권발생의 원인관계를 기준으로 이루어지는 것이 원칙이다. 즉 채권 자체가 급부이동과 보유의 법률상 원인이고, 채권이 효력을 잃었다는 것은 더 이상 그 법률상 원인이 존재하지 않는다는 것을 의미하기 때문이다. 바꿔 말해 삼각관계유형의 발생원인에는 여러 가지가 있겠지만, 앞서 살펴본 지시사례이든 채권양도이든 아니면 제삼자를 위한 계약이든, 언제나 기본이 되는 것은 양 당사자 사이에 존재하는 채권관계이다. 따라서 다양한 삼각관계

유형에 대해 이 원인관계를 기준으로 분류해 보는 것도 의미가 있으리라 생각된다.

가령 "제삼자를 위한 계약"의 경우를 보더라도 사실상 요약자와 낙약자 간의 보상관계를 기본관계로 한 것이며, 요약자와 수령자 간의 대가관계의 존재가 제삼자를 위한 계약 성립의 필수사항이 아니라는 것은 주지의 사실이다.[22] 즉 제삼자를 위한 계약은 보상관계를 기본관계로 하여 형성된 삼각관계유형인 것이고, 제삼자인 수익자의 권리도 사실상 이 보상관계의 효력에 좌우된다.

만일에 급부를 단축시키기 위해 지시가 이루어졌다고 해 보자. 지시사례는 필연적으로 두 개의 연속된 원인관계를 전제로 한다. 그러므로 피지시인과 지시인 사이의 채권관계이든 지시인과 수령자 사이의 채권관계이든 어느 하나만이 효력을 잃을 수도 있고, 두 개 모두 효력을 잃을 수도 있다. 즉 두 개의 원인관계의 각 채권은 그 각각의 효력이 문제될 수 있는 것이고, 그 효력여하는 부당이득반환관계의 구성에 독자적으로 영향을 미친다고 할 수 있다. 또 실제의 재산이동은 그와 같은 채권관계에서 이루어진 것이 아니라, 피지시인과 수령자 사이, 즉 원인관계에 있지 않은 자들 사이에서 이루어졌는데, 이것이 바로 지시급부의 특징이 된다.

이처럼 재산이동의 동력을 제공한 원인관계를 중심으로 삼각관계를 유형화하면 다음과 같다.[23] 우선 他人債務의 지급(제삼자의 변

---

22) 대법원 2005.7.22.선고 2005다7566,7573 판결(이 연구의 "제삼자지급계약사례"); 池元林 (2005), 1126.
23) v.Caemmerer (1962), 325ff.의 四分類는, 타인채무의 변제(Zahlung fremder

제), 보증계약, 채무인수 등의 유형에서 보면, 재산을 출연한 자가 소멸시키고자 하는 채무는 스스로 부담한 것이 아니며, 재산을 수령하는 자도 그의 채권자가 아니다. 반면에 第三者를 爲한 契約에서는 낙약자의 재산출연은 수익자가 대가관계상 가지는 채권을 변제하기 위한 것이 아니다. 이것은 오직 낙약자와 요약자와의 계약에 기해 발생한 자신의 채무이행을 위한 것이다.

債權讓渡의 경우는 좀 특수하다. 채권이 양도된다는 것은 채권의 동일성을 유지한 채 채권관계의 당사자가 변경되는 것이다. 설령 채무자로서는 양도인과의 계약으로 채무를 부담하게 되었지만 이제 채무를 이행할 의무는 채권양수인에게 부담하는 것이므로, 기본관계를 어느 편에 둘 것인지에 대해서는 좀 더 생각해 보아야 한다. 채권소멸 자체를 기준으로 삼는다면 당연히 기본관계는 양수인과의 사이에 존재한다고 하겠지만, 이 기본관계라는 것은 양도인과의 사이에도 동일하게 존재하였던 것이기 때문이다.

그런데 단축된 급부를 위한 指示事例는 위의 제도들과는 조금 다르다. 이 제도는 연속된 원인관계가 여전히 유효하게 존재하지만 실제의 재산이동은 원인관계에 있지 않은 자들 사이에서 이루어지는 것이므로, 하나의 모델 안에서 두 개의 원인관계 모두, 즉 보상관계

Schulden), 보상관계에 좌우되는 급부(Leistung in Abhängigkeit von Deckungsbeziehungen), 지시급부와 유가증권급부(Anweisungs - und Clearingleistungen), 제삼자를 위한 반사효를 지닌 급부(Leistungen mit Reflexwirkungen für Dritte)인데, 이와 같은 분류는 각각 대가관계에 좌우되는 삼각관계, 보상관계에 좌우되는 삼각관계, 양자 모두에 관련되는 삼각관계, 그리고 마지막으로 전형적인 轉用物訴權(Versionsklage)에 해당하는 것이다.

와 대가관계의 효력여하가 각각 동시에 부당이득반환에 영향을 미칠 수 있다는 점을 특징으로 한다. 이상의 분류를 간단히 도식화하고, 기본이 되는 원인관계를 굵은 실선으로 표시하면 다음과 같다.

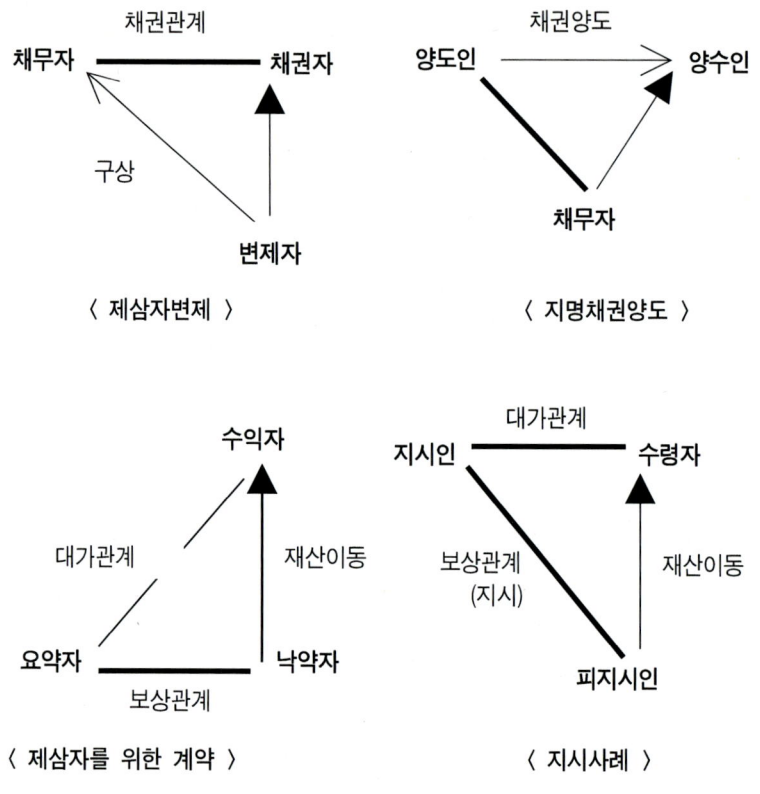

〈 제삼자변제 〉

〈 지명채권양도 〉

〈 제삼자를 위한 계약 〉

〈 지시사례 〉

삼각관계라는 제하에 부당이득법을 논의하기 위해서 각각의 개별 적인 유형의 특색을 파악하는 일도 중요하겠지만, 전체의 개관을 가능하게 하는 이상적인 모델을 제시하여 일괄적으로 전개하는 것이 합리적이다. 비교모델에서 알 수 있듯이 지시사례는 제도에 내재된 개념 자체가 보상관계와 대가관계, 그리고 지시에 따른 실제의 재산이동관계 모두를 담고 있고, 위에서 언급한 연구의 취지를 가장 잘 반영한 모델이 된다고 할 수 있다.

그런데 이 제도에는 다른 제도와는 달리 원인관계와는 별도로 유효한 지시의 존재도 재산이동의 원인이 된다는 특징이 있다. 그러므로 原因關係의 效力如何[24]와는 별도로 이 指示의 效力如何[25]에 따른 不當利得返還關係에도 관심을 기울여야 하는 과제가 생긴다는 점도 미리 지적해둔다. 이하에서는 指示事例의 특징을 좀 더 구체적으로 확인하고자 한다.

2. 기본구조와 개념

1) 급부연쇄와 단축된 인도

다수의 당사자가 관련된 법률관계를 부당이득법적으로 다루는 유형은 실로 너무나 다양하여 모든 개별사례를 일일이 나열하는 것이 물리적으로 불가능하다. 그러나 연구를 진행시킴에 있어서 가장 간단하면서도 상호 비교되는 유형으로 다음의 두 가지를 드는 것이 일

---

24) 第三章 참조.
25) 第四章 참조.

반적인데, 給付連鎖와 短縮된 引渡이다.

예컨대 A가 B에게 물건을 매도하고 소유권을 이전했으며 B는 계속해서 이것을 C에게 매도하고 그 소유권을 이전시켰다. 여기에서 A와 B 간의 매매가 의사의 불합치 등으로 인해 무효일 수도 있고, 또는 매매계약이 연속되어 이루어졌지만 A가 B의 사기를 원인으로 자신의 매매계약을 취소할 수도 있다. 이때에 A가 B를 상대로 급부부당이득반환청구를 할 수 있는 것은 당연하다. 물론 이 경우에 B에게는 매매목적물이 남아 있지 않으므로 원래의 물건을 반환할 수 없는 경우에 해당하여 그것의 가액을 반환하게 된다(제747조 제1항).

이와는 달리 A와 B 간, B와 C 간의 매매계약 모두가 무효인 경우도 있다. 소위 '이중하자'가 발생한 이때에 A와 C 사이에는 급부라고 할 만한 것이 존재하지 않으므로 급부부당이득반환청구권이 발생할 수 없는 것은 당연하다. 그런데 이 경우에 비급부부당이득반환청구권도 인정될 수 없다고 해야 하는데, 어쨌든 C는 B의 재산으로부터 목적물을 취득하였으므로 B의 손실을 기초로 이득한 것이지, A의 재산과는 무관한 지위에 있기 때문이다.

A ——————▶ B ——————▶ C

이와 같이 매매 기타 사유로 인한 급부가 단순히 연속되어 있는 사례를 給付連鎖(Leistungskette) 내지는 引渡連鎖(Lieferungskette)라고 한다. 이 경우 급부목적물은 A, B, C 모든 위치를 통과하고, 따라서 일단 B의 점유도 거치게 된다는 점을 특징으로 한다.

그런데 이렇게 순서대로 목적물이 이전하는 것과는 달리, 급부목
적물이 A에서 C로 바로 이전하는 경우를 생각해 볼 수 있다. 예를
들어 매도인 A가 매수인 B의 지시에 따라 당해 물건을 B로부터 매
수한 제삼자 C에게 직접 인도하고 소유권을 이전시켰다. 그런데 A
와 B 간의 매매계약이 의사불합치로 무효가 되었다.

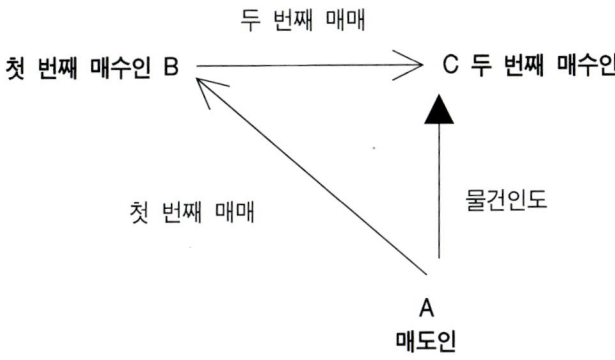

이런 형태의 법률관계를 가리켜 단축된 급부(abgekürzte Leistung)
또는 지시사례(Anweisungsfälle)라고 하는데,26) 급부연쇄의 경우와는

---

26) 상당수의 문헌들이 단축된 급부와 지시사례를 구분하며, 그 기준을 물
권법적 문제가 발생할 여지에 따라 구분하고 있지만(대표적인 책으로
Larenz / Canaris, Schuldrecht, Ⅱ / 2 §70 참조), 그때에도 부당이득법상
양자를 구분하는 것이 그다지 큰 의미가 없다는 취지에서 일괄적으로
설명하는 방식을 취하고 있다. 대표적으로, 金亨培, 事務管理・不當利
得(2002), 284면 참조. 다수의 지시사례가 급부단축의 기능을 수행하기

달리 급부목적물이 B를 거치지 않고 직접 C에게 인도되는 것이 특징이다. 급부를 단축시키는 기능을 실행하는 민법상의 법제도는 다양하게 존재하지만, 그중에서도 '指示'라는 독자적인 법제도를 통해 법률관계가 직접적으로 형성되며 그것의 효력에 의해 부당이득반환관계가 좌우될 수 있는 법률관계를 특별히 '指示事例'로 지칭하기로 한다. 그 대표적인 예가 은행송금사례인데, 은행고객이 자신의 거래은행으로 하여금 자신과 일정한 법률관계에 있는 제삼자에게 일정금액을 지급하도록 지시하고 은행은 그 지시에 따라 그 제삼자에게 지급함으로써, 은행고객으로서는 제삼자에게 부담하고 있던 자신의 채무를 면하게 되는 것이다.

급부연쇄 같은 경우는 부당이득법적으로 그다지 문제될 것이 없는데, 이것은 양자관계를 연속시킨 것에 불과하여 해석에 큰 차이가 없기 때문이다. 그러나 단축된 인도와 같은 두 번째 경우처럼 양도가 '경유하여'(übers Eck) 이루어지지 않고 직접 제삼자에게로 이전되는 경우의 문제는 그리 간단치 않다. 물권변동에서 형식주의를 취하는 우리나라와 같은 법제에서는 인도된 목적물이 동산이든 부동산이든 불문하고 B는 한 번도 물건의 소유권을 취득한 적이 없기 때문이다. 중간자인 B가 소유권을 취득하였는지 여부는 부당이득법적으로도 적지 않은 의미를 가진다.

물론 채권으로서의 부당이득반환청구권은 실제로 물권법적 구조와

_____

위한 것이기는 하지만, 앞서 언급한 신용카드거래처럼 소비자편의를 위한 경우도 적지 않으므로, 양자가 구별되는 것은 당연하다. 다만 부당이득법적으로 이론전개와 결론에 차이를 두어서는 안 된다.

는 별개로 개념 지어지는 것이고, 또 물권적 청구권도 부당이득반환 청구권과는 명확히 구분되는 개념이다. 다만 관념적인 물권변동과정이 이미지로라도 그려질 수 있다면 그것 역시 부당이득조정에 충분히 참작되어야 할 것인데, 왜냐하면 물권법이든 채권법이든 동일한 법체계 내에서 이득이 귀속되어야 할 정당한 方向을 가리키는 것이기 때문이다. 그리고 그것을 받아들이지 못한다면 이것은 법체계 내부의 모순과 괴리로 연결될 수도 있다.

소유권양도 등의 물권법적인 처분행위로 취득자에게 그 대상을 '귀속'시키는 것은, 바꿔 말해 만인에 대한 방어 및 보호의 청구권, 법적·사실적 처분가능성 및 집행법상의 책임재산의 관점에서 귀속시키는 것이다. 그리고 이런 귀속의 관점은 물권법을 넘어 법질서 전체의 관점에서도 받아들여지는 것이어야 하고, 일정한 주체에 대산 일정한 대상의 귀속을 실현하기 위해 권리자가 그것을 주장하고, 또 그렇게 하여 취득한 것을 계속 보유할 수 있도록 결정하는 것은 채권법의 몫인 것이다.[27] 그리고 부당이득반환청구권은 그런 채권법 중에서도 가장 후방에 위치하며, 물권변동규칙을 적용하였음에도 완전히 교정되지 않은 부당한 재산이동 내지 재산보유를 교정하는 것이다.

---

27) 郭潤直, 債權總論 (2003), 3에서는, "債權關係는 기본적으로 物權關係에 도달하기 위한 수단에 지나지 않"았으나 역시 현대사회에 이르러 그와 같은 주종관계의 역전현상이 일어나고 있는 현상을 소개하고 있다. 물론 같은 책, 19에서도 인간관계의 신뢰를 보호할 만한 국가권력이 갖추어진 후에야 채권이 인정될 수 있으므로, 물권 중심의 사회가 채권 중심의 사회로 진보하는 것이라고 설명하고 있다. 타당한 설명이지만, 그렇다고 해서 채권이 일방적으로 물권을 지배하는 일은 우리 법체계 내에서는 가능하지 않다.

단축된 급부에서는 급부연쇄와 비교하여 물건의 소유권을 취득하지 않으면서 단지 물건의 양도를 매개하는 것에 불과한 중간자 B의 지위가 그다지 선명하게 인식되지 않는다. 다만 가치이동의 측면에서도 양자 사이에 특별한 차이가 없다고 해야 하는데, 급부연쇄이든 단축된 인도이든 B의 시각에서는 자신의 채권자인 C를 상대로 한 이행의 방법을 달리 선택한 것에 지나지 않기 때문이다. 이런 취지에서 재산이 B를 거쳐 이동한 것으로 보는 '경유적 소유권이동'을 의제할 수 있다면, 위 두 가지 유형에 일관된 공통적인 부당이득법 체계를 구성할 여지가 있게 된다.

2) 지시사례의 특징

평면적인 양자관계만을 염두에 둔 것처럼 비춰지는 민법조문의 규정형식을 뛰어넘어 삼자 이상의 관계를 본 연구의 관심대상으로 삼고자 하는 것은, 그렇게 하는 것이 부당이득법적 문제해결에 일반성과 명확성을 더욱 확실히 보장해 줄 것이라는 점에서이다. 즉 삼자 이상 관계의 경우 양자관계에는 존재하지 않는 별도의 관념이 개입할 것이므로, 양자관계이든 삼자 이상의 관계이든, 모든 유형에 포괄적으로 적용될 수 있는 일반적인 원리를 도출할 수 있다. 그런데 지시사례에는 다른 유형에 비해 이론적인 측면에서 부당이득법에서 다루어지는 거의 모든 개념들을 含蓄的으로 담고 있다는 사실을 알 수 있다.

일단 전형적인 지시사례라고 할 수 있는 "분양대금지급지시사례"

가 지적한 지시사례의 주요 특징은, 동시이행효와 재산의 경유적 이동으로 요약될 수 있다. 피지시인의 일회의 재산출연으로 인해 연속된 원인관계가 모두 변제되는 것이며, 그 결과 실제 재산은 피지시인에게 이동되었지만, 관념상 지시인을 경유한 것으로 의제하는 것이다. 따라서 보상관계의 채권이 효력을 잃는다면 피지시인은 지시인을 상대로 부당이득반환을 청구할 수 있는 것이고, 대가관계상 채권이 무효가 되면 지시인이 지시수령자를 상대로 이득반환을 청구할 수 있는 것이다.

이런 지시사례의 구조를 좀 더 상세히 살펴보면, 양자관계와 구분되는 또 다른 중요한 특징이 있다는 것을 알 수 있다. 가령 두 사람만이 관련된 법률관계에서의 채무자의 채무이행이 있다면 그 債務負擔行爲와 債務履行行爲의 방향이 일치한다. 채무변제의 단계에만 집중하더라도 계약에 기한 채무의 辨濟의 目的을 두는 방향과 財産移動의 방향이 일치하기 마련이다. 그렇지만 앞에서 판례를 통해 확인한 바와 같이, 삼자 이상이 관여한 법률관계에서 이와 달리 의무부담행위와 이행행위의 방향이 분리되어 있을뿐더러, 변제목적을 지정하는 방향과 실제 재산의 이동방향도 반드시 일치하리라는 보장이 없다. 지시사례는 다른 삼각관계유형에 비해 이와 같은 개념구분이 가장 확실히 이루어지는 유형이다(연구과제 (1) 참조).

다른 다양한 삼각관계유형과 비교하여 굳이 지시사례를 기본유형으로 삼는 또 다른 이유는, 언급한 바대로 대가관계와 보상관계 모두가 부당이득반환관계에서 의미를 가지기 때문이다. 이를테면 다음과 같다. 지시사례의 세 면은 각각 대가관계, 보상관계, (실제) 재산이동관계를 구성하지만, 민법상의 다른 삼각관계유형들과 달리 수 개의 원인관계의 사이에 주종이 없다는 점이다. 즉 특정한 어느 하나의 채권의 변제를 목적으로 재산이 이동하는 것이 아니라, 복수의 채권 모두의 효력이 독자적으로 부당이득반환관계에 영향을 미치므로 채권들 간에 가치평가상 동등한 지위가 유지된다고 할 수 있다.

　각각의 원인관계가 서로 영향을 미치지 않는다면, 각 당사자는 자신과 무관한 계약관계의 효력에 영향을 받지 않아야 한다. 계약을 체결한다는 것은 스스로 당해 계약에 구속됨으로써 만일에 있을지 모르는 상대방에 관련된 위험을 미리 부담하겠다는 것을 의미하므로 각각의 원인관계에는 항변권위험과 무자력위험의 분담규칙이 정해져 있다고 할 수 있다. 그런데 이제 어떤 사유로 부당이득반환관계에 들어서게 되면서 다양한 이해관계들이 개입하여 그와 같은 분담규칙을 원래대로 유지하는 것이 곤란해진 것이다. 물론 일차적으로는 자신의 계약상대방과 문제를 해결하는 것이 원칙이겠지만, 상황에 따라 그것이 여의치 않다면 결국 부당이득법과 같은 기재를 사용하여 새로운 방식으로 반환청구권과 반환의무자를 가려내야 하는 것이다. 특히 지시사례에서는 수령자가 자신의 채무자인 지시인이 아닌 제삼자로부터 직접 이득을 수령하였다는 것이고, 이제 그 제삼자로부터 이득반환을 당하게 되는 국면에 이르렀다면 당연히 자신의 계약상대방에게 주장할 수 있는 항변권을 반환청구하는 자에게도 주장하고자 할 것이다. 즉 양자관계에서는 크게 문제되지 않았던 계약법원리가 지시사례에서는 부당이득법원리를 제한하는 것으로 등장하게 되는 것을 알 수 있다.

타당한 결론에 이르기까지 거쳐야 하는 여러 가지 추론과정을 거쳐야 하지만, 그런 필요한 모든 과정을 거치고서야 비로소 다양한 부당이득반환관계에 일관되게 적용될 만한 일반원칙들을 도출할 수 있게 될 것이다. 따라서 계약법과 부당이득법의 관계를 일반적으로 가늠할 수 있는 보편적인 원칙을 도출하는 것에도 지시사례가 적합한 모델이다(연구과제 (2) 참조).

그런데 어쨌든 부당이득반환청구권이 성립하려면 우리 부당이득법의 일반조항이 예정하고 있는 요건들, 즉 반환권리자의 손실, 반환의무자의 이득, 이득보유의 법률상 원인의 부재, 이득과 손실 간의 인과관계가 충족되어야 한다. 지시사례에서 반환을 청구하는 자에 대해 이득수령자는 자신의 채무자에 대한 항변권을 여전히 주장할 수 있어야 한다고 하였다. 그런 항변사유 중에는 수령자가 자신의 채무자에 대한 유효한 채권에 기해 정당하게 변제받은 것이라는 주장도 해당될 수 있다. 어차피 채권이라는 것은 법이 인정하고 있는 가장 일반적인 이득보유의 원인이라고 할 수 있다. 그런데 이제는 그런 채권이 제삼자로부터의 부당이득반환청구에 대항할 수 있는 법률상 원인으로서도 기능할 수 있을 것인지 여부도 문제되는 것이다. 지시사례는 복수의 원인관계상의 채권의 효력이 독자적으로 부당이득반환관계에 영향을 미치는 것이므로, 채권이라는 이득보유의 법률상 원인에 대한 보다 정밀한 검토도 필요하다(연구과제 (3) 참조).

지시사례가 위의 연구과제를 수행하기에 적합한 유형인 것은 물론이지만, 어쨌든 이 연구는 지시사례의 부당이득반환관계를 정하기 위한 것이므로, 指示 자체에 대한 연구도 병행되어야 하는 것은 당연하다. 이것은 무엇보다도 삼각관계를 구성하는 개별적인 제도에 대한 이해가 선행되어야만 그것의 청산과 이해관계조정을 담당하는 부당이득법과의 관계도 조화롭게 해석될 수 있을 것이기 때문이다. 그러므로 지시사례에서의 지시, 채권양도사례에서의 채권양도, 제삼자를 위한 계약의 사례에서는 당해 계약구조에 대한 검토도 함께 이루어져야 한다.

우리 부당이득법은 그 유래를 일본의 부당이득법을 거쳐 독일에서 구하는 것이 일반적인 견해이다. 그렇지만 부당이득법의 연구에 있어 항상 염두에 두어야 할 것은, 독일과 우리나라에서 부당이득법이 지니는 의미가 서로 다를 수 있다는 점이다. 독일민법에서 부당이득법이 담당하고 있는 역할은 실상 "물권행위의 무인성원칙"의 채택과 밀접한 관련이 있다.[28] 이를테면 독일에서는 계약이 무효임에도 불구하고 소유권이전에는 영향을 미치지 않으므로 소유권에 기한 물권적 청구권의 작용이 불가능하게 될 수 있는데, 여기에 개입하여 부당한 재산상태를 교정하는 것이 부당이득반환청구권의 가장 중요한 역할이라고 할 수 있다.[29] 그렇다면 물권행위의 무인성이 인정되지 않는 우리 민법에서 부당이득법은 과연 어떤 의미를 가지는지가 선결되어야 하고, 이것은 다시 말해 민법상 부당이득법의 기능이 새롭게 평가되어야 한다는 의미인 것이다.[30]

---

28) Motive, 830; Larenz / Canaris (1994), 248.
29) Savigny, System, Bd.5 (1841), 513 – 515.
30) Esser / Weyers (2000), 41에서는, 무인성원칙을 채택하는 독일과 그렇지 않은 외국의 경우를 대비하여 물권적 청구권과 부당이득반환청구권의 독자적인 지위를 구분하고 있다.

그러므로 이하에서는 일단 물건의 소유권이 이전되는 지시사례를 중심으로 그 반환관계에 관해 살펴보기로 한다. 즉 동산과 부동산이 채무변제를 위해 제삼자에게 이행되었으나 그 채권의 효력에 이상이 생긴 경우에 관한 것이다. 논의전개를 용이하게 하기 위해 위에서 제시한 두 가지 유형 중 단축된 급부의 유형과 같은 삼각구조를 예시유형으로 삼기로 한다. 여기에서 A와 B 간의 관계를 補償關係(Deckungsverhältnis), B와 C 간의 관계를 對價關係(Valutaverhältnis)라고 하는 것이 일반적이므로, 이에 따르기로 한다. 또한 설명과 이해의 편의를 도모하기 위해 필요한 상황에 따라, 보상관계의 당사자 중 자신이 체결한 계약내용을 이행하도록 지시한 자(Anweisender)를 'A'로, 실제로 이행을 하도록 지시를 받은 자(Angewiesener)를 'G'로 표시한다. 다른 한편으로 대가관계에서 A의 계약상대방이자 G의 이행을 수령한 자(Anweisungsempfänger)를 'E'로 표시하기로 한다.

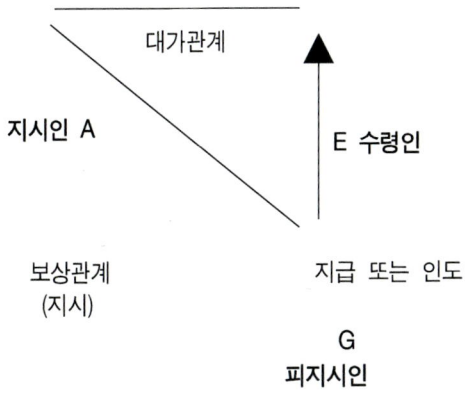

3. 물건의 소유권이전에 관한 지시

물건급부에 대한 지시사례에서의 부당이득을 무현금거래와 분리하여 고찰하는 이유는, 物權變動에 관한 한 그 독자적인 法則이 확립되어 있어 부당이득법도 그 물권법 원리의 영향을 받지 않을 수 없기 때문이다. 즉 물권변동법칙에 좌우되는 부당이득법의 현상들을 포착할 수 있게 된다. 물권변동에 있어 형식주의를 취하게 되면, 동산의 경우이든 부동산의 경우이든 물권변동에는 당사자 간의 합의와 공시방법이 함께 요구된다. 그런데 지시에 좇아 물건이 최초매도인으로부터 최후매수인에게로 이전된 경우에 일단 공시된 물권의 이동을 부당이득법에서 문제 삼는 재산의 이동과 관련하여 어떻게 설명할 것인지가 문제된다. 설령 공시된 대로 재산이동을 인정하더라도 그것과 관련된 물권변동의 합의는 또 어떻게 해석될 것인지가 문제되는 것이다.

물건을 대상으로 하든 그렇지 않든 지시급부사례의 부당이득반환에는 원인관계의 효력과 함께 지시 자체의 효력이 문제되는 것이 당연하다. 즉 指示에 效力이 없거나 지시가 缺如된 경우로[31] 일단 수령자를 잘못 지적한 지시가 있을 수 있고, 지시를 법률행위로 구분하는 이상 법정대리인의 동의 없는 지시는 취소할 수 있는 것이 된다. 그 밖에 지시위조·변조, 지시철회 등이 있을 수 있다. 그러나 이것이 무현금거래와 같은 지급지시사례에서만큼의 의미를 지니지는

---

31) 무현금거래의 지시의 효력과 부당이득반환관계에 관해서는 第四章.

못하는데, 이는 이런 경우에는 일단 형식적인 물권변동에 더 큰 비중이 두어지기 때문이다.

즉 물건의 지시취득(Geheißerwerb)에서 지시의 효력을 둘러싼 논의가 기능할 수 있는 영역은 극히 미미한데, 여기에는 지시라는 것이 무현금거래와 같이 다수 당사자들 간의 '支給'수단을 용이하게 하기 위한 법적 수단으로 예정된 것이라는 이유도 있다.[32] 다만 물건의 경우에도 계속적인 공급계약과 같은 경우에는 지급지시에서의 지시의 효력에 관한 논의가 어느 정도 제 역할을 할 수 있으리라 생각된다. 이하에서는 지시의 효력 여하는 문제 삼지 않고, 오직 원인관계상 채권의 효력이 문제되는 경우에 국한하여 생각해 보기로 한다.

1) 보상관계의 채권만이 효력을 잃은 경우

우선 보상관계에만 채권의 효력에 영향을 주는 흠이 있는 경우를 살펴보고자 한다. 먼저 동산의 경우를 보면, 동산의 제1매도인[33]이 제2매수인에게 이행과정을 단축하여 引渡하였는데, 제1매매계약의 효력에만 이상이 있는 경우를 의미한다.

일단 실정법 적용범위에서 살펴보면, 제삼자의 변제가 유효한 것

---

32) Prot. 382 = Mugdan, 961.
33) 이 경우에도 설명의 편의상 첫 번째 매도인을 '제1매도인', 첫 번째 매수인을 '제1매수인', 두 번째 매수인을 '제2매수인' 등으로 표시하며, 이것은 이중매매에서의 예와 다르다는 것을 확인해둔다.

인지 여부가 우선적으로 검토될 수 있을 것이다. 제삼자의 변제는 "당사자의 의사표시"로 제삼자의 변제를 허용하지 않거나(제469조 제1항) "채무자의 의사에 반"하는 경우(동조 제2항)에는 그 변제효가 인정되지 않아 소유권이전이 인정되지 않는다. 결국 제삼자변제효의 발생 여하에 따라 소유권은 제2매수인이나 제1매도인 중 어느 한편에 귀속할 것이다.

만일 보상관계만이 무효이고 대가관계상 채권의 효력에는 영향이 없다면 제2매수인은 유효한 양수행위로 취득한 것이므로 선의취득의 요건을 갖추는 경우가 많을 것이므로, 통상의 경우에는 소유권이전이 긍정될 수 있을 것이다. 그렇다면 소유권에 기한 물권적 청구권의 행사가 불가능해진 피지시인으로서는 부당이득반환청구권을 행사할 수 있을지도 모르는데, 만일 그렇다면 이 경우에 자신의 채권관계의 상대방인 지시인, 즉 제1매수인을 상대로 해야 한다. 이것은 지시사례의 특성인 재산의 경유적 이전을 전제로 한 결론이지만, 나중에 살펴보게 될 이른바 직접청구금지원칙이나 계약법의 기본원리와도 관련되는 것으로, 제2매수인의 계약상의 이해관계를 존중한 결과라고 하겠다. 다만 민법 제747조 제2항이 개입하여, 타인의 소유물인 줄 알고서 무상으로 취득한 자가 반환의무를 지는 것으로 해석되는 경우도 예상할 수 있다.

부동산매매의 경우에는 중간생략등기가 문제된다. 선의취득의 가능성은 일단 배제된다. 그러나 이처럼 보상관계만이 무효인 경우에는 중간생략등기와 관련하여 확립된 판례이론을 적용하여 "이미 적법한 등기원인에 기하여 등기가 경료되었다면 합의가 없었음을 이유로 말소청구를 할 수 없다"[34]고 해야 한다. 만일 채권의 효력에 영향을 주는 원인이 보상관계와 대가관계에 공통으로 영향을 미칠 경우에 위의 등기원인의 적법성에까지 영향을 주는 경우가 있을 수도 있지만, 일단 중간생략등기를 취득한 제2매수인으로서는 당해 부동산을 취득할 당시에 제2매도인과의 사이에 유효한 물권적 합의가 존재한 것이라고 할 수 있다. 따라서 위 판례이론을 적용한 결과, 제1매도인의 제2매수인에 대한 소유권양도행위는 부동산의 소유권을 종국적으로 제2매수인에게 귀속시키는 것이 된다. 그리고 제2매수인으로서도 대가관계상의 물권적 합의에 근거하여 부동산을 보유할 법률상 이득을 갖고 있다고 해석되는 것이다. 그러므로 피지시인은 수령자에 대해 부동산물권 자체에 대한 물권적 청구는 물론이고, 부당이득반환청구도 가능하지 않다고 해야 한다. 결국 피지시인은 제1매수인을 상대로 이행한 물건의 가액에 상당하는 것의 반환을 청구할 수 있을 뿐이다.

2) 대가관계의 채권이 유효하지 않은 경우

위에서 확인하였듯이 대가관계, 즉 두 번째의 매매계약이 유효하다면 수령자로서는 피지시인의 반환청구에 대항할 수 있는 법률상 원인을 가지는 것으로 해석할 수 있다. 그런데 대가관계상 채권의 효력에 이상이 있다면 그와 같은 법률상 원인은 더 이상 인정되기

---

34) 대법원 1980.2.12.선고 79다2104 판결.

어려운데, 이런 경우에 과연 그 부당이득반환관계를 어떻게 정할 것인지가 문제된다.

먼저 부동산의 경우를 살펴보면 다음과 같다. 부동산의 소유권이전을 지시에 좇아 이행하였다면 이것은 전형적인 중간생략등기에 해당한다. 대법원은 중간생략등기의 합의에 관해 양자 간에 매매계약이 성립하였다고 볼 수는 없다고 하였으나,[35] "이미 경료된 중간생략등기의 효력"[36]에 관해서는 중간자의 동의 또는 삼자 간의 합의가 있는 사이에서 그 경료된 등기의 유효성을 인정한다.

그런데 만일 현재 부동산등기를 가지고 있는 자와 그의 매도인 사이의 계약이 무효가 될 경우에 그 소유권의 귀속이 어떻게 되어야 하는지도 문제된다. 특히 이 경우에는 판례가 제시하고 있는 요건들, 즉 중간자의 동의하든지 삼자 간의 합의가 없는 것은 물론이고, 중간생략등기의 유효성의 가장 확실한 근거가 되는 실체권리관계부합성에 비추어서도 適法한 登記原因이 존재하지 않으므로 등기유효성을 인정할 수 없기 때문이다. 따라서 현재의 등기명의인인 소유자가

---

35) 대법원 1997.11.11.선고 97다33218 판결에서는, "중간생략등기의 합의란 부동산이 전전 매도된 경우 각 매매계약이 유효하게 성립함을 전제로 그 이행의 편의상 최초의 매도인으로부터 최종의 매수인 앞으로 소유권이전등기를 경료하기로 한다는 당사자 사이의 합의에 불과할 뿐, 그러한 합의가 있었다고 하여 최초의 매도인과 최종의 매수인 사이에 매매계약이 체결되었다는 것을 의미한다는 것은 아니"라고 판시한다.

36) 대법원 1993.1.26.선고 92다39112 판결 참조. 또한 백지매도증서의 작성 및 교부와 같은 묵시적 및 순차적 합의를 인정할 뿐만 아니라(대법원 1982.7.13.선고 81다254 판결), 이미 적법한 등기원인에 기하여 등기가 경료되었다면 합의가 없었음을 이유로 말소청구를 할 수 없다고 하였다(대법원 1980.2.12.선고 79다2104 판결).

실체적으로 더 이상 진정한 소유자가 아니다.

그렇다고 해서 최초매도인에게 소유권이 소급적으로 복귀하는 것에도 약간의 의문이 생긴다. 그는 애초에 자신의 목적물의 소유권을 타인에게 이전시키려 했던 자이고, 그 상대방이 자신의 계약상대방이 되든 제삼자이든 무관한 것이 보통이다. 그런 측면에서 자신이 체결한 매매계약에 따라 이를 충실히 이행하여 했던 원래 소유자의 양도의사 또는 변제의사를 간과할 수 없다. 그러나 그것을 차치하더라도 무엇보다 위험부담의 측면에서 매매목적물의 점유 또는 등기가 매수인에게 이전하기 전에는 매도인이 반대급부의 위험을 부담하게 된다. 그런 의미에서 물권귀속의 문제를 채권법적 고려와 균형을 맞추어 해결해야 된다고 주장하는 견해[37]도 있다. 이에 따르면 보상관계에 아무런 흠이 없고 대가관계에만 흠이 있는 중간생략등기의 경우에 소유권은 최종매수인에게 귀속된다고 한다.

그러나 매도인의 양도의사라는 것은 어디까지나 소유권이전을 위한 요건 중의 하나이지, 소유권귀속에 결정적 요인은 되지 못한다. 또한 법률관계를 면밀히 살펴볼 때 제1매수인이 물건의 소유권을 가지지 못하는 것은 분명하다. 설령 제1매도인이 제1매수인에게 양도하고자 하더라도, 제1매수인에게는 애초부터 소유권취득요건인 등기를 갖춘 적이 없기 때문이다.

이 점에도 독일학자 폰 캐머러(von Caemmerer)는 '급부단축'의 사

---

37) 諸哲雄 (2000), 152 – 154, 특히 같은 글, 154에서는 부동산소유권의 귀속문제를 결정하기 위해 양도통지와 금반언에 관한 민법 제452조를 원용할 수 있을 것이라는 견해를 내놓고 있다.

례에서 제1매도인이 제1매수인에게 토지를 '조달(verschaffen)'했다고 하고,[38] 이것을 기초로 제2매수인에게 소유권이 주어진다고 하였는데, 이것은 지극히 부당하다. 지시사례에서 경유적 조달이 일어난 것처럼 취급하는 것은 이것과는 전혀 별개의 문제이다.[39] 경유적 취득을 인정하는 의의는 무엇보다도 각각의 채권관계를 분리시켜 채권관계 이외의 제삼자의 항변권으로부터 배제하고자 하는 데에 있는 것이므로, 그 성격상 부당이득법적 해결에 계약법원리를 고려한 것에 지나지 않으며, 특정인에게 소유권을 창출해 주기 위해 등장한 것이 결코 아니기 때문이다. 독일 부당이득법에서 가능한 한 제삼자에 대한 직접청구를 배제하고자 그와 같은 이론구성을 고안해 냈다고 하더라도, 그것이 과연 우리 법에서도 반드시 필요한 것인지에는 의문이 들지 않을 수 없다. 결국 소유권의 변동 없이 여전히 최초의 매도인이 부동산의 소유자로 남아 있다고 해야 한다.

이것이 곧이어 살펴보게 될 三者間 名義信託의 경우에 적용되는 부동산실권리자명의등기에관한법률 제4조 제2항의 해석론과 관련지어보더라도 타당하다. 이것에 따르면, 부동산매도인이 자신의 계약상 대방이 명의수탁자임을 알지 못한 경우에 부동산물권변공의 효력을 인정하므로 최종매수인이 소유자가 되는 것이다. 또 명의수탁자가 아닌 명의신탁자를 자신의 계약상대방으로 인식한 경우에는 물권변동이 일어나지 않는다고 하고 있으므로, 이것을 지시사례에 대입해 보면 결국 最初賣渡人이 여전히 소유자로 남는 것이다.

---

38) v.Caemmerer (1962), 324.
39) Canaris (1973), 813.

그렇다면 부동산의 소유자인 최초의 매도인이 제2매수인을 상대로 소유권에 기한 물권적 반환청구권을 가지게 될 것이나, 문제는 이미 지시에 좇아 이행을 완수했다고 여기는 피지시인에게 실제로 그것의 행사를 기대하기는 어렵다는 점이 문제인 것이다. 한편 제1매수인의 입장에서는, 소유권의 변동이 없다는 전제에서라면 설령 자신이 최초매도인에게 지시하여 타인에게 소유권을 이전하도록 하였다고 하더라도 매도인을 상대로 매매목적물을 자신에게 이전하도록 하는 채권상의 청구권을 상실하는 것은 아니다. 최초의 매도인으로서도 애초에 자신이 제1매수인과 체결한 계약에 근거하여 누군가에게든 목적물을 양도할 의사를 갖고 있기도 하다. 결국 부동산의 소유권은 여전히 최초의 매도인에게 남아 있지만, 제1매수인이 매도인과의 매매계약에 기한 소유권이전등기청구권에 근거하여 최초매도인의 소유물반환청구권을 대위행사할 수 있다고 해야 한다. 이때에도 부당이득반환의 문제는 일차적으로 각각의 계약당사자 간에 이루어져야 하므로, 제2매수인은 제1매수인을 상대로 매매대금에 해당하는 부당이득을 반환청구할 수 있다.

그러므로 지시를 통해 부동산소유권을 이전시켰으나 대가관계상 채권이 효력을 잃은 경우에 소유권이 최종매수인에게 잔존한다는 견해[40]는 따를 수 없다. 물권의 귀속에 관한 문제에는 채권의 귀속에

---

40) 諸哲雄 (2000), 154 - 155는, 물권변동의 원인에 흠결이 있으면 소유권이전을 부정함으로써 원래의 소유자를 보호하려는 유인주의의 취지를 들어 중간자(가령 제1매수인)에게 귀속하는 것을 부정한다. 그러나 중간자에게 소유권이 귀속하지 않는 것은 형식적으로 애초에 등기 자체가 경유한 적이 없으므로 유인주의의 취지를 언급하지 않아도 당연한

서와는 다른 원리가 작동하기 때문이다. 그것은 당사자의 의사에 따라 창설되고 귀속되는 것, 즉 '결정할 수 있는' 것이 아니라, 법질서가 정한 일정한 법칙과 원리에 따라 '결정되는' 것이기 때문이다. 그러므로 유인론의 궁극적인 취지를 논거로 삼아 중간생략등기와 같은 경계선상의 사안에 제도를 완화해야 한다는 주장은, 우리 민법이 마련한 물권법 규칙에 명백히 반하는 결과를 낳는 해석론이라는 점에서 수긍하기 어렵다.

어쨌든 이와 같은 제1매도인이 소유자로 결정되면, 그는 당연히 소유권에 기한 물권적 청구권을 행사할 수 있다. 그리고 매매대금 등의 세부적인 이득조정에 관해서는 부당이득법이 후차적으로 개입하여 작동하게 된다고 하겠다. 그런데 문제는 물건이 멸실되거나 소비되어 제1매도인이 더 이상 물권적 청구권을 행사할 수 없는 경우에는 어떻게 할 것인지이다. 이것은 물권적 청구권과 부당이득반환청구권의 관계에 관한 논의이다. 다시 언급하겠지만, 법상의 모든 청구권이 실현불가능한 경우에 부당이득반환청구권이 개입한다는 이론에 입각한다면, 물권적 청구권의 보충물로도 작용할 여지가 있다고 할 수 있겠다. 즉 제1매도인은 제2매수인을 상대로 물건의 가액에 상당한 가치의 부당이득을 반환청구할 수 있는 것이다.

다음은 동산이 단축적으로 인도된 경우이다. 이 경우에도 당해 물건의 소유권은 제1매수인에게도, 그에 이어 제2매수인에게도 이전하지 않으므로 소유자는 여전히 최초의 매도인이다. 따라서 이 경우에

것이 아닌지 하는 생각이 든다.

는 부당이득반환청구권은 문제되지 않고, 오직 최초매도인의 제2매수인에 대한 소유권에 기한 물권적 청구권만이 인정된다. 그리고 매매대금의 반환은 각 당사자들 사이에서 이루어져야 한다.

만일 제1매수인이 경유적으로 소유권을 일순간이라도 취득했다고 '가정'한다면, 그것은 좀 더 생각해 볼 여지가 있다. 제1매수인에게 일순간의 소유권귀속을 인정할 때 의미를 가질 수 있는 상황은, 보상관계는 유효한데 대가관계에만 이상이 있는 경우, 즉 제2매매에만 이상이 있는 경우일 것이다. 원인관계의 무효는 물건의 소유권을 복귀시키므로, 이때에 제1매수인에게 소유권이 회귀한다고 한다면, 제1매수인은 소유권에 기한 물권적 청구권을 기초로 제2매수인에게 원물반환을 청구할 수 있기 때문이다.

이처럼 실상 부동산의 경우와 달리 소유권이전의 공시방법이 되는 인도를 좀 더 유연하게 해석하는 방법으로 제1매수인의 소유권을 긍정하여, 그로 하여금 소유권에 기한 물권적 청구권을 행사하게 할 수도 있겠으나, 그렇게 된다면 이것은 이제 더 이상 삼각관계 연구에서 관심을 가질 문제는 아니라고 생각된다. 원인관계의 당사자 사이의 부당이득반환관계라든지, 그들 사이에 물권귀속을 어떻게 할 것인지는 이 연구의 관심영역 밖의 것이다. 채권관계에 있지 않은 당사자들 사이에 과연 직접청구가 가능한지 여부라는 이 연구의 궁극적인 목적은 이 문제와 전혀 관련점이 없기 때문이다.

만일 보상관계와 대가관계의 채권이 모두 효력을 잃게 된다면, 그런 경우에는 물권 자체도 최초매도인에게 복귀하는 것이므로, 그는 소유권에 기한 물권적 청구권을 행사할 수 있다. 그리고 여기에서도 물건의 멸실 등으로 인해 물권적 청구권의 행사가 불가능한 경우에 최초매도인의 부당이득반환청구권이 성립할 수 있는지 여부가 문제된다. 그러나 보상관계는 유효하게 존재하는데 대가관계에만 이상이 있는 경우라면 이 법률관계는 엄밀히 말해 위 이중하자의 경우와 전혀 다르다. 그렇지만 이 경우에도 최종매수인이 보유하는 이득에 법률상 원인이 없는 것은 물론이고, 민법상 물권변동에 관한 규칙과 명의신탁을 둘러싼 관련규정에 비추어 보더라도 소유권은 최초의 매도인에게로 복귀한다. 그러므로 물권적 청구권도 최초매도인에게 속하며, 만일 물건이 멸실되어 물권적 청구권의 행사가 불가능한 경우 보충적으로 부당이득반환청구권이 행사될 수 있을 것이다. 즉 필요에 따라 직접청구가 가능한 것이다.

3) 補論 – 소위 三者間 名義信託과의 비교

물건의 지시취득의 부당이득반환관계에 대한 고찰과 더불어, 명의신탁약정에 기초한 부동산물권변동과 그 부당이득반환관계를 언급할 필요가 있음을 지적하고자 한다. 특히 이 영역에 관해서는 그 채권관계의 효력 및 물권변동의 효력에 관하여 실정법이 마련되어 있기도 하다. 가령 三者間 名義信託의 사례 중에 중간생략등기와 같은 경우나, 아니면 매도인이 부동산매매계약을 체결하긴 하였으나 실제 계약상대방은 명의수탁자에 불과하고 실은 명의신탁약정에 의해 진정한 매수인이 있다고 여기는 경우가 있을 수 있다. 이런 경우들은 사실상 不動産에 대한 指示事例와 크게 다를 바가 없다. 그러므로 앞에서는 물건지시급부에 관해서 언급하면서 民法上의 物權變動規 則을 언급하며 논의를 진행해 갔지만, 관련되는 實定法規定이 있다 면 그것이 가장 확실한 논거가 될 것이므로, 이하에서 검토하고자 하는 것이다.

명의신탁이란 "당사자 간의 신탁에 관한 채권계약에 의하여 신탁 자가 실질적으로는 그의 소유에 속하는 부동산의 등기명의를 거래관 계가 없는 수탁자에게 매매 등의 형식으로 이전하여 두는 것"[41]이 다. 원래 판례상 인정되던 이론으로,[42] 부동산물권에 관해서는 기본 적으로 부동산실권리자명의등기에관한법률(이하 "부동산실명법")이 직접 규율하고 있으나, 동법의 적용을 받지 않는 영역에 관해서는 판례이론이 여전히 적용되고 있다.

명의신탁에는 몇 가지 유형이 있지만, 본 연구와 직접적으로 관련 되는 것은 역시 "삼자 간 명의신탁"의 경우이다. 그중에서도 신탁자 가 직접 매수인으로서 계약을 체결하였으나 그 이행에 있어서는 매 도인으로 하여금 실질적 매수인인 자신이 아니라 명의수탁자에게로 하도록 하는 소위 "중간생략 명의신탁"의 경우에는, 소유권귀속의 측면에서라면 앞서 설명한 중간생략등기의 경우와 다를 바가 없다.

그런데 삼자 간 명의신탁 중에서 명의신탁자와 명의수탁자 간에 명의신탁약정이 있어서 이를 기초로 명의수탁자가 매매계약의 일방

---

41) 대법원 1993.11.9선고 92다31699 판결.
42) 무효설은 통정허위표시라고 주장하고 있지만(郭潤直, 物權法 (2002), 94 -96), 명의신탁약정이 진정으로 법적인 소유자를 수탁자로 하고자 의욕 하는 것이라는 점에서 그 유효성을 부정하기는 어렵다. 梁彰洙 (1997) A, 83 - 85 참조.

당사자로서 제삼자인 매도인으로부터 토지를 매수하는 경우가 있다. 이런 경우에 실제로 토지를 매수하려는 의사를 가진 자는 명의신탁자이지만, 직접 토지를 소유하지 않고 타인에게 매매대금을 조달하여 자신을 대신하여 토지를 매수하도록 하여 형식상 소유하게 하는 것이다. 契約當事者의 地位의 名義信託, 즉 소위 "契約名義信託"의 경우이다.

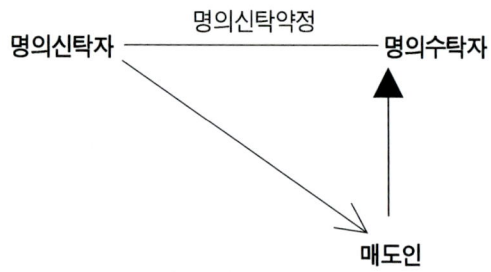

계약명의신탁약정의 경우와 지시사례를 일대일로 대응해 본다면, 명의신탁약정의 사례에서 통상 논의되어야 할 법률관계는 지시사례보다 상대적으로 단순하다고 할 수 있다. 무엇보다도 법률규정이 원인관계와 별도로 지시의 효력 유무와는 무관하며, 삼각관계의 대가관계에 해당하는 名義信託約定의 효력은 실정법에 따라 當然無效(부동산실명법 제4조 제1항)이므로 對價關係의 有無效를 구분할 필요가 없다. 또한 명의신탁약정에 기해 이루어진 부동산물권변동의 효력까지도 확정적으로 규정되어 있어 소유권귀속에 관해서도 불투명한 부분이 없기 때문이다.

현재 부동산실명법에 의하면 명의신탁약정이 무효인 것은 모든 경우에 공통되지만, 부동산물권에 관한 계약의 실제당사자에 대한 매도인의 인식에 따라 물권변동의 효력이 좌우된다는 것을 알 수 있다. 부동산물권에 관한 신탁약정과 그것에 따른 물권변동의 효력에 대해서는 동법 제4조가 규율하고 있다. 동조 제1항은 모든 명의신탁약정을 무효로 하고 있으며, 제2항에서는 명의신탁약정에 따라 행하여진 등기에 의한 부동산 물권변동까지도 무효로 한다고 명시하고 있다. 다만 제2항 단서에서 부동산취득을 위한 계약에서 명의수탁자의 상대방인 매도인이 명의신탁약정의 사실을 알지 못한 경우에는 그 부동산물권변동의 효력을 인정한다는 예외규정을 두고 있다.

말하자면 부동산명의신탁약정을 기초로 이루어진 부동산매매 등 물권변동을 위한 契約의 當事者를 確定하는 기준으로 賣渡人의 善惡意를 들고 있는 것[43])을 알 수 있다. 소위 중간생략등기의 경우라면 매도인의 인식에 차이가 있을 수 없다. 즉 매도인으로서는 명의신탁자를 계약상대방으로 여긴 것이지, 명의수탁자를 계약상대방으로 여기는 일은 없다는 것이다. 반면에 소위 계약명의신탁에서는 명의신탁자와 명의수탁자를 두고 계약상대방에 관한 인식의 차이가 존재할 가능성이 있다. 만일 매도인이 명의수탁자와 부동산물권변동이 무효임에도 불구하고 그 물권변동은 유효한 것이 되어 수탁자가 새로운 소유자가 된다는 것이다. 그 결과 무효인 명의신탁약정을 둘러싸고 약정의 당사자들 간에 부당이득반환의 문제가 생기게 된다.

대법원 2005.1.28.선고 2002다66922 판결[44])의 사실관계가 바로 그

---

43) 梁彰洙 (1997) B, 176 - 177.
44) 그 이전의 대법원 2002.12.26.선고 2000다21123 판결은 동일한 사안에 대해 다른 판단을 내리고 있다. 동법 施行前에 명의신탁약정과 그것에

와 같은 상황을 그대로 보여준다. 소위 계약명의신탁약정이 있어서 명의수탁자가 당사자가 되어 명의신탁약정이 있다는 사실을 알지 못하는 소유자와의 사이에 부동산에 관한 매매계약을 체결한 후 그 매매계약에 따라 당해 부동산의 소유권이전등기를 수탁자 명의로 마친 경우에 관한 것이다. 판결에 의하면, "명의신탁자와 명의수탁자 사이의 명의신탁약정의 무효에도 불구하고 그 명의수탁자는 당해 부동산의 완전한 소유권을 취득하게 되고, 다만 명의수탁자는 명의신탁자에 대하여 부당이득반환의무를 부담하게 될 뿐"인데, 이 경우에 "명의신탁자는 애초부터 당해 부동산의 소유권을 취득할 수 없었으므로 위 명의신탁약정의 무효로 인하여 명의신탁자가 입은 손해는 당해 부동산 자체가 아니라 명의수탁자에게 제공한 매수자금"이라고 하였다. 따라서 명의수탁자의 부당한 이득은 부동산 자체가 아닌 명의신탁자로부터 받은 매수자금이라고 하였다.

그런데 삼자 간의 명의신탁인데도 매도인이 자신의 실제 계약상대

기한 물권변동이 이루어졌는데 동법 제11조 소정의 유예기간 내에 실명등기 등을 하지 않았더라도 당시 동법 제4조가 적용되어, 명의신탁약정이 무효인 것은 당연하지만 토지매매계약은 유효인 것으로 다루어지므로 名義信託者는 그 부동산의 "완전한 所有權"을 취득하게 된다는 것이다. 또한 명의신탁자로서도 위 유예기간 내에 언제라도 명의신탁약정을 해지하고 당해 부동산소유권을 취득할 수 있었던 것이므로, 명의수탁자가 취득한 利得은 不動産 自體이며, 따라서 그는 名義信託者에게 당해 부동산의 소유권을 반환할 의무를 진다고 하였다. 2002다66922 판결과 비교해 볼 때 얼핏 부당이득의 대상이 전혀 달라 다른 결론인 것처럼 보이지만, 앞의 판결은 부동산실명법상의 유예기간을 둘러싸고 존재하는 법률관계를 고려한 결과에 지나지 않는다고 할 수 있으므로 그다지 큰 의미가 없다고 할 수 있다.

방이 정확히 누구인지 알고 있고, 그 자와 현재 물건을 수령하고 있는 형식상의 계약상대방이 명의신탁약정관계에 있다는 것을 알고 있는 경우에는, 중간생략등기의 경우는 물론이고 물건의 指示事例와도 다를 바가 없다. 따라서 대가관계인 명의신탁약정이 무효인 것은 물론이고, 부동산실명법 제4조 제2항 제2문에 해당하지 않는 경우이므로, 당연히 물권변동이 일어나지 않는 동조 동항 제1문에 해당하는 것이다. 즉 賣渡人이 소유자로 남게 된다.[45]

이렇게 본다면, 명의신탁약정에 기해 명의수탁자가 매매계약의 일방당사자가 되어 매도인으로부터 토지를 매수하여 소유권까지 이전받은 경우에 우선적으로 확정되어야 할 점은 과연 토지매매계약의 실제 당사자가 누구인가의 문제라고 해야 할 것이다. 명의신탁의 경우에는 실정법상 賣渡人의 視覺을 기준으로 계약관계를 확정하게 되겠지만, 그 외 보통의 지시취득에서도 보다 일반적인 기준이 마련되어야 한다.[46] 그렇게 계약당사자가 확정되면 그다음으로 물건의 소유권귀속관계가 정해질 것이고, 그것을 기준으로 부당이득법이 개

---

45) 하급심의 것이긴 하지만, 서울지법 의정부지원 2003.12.11.선고 2003가합1332 판결도 그런 취지로 이해할 수 있다. 이 판결에서, 계약명의신탁약정이 있었지만 매도인인 제삼자가 그 신탁약정의 존재를 잘 알고 있는 경우에는 부동산소유권이 그대로 매도인에게 남아 있어 수탁자는 부동산을 매도인에게 반환해야 할 의무가 있다고 하고 있다.

46) 梁彰洙 (1997) B, 169 이하에서는 "계약당사자의 확정" 역시 계약해석의 문제로 매우 복잡한 심사를 거쳐 확정되는 것이라고 하였다. 특히 같은 글, 171에서는 "스스로를 외부적으로 법률효과의 귀속점으로 표상시킨 사람이야말로 상대방의 입장에서 보면 이를 당사자라고 이해하는 것이 합리적"이라고 하지만, 다양한 사정들을 고려한다면 이것도 절대적인 기준이 될 수 없다고 한다.

입하고 적용되는 것이다. 중간생략 명의신탁과 같은 물건의 지시취득사례에서 대가관계가 무효라면 물건의 소유자는 最初의 賣渡人에게 남게 된다. 이것이 부동산실명법 제4조의 규정에도 부합한다.

지금까지는 지시사례 중에서도 물건의 지시급부를 중심으로 검토해 보았다. 이미 살펴본 바와 같이 물건의 지시급부는 무엇보다도 물권변동에 관한 법칙이 강력하게 작용하는 것이므로 부당이득법 고유의 원리에 대한 검토라는 측면에서는 그리 적합한 예라고 할 수 없다는 것을 확인할 수 있었다. 만일 그와 같은 물권관념을 완전히 배제한 채 순수한 가치차원만을 논하는 것이 가능하다면, 오히려 그런 사례를 중심으로 고찰해야 할 필요가 있을 것이다. 이하에서는 우선 위의 물건지시급부의 경우를 포함하여 지시사례 일반에 관한 사항을 좀 더 검토한 후에, 이어서 물권관념이 배제된 지급지시사례를 소개하고자 한다.

4. 지시사례

1) 민법 규정

A, E, G 삼자 간의 지급지시사례는 다음과 같이 예시할 수 있다. A가 G에게 물건을 십만 원에 팔았는데, 마침 A가 E에게 십만 원을 차용한 일이 있어 그로 인한 채무를 부담하고 있었다. 이때 A가 G로 하여금 물건의 매매대금을 E에게 직접 지급하도록 指示하여, 이

에 G는 그 指示에 따라 E에게 십만 원을 지급한다. 이때 A와 G 또는 A와 E 사이의 계약이 무효이거나 취소되는 등으로 그 지급의 효력이 발생하지 않았고, 지시에 기해 이전된 이득은 반환되어야 한다. 그리고 이제 누가 누구를 상대로 반환할 것인지가 문제된다.

이와 같은 지급지시사례는 다자관계의 부당이득조정의 대표적 유형임에도 불구하고, 우리 민법 내에서 그 개념정의를 찾을 수는 없다. 제508조 이하에 指示債權 관련규정을 두고 있다고는 하지만, 위에서 예시한 것과 같은 전형적인 지시에 대한 개념을 정의하는 것에는 그리 큰 도움이 되지 못한다. 특히 유가증권 같은 원인관계의 효력에 대해 無因인 채권에 관한 규정은, 지시 자체의 효력과 관련된 논의에서는 참고될 수 있겠으나, 원인관계의 효력과 관련지어 연구되어야 하는 부분에 있어서는 그다지 의미가 없는 것이다.

우리 민법 규정 중에 '지시'라는 용어를 사용하고 있는 곳은 제508조 이하의 지시채권에 관한 규정을 제외하고는 소수의 조문에 그친다. 하나하나 열거해 보면, 대리행위의 하자로 인한 책임을 본인에게 귀속시키는 지시를 규정한 제116조, 점유보조관계를 형성하는 지시를 규정한 제195조, 수급인의 담보책임을 면하게 하고 지시를 한 도급인의 책임을 묻게 하는 제669조, 마지막으로 도급인의 불법행위책임과 관련된 제757조가 전부이다.

이것들 중에 제195조의 지시는 점유보조관계라는 명령·복종관계[47]가 형성되는 구체적인 모습에 해당한다. 반면에 그 밖의 것들은

---

47) 池元林 (2005), 451.

책임귀속에 대한 원칙규정에 대하여 例外的인 歸責事由를 규정한 것들이다. 차례대로 살펴보면, 우선 제116조에서 대리인은 독립된 법률행위의 주체로서 그의 대리행위의 하자는 대리인 자신을 표준으로 결정하지만(동조 제1항), 만일에 본인의 '지시'에 좇아 그 행위를 한 경우에는 본인이 책임을 지게 된다고 하고 있다(동조 제2항). 또 제195조는 수급인의 담보책임을 규정하고 있지만, 그것이 도급인의 지시에 기인한 것이면 그런 책임을 면한다는 취지를 규정하고 있고, 제757조는 수급인의 불법행위가 도급인의 지시에 의한 것이면 도급인이 책임을 진다고 하고 있다. 요컨대 後三者에서 지시는 책임귀속을 결정하는 요소이다.

지시를 통해 행위의 유인을 제공한 자에게 책임을 귀속시키려는 이 규정들(제195조를 제외한 세 규정)이, 설령 그것이 지시를 한 자의 지시를 받은 자, 피지시인의 법률행위의 상대방, 이 세 당사자의 삼각관계를 전제하고 있더라도 이 연구에 실질적으로 참고가 될 만한 것이라고는 할 수 없다. 왜냐하면 역시 이들 규정은 채무변제와 법률상 원인 없는 이득보유를 둘러싼 부당이득사안과는 규율하는 범주를 달리 하기 때문이다.

그런데 민법상 지시의 다수를 차지하는 지시채권은 또 위의 지시들과도 다르다. 민법 제508조 이하에서 말하는 지시채권이란, 특정인 또는 그가 지시(배서양도)하는 자에게 변제하여야 하는 증권적 채권을 말한다. 그리고 상법에서 자주 다루어지는 어음, 수표, 화물상환증, 창고증권, 선하증권 등이 여기에 해당된다.[48] 그러므로 사실상 이런 유형이야말로 이 연구에서 전제로 하는 전형적인 지급지시의 모습인 것이다.

다만 민법이 지시채권에 관한 규정을 두고 있다고는 하더라도, 현실적으로 상법규정이 실제 적용에 비중이 크다는 점을 고려한다면 사실상 유명무실하다고 할 수 있다. 더욱이 부당이득법의 해석에 있어서도 이 민법상의 지시채권에 관한 규정이 결정적인 도움이 된다고 하기도 어렵다. 왜냐하면 어음이나 수표와 같은 증권적 채권은 인적 항변의 제한이 있어서(제515조), 원인관계의 무효·취소·부존재가 당사자 이외의 제삼자에 대한 증권적 채권의 행사에는 영향을 주지 않기 때문이다.

그렇지만 지시채권을 발생한다는 것은 채권양도의 일유형으로서 채권양수인을 정하는 방법이고, 당해 증권에 제시된 채권자에게 채무를 이행할 것을 지시하는 것을 내용으로 한다. 또 지시채권의 발행은 채무이행을 위해 정할 수 있는 다양한 지급방법 중의 하나이다. 적어도 원인관계상 채권의 유효성 여하를 문제 삼지 않는다면, 지시채권을 발행하고 배서, 교부하는 방식상의 효력에 관한 문제는 지시 자체의 효력을 문제 삼는 이 章에서의 연구과제와 직접적으로 관련되는 사항이라고 하겠다.

앞서 신용카드거래에 관한 사례를 삼각관계유형의 하나로 소개한 바 있다. 그런 유형의 거래는 일반적으로, 물건을 구매하는 카드이용자가 카드 가맹점에서 카드를 提示하고 일정한 確認節次를 거친 후 署名하는 과정을 거치게 된다. 바로 이와 같은 일련의 정형화된 절

---

48) 池元林 (2005), 1042.

차가 바로 原因關係에 無因인 指示에 해당하는 것이다. 또 은행송금거래처럼 특정 은행에 계좌를 가지고 있는 자가 그 은행과 별도로 지급이체계약을 맺은 다음에, 필요에 따라 은행에게 송금하고자 하는 계좌에 지시하는 금액만큼을 입금시키도록 위임할 수도 있다. 그때 은행으로 하여금 일정금액을 송금하도록 하는 은행고객의 위임 자체를 가리켜 指示라고 표현할 수도 있겠다. 즉 기존의 원인관계상 채권의 효력과는 무관하지만, 또 그 채권과 더불어 지시사례의 재산이동을 야기하는 또 하나의 誘因인 것이다. 그러므로 민법상 규정형식 및 내용과는 별도로 지시라는 법제도가 민법상 비중 있게 언급되어야 할 현실적인 필요성은 이제 부정하기 어렵다. 또한 그것이 부당이득법의 삼각관계론의 중심모델로 널리 인식되고 있는 만큼 제도 자체에 대한 이해가 선행되어야 할 것이다. 이하에서는 우선 그 기본적인 법률구조에 관해 고찰하기로 한다.

2) 지시사례의 기본적 법률구조

위에서 보았듯이 현행 민법에 지시라는 법적 개념 자체가 존재하고 있음은 분명히 인정할 수 있겠지만, 실제로 그것을 가지고 채권양도나 제삼자를 위한 계약처럼 일정하게 삼각구도의 법률관계를 형성하는 제도로서 일반화하기에는 부족한 점이 많다. 즉 지급지시를 비롯한 지시사례가 삼각관계의 부당이득법을 연구하기에 가장 이상적인 모델로 여겨진다고 하더라도, 실정법상 근거가 없기에 우리 민법의 해석론에 있어 일말의 주저도 없이 이를 당장에 수용해 버릴 수는 없는 것이다.

그런데 우리 민법학에 최초로 삼각관계를 둘러싼 일반적인 논의의 단서를 제공한 대법원 2003.12.26.선고 2001다46730 판결("분양대금 지급지시사례")이 그 가능성의 일부를 보여주고 있다. 그 판결문에서 확인되는, "계약의 일방 당사자가 계약 상대방의 지시 등으로 급부과정을 단축하여 계약 상대방과 또 다른 계약관계를 맺고 있는 제삼자에게 직접 급부한 경우"라고 한 부분으로부터, 판례는 '지시'를 단축급부를 형성하는 제도의 일유형으로 승인하고 있다고 판단할 여지가 있기 때문이다. 나아가 판결에 굳이 단축급부의 예시로서 '지시 등'이라는 구절을 삽입하였다는 점에서, 판례는 지시급부가 종래 독일 부당이득법상 삼각관계의 대표모델로서 연구되어 왔음을 정확히 인식하고 있다고도 판단된다. 불충분한 실정법규정이 판례에 의해 보충될 수 있다고 한다면, 삼각관계를 구성하는 지시를 기초로 이루어진 지시급부에서의 부당이득반환에 관한 연구는 이 판례를 통해 최소한의 근거를 확보한 셈이다. 또 이런 사실을 기초로 지시라는 제도와 그 법률구조를 구성하는 작업에 있어 독일 지시법으로부터 실마리를 얻을 가능성도 충분히 예상할 수 있다.

일단 우리 민법상의 지시채권 관련규정에서는 기본적으로 지시채권의 양도의 방식만을 규정하고 있고, 그 법률관계가 어떻게 구성되는지에 관해서는 언급하고 있지 않다. 특히 지시채권의 양도방법인 배서는 권리이전의 대항요건에 불과하다는 점에서,[49] 현실적으로 이

---

49) 民法注解 Ⅵ, 指示債權 前論(崔基元 집필부분, 1995), 470.

동된 재산의 반환이 문제되는 부당이득법과는 크게 관련되는 부분이 없다. 그러므로 지시채권이 지급지시의 중요한 유형이라고 하더라도 우리 민법 규정만으로는 이 연구의 확실한 단서를 마련하기 어렵다는 것을 알 수 있다. 물론 관련규정으로 어음법이나 수표법 같은 상법 관련규율들이 있으나, 거기에서도 채무변제를 위한 지급방법으로서의 '지시'와 그것을 둘러싼 법률관계를 명시한 규정은 존재하지 않는다.

결국 우리 판례가 인식하고 있는 독일법에서의 지시유형, 즉 독일민법 제783조 이하가 규율하고 있는 법률구조를 이 연구에서도 적극 수용하지 않을 수 없다는 결론에 이른다. 그런데 실은 그렇게 참고를 얻고자 하는 독일법에도 지시에 대한 개념정의 자체는 규정되어 있지 않다. 다만 독일민법의 경우에는 제783조가 "어떤 사람이 타인에게 금전, 유가증권 또는 기타의 대체물을 제삼자에게 급부할 것을 지시하는 증서를 그 제삼자에게 교부한 때에는 그 제삼자는 피지시인으로부터 자신의 이름으로 급부를 추심할 권한이 있다; 피지시인은 지시인의 계산으로 지시수령자에게 급부할 권한이 있다"[50]며 指示를 기초로 한 권리의 발생을 규정하고 있음을 발견하게 된다.

---

50) § 783 Rechte aus der Anweisung Händigt jemand eine Urkunde, in der er einen anderen anweist, Geld Wertpapiere oder andere vertretbare Sachen an einen Dritten zu leisten, dem Dritten aus, so ist dieser ermägtigt, die Leistung bei dem Angewiesenen im eigenen Namen zu erheben; der Angewiesene ist ermägtigt, für Rechnung des Anweisenden an den Anweisungsempfänger zu leisten.
독일민법 규정의 번역은, 梁彰洙 譯, 2005년판 독일민법전의 것을 그대로 따르며, 이하 같다.

이에 독일민법상의 지시관련규정이 지적하는 기본내용과 가장 전형적인 지시사례의 법률관계를 정리해 보면 다음과 같다.

독일민법 제783조 내지 제792조가 규정하고 있는 지시는 법문언상으로는 "금전, 유가증권 또는 기타의 대체물"을 제삼자에게 급부하도록 지시하는 내용이 기재된, 채무자에게 제시되는 서면증서를 가리킨다. 물론 수표와 어음이 대표적인 예이겠지만, 사실 이런 지시채권들은 다양한 지시유형 중의 일부에 지나지 않는다. "분양대금지급지시사례"처럼 서면증서로 이루어지지 않은 유형은 물론이고, 나아가 금전채권 내지 그에 준하는 가치채권에 국한하지 않는 광의의 지시를 전제해두어야 한다. 따라서 물건의 지시급부까지도 그 대상이 되는 것은 물론이다.

지시사례를 구성하기 위해서는 반드시 두 개의 연속된 원인관계를 요한다.[51] 그리고 지시를 통해 지시인은 각각의 법률관계의 상대방에게 일정한 권한을 수여한다. 즉 독일민법 제783조에 규정된 것과 같이, 지시인은 대가관계의 상대방인 受領者에게 피지시인에게서 자기 자신(수령자)의 이름으로 급부를 推尋할 수 있는 권한을 수여하고, 그것과 더불어 보상관계의 상대방인 被指示人에게도 給付權限을 수여하게 된다. 즉 독일민법상의 지시는 추심권한과 급부권한의 수여를 의미한다(Doppelermächtigung).[52]

이렇게 지시의 성격을 授權으로 이해한다면, 그것의 내용은 대리의 경우처럼 법률행위를 포함하는 것은 물론이다. 가령 중간생략등기처

---

51) Larenz / Canaris (1994), 37.
52) Larenz / Canaris (1994), 38.

럼 부동산이전등기가 이루어질 수도 있고, 또 자신의 채권자의 지시에 좇아 제삼자를 상대로 채무를 부담하는 행위[53])도 가능할 것이다. 그러나 통상은 동산인도나 금전지급과 같은 사실행위가 보통일 것이며, 이런 점이 民法上의 代理[54])와 구분되는 점이라고 하겠다.

그리고 그 지시에 좇아 피지시인이 지시내용을 실행하면 독일민법 제787조 제1항[55])에 의해 "그 액만큼 채무를 면"하게 되는데, 이것은 補償關係上 債務의 변제를 의미한다. 또 독일민법 제788조[56])가 "피지시인이 지시수령자에게 급부를 실행함으로써" 지시인의 수령자에 대한 급부가 이루어진다고 하고 있으므로, 對價關係上 債務도 함께 소멸한다는 것을 알 수 있다. 즉 적어도 독일민법은 지시와 그것에 좇은 실행을 통해 대가관계와 보상관계상의 채무가 동시에 변제된다는, 이른바 '同時給付(Simultanleistung)'[57])의 효과가 발생한다고 규정하고 있다. 그렇지만 지시가 있었다고 해서 피지시인이 수령자에 대해 고유한 의미의 급부의무를 부담하는 것은 아니므로(독일민법 제787조 제2항), 두 당사자 사이에는 급부관계가 존재하지 않는다. 이렇게 본다면 독일민법상 지시사례의 기본구조는 우리 판례 "분양대금지급지

---

53) D.12.1.32. 第三章 제3절 2 (5) 참조.
54) 대리가 인정되는 범위는 원칙적으로 의사표시 또는 그것을 요소로 하는 법률행위로 제한되는 것이 통설이다. 池元林 (2005), 229 참조.
55) BGB 제787조 제1항 "채무에 기한 지시의 경우에 피지시인은 급부에 의하여 그 액만큼 채무를 면한다."
56) BGB 제788조 "지시인이 지시수령자에 대한 급부를 실행하기 위하여 지시를 한 경우에는, 피지시인이 지시를 인수한 때라도, 그 급부는 피지시인이 지시수령자에게 급부를 실행함으로써 비로소 실행된다."
57) Larenz / Canaris (1994), 39.

시사례"가 판시한 것과 별반 차이가 없다는 것을 알 수 있다.

독일에서도 이미 민법전의 입법작업 시에 이 제783조의 지시가 일반적인 의미의 지시 중의 특수한 일부에 지나지 않는다는 점에 합의하고 있었다고 한다.[58] 또 사실상 독일민법 제783조 이하에서 규정하고 있는 지시가 일반적인 지시유형의 부분사례라는 것에도 동의하고 있었다고 한다.[59] 그러므로 이 규정에서의 지시는 "다수당사자 간에 지급을 용이하게 하기 위한" 一般的인 法的 手段으로 예정된 것으로 해석하더라도 무방할 것이다.[60] 그러므로 적어도 부당이득법적으로 문제되는 중요한 삼각관계 유형으로서 다루어지는 지급지시(Zahlungsanweisung)라는 것은, 위 협의의 지시나 유가증권상의 지시뿐만 아니라, 모든 지시, 특히 은행송금위임과 출금기입위탁(Lastschriftermächtigung)의 경우까지도 포함하는 광의의 개념이어야 하는 것[61]은 당연하다. 그렇다면 이 연구의 전제가 되는 지급지시를 이해하기 위해서는 독일민법 규정을 통해 기본적인 법률관계 구성의 단서를 구하는 것으로 족하고, 그 기술적인 요건에는 크게 구애될 필요가 없다고 판단할 수도 있겠다.

그런데 지급지시 중에서도 금전의 경우에는 그것의 소유권이 문제되지 않을 수 없다. 그렇지만 금전은 다른 물건과는 달리, 특별한 경우를 제외하고는 물건으로서의 개별성을 갖지 않고 단순히 그 가

---

58) 제1차위원회, Prot.1698＝Jakobs / Schubert (1983), §783, 590.

59) Staudinger－Marburger (2002), vor §783 Rn.1.

60) Prot. 382＝Mugdan Ⅱ, 961

61) Larenz / Canaris (1994), 202; Flume (1999), 166.

치 자체로 평가된다. 즉 가치는 금전의 소재에 수반하는 것이므로 금전의 소유자는 특단의 사정이 없는 한 그 점유자와 일치하는 것이다. 다만 금전을 특별히 분리하고 봉하게 이전시키는 '封金'의 경우에 소유자와 점유자가 일치하지 않을 수도 있겠지만, 이것은 위에서 언급한 일반적인 動産의 경우와 동일한 원리의 적용을 받을 것이다. 그러므로 여기에서 문제되는 것은 순수한 가치를 표창하는 금전에 국한되어야 할 것이다.[62]

가령 어음이나 수표의 추심을 통해 지급되는 경우가 지급지시사례의 통상적인 모습이다. 그런데 이 지급지시는 은행을 통한 계좌이체송금, 또는 출금기입위탁(Lastschriftermächtigung)[63]과 같은 소위 無現金支給去來(bargeldloser Zahlungsvekehr)까지도 포함된다. 위에서 지적한 대로 금전도 그 가치만을 표창할 뿐 소유권관념이 미미한 것이 사실이지만, 이 무현금지급거래의 경우에는 그런 정도의 소유권관념도 완전히 배제된다는 특징을 가진다.[64] 일체의 물권변동원칙을

---

62) 池元林 (2005), 135도, 금전이 타인의 점유에 들어가면 이때에는 물권적 청구권은 문제되지 않고 오직 부당이득이 문제될 뿐이라고 하고 있다.
63) 가장 일반적으로 쉽게 접할 수 있는 것이 신용카드에 의한 거래이다. 신용카드로 물건대금을 결제하게 되면 일정한 정산일에 카드이용자의 은행계좌로부터 그 대금만큼의 출금이 이루어지는 것으로, 이것은 신용카드계약에 이 출금기입위탁계약이 포함되어 있기 때문이다.
64) 그렇지만 금전의 소유권귀속여하에 구속될 필요는 없다. 가령 금전이 중간자를 거쳐 최종수령자에게 도달하였으나 연속되는 채권 모두가 효력을 잃은 경우를 들어보자. 이때에 중간자에게 일단 금전의 소유권이 귀속되었다는 관념이 있느냐를 따지는 것은 무의미하다. 그것은 당연히 긍정되겠지만, 그 금전이 일정한 형태로 분리되어 별도로 보관되었고 그 상태를 유지하며 그대로 최종수령자에게 도달하였다면 모를까, 일반적으로는 중간자의 일반재산과 섞여버리는 것이라고 본다. 따라서 일반

고려치 않는 순수한 가치적 측면의 부당이득법론을 전개하기 위하여, 이하에서는 무현금거래의 경우를 원칙적인 연구대상으로 전제하기로 한다.

이제 지시사례를 통해 달성하고자 하는 연구의 목적은 다음과 같이 정리된다. 다수당사자 간에 연쇄적 채권관계가 존재할 경우 실제로 재산을 출연하고 수령한 당사자들이 채권관계에 있을 수도 있고, 그렇지 않을 수도 있다. 계약관계의 당사자들 사이에서는 응당 계약관계의 해소를 위한 청산규율의 적용을 받게 되겠지만, 그렇지 않은 후자의 경우에는 별도의 관계해소규칙이 필요하게 된다. 부당이득법이 계약관계에도 있지 않은 경우에 계약법과 무관하게 후차적으로 개입하는 것은 물론이다. 그런데 여기 지시사례에는 둘 이상의 계약관계가 있고, 더욱이 비계약관계까지 공존한다. 이런 상황에서 계약법과의 조화를 염두에 두면서 부당이득반환청구의 당사자를 정하고 그 반환대상과 범위를 정하는 것이 바로 이 연구의 궁극적인 목적이다.

지급지시사례를 중심으로 전개될 이후의 연구는, 유효한 지시를 전제로 하는 경우(第三章)와 지시의 효력이 문제되는 경우(第四章), 이 두 가지로 나누어 진행하고자 한다.[65] 삼각관계의 대표적 리딩케

재산과 분리되는 특정한 금전의 지급을 염두에 둔다면 그것은 일반 동산의 경우와 같이 취급되어야 하겠지만, 단순히 가치를 표창하는 화폐로서의 금전을 상정한다면 이것은 무현금거래와 같이 이해되어야 할 것이다.

65) 이처럼 지시가 유효인 경우와 지시의 효력이 문제되는 경우를 구분하는 방식은 국내의 일부 문헌에서도 발견되고 있다. 가령 金亨培 (2003), 290 이하의 서술은 유효한 지시를 전제로 한 것이며, 같은 책, 297 이하에서 "유효한 지시가 존재하지 않는 경우"가 별도로 서술되고 있다. 또한 金

이스라고 할 수 있는 "분양대금지급지시사례"는 바로 전자에 해당한다. 은행송금의 경우처럼 지시가 반복되는 경우에는 원인관계에 無因인 지시라는 독자적인 제도의 효력을 중심으로 문제를 해결하는 것이 편리하므로 별도로 고찰되는 것이 바람직하다. 그렇지만 물건 지시급부의 경우처럼 지시가 일회적으로 이루어지는 경우에는 그런 별도의 제도를 상정할 필요 없이 단지 원인관계의 효력을 중심으로 해서 부당이득반환관계를 정하는 것이 바람직할 것이므로, 이제 두 경우를 분리하여 검토하게 될 것이다.

炯錫 (2006), 290 이하는 사실상 지시가 유효한 경우를 전제로 한 논리 전개이며, 같은 논문, 310 이하의 "직접청구가 고려되는 경우" 중에서 이른바 이중흠결의 경우에 대한 부분을 제외한 다른 서술은 실질적으로 지시의 효력이 문제되는 경우에 관한 것이라고 할 수 있다.

第三章

有效한 指示를
전제로 하는 경우

독일의 학설 현황 ┈┈┈┈┈┈┈┈┈┈┈┈┈┈┈┈┈┈┈

1. 통일론과 유형론

이 章에서는 지시사례를 주요 연구대상으로 하고, 지시는 유효하며 부당이득이 발생하는 원인으로 오직 '原因關係의 흠'만이 문제되는 경우를 다루고자 한다. 그런데 여기에는 종래 독일민법학에서 오랫동안 논의되어 온 목적적 급부개념론과 그 반대학설로서 가치의 이전을 논의의 중심에 두는 이론 사이에 대립이 존재해 왔음을 알수 있다. 특히 전자의 특정한 급부개념론은 독일 부당이득법론에서는 말할 나위 없고 국내문헌에서도 비중 있게 다루어지고 있다.[66]

---

66) 삼각관계를 해결하는 방법론으로서 독일의 목적적 급부개념론을 소개하고 있는 문헌으로, 金亨培, 事務管理·不當利得(2003), 91; 李鍾馥, 不當利得 -三者關係를 中心으로-, 民事法學, 제4·5호(1980~1984), 260; 梁彰洙, 民法注解 ⅩⅦ 제741조, 206; 鄭淇雄, 不當利得法에 있어서의 給付概念에 대한 考察, 民事法學, 제9·10호(1993), 366; 최수정, 지명채권양도에 있어서 다수인 사이의 부당이득반환, 民事法學 제

그렇다면 과연 이 학설은 어떤 개념을 가지는 것이며, 삼각관계를 해결함에 있어 어떤 기능을 수행하고 있는지를 확인할 필요성이 있다. 더욱이 前章에서 연구과제 중의 하나로서 지적하였듯이 이것은 채무변제목적설정방향과 실제 재산이전방향의 분리와도 직접적으로 연결되어 있어, 타당한 부당이득반환관계를 정하고자 하는 이 연구에 매우 큰 비중을 차지한다고도 할 수 있다.

그런데 이와 같은 학설의 대립에도 역시 유형론과 통일론이라는 양대 학설의 대립이 기반을 이루고 있음을 알 수 있다. 독일 부당이득법에서는 삼각관계의 부당이득반환관계에 관한 연구를 비롯한 모든 부당이득법 적용의 사안에 통일론과 유형론의 학설대립의 기반 위에 자리하고 있다. 그런데 여전히 평행선을 이루며 결론을 내지 못하고 있는 이 학설대립은 실은 독일 부당이득법의 일반규정인 독일민법 제812조의 불분명한 규정방식에서 비롯된 것이라고 할 수 있다. 어느 하나의 방법론이 모든 문제점을 말끔히 해소시켜 준다면 더할 나위 없이 좋겠지만, 실제 사정은 또 그렇지가 않다. 더욱이 논의가 더해질수록 학설 간의 입장의 차이는 더욱더 심화되어 가고 있음을 발견하게 된다. 그렇다면 이제는 그처럼 일방의 입장을 고수하며 같은 주장을 반복하기보다는, 오히려 어느 학설이 보다 실정법과 잘 조화될 수 있는지에 관심을 두는 것이 바람직하다고 여겨진다.

통일론과 유형론의 상이한 입장으로 인해 필연적으로 다른 결론이 나오는 것도 아니다. 즉 경우에 따라서 양자는 결론이 같을 수도 있

30호(2005), 316 등.

음을 보여주기도 한다. 그렇지만 학문의 발전을 거듭하면서 이 대립
방식은 실제 가치보다도 내용적으로 풍부해진 방법론을 통해 그 존
재감을 확보하기도 한다. 양대 학설의 전개과정을 검토하는 작업은
바로 그런 곳에서 의미를 가질 것이다. 통일론과 유형론의 대립이
그 자체만으로 삼각관계 전체를 완전히 해석하는 기준이 되지 못한
다는 점을 유념해야 한다. 각각의 학설들은 이 양대 학설에 기반을
두고서 구체적이고 실질적인 학설들로 전개되어 왔고, 또 그 학설들
상호 간에도 많은 영향을 주고받으며 발전해 왔다.

그러므로 여기 지시사례에서 어떤 특정한 급부개념을 논의의 중심
에 두고자 한다면, 그것이 독일판례나 학설상 완전하고도 유일한 견
해로 인식되고 있기 때문이 아니다. 실제로 이 개념은 현재 부당이
득법에서 사례를 해결하기 위한 도구로 사용되기보다는 개념상 전제
되고 있을 뿐,[67] 문제해결의 전면에서 직접적이고 적극적으로 기능
하고 있다고 보기는 어렵다. 그렇긴 하지만 "독일민법 제812조 제1
항에서 정하는 급부란 의식적이고 목적지향적인 타인 재산의 증가를
의미하는 것이 이제 확고해진 판결"[68]이라고 하는 독일판례나 문헌
들[69]은 물론이고, 그런 사정을 인식하고 있는 우리 문헌[70]에서도 삼

---

67) BGH 1973.10.18., BGHZ 61, 289, 291; BGH 1981.10.8., BGHZ 82, 28, 30.
68) BGH 1972.2.24., BGHZ 58, 184.
69) 대표적으로 Larenz / Canaris (1994) 248f.에서 급부개념의 약점을 지적하
   고는 있지만 이미 같은 책, 130ff.에서 급부와 비급부를 구분하는 과정
   에서 이 목적적 급부개념을 정의해둔 후 모든 논의는 이를 전제로 진행
   시킨다.
70) 급부개념 자체가 부당이득법, 특히 삼각관계에서도 완전히 무용한 것일
   수 없다는 카나리스의 입장에 찬동하는 견해로 金亨培 (2003), 91에서

각관계를 논하기 위해서 우선적으로 '급부'개념의 정의를 논의의 출발점으로 삼는 측면도 간과할 수 없다. 그렇다면 일정하게 급부개념을 정한다는 것[71])이 부당이득법에서 어느 정도의 위치에 자리하고 있으며 실제 사례해결에 어느 정도로 작용할 수 있는지를 확인하는 것이 필요하다.

현재 독일 부당이득법론의 중심축을 이루고 있다고 하는 목적적 급부개념론은 대체로 부당이득발생과정을 구분하는 不當利得返還請求權의 類型을 구분하는 입장과 관련되어 있는 것으로 보인다.[72]) 즉 이처럼 특정한 급부개념론을 중심으로 사고하는 입장에서는 필연적으로 "개별사례의 특수성을 유념한다"[73])는 입장이 강조되지 않을 수

도 목적적 급부개념론을 소개한 다음에 311 이하에서 그와 같은 취지를 밝히고 있다. 또한 民法注解 ⅩⅦ 제741조(梁彰洙 집필부분, 2005), 221의 삼각관계를 설명하는 부분에서도, 독일실무가 "소위 목적적 급부개념에 기본적으로 의존하고 있"다고 표현함으로써 이 이론이 삼각관계이론의 전제가 되는 것임을 보여주고 있다.

71) 급부개념을 목적성으로써 정의하는 것이 유일한 방법은 아니지만, 어쨌든 국내문헌에서 이 특정한 급부개념이 가벼이 다루어지지 않는다는 점에서 우리 민법에서 부당이득법의 유형론이 다수를 점하고 있지 않은가 여겨진다. 대표적으로, 民法注解 ⅩⅦ 제741조(梁彰洙 집필부분, 2005), 149 이하에서도 부당이득발생원인이 유형별로 소개되고 있고, 金亨培 (2003), 82 이하도 부당이득을 급부와 비급부로 대별하고 있다.

72) Reuter / Martinek (1983), 33. 특히 목적적 급부개념론은 다수당사자 사이에 부당이득반환관계를 정함에 있어 목적지정(Zweckbestimmung)이라는 기준을 채용하면서, 보충성원리(Dogma der Subsidiarität)와 "수령자시각설(Lehre vom Empfängerhorizont)"에 의해 지지되고 있다고 한다. 또 BGH 1963.10.31, BGHZ 40, 272에서도 이런 상관관점이 잘 드러난다. 이들 지지원리에 대해서는 목적적 급부개념에 대한 평가를 하면서 다시 언급하고자 한다.

73) BGHZ 89, 376, 378 등. v.Caemmerer (1962), 325에서 유래하였다. 그리

없다. 목적성을 가지는 급부를 주장하는 만큼 급부자의 의사가 존중되는 것은 당연하고, 그런 만큼 당사자들의 주관적인 사유를 충분히 고려하지 않을 수 없는 것이다. 그런 의미의 연장선상에서 실무상으로 계약에 기초한 소송부담이나 파산위험의 분배와 같은 것이 고려되기도 하고, 부당이득반환에 대항하기 위해 계약상 항변권을 주장하기도 한다.

그런데 그런 해결방식이 태동하게 된 원인을 생각해 보면, 부당이득법이라는 제도 자체가 가지는 정체성위협이라는 우려를 불식하기 어렵다. 즉 부당이득법의 기초를 널리 '공평의 이상'에서 구하고 있으므로, 그 고유한 기능범위 내지 제도목적이 명확하게 인식되지 아니하였음[74])을 지적하는 것과도 맞물려 있다. 그런 까닭에 부당이득 이론의 전개에는 필연적으로 계약해제법과의 관계, 불법행위법과의 관계, 나아가 사무관리법과의 관계 등에 대한 논의가 따르게 된다.

그렇지만 이것과 동시에 염두에 두어야 할 것이 바로 일관된 도그마이다.[75]) 부당이득법리가 단순히 법전 여기저기 산재해 있는 프랑스민법에서와 같은 개별적인 소권의 집합명사가 아니라, 우리나라는 물론이고 독일과 같이 실정법이 정하고 있는 주요 채권발생사유

고 형식적으로 굳어져 전설적인 것이 되어 버린 이 문구를 인용하고 있는 판례의 수는 헤아릴 수 없다고 한다. Solomon (2004), 31‒32, Fn.105. 民法注解 ⅩⅧ 제741조(梁彰洙 집필부분, 2005), 217도 참조.

74) 民法注解 ⅩⅧ 제741조(梁彰洙 집필부분, 2005), 167.

75) 民法注解 ⅩⅧ 제741조(梁彰洙 집필부분, 2005), 169의 "부당이득 유형에 내재하는 고유한 논리와 부당이득법 이외의 구제수단 간의 연관"이라는 부분은 이와 같은 도그마성과 개별성이 동시에 유념되어야 한다는 점을 표현한 것으로 보인다.

의 하나인 독자적인 법제도로 이해되고 있다면, 그 나름대로의 도그마가 형성되었어야 하고, 또 형성되어야 한다. 독일 실무상 수차 언급되고 있는 '개별사례의 특수성'이란 것은, 법률관계의 청산이 각 개별사례에 적합한 모든 평가가치를 고려한 다음에야 이루어져야 한다는 것을 강조한 것이지, 부당이득법이 가지는 기본적 도그마를 무시하려는 입장의 표현은 아닐 것이다. 만일 기본적 도그마를 완전히 무시하고자 한다면, 이것은 독자적인 법제도로서의 부당이득법을 포기하는 것과 다를 바 없기 때문이다. 그리고 그와 같은 도그마가 확립되어야만 법적용의 통일성과 논리귀결성의 명령이 달성되는 것이고, 결론에 있어서 본질적으로 동일한 상황에 있는 개별사례는 언제나 동일하게 판단될 수 있게 되는 것이다. 이렇게 본다면 우리 부당이득법에서는 독일 부당이득법에서 발견되는 여러 가지 입장 중에, 개별사례의 특수성을 강조하는 입장과 부당이득법의 도그마성을 강조하는 입장 모두에 대한 균형 잡힌 고찰이 이루어져야 할 것이다.

수세기에 걸친 독일 부당이득법의 전개과정에서도 위의 대립상황은 상당한 딜레마로 작용한다. 다양한 이해관계를 면밀히 고려하는 가운데 주관적 성격을 띠는 給付와 그렇지 않은 非給付를 구분함으로써 개별사례의 '個別性과 特殊性'을 확보하고자 하는 입장이 하나의 축을 이룬다면, 다른 한편에서는 이것에 대칭적으로 부당이득법의 '도그마적 성격'을 부각시키고자 하는 입장이 있었고, 이것은 부당이득법의 財産移動의 측면[76])을 강조하는 모습으로 나타났다. 그리

---

76) 부당이득법에 일관된 도그마성을 확보하기 위한 도구로서 재산관념이 형성되는 과정에 관해서 이 章 제3절 참조.

고 이 양자는 독일민법 약 100년간 상호 우열을 반복하며 현재에 이르렀으며,[77] 그 기저에는 유형론과 통일론이 자리하고 있다.

오늘날 삼각관계를 둘러싸고 제시되고 있는 각종 부당이득관련 이론들은 어느 순간 갑자기 창출된 이론들이 아니라 100년간 이어져 온 독일의 학설과 판례의 결과물이며, 그것은 로마법사료와 판덱텐 법학서에 대한 끊임없는 탐구의 배경을 가진 것이다. 또한 목적성을 강조한 급부개념이 삼각관계에 관한 판례에 새로운 방향을 제시할 수 있었던 것도 이런 과정에서 이루어진 것이다. 결국 '목적설정'과 "재산이동을 고려한 경제적 관점", 부당이득법에서 이 양자는 언제나 긴장관계에 있기에, 명목상 서로를 배척하는 것처럼 보이기도 하겠지만, 다른 한편으로 완전한 배제도 불가능한 관계, 즉 양자 모두 부당이득법에 있어 필수불가결한 것임을 알게 된다. 그런데 이런 긴장관계는 아래에서 보듯이 지시사례에서도 그대로 재현된다.

2. 지시급부 사례에 관한 학설

지시급부라는 유형을 구성하기 위해서는 "두 개의 연속된 원인관계"의 존재와 "중간자의 有效한 指示"의 존재를 전제로 한다. 그리고 그 지시에 좇아 이루어진 피지시인의 단 한 번의 지급행위로 인해 이 두 개의 원인관계의 채무는 동시에 변제된다. 이렇게 본다면 외관상 이득은 피지시인으로부터 수령자에게로 직접 흘러간 것처럼

---

77) Schäfer (2002), 313ff.에 그 과정과 배경이 상세히 전개되고 있다.

보이겠지만, 엄연히 지시인도 수령자를 상대로 부담하는 채무를 면하게 된다는 사실에서, 재산적 이익은 지시인을 경유하여 또는 우회하여 흘러간 것으로 의제할 수 있게 된다. 그리고 이것은 독일에서 거의 원칙으로 굳어진 것이며,[78] 앞에서 언급한 우리 판례 중에서 "분양대금지급지시사례"도 이와 같은 구조를 인정하고 있다.

이처럼 "유효한 지시가 전제"되는 경우의 지급지시의 경우에서는 同時給付와 財産의 迂廻的(經由的) 移動이라는 두 가지 가정이 가능하다. 그리고 이것은 바로 급부연쇄의 경우와의 균형을 고려한 것이기도 하다. 그러면서 이 두 가지 가정을 뒷받침하기 위한 논거로 독일에서는 다양한 견해가 제시되어 왔는데, 이것들도 크게 두 가지로 분류될 수 있다. 하나는 給付槪念으로부터 해법을 도출하려는 시도이며, 다른 하나는 指示 自體로부터 해법을 도출하려는 시도이다.

前者의 학설[79]에 의하면, 피지시인이 지시에 좇아 수령자에게 지급행위를 하였다면 이 재산이전행위는 피지시인이 자신의 채권자인 지시인에 대한 債務를 辨濟하기 위한 目的으로 지급된 것(causa solvendi)이며, 지시인이 수령자를 상대로 부담하고 있는 채무의 변제와는 무관하다는 것이다. 그런데 만일 채권이 효력을 잃게 되었다면 피지시인으로서는 변제해야 할 채무가 없음에도 불구하고 지급을 한 것이므로, 이른바 변제를 위한 지급행위의 목적은 달성할 수 없다. 이에 그 지급된 재산은 반환되어야 하며, 그것은 채무변제의 목적이 좌절된 채권관

---

78) Larenz / Canaris (1994), 39.
79) BGH 24.2.1972, BGHZ 58, 184, 189; Reuter / Martinek (1983), 112; Staudinger -Lorenz, § 812 Rn.4 - 8.

계의 당사자들 사이에서 이루어져야 되는 것이다. 그리고 이런 논리는 지시인과 지시수령자의 사이에서도 마찬가지이다. 그러므로 이득의 수령자에 대한 채무변제의 목적성을 둔 적이 없는 피지시인으로서는 수령자를 상대로 한 이득반환청구란 결코 성립할 수 없게 된다는 것이다. 결국 지시급부에 있어서 부당이득반환은 채무변제라는 목적을 두게 된 채권관계를 중심으로 해서만 가능하고, 채권관계에 있지 않은 자들 사이에서는 이루어질 수 없다고 한다.

그렇지 않고 지시 자체의 효력을 중심으로 하는 後者의 견해80)에 따르면 좀 다른 이론구성이 전개된다. 여기에서는 目的性과 같은 개념을 삼각관계해결을 위한 도구로 삼지 않는다. 여기에서는 오히려 부당이득법이란 것이 원래 부당하게 이루어진 재산이동사실과 그 이득의 잔존상태를 교정하기 위한 것이라는 제도적 취지에 부합하게, 財産移動이라는 부당이득법만의 고유한 도그마성에 관심을 두고 있다. 이 이론에 따르면 채무에 기한 급부가 변제목적이든 무엇이든, 목적성을 가지는 것은 당연한 것이라고 한다. 지시급부도 한 개의 채권이든 수 개의 채권이든 채무이행을 위해 이루어지는 것이므로 어쨌든 채무변제의 목적을 가지게 되는 것에는 다를 바가 없지만, 그런 급부관계의 존부가 부당이득반환관계를 결정짓는 기준이 되어야 할 이유는 없다는 것이다. 만일 지시급부에서 그와 같은 우회의 재산이동이라는 가정이 성립할 수 있다면, 그것은 바로 指示 그 自體의 效力에 근거해서라는 것이다. 지시는 자기 재산에 관한 처분행

---

80) MünchKomm ‑Lieb, § 812 Rn.36; Kupisch (1978), 19 ‑ 28, 68 ‑ 73; Wilhelm (1973), 115 ‑118, 156, 158f.; Flume (1991), 237.

위에 해당하는 것이기에 그것에 기해 이루어진 재산이동의 효과는 그러한 행위를 한 자에게 귀속되어야 하고, 따라서 피지시인의 지급행위로 지시인은 수령자에 대한 채무를 면하게 된다. 이처럼 가치의 이동경로와 그 결과를 중시하게 되면, 그 재산이 피지시인으로부터 지시인을 거쳐 수령자에게 이르든, 아니면 피지시인으로부터 수령자에게 직접 전달되었든, 어느 쪽이든 피지시인에게서 비롯되어 수령자에게 도달하였다는 점에서는 동일하므로 이득반환을 위한 평가관점에서도 차이를 둘 수 없게 된다. 결국 이 학설에 의하면 논리적으로 피지시인은 수령자를 상대로 해서도 직접 이득의 반환을 청구할 수 있게 된다는 결론에 이르게 된다.

삼각관계의 부당이득반환, 특히 지시급부에서의 부당이득반환의 당사자를 결정짓고자 지난 수십 년간 독일에서 소개되어 왔던 무수한 학설들은 사실상 위 두 개의 입장을 기본으로 하여 다소간의 변형을 준 것들이라고 할 수 있겠다. 그리고 그것을 거슬러 올라가면 결국에는 유형론과 통일론이라는 모든 부당이득법적 논의의 근원에 이르게 된다. 즉 급부개념을 중시한다는 것은 급부의 주관성을 강조하는 것이고, 이것은 대체로 재산이동유형의 상이함을 강조하는 유형론과 연결된다. 반면에 재산이동을 중시하는 입장은 단지 재산이동과 잔존이득이라는 객관적 사실에 주목하므로 주로 통일론의 견해와 상통하게 된다. 물론 그것이 언제나 당연히 일치하는 것은 아니다.

어쨌든 이 모든 논의의 중심에는 채권과 급부가 있고, 그 급부에는 "급부자의 변제목적"이라는 성격이 내재되어 있다는 점은 분명하다. 그런데 지시사례를 두고 대립하고 있는 학설들은 그 해결과정에서 그 급부의 '목적성'을 어떻게 이해하느냐에 차이를 둔다. 이에 제 2절에서는 독일의 다수설과 판례의 기본입장이라고 할 수 있는 유형론과 목적적 급부개념론을 중심으로 소개하고, 제3절에서 이것에 비판적인 견해를 제시하고 있는 견해 중에서도 대부분 통일론적 입장을 견지하면서 재산이동이라는 부당이득법 자체의 원리를 강조하는 학자들의 학설을 뒷받침하는 논거를 중심으로 전개하기로 한다. 그런 다음에 제4절에서 연구의 결과를 정리하면서 우리 부당이득법의 적용에 적합한 방식을 찾아가기로 한다.

그런데 이하의 논의과정에서 개별적인 견해의 다양성이 무시되고 지극히 단순화된 학설소개로 이루어질 가능성도 부정할 수 없다. 독일 부당이득법의 내부에서 보더라도 통일론을 취한다고 해서 모두 일관된 견해를 가지는 것도 아니고 유형론의 입장 내에 단일한 이론만이 존재하는 것이 아니다. 실은 유형론 내부적으로도 정도와 단계의 차이를 두고 다양한 이론구성이 가능하다. 또 유형론자라고 해서 반드시 목적적 급부개념만을 신봉하고 있는 것도 아니다. 그러나 십인십색의 모든 견해를 열거하는 것이 무조건 바람직하다고만은 할 수 없을 것이고, 또 가능하지도 않다. 독일의 최신의 견해를 소개하기보다는 학설의 기본적 입장을 명확히 이해하는 것이 우선되어야 할 것이다. 이에 대표적인 학자의 입장을 중심으로 최대한 그 논리를 간결하게 정리하는 것이 전체를 개관하고 이해할 수 있는 최선의 방법이라고 생각된다.

제2절 **履行의 對向性을 강조한 독일학설**

1. 독일 삼각관계론에서의 급부개념론

1) 독일 부당이득법에서의 '급부'

독일 부당이득법에서 給付라는 개념은 명실상부 그 중심적 지위를 차지하고 있다. 이것은 원래 부당이득법이란 것이 전통적으로 급부모델을 중심으로 발전한 것으로서, 부당이득반환을 급부의 반환으로 이해하였다는 점에 기인한다고 할 수 있다. 그러나 급부모델에 적합한 적용원리가 발생원인이 상이한 비급부의 영역에까지 영향을 미치는 사정에 대해, 유형론의 창시자라고 할 수 있는 빌부르크(Wilburg)[81]는, 전통적인 부당이득법론이 "부당이득의 여러 사례들을 급부이득반환의 영역에 억지로 끌어들였다"고 주장하기도 하였다. 그래서 이후

---

81) Wilburg (1934), 17.

의 유형론의 중심과제는 債權關係상의 原因欠缺과는 별개의 영역에 '其他의' 부당이득반환청구권의 성립기반을 마련하고자 하는 것으로 나타난다.

戰後 독일에서는 폰 캐머러(von Caemmerer)[82]가 제창한 유형론 모델을 기초로 財貨移動法(Recht der Güterbewegung)인 給付不當利得返還請求(Leistungskondiktion)와 財貨保護法(Recht des Güterschutzes)인 侵害不當利得返還請求(Eingriffskondiktion)를 기능적인 측면에서 구분하였다. 전자의 경우에는 하자있는 재화이동을 원상태로 회복하는 기능을 담당한다는 것이 확연히 드러난다. 그것은 채권법상의 기타의 반환청구권, 예를 들어 소비대차, 사용대차, 임대차 및 계약해제에서 발생하는 청구권들과 같은 차원에 있게 된다. 그처럼 급부하지 않고 타인의 물건을 과실 없이 소비하거나 사용해 버리는 경우라면 그 타인의 권리를 보호한다는 측면이 중요하다. 이와 같은 권리보호차원에서의 침해부당이득반환청구권은 물권적 청구권과 불법행위법, 사무관리법 등과의 관계에서 이것들을 보충하는 기능을 담당하게 된다고 하였다. 부당이득법을 기능적으로 구분하는 이 유형론은 빠른 속도로 광범위한 지지를 얻어 독일의 다수설이 되었고,[83] 이것이 발전하여 침해부당이득 외에도 비용부당이득, 구상부당이득과 같은 유형까지 포괄하면서, 부당이득관계는 급부관계와 급부 아닌 관계로 대별되었다.[84]

---

82) v.Caemmerer (1954), 209ff.

83) Koppensteiner / Kramer (1988), 5; Larenz / Canaris (1994), 129f.; Staudinger – Lorenz, §812 Rn.1; Reuter / Martinek (1983), 59ff.

84) 통설이라고 할 수 있다. 그러나 다시 언급할 것이지만, 이것은 무엇보다도 급부개념을 "목적성을 지닌 타인재산의 증대"로 한정적으로 정의하면

유형론이 다수설의 지위를 점하게 된 것은 사실이지만 마찬가지로 다양한 형태의 비판으로부터 완전히 자유로울 수는 없었다. 무엇보다도 부당한 이득이 발생하는 원인이 급부에 의한 것인지 비급부에 의한 것인지가 명확히 구분되지 않는 사례가 존재한다는 점을 들 수 있다. 이것에 관해서는 유명한 비행기사건(Flugreisefall, BGHZ 55, 128ff.)이 자주 거론되곤 한다. 이 사건에서 18세 소년은 유효한 비행기표를 가지고 뮌헨발 함부르크행 비행기에 탑승했다. 그런데 소년은 기내에 머물다가 비행기표를 가지지 않은 채 같은 비행기로 함부르크에서 뉴욕으로 간 것이다. 미국에서 입국이 거부되고, 비행기회사는 소년이 그날로 되돌아올 것을 요구했다. 그런 다음 회사는 그 소년에게 왕복비행기요금을 청구하였으나, 소년의 법정대리인이 추인을 거부한 사례이다. 이런 경우에는 과연 비행기회사가 소년에게 '급부'한 것인지, 아니면 소년이 기내에 머물러 있었기에 '침해를 통해 얻은' 것인지 단언하기가 어렵다.

부당이득법의 통일적 구성요건을 주장하는 입장에서라면 위와 같은 예는 당연히 상대편 견해를 반박하는 좋은 근거가 된다. 그렇지만 반면에 유형론의 입장에서도 급부와 비급부를 대칭시킨 이상, 급부개념을 보완하여 보다 명확하게 해두는 것이 더욱 중요하게 된다.

서 생긴 논리필연적인 결과이다. 다시 말해 급부개념을 어떻게 정할 것인지에 따라 비급부부당이득 중에서도 비용부당이득과 구상부당이득의 지위가 재조정될 여지가 생기는 것이다. 급부부당이득과 구상부당이득의 구분과 관련하여 대략적인 내용은, Medicus (2004), 652f. 참조. 급부개념을 목적설정이 아닌 의사개념과 연관시키는 것으로, Kupisch (1978), 62 –65 참조.

또 급부를 중심으로 전개된 부당이득법의 역사적인 배경을 고려하더라도 '급부'는 어떤 입장에 서든지 부당이득법에서의 우월한 지위를 양보할 수 없을 것이다. 삼각관계에서도 예외는 아닌데, 다수당사자 사이에서 반환권리자와 반환의무자를 정하는 기준으로 바로 이 급부 내지는 급부관계라는 개념을 사용하고자 하는 견해가 다수를 차지하였기 때문이다.[85]

급부부당이득반환청구의 당사자를 어떻게 특정할 것인지의 문제에 있어서, 독일의 통설은 일반적으로 "[부당이득반환]채권자는 '급부자'이고 [부당이득반환]채무자는 '급부수령자'이다"라는 원칙에서 출발한다.[86] 비교적 간이한 방식으로 급부사례에서의 부당이득관계를 설명할 수 있다는 장점도 있을뿐더러, 적어도 이런 방식으로 일부 급부사례의 부당이득반환문제에서 타당한 결론에 이른 것도 사실이다. 사실 급부란 것이 채권의 내용이고 채권의 내용을 충족하는 것이라고 한다면, 거기에 이르지 못한 경우의 이득반환은 그저 종전의 給付方向을 轉換하는 것으로 충분하기 때문이다. 그러므로 가령 양자관계에서나, 삼당사자 이상이라고 하더라도 급부연쇄와 같은 형태에서는 별 문제가 생기지 않는다. 그러나 단축된 인도와 같은 지시급부의 경우는 그렇지가 않다.

가령 G가 A에게 물건을 팔았고, A는 그것을 다시 E에게 매도했으나, A의 지시로 실제로 그 물건이 G에 의해 E에게 직접 이전되었다고 해 보자. 이때 누가 누구에게 급부한 것인가. 얼핏 보아서는

---

85) 藤原正則 (2002), 39.
86) Wilburg (1934), 113; v.Caemmerer (1962), 323.

물건이 G로부터 E에게로 이전되었으므로 G가 E에게 급부하였다고 생각될 수도 있다. 그러나 만일 A와 G 간의 원인관계인 보상관계만이 무효인 경우에도 G가 E로부터 부당이득을 반환받을 수 있다고 한다면, 이것은 절대적으로 부당하다. 물건을 수령한 것에 불과한 E로서는 보상관계의 하자와는 전혀 무관하기 때문이다. 상황을 바꾸어 A와 E 간의 원인관계인 대가관계가 무효라고 하더라도 G를 급부자로 보기는 곤란하다. 왜냐하면 이 경우에 E에 대한 급부부당이득반환청구권이라고 할 만한 것은 어쨌든 채권관계에 있는 A에게 주어지는 것이지, 계약관계에도 있지 않은 G에게 속해야 할 것은 아니기 때문이다.

이런 이론적 곤란에 처하자 마침내 독일의 다수설인 유형론은 '급부목적'이라는 개념을 제시하여 상황을 타개하고자 시도하기에 이른다. 이들이 주장하는 급부부당이득반환청구권에서의 '급부'는 "의도적이고 목적지향적인 타인재산의 증가"(die bewußte, zweckgerichtete Mehrung fremden Vermögens)[87]로 정의되었다.[88] 그리고 이것은 독일연방최고법원(Bundesgerichtshof)의 1972년 2월 24일 판결, BGHZ 58, 184 이래, '확고한 판례의 입장'[89]으로 자리하고 있다. 결국 지시사례에서 당사자의 目的性을 중심으로 給付關係에 있었던 자들

---

87) Medicus (2004), 465; Reuter / Martinek (1983), 81.
88) 다만 이와 같은 정의는 유형론의 창시자들, 즉 빌부르크(Wilburg)나 폰 캐머러(von Caemmerer)로부터 직접 유래한 것이 아니라 사비니(Savigny)에게서 비롯된 것임을 확인할 수 있다. 川角由和 (2004), 272; Reuter / Martinek, 81의 개요 참조.
89) Medicus (2004), 465.

사이에서만 부당이득반환청구를 인정하게 되었다.

이 소위 '目的的 給付槪念'의 설정에 대하여는 "학설사상 그 독자의 전통으로 인하여 일반채권법상의 급부개념과 구별되어야 한다"[90]는 부연설명이 뒤따르기도 한다. 그런데 특별히 카나리스는 "급부개념은 의구심을 불러일으키는 문제점들과 쟁점이 되어 온 문제점들의 거의 대부분에서 그 역할기능을 상실하였기에, 그런 한도에서 급부개념은 해석학상의 중심적인 기준으로서 적합하지 않다"[91]는 평가를 내리는 점에도 주목해야 한다. 나아가 "급부개념에 부여된 것은 기껏해야 해석학적 약호(Kürzel) 정도의 의미에 지나지 않다"고까지 하기도 한다.[92] 이처럼 목적적 급부개념은 삼각관계에서는 여전히 논란의 중심에 있다고 할 수 있다.

---

90) Wieacker (1965), 785, Fn.5 참조. 川角由和 (2004), 283, 尾註93에서는, "이와 같은 이런 부당이득법상의 급부개념은 전적으로 누가 급부자이고 누가 급부수령자인지를 결정하기 위한 기능을 하는 것이므로, 채권채무관계에 일반적인 급부개념, 즉 청구목적인 급부나 채무해소원인인 급부와는 구별된다"고 하였다.

91) Larenz / Canaris (1994), 248.

92) 카나리스가 "급부개념과의 결별"이라는 제하에 급부개념을 비판한 것은 사실이지만 어디까지나 그 개념이 가지는 내재적 한계성을 지적한 것이며, 기본적으로 급부관계와 급부개념 전체를 부정하려 드는 것이라고 볼 수 없다. Canaris (1980), 367ff,에서, 급부개념을 어떤 식으로든 개선시켜보려는 태도와 급부개념과 완전히 절연하려는 태도 양자 모두에 대해 비판적 견해를 피력하면서, 저자 자신은 그 어느 곳에도 속해 있지 않음을 밝히고 있다.

2) 재산이동의 직접성의 한계

주지하는 바대로 독일의 통설은 급부부당이득에서의 급부를 "의도적이고 목적지향적인 타인재산의 증대(die bewußte, zweckgerichtete Mehrung fremden Vermögens)"[93]로 정의하고 있다. 그리고 이것은 독일연방최고법원의 '확고한 판례의 입장'으로 자리하고 있다고 하였다. 그런데 부당이득법 내부에서 이런 개념론이 등장하게 된 것은 다름 아닌 소위 삼각관계에서의 부당이득반환이라는 문제를 해결하기 위한 道具로서 기능하기 위해서이다. 또한 학설사적으로는 종래의 '재산이동의 직접성'의 요건에 대한 불만을 해소하려는 사명에서 비롯된 것이다.[94]

財産移動의 直接性(Unmittelbarkeit der Vermögensverschiebung)[95]이란 반환채무자가 얻은 이득은 반환채권자의 손실로부터 직접 유래

---

93) 독일에서 이 개념을 지칭하는 용어는, teleologischer Leistungsbegriff(Koppen-steiner / Kramer (1988), 10), moderner Leistungsbegriff(MünchKomm – Lieb (2004), § 812, 1255), finaler Leistungsbegriff(Reuter / Martinek (1983), 81) 등으로, 매우 다양하다.

94) 民法注解 ⅩⅦ, 제741조(梁彰洙 집필부분), 206.

95) 이것은 우리 부당이득법 규정에서도 어느 정도 확인된다. 부당이득법의 일반규정인 제741조에서는 "타인의 재산 또는 노무로 인하여 이익을 얻고 이로 인하여 타인에게 손해를 가한 자"하고 규정하여 부당이득반환청구권의 발생을 위해서 손실과 이득이라는 요건 이외에 인과관계의 요건을 별도로 인정하고 있는데, 이것은 일본 民法 第七〇三條의 규정 중의 "他人ノ財産又ハ勞務ニ因リ利益ヲ受ケ之カ爲ニ他人ニ損失ヲ及ボシタル者"의 부분을 적극 수용한 것이다. 그리고 이 일본규정의 유래는 독일 부당이득법의 재산이동의 직접성 요건에서 구해진다. 상세한 내용은 加藤雅信, 不當利得法の構造(1986), 45 이하 참조.

한 것이어야 한다는 원칙이다. 이것은 이득이 있다고 해서 모두 반환해야 할 것은 아니며, 적어도 직접적인 재산이동관계에 있지 않은 제삼자로부터는 부당이득반환청구를 당하지 않는다는 관념을 표현한 것이다.

독일민법은 부당이득법의 일반규정으로서 제812조를 두고 있는데, 여기에는 재산이동에 관한 어떠한 명시적 언급도 발견할 수 없다. 그렇지만 최대한 제삼자로부터의 부당이득반환청구권을 제한해 보려는 독일법원의 노력은 구성요건에 관한 해석에서 나타난다. 애초에 제국법원(Reichsgericht)은 부당이득반환채무자에게 이득이 없다거나 법률상 원인 없이 이득을 얻은 것이 아니라고 하는 등의 방법을 사용하였다. 그러나 이후에 동법원은 '손실로(auf Kosten)'라는 표지를 근거로 급부자가 채무자로부터 면책되었다거나 반대급부청구권을 취득하여 결과적으로 재산적 손실을 입은 것이 없다는 이유에서 청구를 기각하는 방법을 사용하기도 했다. 그런데 프로이센의 판례와 이유서에 기초하여 1904년 동법원은 '손실로'라는 구성요건표지로부터 直接的인 財産移動이라는 요건을 추론해 냈고,[96] 이것이 1908년부터는 "일방의 이득과 타방의 손실의 동일성을 매개하는 사정"으로 바뀌었다.[97]

그런데 이처럼 삼각관계에서 재산이동의 직접성 요건을 표방한 것

---

96) RG 1904.12.15(Ⅳ), JW 1905, 80 Nr.19.
97) RG 1908.5.7(Ⅵ), JW 1908, 432 Nr.6; MünchKomm-Lieb, § 812, 1252f. 에서는 재산이동의 직접성요건은 부당이득반환청구권 성립에 더 이상 심사되지 않고 있으며, 다만 독일민법 제812조의 '손실로(auf Kosten)'라는 구체적인 요건으로 모습을 바꾸어 규정되어 있다고 한다.

은 무엇보다도 '직접청구금지(Durchgriffsverbot)'라는 직접성원칙의 消極的 機能을 이끌어 내기 위해서라는 것이다.[98] 즉 제삼자의 재산으로부터 이득을 얻어 재산의 이동이 인정된다고 하더라도 그런 사실만으로 이득을 얻은 자가 부당이득반환채무를 부담하게 되지는 않는다. 그러므로 부당이득반환채무자가 부당이득의 목적물을 제삼자에게 轉傳讓渡하였다면, 부당이득반환채권자가 그 제삼자에 대해서는 부당이득반환청구권을 행사할 수 없는 것이고, 바로 그 점에 재산이동의 직접성요건을 인정하는 실익이 있다. 요컨대, 직접성 요건이란 것은 바로 부당이득법의 도그마성을 대표하는 財産移動性을 直接請求禁止라는 필요에 의해 일정한도로 제한하여 요건화한 것으로 보인다.

그러나 직접성원칙은 부당이득법을 物權移動과 관련지어 설명하기 곤란한 점을 안고 있다. 給付連鎖의 경우에는 별다른 어려움이 없다. 예를 들어 A가 B에게 자기 소유의 동산을 매각하여 인도하고, 다시 B가 이것을 C에게 매각하여 인도하였는데, A와 B 간의 계약이 착오 등의 사유로 취소되었다고 가정해 보자. 독일에서는 물권행위의 무인성이 인정되므로, C는 유효하게 소유권을 취득하게 된다. 그렇지만 이것은 B로부터 소유권을 취득한 것이므로 C는 B의 손실로 이득한 것이지, A의 손실로 이득한 것이 아니다. C는 A의 손실로 이득을 얻은 것이 아니므로, A의 손실과 C의 이득에는 직접적인 재산이동이 없는 것이다. 그러므로 A와 C 간에는 결코 부당이득반

---

98) Reuter / Martinek (1983), 24.

환청구권이 성립하지 않는다.

그런데 '動産' 매도인 A가 매수인 B의 指示로 B로부터 당해 동산을 매수한 C에게 직접 당해 동산을 인도하였는데, A와 B 간의 계약이 의사의 불합치 등으로 무효가 되는 경우도 있다. 이 短縮된 給付의 경우, 앞의 예와는 달리 B를 거치지 않고 직접 C에게 인도되었다는 점에서 차이가 있겠으나, 실상 그것이 A로부터 유래하여 결국에 C에 이르렀다는 점에서는 급부연쇄의 경우와 비교하여 차이가 있을 수 없다. 즉 어떤 사람에게서 다른 어떤 사람에게로 재산이 이전하였다는 점에는 일치한다. 그러므로 앞의 급부연쇄의 결론과 균형을 맞추고자 한다면, A와 B 간의 매매계약에 흠이 있는 경우에 A는 C에 대해 부당이득반환청구를 할 수 없다는 결론에 이르러야 한다. 그런데 이런 경우에 재산이동의 직접성이라는 요건을 통해 A의 C에 대한 직접적인 반환청구를 제한하는 것에 의문이 들지 않을 수 없는데, 급부의 단축을 통해 현실적으로 재산이동은 A로부터 C에게로 직접 이루어졌기 때문이다.

한편 C의 입장에서는 A의 지급을 수령함으로써 B에 대한 자신의 채권이 변제되어 채권이 소멸하였고, 그런 한도에서 A가 한 지급이 채무를 면했다는 의미에서 B의 재산을 증가시켰을 수도 있다. 이런 이득의 경유적 이전이라는 관념에 적합하게 소유권이전이 A와 B, B와 C 간에 이루어진 것으로 관념상 인정될 수 있다면, 급부연쇄의 경우와 동일한 이론이 전개될 수도 있겠다. 하지만 그런 관념상의 소유권이전은 현실의 형식적인 소유권이전에 부합하지 않는다. 당해 부동산이 '不動産'이고 A와 C 간에 소유권이전등기가 이루어졌다면,

어쨌든 피지시인과 수령자 사이의 직접적 재산이동은 더욱 명확해진다. 요컨대 궁극적으로 직접청구금지를 위해 마련된 재산이동의 '직접성'이라는 요건은 소유권이전과 같은 물권법적인 측면에 비추어 볼 때 쉽게 납득될 수 없는 부분이 존재한다.

3) 독일 목적적 급부개념론의 기본구조

부당이득법의 재산이동에 집중한 결과로 발생한 이와 같은 곤란을 타개하고자, 독일의 類型論의 입장에서 새로운 해법을 모색하였다. 우선적으로 유형론은 모든 부당이득사례에 적용되는 통일적인 원칙을 포기하고, 그 결과 부당이득 전반을 관통하는 재산이동의 관점은 일보 후퇴한다. 따라서 삼각관계에서도 재산의 실제 이동보다는 오히려 채권이 발생하는 원인관계에 기초한 給付關係를 確定함으로써 A와 B 사이 및 B와 C 사이에서의 이득반환관계를 정하고자 한 것이다.

그런데 동산의 단축된 급부를 살펴보면 확실히 A는 B의 지시로 C에게 물건을 인도하였다. 그런데 이 인도가 B가 C에게 소유권을 이전하기 위한 것인지, 아니면 C에게 동산을 맡겨두고자 하기 위한 것인지는 A로서는 알 수 없는 일이다. A는 B에 대한 매매계약상의 채무를 이행하기 위해 이행방법을 지정한 B의 지시에 따른 것에 불과하다. 이 경우에 급부를 "의도적이고 목적지향적인 타인재산의 증대"[99]라고 정의해둔다면, A가 C에게 동산을 인도한 목적은 B에 대한 채무를 이행하여 그에 대한 채무를 변제하기 위한 목적, 즉 B의

재산을 증대시키기 위한 것이다.[100] 따라서 A의 입장에서는 C에게
는 단순히 재화를 '出捐(Zuwendung)'한 것에 지나지 않고, 오히려 A
는 B를 상대로 給付한 것이다.[101] 또한 B는 A에게 지시하여 C에게
출연하게 함으로써, 자신의 C에 대한 채무를 이행하는 것, 즉 C의
재산을 의도적이고 목적적으로 증대시키고자 한 것이다. 결국 A의
出捐으로 B가 C에게 給付한 것이므로, C에게 있어 給付者는 A가
아니라 B가 된다. A는 B의 지시에 따랐고, B에게 급부할 목적으로
C에게 출연한 것이므로, C와의 관계에서 A는 B의 단순한 給付媒介
者(Leistungsvermittler)[102]에 지나지 않고, 그래서 그에게는 급부부당
이득반환청구권이 인정되지 않는다.

부당이득법에서 자주 언급되고 있는 급부개념은 目的性이라는 표지로
정의되고 있는데, 과연 급부가 가지는 이 목적성이란 무엇인지가 문제된다.
목적지정(Zweckbestimmung) 또는 목적설정(Zwecksetzung)이란 "당해 변제
과정에 일치(Übereinstimmung mit den zugehörigen Erfüllungsvorgängen)"[103]
시키는 것이라고 하는 것이 일반적이다. 즉 채권의 목적을 달성하고자 이동
하는 재산의 흐름과 일치하며, 그 목적에는 여러 가지가 있겠지만, 채무변
제를 위해 지급되는 것(causa solvendi)이 대표적이고 가장 일반적인 형태가
될 것이다.[104]

---

99) BGH 1972.2.24., BGHZ 58, 184, 188.
100) Larenz / Canaris (1994), 132.
101) Larenz / Canaris (1994), 133.
102) Larenz / Canaris (1994), 133.
103) Larenz / Canaris (1994), 133.
104) 이것은 우리 법에서도 받아들여지고 있는 부분이다. 郭潤直, 債權總論

이 변제를 위한 목적지정의 근거로 통상 독일민법 제366조 제1
항[105])이 지적되곤 하는데,[106]) 변제지정에 관한 우리 민법 제476조
제1항에 해당하는 조문이다. 이것에 의하면 변제지정권이 우선적으
로 채무자에게 있듯이, 수 개의 채권 중 우선적으로 충당될 채권을
채무자가 지정하는 통상의 이행방법과 평행되도록 이행의 방향을 결
정하는 자도 원칙적으로 辨濟者 또는 給付者가 된다는 것이다. 이
辨濟設定의 법적 성격에 관해서는 여러 가지 견해가 있을 수 있고,
또 실제로 辨濟論 내지 履行論의 영역과 관련되어 설명되어야 하겠
지만,[107]) 일단 일방적 법률행위(단독행위)[108])로 일반적으로 받아들여
진다고 하므로,[109]) 행위무능력자가 야기한 재산이동은 원칙적으로
자신의 급부로 인정될 수 없는 결론에 이른다.

(2003), 239에서는, 변제와 "그 辨濟를 위한 給付行爲"는 뚜렷이 구분
되는 것이 "일반적으로 승인"되고 있다고 하고 있다.
105) 독일민법 제366조 [수개의 채무에 대한 변제충당]
① 채무자가 채권자에 대하여 수개의 채권관계에 기하여 동종의 급부
에 대하여 의무를 지는 경우에, 채무자가 급부한 것이 모든 채무를 소
멸시키기에 충분하지 아니한 때에는, 그가 급부에 있어서 지정한 채무
가 소멸한다.
106) Reuter / Martinek (1983), 99.
107) Reuter / Martinek (1983), 388ff. 참조.
108) Larenz / Canaris (1994), 133; Reuter / Martinek (1983), 99ff.
109) BGHZ 106, 163도 목적지정에 관해서는 취소권에 관한 조항이 적용된
다고 하였다. 참고로 우리 판례는, 대법원 1981.07.28.선고 80다1579
판결; 대법원 1987.03.24.선고 84다카1324 판결; 대법원 1991.07.23.선
고 90다18678 판결에서부터 대법원 2004.03.25.선고 2001다53349 판결
에 이르기까지 변제지정을 상대방 있는 의사표시로 보고 있으며, 이것
을 변제지정에 관한 約定과 대비시킴으로써 單獨行爲임을 인정하고
있는 것으로 보인다.

요컨대 급부가 가지는 목적성을 기초로 급부관계를 확정하고 그 급부관계에 기해 부당이득반환청구권의 당사자를 정하는 것이 목적적 급부개념론의 제안이다. 그러므로 가령 단축된 급부에서 G가 A의 지시로 E에 대해 출연(Zuwendung)하였다면, 給付(Leistung)는 A로부터 E에게 이루어진 것이고, '동시에' G로부터 A에게 이루어졌다고 할 수 있겠다.[110] 즉 G와 A 사이, 또 A와 E 사이에 각각의 목적성이 존재한다. 만일 각 채권의 효력이 문제된다면 그 각각의 급부목적은 실현되지 않은 것이어서, 거기에 상응하는 각각의 급부부당이득반환청구권이 발생한다(condictio ob rem, 독일민법 제812조 제1항 2문[111])는 논리인 것이다. 이러한 가정하에서라면, 부당이득반환의 단계에 접어들었을 때 그 返還의 構造는 급부가 이루어질 때의 과정과 동일한 형태를 유지하면서 단지 方向만 逆轉하는 모습으로 이루어지게 된다.[112] 그리고 적어도 지시가 유효한 한도에서는[113] E가 G에게 직접 이득을 반환하는 일은 결코 있을 수 없는데, 이 양자 사이에는 급부란 것이 이루어진 적이 없기 때문이다.

---

110) BGHZ 40, 272, 277; 대표적으로 Esser / Weyers (2000), 46; Reeb (1975), 21.
111) 독일민법 제812조 제1항 "타인의 급부로 인하여 또는 기타의 방법에 의하여 그의 손실로 법적 원인 없이 어떤 것을 취득한 사람은 그에 대하여 반환의 의무를 진다. 법적 원인이 후에 소멸한 때 또는 **급부에 의하여 법률행위의 내용상 목적된 결과가 발생하지 아니한 때**에도 이러한 의무가 성립한다."
112) Reuter / Martinek (1983), 387.
113) 지시의 효력이 문제되는 경우에 대해서는 第四章에서 다시 논의하기로 한다.

4) 독일 목적적 급부개념론의 구체적 내용

목적적 급부개념론을 전제로 하는 한 부당이득반환청구는 원칙적으로 각 급부관계에 있는 당사자들 사이에서만 가능하다고 하였다. 그런데 결코 놓치지 말아야 할 점은, 부당이득반환을 논하면서 경유적 이득이전이라는 개념을 상정하는 궁극적인 이유는, 각자의 항변권의 주장이나 파산위험에 대한 부담을 각각의 원인관계 내로 한정하여 급부연쇄의 경우와 균형을 맞추기 위해서인 것이다. 급부연쇄의 경우에는 첫 번째의 양도가 무효라고 해서 최초매도인이 최후매수인을 상대로 직접 부당이득반환청구권을 행사하는 일은 있을 수 없을뿐더러, 자신의 매수인을 상대로 부당이득반환청구를 하더라도 그 이후의 전전양수인의 항변권이나 무자력으로부터 영향을 받지 않는다. 단축된 급부로서는 이득의 과정이 다를 뿐 가치평가에서 차이가 없는 급부연쇄와 최대한 균형을 이루는 것이 바람직하다.114)

그런데 목적적 급부개념론을 유지하기가 그리 쉽지 않다. 자주 거론되곤 하는 것이 소위 이중하자(Doppelmangel)의 경우인데,115) 대가관계와 보상관계 모두에 흠이 있는 경우, 즉 두 채권 모두가 유효하게 존재하고 있지 않은 경우이다. 사실 어느 하나의 급부관계에만 이상이 있는 경우에 그 당사자들 사이에서 이득반환이 이루어지는 것은

---

114) 즉 급부개념의 목적성을 강조하는 것은 지시사례의 해결을 위한 도구 개념으로 주장되는 것일 뿐, 급부와 비급부의 발생과정의 상이함을 강조하기 위한 것도 아니라는 것이다.

115) Koppensteiner / Kramer (1988), 42f.; Larenz / Canaris (1994), 204ff.; Reuter / Martinek (1983), 406.

동시이행효와 지시인을 경유하는 소유권이전을 받아들인 이상 어느 이론을 취하더라도 마찬가지이다. 그런데 이 급부개념론을 취한다면, 두 채권이 모두 효력을 잃은 경우에도 G의 E에 대한 재산출연은 상대방에 대한 재산증대의 목적성을 가지지 않으므로 급부관계를 인정할 수 없고, 따라서 직접적 부당이득반환청구(Direktkondiktion)를 허용할 수 없다는 것이 이 급부개념론의 논리이다.

목적적 급부개념론 이전에는 이중하자의 경우에 직접청구를 인정하려 하는 것이 다수설이었다.[116] 그러나 급부연쇄의 경우와 달리, 지급지시에서는 직접청구를 인정함으로써 필연적으로 발생하게 되는 항변권위험이나 파산위험의 전가와 같은 문제점을 피해갈 수 없었다. 이제 목적적 급부개념이 대두함으로써 각각의 급부관계의 분리된 청산을 요구하며 그와 같은 문제점들을 개선해 보고자 하였고, 그 결과로 이중의 부당이득반환청구권(Doppelkondiktion)[117]이라는 방법론을 얻게 된 것이다.

그런데 이 소위 이중하자의 경우에 지시인 A가 취득한 것이 무엇인지에 관해 목적적 급부개념론을 취하는 입장에서도 견해가 나뉘고 있다. 과거 이중하자의 경우에 직접청구를 인정하였다는 것은, 두 원인관계가 모두 효력이 없는 때에는 A로서는 얻은 것도, 얻은 적도 없다는 의미이다. 그러나 給付槪念을 매개로 반환관계를 정하고자 한다는 것은 일단 급부가 이루어짐으로써 A에게 일단 급부로 인한 이득이 귀속되었음을 지적하는 것이다. G가 E에게 지시에 좇은 재

---

116) Ulmer (1926), 143ff.; Enneccerus‐Lehmann (1958), 881.
117) Larenz / Canaris (1994), 204.

산이전행위를 함으로써 일단 A는 E에 대한 채무를 면하게 되었으나, 이제 A-E 간의 관계는 효력을 잃게 되어 債務辨濟라는 目的을 위해 意圖的으로 支給된 것은 목적을 달성하지 못한 원인이 없는 給付가 되고, 결국 양 당사자 사이에는 不當利得返還請求權이 발생하게 된다. 즉 A와 E 사이의 대가관계가 효력을 잃게 됨으로써 A에게 남게 되는 不當한 利得은 바로 E에 대한 不當利得返還請求權이라고 한다. 그리고 이것과 별도로 G는 A에 대하여 동일한 이유로 부당이득반환청구권을 갖게 된다. 이런 논리라면 마침내 이중하자에서 G는 또다시 보상관계의 무효를 주장하며 A가 가지는 이득, 즉 E에 대해 가지는 부당이득반환청구권을 부당이득반환청구할 수 있다는 논리에 이른다(Kondiktion der Kondiktion).[118]

부당이득반환청구권의 부당이득반환청구라면 외형적으로 보아 A가 E에 대해 가지는 부당이득반환청구권을 G에게 讓渡하는 형태가 된다.[119] 그러므로 채권양도의 경우에 언제나 유념해야 하는 항변권

---

118) 대표적으로 Lorenz (1968), 51ff.. 그 밖의 문헌에 대해서는 Koppensteiner / Kramer (1988), 28, Fn.16 참조. 그렇지만 현재로서는 이것을 직접적으로 지지하는 견해를 찾아볼 수 없다. 대표적인 예로 Esser / Weyers (2000), 55f.에서도 절충적 방법론을 취하고 있는 것으로 확인된다.
119) 관련되는 우리 판례 중에 부당이득반환청구권의 행사방법을 다룬 것으로 다음과 같은 것이 있다. 대법원1995.12.5.선고, 95다22061 판결은, 법률상 원인 없이 제3자에 대한 '債權'을 취득한 경우에, 만약 채권의 이득자가 이미 변제를 받았다면 그 변제받은 금액이 이득이 되어 반환되어야 하겠지만, 아직 그 채권을 현실적으로 추심하지 못하였다면 손실자는 당해 債權 그 자체의 반환을 구해야 하는 것이며, 채권의 가액에 해당하는 금전의 반환을 구할 수는 없다고 하였다. 즉 반환청구의 내용은 부당이득한 債權의 讓渡이다.

의 문제가 여기에서도 제기되는 것이다. 이때에 G로서는 A가 G에 대해 가지고 있는 기존의 항변권은 물론이고 채권양도 시 채무자는 이전 채권자에 대해 갖고 있던 항변권을 새로운 채권자에게도 주장할 수 있다는 원칙(독일민법 제404조. 민법 제451조에 해당하는 규정이다)에 기해, 수령자 E의 항변에도 맞서게 되는 것이다. 또한 A 뿐만 아니라 E의 무자력위험까지도 부담하게 될 상황에 처하게 된다. 즉 항변권과 무자력위험의 누적을 겪게 될 수도 있다.[120] 목적성을 띤 급부의 관계를 확정함으로써 위험을 각각의 원인관계로 제한하려던 당초의도와는 달리, 결과적으로는 피지시인에게 모든 위험이 쌓이는 쪽으로 흘러가고 만 것이다. 과거의 직접청구론이 위험분배의 측면을 소홀히 다룬 점도 없지 않으나, 적어도 거기에서는 위험이 누적되는 일은 없었다.

이런 문제점을 인식하게 되면서 약간의 변형을 가한 견해가 제안되었다. 이를테면 단축된 급부를 급부연쇄와 균형을 맞추어 해석하자는 견해인데,[121] A가 취득한 이득은 단순히 E에 대한 채무를 면하지 못하게 된 것에 부당이득반환청구권이 아니라, G가 E에게 지급한 것으로 하는 목적물 그 자체 또는 그것의 가액이라는 것이

---

120) Larenz / Canaris (1994), 205.
121) 이것을 가리켜 소위 '가정적 고찰(als – ob – Betrachtung)'이라고 표현하는 견해도 있다. MünchKomm – Lieb, §812, 1263, Rn.48. 삼각관계에 관한 한 실정법규정이 흠결되어 있으므로 위의 가정처럼 재산이동이 경유하여 이전하는 전제하에 실정법을 유추적용해야 한다는, Kupisch (1978), 28ff.의 견해도 기본적으로 같은 입장이라고 할 수 있다. 그렇지만 이런 규정적 흠결이 있다는 주장에 반대하는 입장으로, Larenz / Canaris (1994), 251.

다.[122) 그러므로 G가 A에게 반환청구할 수 있는 것은 A가 E를 상대로 하여 반환받은 목적물 자체 또는 그것의 가액이 된다. 그리고 현재로는 이것이 독일에서 긍정적으로 수용되고 있다고 한다.[123)

2. 독일의 목적적 급부개념론에 대한 평가

1) 辨濟目的設定과 價値移動의 문제

급부가 가지는 여러 속성 중에서 유독 목적성이라는 관념을 도구로 삼아 지시사례를 해결해 보고자 한 이 학설에 대해서는 일단 개념완결성이라는 측면에서 생각해 볼 필요가 있다. 즉 포괄하려는 대상의 일체를 일정한 개념으로 정의하였다면, 적어도 그 개념이 적절한 한도에서는 다른 개념의 보조 없이 그 개념만으로 전체를 포섭할 수 있고 성격을 규정지을 수 있어야 한다. 지시사례에서 문제되는 부당이득반환관계를 급부개념이 가지는 목적성으로 특징지었다면, 적어도 목적성이라는 관념이 허용하는 범위에서만 이론이 전개되어야 한다는 것이다.

이 급부개념론은 채무를 이행하는 자가 과연 누구에 대한 채무를 변제하여 소멸시킨다는 의사를 가진 것인지, 즉 채무자의 債務辨濟意思가 향한 방향으로 부당이득반환을 인정하겠다는 이론이다. 그것

---

122) Esser / Weyers (2000), 56; Larenz / Canaris (1994), 205; v.Caemmerer (1962), 324; Löwenheim (1997), 130f.; Reuter / Martinek (1983), 410.
123) 金亨培 (2003), 297.

이 지시사례에서 피지시인 G의 수령자 E에 대한 직접청구를 막고 각종의 계약상 위험의 부담을 계약상대방에 대한 것으로만 제한해 보겠다는 취지에서 발생한 것이지만, 어쨌든 給付가 가지는 目的性이라는 것은 가령 변제목적의 경우처럼 어디까지나 해당하는 원인관계에 대해 辨濟目的을 지정함으로써 당해 채무를 변제하여 消滅시키겠다는 것이다. 그래서 가령 지시사례라면 동시이행효의 발생과 나아가 재산의 경유적 이전까지 인정되는 것이다.

그러므로 이런 논리에 충실하다면 원래 여기에 재산의 흐름이라는 관념은 존재하지 않는다. 그럼에도 불구하고 한 번도 채무목적을 손에 넣은 적이 없는 A에게 대가관계의 무효로 인해 그 목적물의 가액이 이득으로서 인정된다는 것은 논리에 철저하지 못한 측면을 내보이는 것이다. 물론 순수한 가치적 측면을 주목하는 무현금거래에서는 그런 문제점이 제대로 포착되지 않겠지만, 만일 재산이동이 不動産物權과 같은 物件의 移動이라고 한다면 실상 물건가액의 반환이라는 설정은 결코 논리적이지 못하다.[124]

---

124) 金炯錫 (2006), 325, 각주 67에서는, 지시가 철회되었음에도 불구하고 피지시인이 이를 간과하고 수령자에게 지급한 경우를 예시하며, 대가관계가 유효하게 존재하고 당해 채권이 변제된 경우에 피지시인이 지시인에게 반환청구할 수 있는 것은 구상이득이며, 즉 대가관계상 채무로부터의 해방에 대한 것이라고 하였다. 그래서 대가관계상 채권까지도 무효이면, 피지시인은 지시인이 수령자에게 가지는 부당이득반환청구권을 구상이득으로서 반환청구할 수 있고, 이 경우에 한해서 부당이득반환청구권의 부당이득반환청구가 의미가 있다고 하고 있다. 그런데 이렇게 해석하면, 지시인이 지시수령자에게 '급부'할 수 있는 것은 給付連鎖의 경우에만 인정될 수 있고, 短縮給付에는 그들 사이에 언제나 채무로부터의 해방과 그에 대응하는 구상부당이득반환청구권만이

이중하자의 경우에 G가 A를 상대로 가액의 반환을 청구할 수 있다 독일의 통설은, 그러므로 목적적 급부개념을 기초로 하면서도 거기에 부당이득법의 가치이동의 관념을 보충적으로 수용한 것으로 보인다. 따라서 이 점은 목적적 급부개념론이 槪念完結性의 측면에서 허점을 드러낸 것임과 동시에, 부당이득법에서 재산이동이라는 관념은 결코 완전히 배제될 수 없는 것임을 암시한다.

2) 급부자와 출연자에 대한 검토

개념완결성의 측면에서 발생하는 문제점은 다른 곳에서 발견된다. 이 급부개념론은 한마디로 '급부'와 '급부관계' 같은 몇몇 개념들을 기초로 지시사례의 해법을 마련하고자 한다는 점에 특징이 있다. 그러므로 지시사례에서의 수령자 G에게 급부한 자는 지시인 A이며, 피지시인 G는 E에 대해 결코 '급부자'가 되지 못하고 단지 '출연자'

있게 된다. 피지시인과 지시인 사이의 관계가 급부부당이득반환관계인지 구상이득반환관계인지, 그것은 당사자들의 법률관계에 대한 해석의 문제이지, 대가관계의 무효로 인해 지시인이 취득한 것이 급부부당이득반환청구권인지 급부이득에 해당하는 가치인지와는 무관하다. 지시인과 피지시인의 관계는 두 가지로 설명될 수 있는데, 지시인이 피지시인에게 일정한 재산출연을 목적으로 하는 채무의 이행을 청구할 수 있는 관계, 즉 통상적 의미의 급부관계가 있을 수 있고, 은행송금의 예처럼 지시인이 은행에 대하여 송금업무를 수행할 것을 위임하는 사무처리위탁관계가 있을 수 있다. 전자의 채권이 효력을 잃게 되면 보상관계에는 급부부당이득반환청구가 발생하게 되고, 후자의 예에서는 구상부당이득반환청구권이 발생하게 된다. 은행송금에 관한 은행과 고객의 관계에 대해서는, 第四章 제2절 1 참조.

내지는 지시인의 '급부를 매개하는 자'에 그친다고 하였다. 그것은 '단축된 급부'나 일반적 의미의 지시사례[125])와 같이 G와 E 사이에 고유한 의미의 의무가 존재하지 않는 사례에서는 어떻게든 수긍할 여지가 있다. 그렇지만 第二章에서 소개된 신용카드거래처럼 피지시인이 지시수령자에 대해 고유한 의미의 독자적인 의무를 부담하고 있는 경우[126])에는 결코 받아들일 수 없는 것이다. 후자의 경우에까지 피지시인이 지시인에게만 給付하는 것이지 수령자에게 급부하는 것이 아니라고는 할 수 없기 때문이다.

또 은행지로계약의 예만 보더라도, 보상관계를 무효로 하는 흠이

---

125) 독일민법 BGB 제783조의 인수되지 않은 지시.
126) 참고로, 독일 지시법에서는 피지시인이 지시를 인수함으로써 수령자에 대해 고유한 의미의 의무를 가지게 되는 취지를 규정하고 있다.
   BGB § 784 Annahme der Anweisung(지시의 인수)
   (1) Nimmt der Angewiesene die Anweisung an, so ist er dem Anweisungsempfänger gegenüber zur Leistung verpflichtet; er kann ihm nur solche Einwendungen entgegensetzen, welche die Gültigkeit der Annahme betreffen oder sich aus dem Inhalte der Anweisung oder dem Inhalte der Annahme ergeben oder dem Angewiesenen unmittelbar gegen den Anweisungsempfänger zustehen(피지시인이 지시를 인수한 때에는, 그는 지시수령자에 대하여 급부의 의무를 진다; 피지시인은, 인수의 유효성에 관한 대항사유, 지시의 내용 또는 인수의 내용으로부터 발생하는 대항사유 또는 피지시인이 직접 지시수령자에 대하여 가지는 대항사유로써만 지시수령자에 대하여 대항할 수 있다).
   (2) Die Annahme erfolgt durch einen schriftlichen Vermerk auf der Anweisung. Ist der Vermerk auf die Anweisung vor der Aushändigung an den Anweisungsempfänger gesetzt worden, so wird die Annahme diesem gegenüber erst mit der Aushändigung wirksam(지시의 인수는 지시증서에 기재함으로써 한다. 지시증서상의 기재가 지시수령자에 대한 교부 전에 이루어진 때에는, 지시의 인수는 지시수령자에 대하여는 교부시로부터 효력이 있게 된다).

있다면 애초에 은행고객으로서는 은행계좌상의 금액에 대한 청구권 자체가 존재하지 않으며, 만일 은행이 착오로 존재하지도 않는 채무를 존재한다고 여겨 이것을 이행하고자 했다면 이때에는 은행에게 지급수령자를 상대로 한 비채변제반환청구권이 인정될 것이기 때문이다. 이 경우에 은행이 변제목적을 둔 곳은 지시인을 상대로 한 채권관계이지, 수령자와는 무관하다. 그러므로 이 경우에까지 은행을 급부매개자라고 하여 반환청구를 금지할 수는 없다.

이런 점은 지시사례에서 과연 누가 給付者인지를 정하는 것에 일관된 기준이 없다는 것을 가리키는 것이기도 하다. 목적적 급부개념론을 그대로 관철하게 되면 지시인이 수령자에 대한 급부의사를 가진 급부자로 판단되고, 피지시인은 급부매개자에 머물게 된다. 유형론을 제창한 폰 캐머러[127]가 기본적으로 목적적 급부개념을 채용하는 것은 어떻게 보면 논리적으로 자연스럽다. 그에 따르면 계좌송금이 이루어졌을 때 수임인인 은행이 입금내역에 기재하는 것도 수익자에 대한 송금위임인의 급부로 보며, 수표를 현금으로 할인받는 것도 발행인의 수령자에 대한 금전지급으로 본다. 마찬가지로 토지가 전매되었지만 첫 번째 매수인의 지시로 토지소유자가 두 번째 매수인에게 직접 소유권을 양도하였다면, 그 토지소유권양도는 첫 번째 매수인에 대한 소유자의 급부이지만 두 번째 매수인에게 있어서는 첫 번째 매수인의 급부가 된다.[128] 그래서 이중하자 시에 직접청구를 허용해서는 안 된다고 강조한다.[129] 그래서 수령자는 자신에게

---

127) v.Caemmerer (1962), 322ff.
128) v.Caemmerer (1962), 323.

'급부'한 수표발행인이나 송금위임인에게만 이득을 반환할 수 있다는 결론에 이른다.

그런데 그는 해당하는 위임이나 지시가 존재하지 않는 경우,[130] 가령 과다송금이나 이중송금의 경우에는 은행이 직접 수령자에게 반환을 청구할 수 있다고 하는데, 이 경우에는 지시를 한 고객이 아닌 지시를 받은 은행이 급부자이기 때문이라는 것이다.[131] 그렇지만 급부의사의 측면에서 볼 때, 과다송금이든 이중송금이든 실제로 은행에게는 수령자에게 지급할 의사라는 것이 존재하지 않았다. 송금액에 대해서나 송금수령자에 대한 착오가 있었는지는 모르지만, 그런 경우에도 지시인의 청구권에 상응하는 금액을 지시인에게 '급부'한다고 여긴 것이지, 송금수령자를 대상으로 하지는 않았다. 그런데도 이 경우에도 은행이 송금수령자에 대한 급부자라고 하고 있는 것이다.

폰 캐머러가 지시가 효력을 잃은 경우에 피지시인인 은행을 급부자로 본 것은 아마도 지시가 효력이 없는 경우라면 수령자의 선악의를 문제 삼지 않고 피지시인의 수령자에 대한 직접반환청구를 긍정하고자 한 의도에서 비롯된 것으로 보인다. 그렇다면 그것은 지시라는 법적인 제도가 가지는 의미와 부당이득법의 본질에 입각한 이해를 수반할 때에 정당화되는 것이지, 지시를 받아 이를 이행한 자가 원래 급부매개자에 불과하다가 지시가 결여되었다고 하여 급부자가 된다고 해서는 안 된다. 급부가 목적성을 가진다는 의미는 급부하는

---

129) v.Caemmerer (1962), 334–335.
130) 지시가 유효하지 않은 경우에 대해서는 第四章 참조.
131) v.Caemmerer (1962), 335.

자의 의사와 의지를 반영하고자 한다는 의미인데, 이처럼 예외적으로 직접청구를 인정하고자 하는 사례들에서는 그다지 논리에 충실하다는 느낌을 받기가 어렵다. 즉 그가 수령자에게 재산을 이동할 당시에는 급부의사가 전혀 없었으나, 후에 지시가 객관적으로 효력을 잃게 되자 새로이 급부의사 내지 목적성을 부여받게 된다고 할 수 없다.

이처럼 유형론 내부적인 상황만을 놓고 보더라도 목적적 급부개념론의 차원에서는 어쩌면 '급부자'와 단순한 '급부매개자' 간의 구분에 결정적인 기준이 존재하지 않는 게 아닌가 하는 의구심이 든다. 이 모든 것이 급부개념을 차지하는 목적성이 갖게 되는 非客觀性에서 비롯된 것이다.

3) 수령자시각설의 문제

급부개념이 가지는 주관성을 강조한 방법론에 의할 때 생기는 문제점은 급부한 자와 수령자의 상대방에 대한 인식이 일치하지 않을 경우 부당이득법적 해결이 곤란해진다는 점이다. 이것은 독일 부당이득법에서 종종 문제가 되곤 하는 '타인채무의 오상급부'의 문제이고, 바꿔 말하면 '급부자에 대한 착오(Irrtum über den Leistenden)'가 발생한 경우에 대한 것이다. 한 가지 예를 들어보면, 토지소유자 E가 건축업자 A에게 주택을 주문하면서 대금을 지급하였고, A는 건축자재상인 G에게서 내부자재를 구입하면서 E의 이름으로 계약을 체결하였다. 이에 G는 아무런 사전언급 없이 계약내용에 적합한 재료를 주택공사장에 제공했고, 그 후 주택에 설치되었다.[132] 이때에

만일 A가 무자력이 되었다면 G가 E를 상대로 재료에 관한 대금지급을 청구할 수 있는지가 문제된다.

기본적으로 E−G 간 사이에는 매매계약이 존재하지 않는다. 또 E가 A의 무권대리행위에 추인하지 않으면 그 계약은 효력이 없다(독일민법 제177조 제1항[133]) 민법 130조도 참조). 그러나 내부자재가치의 상당액에 대한 부당이득이 E에게 남아 있다는 것은 여전히 문제이다. 그렇지만 이것은 지시급부와는 다르다.[134] 지시급부에는 출연자와 수령자 사이에 법률관계의 당사자를 둘러싼 관념의 불일치는 존재하지 않기 때문이다.

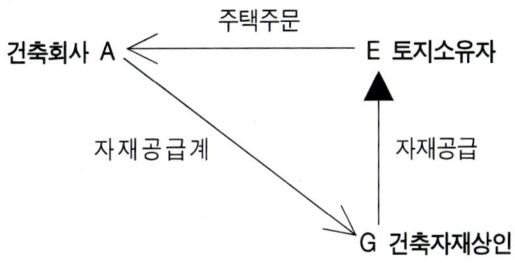

---

132) 이른바 "이데알하임(Idealheim) 사건"의 사실관계를 약간 변형한 것으로, BGH 5.10.1961., BGHZ 36, 30 참조.

133) BGB § 177 (1) Schließt jemand ohne Vertretungsmacht im Namen eines anderen einen Vertrag, so hängt die Wirksamkeit des Vertrags für und gegen den Vertretenen von dessen Genehmigung ab(어떤 사람이 대리권 없이 타인의 이름으로 계약을 체결한 때에는 본인에 대한 계약의 효력 유무는 그의 추인에 달려 있다).

134) 그러나 구조면에서 지시사례와의 비교를 용이하게 하기 위하여 부득이 위 사례의 당사자를 지칭하는 약호를 지시사례의 예에 대응시켜 'A', 'G', 'E'로 표시하였다.

만일 양 당사자가 확실한 계약관계에 있다면, 그 계약이 무효가 되면서 급부부당이득반환청구가 가능하게 되는 것은 분명하다. 그런데 G의 관점에서는 당연히 자신은 E와의 계약상 의무를 이행한 것이라고 믿고 급부하였고, 반면에 E로서는 당연히 당해 재료가 내장된 완성된 주택을 제공할 의무를 지닌 A의 급부로 여긴다. 이처럼 재산을 건네준 자와 수령한 자 사이에 급부자 및 급부관계에 관해 관념이 일치하지 않을 경우에 목적성이란 주관적인 개념을 채용하는 학설에 의한다면 대립되는 두 개의 주관적인 관념이 존재하게 되는 것이다.

만일 급부를 이행한 자의 의사(Der Wille des Leistenden)를 중시할 경우에는 위의 사례에서 G는 E를 상대로 급부부당이득반환청구권을 가지게 될 것이고, 이제 附合되었으므로 그 가액을 반환청구하게 된다. 반대로 수령자 E의 시각(Die Sicht des Zuwendungsempfängers)에서 급부관계를 판단한다면, E는 건축자재의 인도를 A의 급부로 여겼으므로 G로부터 급부부당이득반환청구를 당하지 않는다. 이때에 "出捐受領者의 시각에서 客觀的인 고찰방식으로" 해결한다는 취지의 후자 견해가 독일연방최고법원[135]의 입장이다.

미국판례 중에도 이와 유사한 모습의 사례[136]를 발견할 수 있다.

---

135) BGH 1961.10.5, BGHZ 36, 30(이른바 "이데알하임(Idealheim)사건"); BGH 1963.10.31, BGHZ 40, 272(이른바 "전기기구(Elektrogeräte)사건"); BGH 1974.4.17, BGH NJW 1974, 1132(이른바 "셔츠(Hemd)사건")로, 수령자시각설(Lehre vom Empfängershorizont)을 취하는 대표적 판례들이다.

136) Concord Coal Co v. Ferrin, 71 N. H. 33, 51 Atl. 283(1901).

A는 E회사에 일정금액의 채무가 있는데, 채무변제의 압박을 견디지 못한 나머지, 석탄회사인 G회사의 중요 인물이 자신을 후원해 주고 있어 그 회사가 E회사에 석탄을 제공할 것이라고 하였다. E로서는 이것을 A의 채무의 일부변제로 보고 석탄수령에 합의했다. A는 G에게 E가 일정량의 석탄을 원한다고 통지하면서도 위 합의내용에 관해서는 밝히지 않았다. G는 석탄을 인도했고, 이것은 곧장 E에 의해 공장작업에 사용되었다. 얼마 후 G는 E에게 계산서를 발송했고, E는 위 석탄이 A의 채무변제였음을 이유로 지급을 거절했다. G의 지급청구소송은 기각되었는데, 그 이유는 양 당사자가 똑같이 A에게 기망당한 것이며, 따라서 어느 일방에 적용되어야 할 공평의 관점이 타방에 적용될 공평의 관점보다 더 강력하지 않다는 것이다. 물론 이 판결을 전후하여 이것에 相馳하는 판결들이 존재하는 것도 사실이다. 그러나 앞의 독일사례와 비교할 때 타인채무에 대한 오상급부의 경우에 무엇이 문제되는지가 명확해진다.

독일의 다수설이 의미하는 방식으로 給付를 정의한다면, 그것은 개념내재적으로 객관적인 의미를 기대할 수 없다. 이것은 구체적이고 객관적으로 존재하는 債務를 辨濟한다는 개념과는 다른 차원이다. 위 미국의 사례에서 수령자가 제삼자(여기에서는 A)와 특별히 약정하였다고 하며 석탄을 공급한 자와 給付者에 관한 관념의 차이를 보인다. 그렇지만 이 제삼자와의 약정은 수령자의 영역에 속하는 것이므로 그의 위험으로 돌아가야 하는 특수사정일 뿐이라고도 할 수 있다. 이것을 가지고 그 위험영역과 무관한 G의 지급청구를 거절하는 것은 타당하지 못하다고 생각된다. 결국 석탄의 급부가 어느 관계에서 이루어졌는지는 분명하게 드러나지 않는다. 그만큼 급부라는 것은 주관적인 것이다. 이처럼 양자택일의 상황에 직면할 때면 어느 편이 더 보호가치 있는지를 비교형량하기 마련이고, 따라서 추가적인 보조도구를 요하게 된다. 전형적인 지시사례를 벗어나면서 일관된 적용에 곤란을 겪게 되는 이 급부개념론을 삼각관계 전반에 일반적으로 적용될 만한 방법론이라고 하기 어려우며, 다시금 목적적 급부개념론의 概念完結性이라는 측면의 한계를 확인하게 된다.

無權代理人의 법률행위에 대한 本人의 不當利得返還責任의 성립 여부라고도 표현되는 이런 유형의 사례는, 독일 부당이득법에 있어 유형론과 목적적 급부개념론, 수령자시각설로 이어지게 되는 삼각관계의 이론전개에 매우 큰 역할을 담당하고 있음을 발견하게 된다. 즉 목적적 급부개념론이 독일 판례의 주류로 자리하게 된 것은, 전형적인 지시급부에서라기보다는 이 오상채무자의 급부사례를 통해서라고 할 수 있다.

그런데 이 오상급부의 경우는 엄밀한 의미의 지시급부사례와는 좀 다른 유형이라고 하였다.[137] 통상의 지시사례에서는, 일단 계약관계에 있어 상대방에 대한 착오를 일으키는 정황들은 발견되지 않는다. 지시급부라는 것은 상대방에 대한 착오로 인해 급부를 취소함으로써 발생하게 되는 비채변제반환의 문제가 아니라, 착오 없이 확정가능한 당사자 수인 중에 누가 부당이득반환청구권을 가지며 누가 반환의무를 지게 되는가를 정하는 문제로 요약될 수 있는 것이기 때문이다.

---

137) 이 점은 독일 부당이득법의 해석론임에도 불구하고 플루메에 의해 강력히 주장되고 있다. Flume (1962), 216 참조.

만일 지시사례를 제외하고서라도 우리 법에서 목적적 급부개념을 통해 해결될 수 있는 삼각관계유형이 있다면 모르겠지만, 사실 그와 같은 형태가 쉽게 떠오르지 않는다. 만일 재산출연자와 수령자 사이에 채권관계와 채권관계의 상대방에 대한 착오가 존재한다면, 이것은 일단 무권대리인의 법률행위의 그 책임에 관한 규정이 적용될 여지도 있을 수 있다. 따라서 중간자인 본인의 추인을 받지 못한 법률행위는 본인에게 효력이 없고(제130조), 추인거절 전에 본인에 대해 계약상 채무의 이행이 이루어졌다면, 그 이득은 법률상 원인이 없는 것이므로 不當利得으로서 반환(제741조)되어야 한다.[138] 다만 그 반환청구의 행사를 제한하는 사유가 민법 제745조에 규정되어 있으므로, 규정이 예시하고 있는 일정한 행위유형의 요건이 충족되는 한도에서 부당이득반환청구가 배제될 수 있을 뿐이다. 결론적으로 수령자시각설은 우리 법해석에 도움을 주지 못한다는 점에서도 우리 부당이득법에서 독일 목적적 급부개념론의 입지는 점점 더 좁아져가는 것으로 생각된다.

4) 이른바 보충성원리에 대한 검토

급부의 목적성을 강조한 방법론이든 재산이동의 직접성을 강조한 방법론이든 다수당사자관계에 대해 독일 부당이득법에서 주장되고 있는 학설들은 모두 피지시인의 수령자에 대한 直接請求를 制限해

---

138) 池元林, (2005), 286.

보고자 하는 노력의 결과이다. 왜냐하면 직접청구를 인정하게 될 때에 발생하는 문제, 이를테면 당해 계약과 무관한 제삼자에게 계약에 따른 위험부담을 전가시킨다든지, 수령자의 항변권이 침해될 염려가 있다든지 하는 문제가 생겨나기 때문이다. 그러므로 급부개념에 내재된 채무변제 등을 위한 목적성의 소재를 중심으로 부당이득반환관계를 정하고자 한 것은 이런 항변위험이나 파산위험 같은 것을 각각의 계약관계에 한정시키고자 한 의도에서 비롯된 것이다. 따라서 그런 의미의 '급부'가 이루어지지 않은 당사자들, 즉 피지시인과 수령자 사이에는 급부부당이득반환청구가 받아들여질 수 없다. 그렇지만 한편으로는 피지시인에게 수령자를 상대로 비급부부당이득반환청구는 인정될 수 있지 않을까 생각해 볼 수 있다. 그렇지만 이것도 비급부부당이득반환청구의 보충성원리(Dogma von Subsidiarität)에 의한다면 받아들여지지 않는다고 한다.

이른바 급부부당이득반환청구에 대한 비급부부당이득반환청구의 補充性[139]이란, 급부부당이득이 존재하는 한도에서는 비급부에 의한 부당이득이 성립하지 않는다는 원리이다. 지시급부의 경우에 사실상 수령자와 피지시인이 채권채무관계에 있지 않은 것은 사실이다. 그런데 외견상 수령자가 피지시인의 재산에서 유래한 이득을 취득한 것이므로 어찌 보면 수령자의 이득은 피지시인의 손실로 얻은 것처럼 보일 수도 있다. 그러나 당장에 피지시인에게 비급부부당이득반환청구권을 인정할 수 있게 하고자 하지 않는데, 그것을 인정하게

---

139) Larenz / Canaris (1994), 140; Reuter / Martinek (1983), 399.

할 경우 목적적 급부개념이 허용하려 하지 않았던 직접적 반환청구가 비급부부당이득반환이라는 우회로를 통해 허용될 소지가 있기 때문이다. 그런 연유로 독일연방최고법원은 비급부부당이득반환청구, 특히 침해부당이득반환청구는 "부당이득대상이 수령자에게 전혀, 그러니까 누구로부터도 급부되지 않은 경우에"140)만 성립할 수 있다고 하였다.

지시급부의 경우는 급부연쇄의 경우와 비교할 때 문제점이 가장 선명하게 부각된다. 우선 A - B - C의 순서로 순차 동산의 매매계약이 체결되어 급부가 연쇄되었다면, A가 악의의 기망을 원인으로 B에게의 소유권이전을 취소하였더라도 A의 C에 대한 비급부부당이득반환청구권은 성립하지 않는다. 이 경우에 C의 이득은 A의 손실로 얻은 것이 아니라 B의 손실에 기초한 것이어서, A와 C 사이의 재산이동에는 직접성이 결여되어 있으므로 부당이득반환청구권의 인과관계요건을 충족하지 못하기 때문이다.141)

이제 이것을 A에서 C로 직접 이전되는 단축급부의 경우와 비교해 보면, 재산이 B를 경유하지 않고 이전되었다고 하더라도 C가 이득을 보유할 법률상 원인을 가지는 것은 마찬가지로 긍정된다. 재산이 직접 이동하든지 누군가를 거쳐서 이동하든지 이득의 이동이라는 가

---

140) BGH 1963.10.31., BGHZ 40, 272, 278. 특히 이 판결(소위 "전기기구 (Elektrogeräte)사건")의 판결문은, 유형론과 목적적 급부개념론, 수령자 시각설, 보충성원리로 이어지는 일련의 이론들의 논리적 연관성을 잘 나타내고 있다.

141) 독일에서는 재산이동의 직접성이 결여된 것은 물론, 급부개념에 비추어 보더라도 반환청구가 인정될 수 없다. MünchKomm - Lieb, § 812, 1252 - 1253, Rn.18. 이 경우 우리 민법에 의할 때에는 취소의 효과에 대한 제삼자보호규정(제110조 제3항)에 의해 C가 보호받을 수도 있다.

치판단에서는 두 경우에 차이가 있을 수 없기 때문이다. 오히려 지시사례는 수령자의 입장에서 볼 때에 지시인이 지정한 채무의 이행방법의 일종에 불과하다고도 할 수 있다. 만일 그런 관점에서라면 지시급부에 있어서 보충성원리가 아예 문제시되지 않는다고 할 수 있을지 모른다. A로부터 C에게로의 소유권이전은 어쨌든 연속되는 채권의 효력에 기한 것이기 때문이므로 비급부반환청구권의 성립 자체에 의문을 가져볼 수도 있는 것이다.

어쨌든 이 보충성의 원리가 독일 부당이득법에서 말하는 '급부반환청구권이 비급부반환청구권을 배제한다'는 의미로 이해되는 것을 전제로 한다면, 그것이 우리 법의 해석에 어느 정도 기여할 수 있을 것인지에 대해 그것을 긍정할 만한 부분이 쉽게 발견되지 않는다. 물론 독일법학의 내부에서도 보충성원리는 양 당사자 관계에 적합한 것이지,[142] 삼각관계에서는 적용사항이 없다고 하고 있고,[143] 또 독일 내의 보충성원리에 대한 다양한 비판들[144]이 확인되기도 한다.

그렇지만 보충성원리는 실제로 독일 법 내부의 문제점을 해결하기 위한 원리라는 점에서는 어느 정도 의미를 가진다. 즉 독일문헌에서 보충성원리가 지속적으로 언급되고 있는 것은, 우리 법과 달리 원인

---

142) Reuter / Martinek (1983), 79.
143) Medicus (2004), 508. Rn.727.
144) Staudinger－Lorenz § 812 Rn.63; Larenz / Canaris (1994), 215f.; MünchKomm －Lieb § 812, 1254, Rn.24; Erman / Westermann (2004), § 812, 2991, Rn.84; Reuter / Martinek (1983), 406f. 등 참조. Medicus (2004), 508f.은, 보충성원리는 양 당사자관계에서만 적용될 뿐, 삼자관계에서는 급부반환청구권과 비급부반환청구권이 상호배제관계에 있지 않다고 하고 있다.

관계의 효력과 물권관계의 효력이 분리되어 판단되고 있는 사정에 근거한 것이다.[145) 즉 보충성원리는 독일 민법 전반을 관통하는 무인성의 원칙을 독자적인 방법으로 표현한 것이라고도 할 수 있다.[146) 그러므로 우리 법의 시각에서 보충성원리의 문제점을 지적하는 것은 그다지 의미가 없다고 할 수 있다.

그렇지만 보충성원리가 독일 내부에서 논란이 되고 있다고 해서, 우리 법에서도 적용을 피해야 한다는 논리는 가능하지 않다. 만일에 우리 법을 해석함에 있어서 보충성원리의 조력을 요하는 부분이 있다면 그런 부분이 결코 간과되어서는 안 될 것이기 때문이다. 다만 적어도 독일법의 의미에서의 보충성원리가 현실적으로 우리 법의 해석에 도움이 되지 않고 있는 것만은 사실이다. 그러므로 지시사례의 피지시인이 보유하고 있는 이득에 대해서는 계약상대방인 지시인에 대한 給付返還請求權과 '더불어' 이득의 수령자에 대한 非給付返還請求權의 성립여부가 함께 검토될 수 있을 것이다.[147)

---

145) 도난당한 소가 육가공공장에서 통조림으로 가공된 경우에, 소의 원래 소유자에게는 독일민법 제950조에 기해 加工으로써 쇠고기의 소유권을 새로이 취득한 공장을 상대로 한 부당이득반환청구권이 인정된다고 판단한 "송아지고기사건(Jungbullenfall)", BGHZ 55, 176에서도 나타나듯이, 사실 독일에서 삼각관계에 보충성원리를 비중 있게 다루고 있는 곳은 "附合 등 添附"로 인한 소유권의 변동이 있는 경우이다. Larenz / Canaris (1994), 212ff. 참조.

146) Wieling (2003), 96에서는, 보충성의 근거의 문제는 논리일관성의 문제가 아니라 전용물소권의 성격을 가지는 직접청구를 배제하고자 하는 독일민법에서의 가치 있는 법학적 결단의 문제라고 한다. 즉 보충성원리의 취약점은 이미 인지하고 있지만, 그것이 독일 민법학 내부적으로는 여전히 효용가치가 있다는 의미일 것이다. Larenz / Canaris (1994), 253도 참조.

3. 履行의 對向性

이상으로 독일 부당이득법에 특유한 특정한 급부개념론을 중심으로 그 한계상황들을 지적해 보았다. 개념법학이 가지는 문제점[148]도 간과할 수 없는 것이지만, 그들이 즐겨 사용하는 "모든 도식적인 해결을 피한다"[149]는 것은 법제도의 개관을 어렵게 하는 한편, 뚜렷한 윤곽이 없는 개별사례고찰로 도피하도록 조장할 위험이 있다. 사례해결을 위한 판단의 주체의 관점에서 당사자들의 구체적인 의사나 그들이 추구하고 표현한 목적, 그리고 그들의 이익상황을 두루 참작하여 어떤 것이 적합한지 심사해야 하는 것[150]은 여느 영역과 마찬가지로 부당이득법이라고 해서 다를 것이 없다. 오히려 개별사례의 특수성을 너무나 강조하는 경우에는 부당이득법에 일관되게 관통하는 법원칙을 간과한 채 케이스·바이·케이스식의 사례해결이 되어

---

147) 지급지시사례에서 수령자의 지시인에 대한 계약상의 항변권 등을 보호하고자 계약법원리를 들어 피지시인의 수령자에 대한 직접청구를 제한하고자 하는 시도는, 앞의 "분양대금지급지시사례"나 전용물소권에 관한 판례(가령 2002.8.23.선고 99다66564, 66571 판결)에서도 확인되고 있다. 그것이 원칙의 표현인지, 완전한 배제를 의미하는 것인지에 대한 검토가 이루어져야 하는데, 그곳에서 다시 피지시인의 계약상대방에 대한 반환청구권이 성립하지 않는 한도에서 '보충적으로' 직접청구가 인정될 여지는 없는 것인지를 확인하고자 한다. 第五章 참조.

148) Canaris (1973), 857. 또 Larenz / Canaris (1994), 249에서는 개념법학에 대해 "그것이 공식화되었을 때 적용하기에 적합한 것으로 고려된 사례에만 해법을 줄 수 있"다고 하였다.

149) v.Caemmerer (1962), 325.

150) v.Caemmerer (1962), 325

버릴 수 있으며, 마침내는 유형론이 개선의 대상으로 삼았던 부당이득의 불명확한 형평이념을 내세우는 견해와 별반 다르지 않는 형국이 되어 버릴 수도 있다.

실제 문제를 해결함에 있어서 이런 식의 급부개념이 반드시 필수적인 것인지부터 의문이다. 삼각관계에서 특별히 목적성에 주목하고자 하는 것은 급부관계에 있지 않았던 이들 간의 직접청구를 허용치 않으려는 의도에서 비롯된 것이고, 그렇게 함으로써 항변위험과 무자력위험과 관련된 계약법적 구도가 부당이득법을 통해 파괴되는 것을 막아보고자 한 것이라고 하였다. 즉 지시사례를 위해 등장한 개념이, 오늘날에 와서는 양자관계에는 적합하지만 삼자관계에서는 그렇지 않다는 비판[151]을 받고 있는 것은 아이러니가 아닐 수 없다. 만일 이것이 부당이득법상 급부와 비급부를 구분하기 위해서라면 債權과 관련된 給付의 본래적 의미를 언급하는 것만으로도 충분하며, 굳이 목적성을 언급해야 할 이유는 없다. 요컨대 삼각관계, 특히 지시사례를 제외하고는 그런 급부개념이 제대로 작동할 수 있는 영역을 찾을 수 없기 때문이다.

독일에서 말하는 이른바 목적적 급부개념은 어쨌든 지시사례처럼 채무변제목적을 둔 방향과 실제로 재산이 이동한 방향이 분리되는 경우에 전자의 방향으로 이득반환청구권을 인정하겠다는 이론이다. 그러므로 그것이 그 개념론이 제시하고자 했던 주된 관념만을 추출해 본다면,[152] 우선 채무변제를 위한 재산이전은 그런 가치이동에

---

151) MünchKomm -Lieb, § 812, 1250, Rn.11.
152) 梁彰洙 (1987), 215에서는, 부당이득법적 급부개념이 독일 민법에서

일정한 방향성이 있다는 의미로 표현될 수 있을 것이다. 즉 특정채무를 변제하겠다는 급부자의 의사적 요소를 도출해 내는 것이다. 또한 '급부'[153]라는 의미 자체도 우리 법의 시각에서는 어떻게든 개념 보충을 요하는 용어이기 때문이다. 그러므로 이하에서는 '履行의 對向性'이라는 새로운 표현으로써 지시사례에서 채권관계의 존재를 중심으로 반환관계를 정하는 관념을 정하고자 한다. 즉 이행은 특정채무자에 '대한' 채무를 변제하기 위해 이루어지는 것이다.

이제는 이런 履行의 對向性에 비해 이행의 다른 측면을 강조하는 학설을 검토하고자 한다. 즉 부당이득반환관계를 정함에 있어 가치의 이동을 기준으로 하고자 하는 입장이다. 잠시 언급한 바 있지만, 이 학설은 대체로 통일론과 관련되어 있으며 그 방법론으로 통상 부당이득법의 본질에 대한 역사적 고찰방식을 채택하고 있다. 그러므로 개별적인 반환소권에 불과하던 로마법상의 condictio가 현재의 부당이득법으로 발전하는 과정에서 어떻게 이득법으로 성격을 바꾸게 되는지, 또 어떤 연유로 급부의 목적성이 부각되었는지를 확인하는 과정에 대한 설명이 뒤따르게 된다.

카나리스는 자신의 채권법 교과서에서 다수당사자관계에서의 이득

물권변동에 관하여 무인주의를 취하고 있는 것을 전제로 하여 이루어진 것이라는 점을 지적하고, 그렇지 않은 우리 제도하에서 굳이 '급부'라는 개념을 '조작'할 필요가 없다고 하고 있다.

153) 給付라는 것이 채권의 내용을 가리키는 것이긴 하지만(郭潤直, 債權總論 (2003), 52), 전형적인 일본식 용어이기도 하거니와, 민법 제746조의 "給與"라는 용어와 더불어 더욱 명확한 개념정리를 요하는 것이기 때문이다.

조정문제야말로 "채권법은 물론이고, 私法 중에 가장 격렬하게 다툼이 있고 가장 곤란한 문제영역"(die umstrittensten und schwierigsten Problemfeldern der Schuld, ja des Parivatrechts)[154]에 속한다고까지 하였다. 그렇지만 부당이득제도 자체의 근본으로[155]으로 되돌아간다면 그렇게까지 곤란한 문제는 아닐지 모른다.

---

154) Larenz / Canaris (1994), 199.
155) Flume (1999), 199에서 말하는 "부당이득이라는 법형상"이다.

 **제3절** **履行의 財産移動的 측면을 강조한 독일학설**

1. 有效한 指示의 效力으로부터 해법을 도출하려는 시도

지시사례에서는 '동시이행효'와 '이득의 경유적 이전'이란 전제적 가정이 이루어진다고 하였다. 그렇지만 실제로 지시사례의 수령자가 이득을 얻은 것에 대해, 이것이 급부연쇄의 경우처럼 목적물이 순차적으로 누군가의 손을 거쳐 들어온 것인지, 아니면 최초의 사람으로부터 직접 들어온 것인지에 따라 그 이득반환의 가치평가에 차이를 둔다는 것은 쉽게 받아들이기 어려운 부분이다. 다시 말해, 누군가의 '손'을 거쳤는지 아닌지가 부당이득반환의 판단기준이 될 수 있는지에 대해서는 의문을 갖게 된다.

그러므로 재산이 지시인을 우회하여 수령자에게 이른 경우에, 그것은 각 당사자의 履行이 對向的으로 이루어졌기 때문이 아니라 단지 有效한 指示의 效力에 기한 것이라는 견해[156]가 있다. 재산이 피지시인으로부터 지시인을 우회하여 수령자에게 도달한다고 하는 것에 대해 급부자의 목적성을 근거삼지 않고, 단지 지시라는 독자적인 법제도의 특성, 指示授與와 피지시인이 그것을 遂行하였다는 사실, 이 두 가지에서 찾는 것이다. 결국 지시급부로 인해 재산이동이 피지시인에게서 지시인으로, 다시 지시인에게서 수령자에게로 이루어진 것은 이 학설에 의하더라도 마찬가지이다. 원인관계 중 어느 하나에 흠이 있다면 그 부당이득반환은 일차적으로 당해 원인관계의 당사자들 사이에서 이루어지게 된다. 그렇지만 그 지시가 결여되었거나 효력을 잃은 경우에는 재산이 우회하지 않으므로 피지시인의 직접청구가 긍정된다는 결론에 이르게 된다.

지시사례의 기본적 법률구조에 관해서 이 학설은 다음과 같이 소개한다. 지시인의 지시가 유효하다면 그것에 좇은 피지시인의 재산이전행위의 효과는 지시인에게 귀속된다. 지시급부로 인해 수령자가 일정한 이득을 취했다면 그 효과는 지시를 한 자의 財産上 負擔으로 귀속되어야 하므로, 지시인은 피지시인을 상대로 가지고 있던 채권의 만족을 얻게 되는 동시에, 지시인 스스로의 재산상의 부담으로 수령자에게 대해 채무변제가 이루어진 것이다. 독일의 다수설이 급부의 目的性이라는 主觀的 개념을 중심으로 이론을 전개한 것임에 반해, 이 학설은 財産移動과 같은 客觀的인 성격에 주목한다. 또 부당한 이득이 반환되기 위해서는 반환청구권자의 財産上의 負擔, 즉 '損失'에 기초한 것이어야 한다는 점을 강조한다.[157] 그리고 이처럼

---

156) MünchKomm – Lieb, § 812, 1259, Rn.36; Kupisch (1997), 219; Wilhelm (1973), 115 – 118, 156, 158f.; Flume (1991), 237.

재산의 이동이라든지 반환청구권자의 손실에 초점을 맞추게 된다면, 응당 급부와 비급부의 구분을 필요로 하지 않게 된다.158)

이하에서는 이 학설의 이론적 기초를 이루고 있는 역사적 고찰방식에 따라, 로마의 condictio로부터 시작하여 현행 부당이득법에 이르기까지의 흐름을 개관하기로 한다. 다만 현실적인 이유에서 부당이득법이 독자적인 제도로서 법전에 들어오는 과정에 利得法으로서의 성격을 가지게 된 점159)과 급부에 目的性이 충전되는 과정에 한해 서술하기로 한다.

2. 이 학설의 주요 근거

1) condictio의 一般性 확보를 위한 기초160)

로마법상 condictio는 개별적인 반환소권의 집합명사로서, 현재의 부당이득법과 같은 통일된 형태의 독자적인 법제도로 존재하고 있지 않았다. 그리고 다른 많은 법제도가 그러하듯이 부당이득법은 그 연원을 Corpus Iuris Civilis, 즉 로마법대전에 두고 있으며, 보다 정확히

---

157) Flume (2000), 94; Kupisch (1997), 215; MünchKomm – Lieb, § 812, 1250, Rn.12.
158) Flume (2000), 101.
159) 이런 관점을 매우 상세히 서술하고 있는 문헌으로, Flume (1953), 27ff.
160) 로마사료의 번역은, Knütel / Kupisch / Seiler / Behrends, Corpus Iuris Civilis Text und Übersetzung Digesten Band Ⅱ (1995), Ⅲ (1999), Ⅳ (2005)를 참조하였다. 이하 같다.

말하면 학설휘찬(Digesta)에서 비롯되었다고 하겠다. 사료에 나타나는 개별적인 부당이득소권[161]으로 대표적인 몇 가지를 소개하면, 우선 한편으로는 급부부당이득반환소권으로서 비채변제반환소권(condictio indebiti), 목적부도달로 인한 급부의 반환소권(condictio ob causam datorum causa non secuta), 불법원인에 의한 반환소권(condictio ob turpem vel iniustam causam)이 있다. 또 다른 한편으로 원인부재로 인한 반환소권(condictio sine causa)과 같이 특정한 유형에 속하지 않는 나머지들을 포괄하는 것도 있고, 절도로 인한 비급부의 부당이득반환소권(condictio furtiva)도 있다.

로마법의 부당이득반환소권은 원칙적으로 반환채무자는 구체적으로 자신이 수령한 것, 즉 취득한 특정물[162] 또는 특정금액을 반환하게 하였으므로, 반환할 경우에 소송당시 현존하는 이득에 제한시킴으로써 사실상 가변적 이득범위를 상정하고 있는 현행법과는 달리, 로마법에서는 그런 개념이 일반적인 것이 아니었다.[163] 피후견인처럼 특별한 보호가 필요한 반환채무자에게만 현존하는 범위로 책임을 제한시켰을 뿐, 통상의 경우에는 일반원칙에 따라 완전한 책임을 졌다. 목적물이 멸실한 때에는 그것이 대체가능한 물건이나 금전이라면 결코 면책되지 않았으나, 그것이 특정물인 경우에는 반환채무자가 멸실에 관해 책임이 없다면 면책되었다. 또한 永續性原則이 적용

---

161) Liebs (1986), 168 - 169 참조.
162) Schulz (1954), 615는, 시간이 지나면서 불특정적인 대체물로만 청구될 수 있는 급부와 관련되어 가면서 더불어 완화되어 간 것으로 설명하고 있다.
163) Flume (1953), 27ff.; Kaser / Knütel (2003), 206; Kupisch (1987), 2.

되어 반환되어야 할 물건이 타인에게 양도되었다면 반환책임은 당해 물건의 매매대금수익에까지 확장되었다.164) 즉 부당이득반환범위가 일반적으로 현존이득에 제한되지 않았고, 현대적인 의미로 표현하자면 이득자의 전체 재산의 증가와는 무관한 "具體的인 의미의 財産增加"에 한정되는 개념이었다.165)

로마의 condictio는 古典期의 所有權觀念에서 출발한다. 말하자면 法秩序에 의해 승인된 실제 목적물에 대한 絶對的 請求權과 實質的이고 合目的的인 請求權의 正當化, 이 두 가지 기본사항과 관련되어 있다. 실상 로마법학의 所有權移轉의 관념은 현대적 의미와는 달리, 구점유자에게서의 소유권상실과 새로운 점유자에게서의 소유권취득으로 생각되었고, 이것이 datio를 통해 이루어진다. 그렇다면 그것이 이전 권리자의 시각에서 판단되느냐 새로운 권리자의 시각에서 판단되느냐에 따라, 出捐機能과 그 保有의 正當化機能을 함께 가지게도 된다. 이것을 로마인들은 causae166)라고 하였다.167)

로마의 condictio는 절도부당이득소권(condictio furtiva)을 제외하고는 원래 '給付(datio)', 즉 소유권의 이전을 요건으로 하는 것이었다.168) 즉 원칙적으로 재산출연자의 意思行爲가 존재하는 경우에만 인정되었다. condictio의 고전기 법적 형상은 급부를 제외한 '기타 방

---

164) Kupisch (1987), 2.
165) Flume 1953), 66에서는, 이것이 19세기에 이르러 사비니를 통해 추상적인 재산변동으로 전환을 겪게 된다고 하고 있다.
166) "법률상 원인"의 유래가 되는 causa(카우사)의 복수형.
167) Kupisch (1987), 4f.
168) Schulz (1954), 613 - 614.

법'에 의한 부당이득을 포함하는 것이 아니었다.169) 즉 부당한 財産移動過程과 부당한 財産保有의 結果가 condicito에 의해 교정되어야 할 것들이었고, 따라서 condictio의 발생근거였다.170)

그런데 이런 다양한 개별 부당이득소권들을 공통의 표준으로 구성해보고자 하는 시도가 이루어지기 시작했다. 그중 울피아누스(Ulpianus)가 ob causam dare 또는 ob causam promittere를 causa non secuta로 연결시킴으로써171) condicitio를 causa라는 공통분모로 수렴하려 한 것은 대표적인

---

169) Flume (1953), 57; Jakobs (1964), 43f.
170) Flume (1953), 58.
171) D.12, 6, 23, 3 "Si quis post transationem nihilo minus condemnatus fuerit, dolo quidem id fit, sed tamen sententia valet. potuit autem quis, si quidem ante litem contestatem transegerit, volenti litem contestari opponere doli exceptionem: sed si post litem contestatam transactum est, nihilo minus poterit exceptione doli uti post secuti: dolo enim facit, qui contra transactionem expertus amplius petit. ideo condemnatus repetere potest, quod ex causa transactionis dedit. **sane quidem ob causam dedit neque repeti solet quod ob causam datum est causa secuta: sed hic non videtur causa secuta, cum transactioni non stetur.** cum igitur repetitio oritur, transactionis exceptio locum non habet: neque enim utrumque debet locum habere et repetitio et exceptio(화해를 하고나서도 재판에 회부하였다면, 이것은 고의로 화해의 효력을 침해한 것이긴 하지만 그 판결은 역시 유효하다. 그러나 판결 전에 화해하였다면 재판에 회부하고자 한 상대방에 대해 악의의 항변으로 대항할 수 있었을지 모르지만, 설령 화해가 소송 후에 이루어졌더라도 악의의 항변, 그것도 후발적인 악의를 근거로 원용할 수 있는데, 왜냐하면 화해했음에도 소를 제기하면서 계속 청구하는 자는 악의를 가지고 행위하는 것이기 때문이다. 그러므로 판결을 받은 자는 그가 화해에 근거하여 준 것의 반환을 청구할 수 있다. **다만 그는 결과의 발생을 위해 주었고 결과가 발생하였다면, 결과의 발생을 위해 주어진 것은 통상 반환청구할 수 없다. 그렇지만 여기에서 화해가 지켜지지 않았으므로 결과는 발생하지 않은 것이다.**

예이다.172) 나아가 더욱 일반적인 condictio로 나아가고자 했기에, datio, 즉 재산출연자의 의사가 개입된 讓渡가 아닌, 'pervenit', 즉 '받는 것'이라는 객관적인 사실에 주목하기도 했다.173) 그러므로 당시만 해도 현행 부당이득법의 중심을 이루는 "법률상 원인 없음"의 원래 모습이라고도 할 수 있는 sine causa(원인 부재)174)를 부당이득법의 일반형이라고 본 것은 결코 아니고, 어느 정형적인 condictio에 속하지 않은 나머지를 포괄할 수 있는 豫備的인 성질의 것에 불과했다. 그런데 이것이 후대에 와서 사비니의 연구에 의해 일반형으로 자리매김한 것이다.

그런데 엄격법상의 condictio, 즉 원칙적 형태의 것에 관한 것이지만, '포괄적'이면서도 '보충적'인 기능을 담당할 수 있는 부당이득반환소권의 관념은 로마법의 다른 개소에서도 나타나며, 事實訴權175)

즉 반환채권이 성립하면 화해의 항변권은 해당사항이 없는데, 반환채권도 항변권도 존재할 수 없기 때문이다)."

172) 崔秉祚 (1989), 315.

173) 이와 같은 입장에서 그가 ad Sabinum(사비누스주석서)의 제43권에서 밝힌 원칙은 다음과 같다. D.12, 7, 1, 3 "constat id demum posse condici alicui, quod vel **non ex iusta causa** ad eum **pervenit** vel redit ad non iustam causam(정당한 원인 없이 그에게 도달하거나 또는 부당한 원인으로 귀결될 수 있는 것만이 그에게서 반환청구될 수 있다는 것은 확고하다)."

174) D.12, 7.

175) 방식서양식(Musterformeln)으로 되어 있는 로마의 법무관(praetor) 또는 안찰관(aedilis)의 고시(edictum)에 규정된 승인된 소권(actio)의 범위는 거의 완결적이다. 이를 가리켜 로마채권법은 대체로 정형구속성(Typengebundenheit)이 지배한다고 한다. 즉 당사자들이 예정된 소권 이외의 다른 채무를 창설하는 것은 일반적으로 가능하지 않다. 그것은 실무적으로도 유지될 수 있었는데, 문답계약(stipulatio)은 유연한 모습으로 여러 방면에서 이용될 수 있어서 각각의 허용된 급부는 각각의 허용된 조건하에서 제소가 이루어질

도 그중 하나이다. 고전기의 사실소권(actio in factum)은 무명계약의 원형이다. 이 소권은 condictio ob causam datorum을 보충하는 소권이었는데, 가령 후견인의 조성 없이 일정한 행위를 한 피후견인을 상대로 해서는 책임을 물을 수 없으나, "그가 이익을 얻은 한도에서 (quanto locupletior factus est)" 이 소권이 부여되는 것이다.[176] 그러나 무미건조하고 아무런 내용을 담고 있지 않는 소권의 한 종류에 불과한 사실소권만으로 일반적인 부당이득원칙의 유래를 삼을 수는 없다. 보통법학기를 거쳐 18세기 당시에 사실소권이 실무상 뚜렷한 역할을 했다고도 볼 수 없고,[177] 어디까지나 부가소권(actio subsidiaria), 즉 欠缺補充을 위한 법적 구제수단이었기 때문이다.

그렇지만 부당이득법의 結晶點은 準訴權(actio utilis)에서 보여준다. 이것은 방식상 유추를 통해 현존하는 법원칙을 확장하는 논거로 작용하여, 이것을 통해 폼포니우스 법언[178]이 실무상 직접적인 적용 논거로 사용되었다. 그 예로 사실소권과 큰 연관성을 지닌 것으로 actio de in rem verso utilis(준전용물소권)와 actio negotiorum(사무관

수 있었기 때문이다. 그 밖에도 정형구속성은 고시상 소권의 범위를 넘어서 개개의 개별사건을 위한 소권을 허용할 수 있도록 법무관에게 맡겨져 있어 더욱 완화될 수 있었다. 이것이 사실소권(actiones in factum)이다. 이것들은 승인된 계약유형의 어느 것에도 분명하게 편입될 수 없는 교환계약들에 사용되었다(무명계약). Kaser (1971), 580ff.

176) Kaser (1971), 600.
177) Schäfer (2002), 103.
178) D.12, 6, 14 "Nam hoc natura aequum est neminem cum alterius detrimento fieri locupletiorem"; D.50, 17, 206 "Iure natura aequum est neminem cum alterius detrimento et iniuria fieri locupletiorem."

리인의 비용상환소권)이 있는데, 이 Usus modernus[179]의 전형적인 두 부당이득소권이 준소권(actio utilis)형태로 되어 있음을 알 수 있다.[180]

그 밖에도 誠意訴訟(bonae fidei iudicia)방식이 엄격법상의 부당이득소권을 보충하기 위해 이용되기도 했다. 원래 condictio는 엄격법상 소권(iudicia stricti iuris)으로서 방식에 구속되는 행위들에 기초한 것임은 물론, 해석 시에도 엄격한 원칙들이 적용되어 법관의 재량이 개입할 여지가 거의 없었다.[181] 따라서 부당이득을 반환하는 경우에도 취득한 만큼만이 반환되는 것이 원칙이었다. 그런데 후기 공화정기가 지나면서 이전에 만민법(ius gentium)에 속하던 信義誠實이란 관념이 시민법(ius civile)에도 속하게 됨으로써 bona fides(신의성실)의 기능도 변화한다. 즉 더 이상 확고한 채무원인이 요구하지는 않으면서도 법관이 법률관계를 판단할 수 있는 척도로 구속력을 가지게 된 것이다.

요컨대 부당이득법의 일반적인 원리를 발견하고자 하는 노력과 사실소권, 준소권, 성의소송 등의 개별소권은 널리 알려진 폼포니우스의 법언, "누구도 타인의 손실로 이득을 취해서는 안 된다는 것은 자연적 정의에 부합한다"는 선언을 기초로 일반화 촉진의 기반이 된 것이다.

---

179) 13세기경 독일에서 소위 로마법계수가 이루어진 이래, 계수된 로마법, 즉 보통법은 부가적으로 적용되면서 실무상 점점 더 큰 의미를 갖게 되는데, 특히 17, 18세기에 실무상에 로마법이 직접 적용되는 기간을 가리켜 Usus modernus (pandectarum)이라고 한다. Kaser / Knütel (2003), 11.
180) Schäfer (2002), 103.
181) Kaser / Knütel (2003), 206 - 206; Kaser (1971), 492.

2) 재산이동과 이득법

재산이동의 모습은 일반적으로 두 가지로 구분될 수 있는데, 하나
는 로마법사료에도 존재하였고 Usus modernus에서 재차 상기된 'dare'
로, 즉 로마시민의 소유권처분을 具體的인 모습이라고 하겠다. 다른
하나는 抽象的인 것으로, 개별적인 물건이 아닌 한 사람이 보유하고
있는 재산을 전체로 평가한다는 전제에서 어느 일방의 재산으로부터
타방의 재산으로 이전하는 것을 가리킨다.[182]

원래 로마법상의 condictio는 개개의 물건에 대한 양도계약이 효력
을 잃게 되면 당해 물건만을 반환하면 되는 것이지, 반환의무자의
재산상태에 대해서는 관심을 두지 않는 것이 원칙적인 모습이다. 이
처럼 다른 재산의 상태와는 무관하게 법률관계의 목적이 되는 對象
物의 移轉이 바로 具體的 의미의 財産移動이다. 로마법상 채무의
내용[183]으로, dare(수여하다), facere(하다), praestare[184]가 있었다. 그
중 dare는 원래 소유자가 타방에게 새로이 소유권을 창설해주는 것
으로,[185] 사비니는 다른 것들의 상위에 dare(수여하다)를 두어 부당
이득법을 형성하는 기본개념으로 삼았다.[186] 그래서 사료[187]에서 확

---

182) 가령 Flume (1953), 32의 구체적(konkret) 재산변동과 추상적(abstrakt)
    재산변동의 구분 등 참조.
183) Kaser / Knütel (2003), 208ff.
184) praestare는 원래 일차적 급부의무를 이행하지 못한 데 대한 책임의 이
    행을 의미했으나, 후에는 널리 급부 일반을 뜻하게 된다. 崔秉祚, 로
    마법강의(1999), 442.
185) Kaser / Knütel (2003), 295.
186) Savigny (1824 / 25), 321f.("in dem Hinübergehen eines Theils des Vermögens

인되는 'dare ob causam', 즉 "원인에 기해 수여하다"라는 부분을 통해서, dare, 즉 구체적 재산의 이전은, causa, 즉 지금의 의미에서의 법률상 원인으로 자연스럽게 연결될 수 있었다.

재산이동이 抽象的인 모습을 하고 있다는 것은 이것과 달리, 언제나 "일방의 재산으로부터 타방의 재산으로 이전해야 한다"는 것으로, 이때에는 당사자의 전반적인 財産狀態가 문제된다. 그런데 이런 형태의 재산이전은 로마사료로부터 직접 도출되지 않는다. 이것이야말로 로마법대전과는 달리 사비니가 직접 자연법과 연관시켜 발전시킨 개념이라고 한다.[188] 이런 사비니의 財産(Vermögen)관념이 잘 나타나 있는 곳이 그의 저작 『현대로마법체계』(System des heutigen römischen Rechts)[189]이기도 하다.[190]

그렇지만 사비니가 가리킨 추상적인 모습의 재산이동의 맹아는 이미 近世 自然法論에서 싹트고 있었다. 특히 그로티우스(Hugo Grotius, 1583 – 1645)는, "누군가 원인 없이 타인의 재산으로부터 이득을 얻거나 (장래에) 이득을 얻을 수 있을 것이라면"[191] 부당이득으로부터 채무가 성립한다고 하여, 비채변제반환소권 등 방식상의 전통적인 부당

---

des einen in das anderen, mag das Uebergehn durch Vertrag oder aequitas begründet seyn").

187) Paulus, D.12, 5, 1.

188) Schäfer (2002), 136

189) 이하, 본문에서는 "현대로마법체계"로만 칭한다.

190) Savigny, System Bd, I (1840), 339f.

191) Grotius, Inleidinge tot de Hollandsche rechtsgeleerdheid, Book Ⅲ, Ch.30, 449; ders., De iure belli ac pacis(전쟁과 평화의 법), Buch Ⅱ, Kap. 10 Ⅱ 1, 381에서도 같은 취지이다(Schäfer (2002), 93에서 再引用).

이득반환소권 외에도 광범위하면서도 직접 적용될 수 있는 부당이득 반환소권의 기초를 마련하였다고 평가되고 있다.[192] 그렇지만 그 외에도 財産移動論(Vermögensverschiebungstheorie)에 관한 공감을 얻기 시작했다는 점이 특히 주목을 끈다.[193] 즉 반환청구권자와 손실과 반환의무자의 이득 사이에는 필연적으로 재산의 이동이 존재한다는 관념이 비로소 형성되기 시작한 것이다.

이 추상적인 재산이동론의 단초가 후대에 사비니에 의해 다시 전개되어,[194] 현재 독일 부당이득법에까지 영향을 미치고 있다. 사비니는 자연법론을 계승하여 추상적 재산이동이라는 개념을 발전시켰지만, 앞서 언급한 듯이 방법적으로 로마법상 채무의 내용 중 하나인 dare를 매개로 하였다. 즉 재산이동의 특수한 유형인 'dare'를 추상적인 개념인 '재산'으로 확장시킨 것이다.[195]

재산이동의 성격을 추상적인 것으로 정함으로써 非給付 事例까지도 포괄할 수 있는 기반이 마련되었다고 할 수 있다. 비급부 사례에서도 부당이득이 반환될 수 있다는 것은 dare의 원래 형태로 인도된 것만이 부당이득으로서 반환청구될 수 있는 것이 아니라는 것을 의미하기 때문이다. 사비니는 D.12, 5, 6[196]과 D.12, 7, 1, 3[197]을 인용

---

192) Zimmermann (1990), 885–886.
193) Schäfer (2002), 94.
194) Zimmermann (1990), 885.
195) Savigny (1824 / 25), 322.
196) D.12, 5, 6 "Ulpianus libro octavo decimo ad Sabinum Perpetuo Sabinus probavit veterum opinionem existimantium id, quod ex iniusta causa apud aliquem sit, posse condici: in qua sententia etiam Celsus est(울피아누스, 사비누스주석서 제18권에서, 사비누스는 정당하지 않은 원인으로

함으로써[198] 그 정당성을 로마법사료에서 구했다. 나아가 타인의 물건을 매도하고 매매대금을 수익한 경우, 물건소비, 물건부합의 경우, 그리고 condictio furtiva(절도부당이득반환소권) 같은 비급부사례의 경우에도 부당이득반환청구가 가능하다고 하였다.[199]

이것과 별도로 현대로마법체계에 등장하는 '利得(Bereicherung)'이라는 개념에도 주목하게 된다. 즉 "타인에게 利得이 된 것이 이전에 이미 실제로 한번 그[반환소권자－역자 주]의 재산에 속한 적이 있다는 것도 또한 필수적인데, 그는 부당이득반환소권을 그 점에 기초하고자 한다"[200]는 문장이 그것이다. '財産移動의 直接性'의 근거가 될 수 있는 이 표현은, 이를테면 반환되어야 할 이득은 반드시 반환채권자에게서 비롯된 것이어야 한다는 것이다. 생각해 보면, '利得'이라는 용어 자체가 실제로도 "일방의 재산으로부터 타방의 재산으로"라는 문구보다 더 포괄적인 의미를 담고 있는 것도 사실이다.

인해 누군가에게 존재하는 것은 부당이득으로서 반환될 수 있어야 한다는 시각을 가진 옛 법률가들의 견해에 언제나 동의했다. 이 견해는 켈수스도 가지고 있다)."

197) D.12, 7, 1, 3 "Ulpianus libro quadragensimo tertio ad Sabinum [……]3. Constat id demum posse condici alicui, quod vel non ex iusta causa ad eum pervenit vel redit ad non iustam causam(누군가에게 정당한 원인 없이 이르렀거나 부당한 원인으로 환원된 것만이 그로부터 부당이득 반환될 수 있음이 확립되어 있다)."

198) Schäfer (2002), 147.

199) Savigny, System Bd.5 (1841), 523f., 특히 Fn.b. 그러나 절도원인부당이득반환소권이 condictio sine causa에 포섭되긴 하였지만 전적으로 원칙에 적합한 사례는 아니며, 사비니 역시 원칙을 적극적으로 확대한 결과로 생긴 변형태로 여겼다.

200) Savigny, System Bd.5 (1841), 526f.

어쨌든 사비니 부당이득법의 요지는, 부당이득반환소권으로써 "내적인 유사성에 근거하여(aus innerer Verwandtschaft)",[201] "자유로운 意思"에 기초한 dare뿐만 아니라 "단순한 사변을 통해서나 또는 반환소구를 당한 자의 행위로 인해서" 야기된 이득도 반환[202]되어야 한다는 것이다. 이렇게 사비니에 의해 마련된 추상적인 재산이동성을 기초로 할 때에야 비로소 급부와 비급부를 아우르면서, '一般性', 즉 개별적인 법제도와 전체 체계와의 결합을 얻을 수 있게 된다. 다시 말해 그에 의해 부당이득반환청구권은 '一般的'인 재산법체계 안에서, '一般的'인 하자있는 재산이동에 관한, '一般的'인 조정방식으로 정착될 수 있게 된 것이다.

3) 급부의 목적성과 법률상 원인

前節에서 履行의 對向性을 언급하면서, 급부부당이득에서의 급부를 "의도적이고 목적지향적인 타인재산의 증대"로 전제하는 학설을 소개하였다. 그런데 사비니의 1814년과 1815년에 걸친 겨울학기의 판덱텐강의를 들은 학생의 노트필기에 이미, "dare ob causam의 경우에 재산이동은 법적인 목적을 추구하는 타인재산의 의도적 증대"라고 씌어 있음을 발견하게 된다.[203] 이것을 세심히 살펴보면, 여기에는 일방의 재산이 늘어나고 타방의 재산이 줄어든다는 사실, 즉

---

201) Savigny, System Bd.5 (1841), 525－526.
202) Savigny, System Bd.3, 524.
203) Schäfer (2003), 137f.

抽象的인 財産變動 외에도 두 가지 요소가 추가되어 있음을 알 수 있다. 그 하나는 財産을 移轉시킨다는 意圖이고, 다른 하나는 目的을 設定하는 것이다.

目的設定이라는 개념은 사비니가 condictio indebiti(비채변제부당이득반환소권)[204]와 condictio sine causa(원인부재 부당이득반환소권)을 비교하여, 양자 사이에 존재하는 이질성을 완화하면서 공통분모를 확보하기 위해 비채변제부당이득반환소권에 目的設定이라는 개념을 충전시킨 것이라고 할 수 있다.[205] 일단 condictio sine **causa datum**[206]을 놓고 보면, 원인부재부당이득반환소권의 causa(원인)가 소유권이전의 dare와 연결되어 있음을 발견되게 된다. 이 dare에는 이미 양 당사자 사이에 재산이전이라는 '給付目的의 合意'가 존재하므로,[207] condictio sine causa datum은 소유권이전이라는 목적을 지닌 급부가 이루어졌으나, 그것이 법률상 원인의 부재로 반환되는 것을 가리킨다. 그런데 condictio indebiti를 이 일반적 부당이득반환소권을 대표하는 것으로 설정한 이 condictio sine causa **datum**의 기준에 맞추기 위해서는, 전자의 성립요건 중 착오요건에 "債務를 辨濟하고자 하는 目的이 결여되었음"[208]이라는 관념을 충전시키지 않을 수 없었다. 즉 비채변제반환소권의 성립요건에 있지 않았던 목적성

---

204) 보통법시대까지 비채변제반환의 요건은 dare, indebitum, error(착오)로 요약된다. Kaser (1971), 596.
205) Schäfer (2002), 138.
206) causa ob datum(원인에 기해 수여하다), Paulus D.12, 5, 1.
207) Kaser / Knütel (2003), 305, Rn.16.
208) Kaser / Knütel (2003), 305, Rn.14.

을 추가시킴으로써, 비채변제도 자연스럽게 일반 부당이득반환소권의 범주에 들어올 수 있었던 것이다.

또 dare ob causam과 condictio sine causa **datum**을 두고서 법률상 원인과 목적개념의 연관성도 확인된다. 로마법상의 구체적인 재산이동의 형태인 dare ob causam은 이전 소유자의 出捐機能과 새로운 소유자에게 있어서의 正當化機能을 가지는 所有權讓渡라고도 할 수 있겠다. 이를테면 소유권이전을 의미하는 dare는 그 자체가 재산이동이라는 법적인 목적을 포함하는 것이기에, sine causa와 sine causa datum을 비교함으로써 이런 목적개념은 자연스럽게 causa, 즉 현대적 의미의 법률상 원인과 연결되었던 것이다. 결국 여기에서 오늘날의 급부개념의 원형이 확인되며, "의도적이고 목적지향적인 타인재산의 증대"로 요약된다.

그러므로 급부의 목적성과 관련하여서는 다음과 같이 정리할 수 있겠다. 로마법상 causa의 기능은 다양하지만, 무엇보다도 그것의 부재는 condictio의 발생원인이었다. 그리고 급부사례에서의 causa는 급부로써 실현하고자 하는 법적 의미의 目的까지 포함하게 되었다. 目的이 결여되어 있다면 부당이득반환소권이 발생하게 되는 것이고, 이것은 현재 독일민법 제812조 제1항 2문("[······] mit einer Leistung nach dem Inhalte des Rechtsgeschäfts bezweckte Ergolg nicht eintritt [······][209]")에 부분적으로 남아 있다. 이렇게 보면 적어도 독일민법에 있어서는 목적성이 부당이득반환청구권을 발생시키는 법률상 원인의

---

209) 점선은 생략된 부분이다.

하나가 되는 셈이다.

4) 사비니(F. C. v. Savigny, 1779 - 1861)의 부당이득론

폼포니우스 개소에서 유래하여 근세 자연법론을 거치며 추구되어 온 일반적인 부당이득원칙을 향한 진전은 사비니에 이르러 일대 혁신기를 맞이한다. 사비니 부당이득법[210]의 기본골격을 이루는 것은, 부당이득반환청구권자의 재산으로부터 반환채무자의 재산으로 소유권이 이전하였다는 소위 **재산이동(Vermögensverschiebung)**과 그것의 **주관적 의도 내지 목적(datio ob causam)의 좌절**이다.[211] 그리고 이 두 가지를 중심개념으로 삼은 것은 궁극적으로 다양한 부당이득소권 중에서도 특히 **condictio sine causa**를 일반적인 부당이득관념에 일치시키기 위한 것이다.

현대로마법체계(System des heutigen römischen Rechts) 전체 8권 중 제5권에서 그는 공리(Axiom)로서 부당이득사례들은 '유기적인 형성력(organische Bildungskraft)'[212]을 통해, 그리고 '규칙적인 개념전개

---

210) 이 연구에서는 상세히 다루지 않을 계획이긴 하지만, 사비니가 부당이득법에 남긴 공적 중 또 다른 중요한 한 가지가 causa를 유형화하였다는 점이다. 사비니에게 특유한 독창적 관념물이라고는 할 수 없겠으나, 학설휘찬을 비롯한 이전의 연구성과를 참조하여 정확하게 사료의 개소를 지적하면서 이를 목적에 따라 유형별로 구분함으로써 부당이득법의 이론화에 기여하였다. 구체적인 내용은, Schäfer (2002), 119ff., 135 참조.

211) "원인이 없든, 그 원래의 원인을 상실하였든, 타인재산의 감소를 통해 재산이 확대되는 것"(System Bd.5, 525, 552), 즉 '財産移動'과 '法律 上 原因 不在'로도 표현된다.

(regelmäßige Entwicklung der Begriffe)'213)를 통해 '단순하면서도 공통된 원리로부터(aus einem einfachen, gemeinschaftlichen Princip)'214) 도출될 수 있다는 주장을 내놓았다. 사비니 법학방법론의 대표적인 지주라고 할 수 있는, "개념구성과 추상화를 통한 법제도의 체계화"와 "법학의 역사적 고찰을 위한 가장 중요한 과제인 사료검증을 통한 결론의 정당성 확보"215)는 부당이득법에서도 그대로 나타난다.

이것에 대해 빌부르크(Wilburg)가 "급부부당이득반환청구의 시사적 (suggestiv)인 능력"을 묵살해 버리고 "기타 방법에 의한 부당이득도 일거에 포괄해버리고자", "안이한 방법"으로 저술해버리고 말았다며 비난한 바 있다.216) 어떻게 보면 그런 평가에 전혀 수긍이 가지 않는 것도 아니다. 사비니가 강의를 계속하며 수년간의 망설임 끝에 현대로마법체계에서 재산이동을 추상적인 영역으로 전향한 것은 사실이기 때문이다. 그렇지만 그 추상성이란 다름 아니라 로마사료상의 condictio indebiti에 해당하던 개념을 condicito sine causa와 법률상 원인 없는 이득으로 변경한 것이다. 즉 indebitum과 착오가 비계약성을 지닌 비급부 사례로 대체되었다. 그리고 condictiones ob causam의 범위 내에서 condictio causa data causa non secuta와 condictio indebiti를 연관시키는 연결고리로 법적인 目的設定이라는 개념이 추가된 것이다. 소유권 양도인 dare는 財産移動 개념을 위해 사라졌고, 후에 타인손실로 이루

---

212) Savigny, System Bd.5 (1841), 511.
213) Savigny, System Bd.5 (1841), 525, Fn.d.
214) Savigny, System Bd.5 (1841), 507.
215) Savigny (1802 / 03), 97.
216) Wilburg (1934), 15.

어지는 순수한 재산이동이 되었다. 다시 말해 단계적으로 추상화시키는 과정은 결코 안이하지 않았으며, 사료에서 예시된 소권들을 '유기적으로' 파악하려는 사비니의 기본입장과 노력은 의심의 여지가 없는 것이다.

지금까지 로마법상의 개별소권인 condictio가 독일의 부당이득법으로 발전해 가는 과정을 확인하면서, 독일 부당이득법을 구성하는 이득 내지 재산이동의 관념, 독일 부당이득법에서 말하는 급부의 성격과 부당이득반환청구권과의 관계를 중심으로 살펴보았다. 前節에서 살펴본 독일의 목적적 급부개념론이 지시사례를 해결하는 도구로 급부의 목적성을 주목하였다는 사실은 아마도 이와 같은 역사적 전개과정을 전제로 하고서 현행법의 해석에 적합한 형태로 새로이 해석한 결과라고 받아들일 수 있을 것이다. 그러므로 독일의 급부개념론으로부터 履行의 對向性을 추출해 낼 수 있었다면, 바로 위에서 이루어진 역사적 고찰을 통해서는 利得의 移動의 端緒를 얻을 수 있는 것으로 요약될 수도 있겠다.

그런데 부당이득법은 이처럼 이득법으로서의 성격을 확보함과 더불어, 형평관념을 기반으로 하면서 법체계 내에서 정당성실현의 마지막 기재로 작용할 수 있게 된다. 이하에서는 로마법 사료에서 나타나는 지시사례를 중심으로 부당이득법의 衡平性에 관해 생각해보고자 한다. 형평관념은 유형론과 통일론의 주된 쟁점으로 일컬어지고 있지만, 지시사례처럼 급부와 비급부가 공존하는 영역에서는 다른 사례에 비해 부당이득법에서의 형평성이 가지는 비중이 가장 잘 드러날 것이기 때문이다.

5) 로마법상의 지시사례[217]

(1) 로마법상의 지시제도와 법률관계

로마법상의 지시, delegatio란 삼각관계에서 지시인(delegans)이 피지시인(delegatus)을 상대로 지시수령자(delegatarius)에게 급부(delegatio solvendi) 또는 급부약속(delegatio obligandi)하는 권한을 부여하는 무방식의 수권(iussum, mandatum)이다.[218] 지시의 내용은 급부일 경우에는 권리의 이전을 명하는 것(negotium translativum)이고, 급부약속의 경우에는 장래 그러한 급부를 할 것을 약속하도록 명하는 것(negotium promissorium)이다.

급부지시가 있어서 피지시인이 지시받은 대로 행위하였고 여전히 유효한 대가관계가 존재한다면, 기본적으로 지시를 받은 자가 지시에 따라 한 지급행위는 指示人의 行爲로 평가된다.[219] 따라서 수령자의 이득은 지시인이 이행한 것이라고 평가할 수 있으며, 동시에 그것과 별도로 피지시인은 지시인에게 이행한 것이 된다.[220] 즉 지

---

217) 이하에서 인용하는 로마법 개소는, 崔秉祚, 삼각관계상의 부당이득 반환청구 ─ 로마법상의 지급지시 사례연구, 서울대학교 法學 제40권 1호(1999), 87 이하; 정병호, 로마법텍스트 釋義: 古典前時代의 任置訴權(actio depositi), 켈수스(Iuventius Celsus)의 善과 衡平에 근거한 不當利得返還訴權(소위 condictio Iuventiana), 江原法學 第12卷(2000), 301─302의 내용 중 필요한 부분을 발췌·정리한 것을 기본으로 하였다. 각 사료의 번역도 같은 논문으로부터 그대로 인용하기로 한다.

218) D 46.2.11.pr. Ulp.27 ad ed.: Delegare est vice sua alium reum dare creditori vel cui iusserit.

219) D.46.3.56 Paul. 62 ad ed. "변제를 지시하는 자는 자신이 변제하는 것으로 인정된다."

시의 효력에 근거하여 피지시인으로부터 지시를 통해 이행된 행위의 효과가 "지시인에게 귀속"하는 것이며, 만일 지시의 내용이 물건의 급부라면 그 물건은 지시인을 경유하여 이전하는 것으로 본다. 그렇다면 채무변제를 지시한 경우에 그것은 지시한 사람의 계산으로 이루어진 것으로 이해해야 한다.[221] 요컨대 로마법상의 지시사례에서 동시이행효와 재산의 경유이동이 인정되었다면, 그것은 지시 자체의 효력에 기한 것이었다.

그렇다면 원인관계의 효력에 따른 반환관계의 기본적 법률관계도 현재와 크게 다를 바 없다. 補償關係에 흠이 있더라도, 수령자와 피지시인의 관계는 기본적으로 수령자와 지시인의 관계, 즉 對價關係에서 정해지는 것이므로, 피지시인의 지시인에 대한 관계로부터 영향을 받지 않아야 한다. 그러므로 수령자가 자신의 수령물을 정당하게 보유할 만한 근거가 있다면 아무리 피지시인이 무효인 보상관계를 들어 반환을 청구하더라도 반환할 의무가 없는 것이다.[222] 어쨌든 원칙적으로 대가관계에 아무런 흠이 없는 한 수령자의 급부수령은 법률상 유효하게 이루어진 것이므로, 보상관계에 흠이 있다면 그 법률관계의 당사자들 사이에서 부당이득조정이 이루어져야 하고, 따

---

220) D.46.3.64 Paul. 14 ad Plautium "나의 지시로 네가 나에게 부담하는 채무를 나의 채권자에게 변제하면 너도 나로부터, 나도 나의 채권자로부터 채무면제된다."
221) D.46.1.18 Iul.90 dig. "자신의 채무자에게 변제 지시하는 자는 자신이 가진 채권액만큼 금원을 공여하는 것으로 생각된다."
222) 로마법에서 인정되었던 suum recepit의 원리가 적용되는 장면 중의 하나라고 할 수 있는데, 이것에 대해서는 다시 언급하기로 한다.

라서 피지시인은 지시인을 상대로 반환을 청구할 수 있을 뿐, 수령자를 상대방으로 청구할 수 없다.[223] 또 지시인에게 대항할 수 있는 악의의 항변을 지시수령자인 채권자에게는 원용할 수 없다.[224]

또 지시인과 지시수령자 간의 對價關係에 흠이 있는 경우도 마찬가지 원리가 작용한다. 원칙적으로 대가관계에 흠이 있다면 수령자는 수령한 것을 더 이상 보유할 아무런 이유가 없으므로 그 급부는 효력이 부인되고 반환되어야 한다. 지시인의 금원지급행위가 부인되므로 대가관계상의 하자를 이유로 한 부당이득반환청구권을 행사할 수 있는 사람은 당해 법률관계의 당사자인 지시인이지, 이행행위를 한 피지시인이 아니다.[225] 수령자가 취득한 것은 지시인이 지급한 것이고,[226] 피지시인이 수령자에게 직접 지급한 것은 지시인이 정한 이행방법 중의 하나일 뿐이기 때문이다.

---

223) D.46.2.13 Ulp. 38 ad ed. "내가 채무자 아닌 자에게 채무자인 것처럼 지시하여 나의 채권자에게 변제하도록 하는 경우에는 [지시수령자를 상대로] 항변이 적용되지 않을 것이지만, 그러나 부당이득반환청구소권이 指示한 자를 상대로 인정된다."; C.4.5.2 Sev. / Ant.[a.213] "그대가 어떤 거래행위도 없이 비채를 타인의 채권자에게 약속하도록 지시받은 경우에는 그대에게 지시한 자를 상대로 그대는 부당이득반환청구소권을 가질 수 있다."

224) D.46.2.19 Paul. 69 ad ed.

225) D.12.4.9.pr Paulus 17 ad Plautium "부인에게 증여하려는 자가 그녀의 지시에 따라 [그녀의] 약혼남에게 지급하였는데 결혼이 이루어지지 않은 경우에는 그 부인이 부당이득반환청구할 것이다. ……"

226) D.16.1.8.3 Ulp. 29 ad ed. "…… 그녀가 이 원로원의결에 위반하여 구속된 상태에서 자신의 채무자에게 지시한 경우. 그러니까 이 경우 그녀 자신에게 부당이득반환청구소권이 인정되는데, 마치 그녀가 금원을 변제했더라면 부당이득반환청구했을 경우와 같기 때문이다. 왜냐하면 문답채무자에게 지시하는 자 역시 변제하는 것이기 때문이다."

가장 문제가 되는 것은 역시 대가관계와 보상관계 모두 흠이 있는 경우, 즉 이중하자사례의 경우인데, 이것의 부당이득반환 사례는 발견되고 있지 않으나 다음과 같은 것이 있다. 피지시인도 수령자를 상대로 대항할 수 있는데, 이득이 피지시인에게서 지시인으로, 지시인에게서 수령자에게로 이전하였듯이, 관계를 해소하는 국면에서도 피지시인이 수령자에게 항변함으로써 피지시인의 지시인에 대한 것과 지시인의 수령자에 대한 것이 일거에 이루어지는 양상인 것이다.227) 만일 지시인이 스스로 채권이 있다고 여긴 나머지, 그 채무자로 하여금 지시인 자신의 채권자에게 채권액지급을 約束하도록 지시하였으나 자신이 채무를 지고 있는 바도 없고 채권을 가지지도 않고 있다면, 즉 대가관계와 보상관계 모두에 채권이 부존재한다면, 피지시인은 수령자를 상대로 악의의 항변으로 배척할 수도 있고,228) 나아가 문답계약의 채권자를 상대로 소구하여 그가 나에게 문답계약의 변제수령요식행위를 하게 할 수도 있다229)고 한다.

이상의 것들을 정리해 보자면, 지시급부가 있는 삼각관계에서의 부당이득반환은 기본적으로 각각의 원래의 계약관계를 중심으로 이루어진다는 원칙은 로마법에서도 그대로 적용되었던 것임을 알 수 있다. 그러므로 두 개의 원인관계 중 어느 하나에만 흠이 있다면 그 관계의 당사자들 사이에서 반환이 이루어진다. 그리고 그 이유는 지시(delegatio)라는 독자적인 제도 자체의 효력으로 피지시인의 이행효

---

227) 崔秉祚 (1999), 120.
228) D.44.4.7.1.
229) D.39.5.2.4.

과가 그대로 지시인에게 귀속되었기 때문이다. 다만 suum recepit의 관념은 부당이득법의 차원에서 다시금 재조명해 볼 여지가 있다.

(2) 지시사례에서 확인되는 衡平性

이렇게 로마법의 개소를 검토해 가다 보면, 부당이득법의 원칙적인 내용을 제시한 관념적인 내용 외에도 실제 가능한 개별사안을 직접 실무상 처리해 가는 방식을 그대로 소개한 개소가 적지 않음을 발견하게 되고, 이것이 바로 로마법의 특징이기도 하다. 이제는 그 지시사례 관련 개소 중에서도 부당이득법의 형평성이 가장 잘 나타나는 개소를 중심으로 부당이득반환사례의 한 단면을 살펴보고자 한다.

기본적으로 법률관계에 계약이 관련되는 경우라면, 굳이 형평성을 들지 않아도 계약관계 자체에 내재된 청산방식을 이용하여 해결될 수 있다. 특히 로마 부당이득법의 기본인 datio – condictio의 구조가 바로 그런 것이다. 그런데 지시사례는 계약으로 연결되어 있음에도 불구하고 형평성 원리의 개입을 요하는데, 이것은 실제로 이루어지는 재산이동이 반드시 급부관계에서만 이루어지는 것은 아니기 때문이다. 즉 급부와 부당이득반환소권의 엄격한 관계만을 고집할 때에 해결되지 않는 사례가 존재하기 마련이다. 그 선과 형평(bonum et aequum)의 이념이 가장 잘 드러나는 개소가 D.12.6.65.4[230]이다. 그

---

230) D.12, 6, 65, 4 "Quod ob rem datur, **ex bono et aequo** habet repetitionem: veluti si dem tibi, ut aliquid facias, nec feceris (결과의 발생을 목적으로 급부된 것은 선과 형평의 원칙에 따라 반환되어야 하는데, 가령 네가 어떤 일을 할 것을 기대하고 어떤 것을 주었는데 네가 아무 일도 하지 않은 경우이다.)"

진정성에 관해서는 로마법학자들 간에도 견해가 나뉘고 있지만, 일반적으로 그런 사상은 古典期 盛期의 켈수스(Celsus)로 거슬러 올라가는 것으로 추정된다.[231] 지시사례와 관련하여 켈수스가 생각하는 선과 형평의 관념을 잘 보여주는 개소로 다음과 같은 것이 있다.

D.12.1.32 Celsus libro quinto digestorum

Si et me et Titium mutuam pecuniam rogaveris et ego meum debitorem tibi promittere iusserim, tu stipulatus sis, cum putares eum Titii debitorem esse, an mihi obligaris? **subsisto**, si quidem nullum negotium mecum contraxisti: sed propius est ut obligari te existimem, non quia pecuniam tibi credidi (hoc enim nisi inter consentientes fieri non potest): sed quia **pecunia** mea quae ad te **pervenit**, eam mihi a te reddi **bonum et aequum** est.

네가 나와 티티우스에게 금전을 대여해 줄 것을 요청하였고, 나는 나의 채무자에게 지시하기를 너에게 문답계약의 방식으로 (금전을 지급할 것을) 약속하라고 하였다. 만약 네가 나의 채무자가 티티우스의 채무자라고 생각하면서 나의 채무자로부터 문답계약의 형식으로 금전지급의 약속을 받아냈다면, 너는 나에게 채무를 지는가? 나는 주저한다. 왜냐하면 네가 나와 함께 유효한 거래를 체결한 것이 아니기 때문이다. 하지만 네가 나에게 채무를 진다고 보는 것이 더 타당한 견해일 것이다. 내가 너에게 금전대여를 했기 때문이 아니라(왜냐하면 이 계약은 당사자 사이의 합의가 있어야만 성립이 가능하기 때문이다), 나의 금원이 너에게 도달하였기에 내가 이 금원을 너로부터 반환받는 것이 선과 형평에 부합하기 때문이다.

---

231) 崔秉祚 (1989), 313.

위 사례는 지시사례에서 대가관계가 존재하지 않는 경우의 부당이 득반환에 관한 사례이다. E가 A와 B에게 금전을 대여해 줄 것을 요 청하였고, 이에 A가 자신의 채무자 G에게 지시하여 직접 E와 문답 계약방식[232])으로 금전지급의 약속을 하게 한 것이다(소위 'delegatio ad promittendum(약속 또는 채무부담의 지시)'[233]). 지시를 받은 G는 지시에 따라 응하여 문답계약이 체결되었는데, 이때 E는 G가 A의 채무자가 아니라, 제삼자인 B의 채무자로 잘못 여긴 것이다.

사료의 문언에서도 나타나듯이 A와 E 사이에는 계약의 상대방에 대한 착오로 계약이 성립하지 않았으므로, A는 E를 상대로 계약에 기한 반환청구를 구할 수는 없다. 그런데 이때 E와 G 사이에 이루 어진 문답계약약정 자체만으로 E는 금전지급을 수령한 것과 같은 이득을 얻은 것으로 판단하여, 이에 각각의 원인관계, 즉 G와 A 사 이의 보상관계와 A와 E 사이의 대가관계에서 변제가 이루어진 것과 같은 효과가 나타난 것이다.[234]

결국 G가 E에게 지시상의 내용을 이행함으로써 A는 자신이 G에게

---

232) 먼저 E가 피지시인 G에게 "너는 나에게 100금을 지급할 것을 약속하 느냐(Mihi centum dari spondesne)?"고 청약하고, 이에 G가 "약속한다 (spondeo)"고 낙약하는 방식이다. 崔秉祚, 로마법강의 (1999), 348 - 349.

233) 급부를 약속하는 등 채무부담행위를 지시하는 경우(delegatio obligandi) 에, 문답계약상 이미 존재하고 있는 채무가 언급되어 있다면 이것은 통상적인 更改(Novation)의 적용영역이며, 그 밖의 경우는 채무부담을 약속하는 추상적인 성격의 문답계약을 체결하도록 지시하는 것이다. 崔秉祚, 로마법강의 (1999), 452; Kaser / Knütel (2003), 338 참조.

234) D.46.1.18.참조.

가지고 있던 채권을 잃게 되었으므로 E의 이득은 A의 損失을 기초로 이루어진 것이다. 이것을 위 개소에서는 "A의 금원(pecunia)이 E에게 이르렀다(pervenit)"고 표현하였다. 로마의 부당이득반환소권은 원칙적으로 계약소권에 근거하여 이루어진 급부에 관해서 반환된다는 원칙(datio-condictio원칙)에 구속되어 있기에, 양자 간에 계약이 없다면 부당이득반환소권이 성립하지 않는다. 여기에서도 A와 E 간의 대가관계를 형성하는 계약이라고 할 만한 실체가 전혀 존재하지 않는다. 켈수스가 A의 E에 대한 반환채무관계를 인정하는 것에 주저한 것은 그런 이유에서이다. 그렇지만 여기에서는 선과 형평(bonum et aequum)에 기초하여 A는 E가 이득한 것을 반환받을 수 있다고 판단한다. 그리고 그 반환대상은 A의 손실에 상응하는 것, 즉 A가 상실한 채권액 상당의 금원이다.

선과 형평(bonum et aequum)을 언급함에 앞서 '주저한다(subsisto)'고 하는 것은 이것을 적용함에 아무런 거리낌 없는 것이 아님을 고백하는 것이다. 그렇지만 그에게 있어서 bonum et aequum은 널리 무차별적으로 사용되는 일반적인 형평원리로서 작용하는 것이 아니라, 아껴서 구사되는 '최후의 수단'(ultima ratio)으로서 법적용에 있어서의 부당함을 저지하는 것이다.[235] 즉 부당이득법이 민법에서 담당해야 할 역할이 이로써 충분히 대변된다고도 할 수 있다. 법으로 존재하는 다른 제도들도 그것 나름대로 정의, 공평, 합목적성 또는 법적 안정성의 법이념을 구체적으로 실현하고 있기에 부당이득제도에서 공평을

---

235) 崔秉祚 (1989), 314.

과대평가하는 것도 경계되어야 한다.[236] 그러나 법적용 시 현실적으로 존재하는 불가피하게 남게 되는 부당한 이득보유를 최후단계에서 마무리하는 부당이득제도의 역할과 이념을 지지하기에 적절한 개소라고 할 수 있다.

요컨대 로마의 부당이득반환소권은 계약에 근거한 것을 반환하는 것이 原則적인 모습이지만, 만일 계약에 기해 지급된 것이 아니더라도 일방의 손실이 타방의 이득에 기초가 되었다면 善과 衡平에 비추어 양자 사이에 부당이득반환관계를 인정하였던 것을 알 수 있으며, 또 반환해야 할 대상도 부당이득반환소권자의 損失을 고려하여 정해졌던 것임을 알 수 있다. 계약관계가 당연히 존재한 곳에서는 그것의 반환에 그다지 문제될 것이 없겠으나, 이득반환이란 일방의 재산손실을 기초로 타방에게 이득이 이르는 것으로 족한 것이지, 반드시 채권을 전제로 한 재산의 이동에 국한되는 것은 아니었다고도 할 수 있다. 그렇다면 이것은 앞서 살펴본 사비니의 업적, 즉 추상적인 재산이동이라는 관념을 통해 비급부의 영역까지도 포괄할 수 있었음을 굳이 들지 않더라도 로마법개소로부터 직접 얻을 수 있는 비급부영역에 대한 반환사례라고 할 수 있겠다.

---

236) 民法注解 XⅦ 제741조(梁彰洙 집필부분, 2005), 166.

3. 주요 내용 검토

1) 수령자에게 잔존한 이득의 반환

로마법에서의 부당이득반환소권은 기본적으로 契約關係를 기초로 하여 당해 채권의 이행방향을 반대방향으로 전환하는 모습으로 이루어졌음은 분명하다. 그리고 이 점을 특징으로 하여 독일에서는 폰 캐머러를 비롯한 다수의 학자들이 지시사례를 해결하는 방법론으로 채용한 것도 확실하다. 그렇지만 실상 급부가 가지는 목적성이란 것은 훨씬 그 이상으로 거슬러 올라가는 역사적 산물인 것이다. 로마 사료 여기저기에 개별적인 반환소권으로 흩어져 있던 condictio가 근세 자연법론을 거치면서 일반적인 부당이득원칙으로 전개되어 왔으며, 이것이 사비니(v.Savigny) 단계에 이르러 일대 혁신기를 맞이하였다. 그리고 그런 과정 속에서 목적성은 자연스럽게 급부의 표징이 된 것이다. 요컨대 독일의 목적적 급부개념론은 이 목적성을 지시사례에 적극 활용한 것이라고 평가할 수 있다.

그런데 이 목적적 급부개념론에 반대하는 견해는, 이 급부개념론이 간과한 것은 바로 부당이득법 고유의 원리성과 이론성이라고 한다.[237] 이 주장에 의하면 적어도 사비니에 의해 이론화된 부당이득원리를 기본으로 만들어진 독일 부당이득법이라면 응당 '이득의 법'이며, 이것은 추상적인 재산의 이동이라는 개념을 기본으로 한다는

---

237) Flume (1999), 199.

것이었다.238) 즉 일방의 재산이 정당한 원인 없이 타방으로 流入되어 상대방의 재산 전체가 증가한 것, 그것만으로 재산이동에 관한 정의를 충족시킨다는 것이다. 그러므로 지시사례이든 기타의 법률관계이든 부당이득법이 급부와 비급부를 포괄하는 법제도로 존재한다면 공통적으로 그와 같은 추상적인 재산이동의 모습을 전제로 해야 한다. 그리고 이 주장은 특히 현존이득의 반환(독일민법 제818조 제3항)에 관한 규정을 통해 뒷받침되고 있다고 한다.239)

부당이득법의 본질을 더 깊이 이해하기 위해서는 당해 부당이득법이 말하는 각종의 개념들이 실제로 어떤 것인지 더 명확히 해두어야 할 필요가 있다. 利得이란 것도 마찬가지이다. 독일 부당이득법의 대립상황처럼 '取得된 것 자체'240)인지 아니면 그 재산증가상태241)인지에 대한 것과 같은 논의는 우리 법에서도 필요하다. 그런데도 현재 부당이득사안을 다루고 있는 판례에서는 그런 점이 명확히 지적되어 있지 않다는 점이 문제이다. 가령 第二章에 언급된 판례들도 마찬가지이다. 설령 그것들이 계약상의 이행을 대상으로 한 부당이득반환사례이므로 특별히 이득범위를 검토할 필요가 없다242)는 전제

---

238) Kupisch (1997), 218; Flume (1953), 90f.
239) Flume (1953), 66f. 그런데 립(Lieb)은, 부당이득반환의 목적물은 '취득된 것(etwas Erlangte)'이지 재산변동을 중심으로 하지 않는다고 하면서도(MünchKomm-Lieb, § 818, 1408, Rn.1), 부당이득법이 규칙정합적이지 못한 재산귀속을 교정하는 역할을 수행하고 있다고 하고 있는데(ders., § 818, 1427, Rn.65), 이런 교정기능은 재산변동상황에 주목할 때에 더 자연스럽게 해석될 수 있다고 생각된다.
240) 독일의 통설과 판례의 입장이다. Larenz / Canaris (1994), 254, Fn.1 참조.
241) Flume (1953), 90.

에서 특별히 판단하고 있지 않은지는 모르겠으나, 그중 일부 판례는 사실관계 인정부분에서 이미 계약관계에 있지 않은 제삼자의 존재를 인정하고 있음을 알 수 있다. 그렇다면 적어도 그 계약관계에 있지 않은 제삼자가 취득한 것이 무엇인지를 밝혀 주는 것이 부당이득반환사례를 다루는 출발점이 되어야 한다.

우리 민법도 독일법과 마찬가지로 부당이득반환은 원칙적으로 '받은 목적물'이어야 하고, 그것이 가능하지 않을 때에 가액을 반환하도록 하고 있다(제747조 제1항). 이 규정의 취지를 중시하여 부당이득반환의무의 내용을 수익자가 '구체적으로 취득한 대상'[243]이라고 보는 것이 해석론의 주류라 여겨진다. 또 수익자의 반환의무를 규정한 제748조의 규정형식에 비추어서는 우리 법이 일본 민법[244]처럼 현존이득반환의무를 원칙으로 하고 있다고 확신할 수도 없다.[245] 그

---

242) 民法注解 ⅩⅦ(梁彰洙 집필부분, 2005), 제741조, 175; 金亨培 (2003), 87.
243) 民法注解 ⅩⅦ(梁彰洙 집필부분, 2005), 제747조 내지 제749조 前論, 537; 金亨培 (2003), 204.
244) 일본민법 제703조는 부당이득법의 일반규정으로, 우리 민법 제741조처럼 법률상 원인, 이득, 손실, 인과관계의 핵심적 요건들을 규정하고 있지만, 그것과 더불어 "其利益の存する限度に於て(그 이익이 현존하는 한도에서)"라는 요건을 두고 있다. 또 이어지는 제704조에 특별히 악의의 수익자에 대한 책임가중을 규정하고 있기에, 일본 부당이득법은 선의의 수익자의 현존이득반환의무를 원칙적인 모습으로 하고 있다고 할 수 있다. 潮見佳男 (2005), 263.
245) 현존이득의 반환을 원칙으로 하게 되면, 일단 부당이득법은 다른 종류의 청산청구권들과는 다른 차원의 법제도가 된다. 반대로 그처럼 감경된 형태가 아니라 원래 취득한 자체를 반환하게 된다면, 이것은 계약해제나 소비대차상의 청구권들과 동렬의 것이 되는 것이다. 현존이득의 반환을 선의의 수익자에 대한 예외적 예우로 보는 입장으로, v.Caemmerer (1954), 244. 반대로 그것을 부당이득법의 원칙적 형태로 보는 입장으로,

러므로 과연 우리 부당이득법에서 수익자의 재산상태의 가변성을 부당이득반환청구권 성립의 기초로 삼고 있는지는 좀 더 연구가 필요하다. 다만 지시사례처럼 단순한 급부사례로 볼 수 없는 경우에는 좀 더 넓은 범위의 이득개념에 대한 연구가 필요할 것이고, 만일 그렇다면 수익자의 재산상태의 가변성이란 측면이 보다 강조되어야 하지 않을까 생각된다.

다시 언급하게 되겠지만, 부당이득법이 민법상 최후방의 제도로서의 기능을 가지기 위해서는 이 학설이 좀 더 설득력이 있다고 생각된다. 즉 부당이득법은 계약법에 부수하여 원래의 계약관계에 의한 이득의 방향을 역전시키는 것을 목적으로 하는 것이 아니다. 만일 부당이득법이 계약법의 일부로서 기존의 채권관계의 청산만을 염두에 두고 있다면,[246] 아무리 현실로 이득이 잔존하고 있더라도 이것이 반환되기 위해서 일정한 계약관계의 존재를 전제로 해야만 할 것이고, 나아가서는 비급부부당이득반환청구의 기반을 위협하는 결과에 이르게 될 것이다.

그런데 이처럼 부당이득법의 이득법적 성격을 강조하고, 특히 수익자에게로의 추상적인 재산이동의 모습을 중시하는 입장에서도 문제점이 없는 것은 아니다. 물론 급부와 비급부처럼 부당이득발생의 상이한 과정이 무시되고 있는 점도 빼놓을 수 없다. 그렇지만 그것

Flume (2000), 97.

246) v.Caemmerer (1954), 219는, 부당이득법을 소비대차, 사용대차, 임대차, 해제 등과 같은 채권법상의 다른 청산청구권과 동렬에 두고 있다. 이에 대해 플루메는 캐머러의 견해를 사실적 쌍무계약설(Lehre vom faktischen Synallagma)이라고 표현하면서 반대하고 있다. Flume (2000), 100f. 참조.

보다 더 중요한 것은 단순히 재산의 흐름만을 강조하게 될 경우에 간과하기 쉬운 법률상 원인의 문제이다. 또한 자신의 의사에 기해 계약상대방을 선택하고 거기에 구속된 당사자들의 이해관계, 바꿔 말하자면 계약법원리에 대한 고려가 결여되어 있다는 점이다.

이에 항목을 바꾸어, 우선적으로 지시사례의 수령자가 부당이득반환청구에 대항할 수 있는 法律上 原因의 문제를 검토하고자 한다. 특히 대가관계상 채권의 효력이 부당이득반환관계에 어떤 영향을 줄 수 있는지에 관해서 살펴보고자 한다.247)

2) 대가관계 채권과 직접청구에 대한 항변

이제 수령자가 대가관계상의 유효한 채권에 기해 정당하게 이득을 취득하였다는 사실이 과연 피지시인의 부당이득반환에 대한 항변사유가 될 수 있는지를 검토해 보고자 한다. 이것은 앞서 로마법사료에서 발견된 suum recepit의 원리에 관한 것이다. "어떤 경우에도 자신의 것을 취득한 자에 대해서는 반환청구할 수 없다"248)는 것을 담고 있는 개소에서 발견되는 이런 관념이 과연 이 연구에 어느 정도로 도움이 될 수 있는지를 확인하기 위한 것이다.

이 원리에 대해서는, 일단 대가관계상 채권의 효력으로 수령자의

---

247) 부당이득법과 계약법원리와의 관계에 대해서는 추후에 독립된 節로 고찰하고자 한다.
248) D.12, 6, 44 "Repetitio nulla est ab eo qui **suum recepit**, tametsi ab alio quam vero debitore solutum est."

이득보유가 정당화될 수 있다는 점에서 부당이득법상의 법률상 원인이라는 측면으로 접근해 볼 수도 있겠지만, 영미법에서는 'change of position'이라는 주제하에 부당이득법의 이득소멸의 관점으로도 해석되고 있다고 한다.[249] 후자를 간단히 표현하자면, 채권에 기해 이행이 이루어진 경우에 수령자의 입장에서 보면 이득증가 자체는 재산증가에 해당하겠지만, 동시에 가지고 있던 채권을 상실하게 되었다는 사실은 재산감소에도 해당하는 것이다.[250] 코먼로에서는 독일법에서처럼 법률상 원인을 중심으로 한 이론은 그다지 발전하지 않았기에, 만일 지시사례가 있다면 수령자는 은행의 손실로 이득을 얻은 것이어서 일차적으로 이 피지시인과 수령자 사이에서 이득조정이 이루어진다. 다만 이 직접청구에 대해서는 몇몇 사유를 들어 항변할 수 있는데, 자신이 정당하게 받을 이익을 얻은 것이라고 하거나 ('suum recepit') 피지시인의 지급으로 정당하게 자신의 채권이 변제되었다고 하여('good consideration'), 이득을 한 바가 없다고 항변하는 것이다.[251]

이것이 법체계를 달리 하는 우리 법적 관념에 비추어 일대일의 대응은 어렵겠지만, 어쨌든 이 suum recepit의 관념이 지시사례의 대가관계의 채권과 직접적인 관련이 있음은 분명하다. 굳이 우리 부당이득법 차원의 이해로 해석하자면, 수령자가 대가관계에서 가지는 채권의 효력에 기한 급부보유의 법률상 원인 정도로도 해석될 수 있

---

249) Solomon (2004), 292ff.
250) Solomon (2004), 292.
251) Solomon (2004), 326.

을지 모른다. 第二章에서의 "분양대금지급지시사례"에서도 피지시인의 지시수령자에 대한 반환청구에 대해, 판결이 수령자가 수령한 것은 지시인과의 계약관계에 의한 것으로서 정당한 것이라고 한 점에도 부합한다. 또 "제삼자지급계약사례"에서 대가관계에 아무런 하자가 없는 경우에 제삼자의 급부수령이 요약자와의 정당한 수령으로서 부당이득반환대상이 되지 않는다고 한 점도 같은 취지이다.

지시수령자의 이 정당한 급부보유력이란 것은, 적어도 위 판례들에 있어서 피지시인으로부터의 직접청구에 대한 항변사유로 기능하게 하고자 채용된 논거이다. 그런데 이것은 민법상 널리 인정되고 있는 債權關係의 相對性原則에 정면으로 도전하는 것이라고 하지 않을 수 없다. 채권관계의 상대성원칙이란 채권관계에서 생기는 법적인 효력은 원칙적으로 당해 관계의 당사자들에게만 미칠 뿐, 제삼자에게는 영향을 주지 않는다는 것을 말한다. 따라서 위의 사례들에서 수령자가 대가관계상의 채권의 변제효를 가지고 그 채권관계 외부의 제삼자에게 대항하는 것에 대해 전혀 의문의 여지가 없다고만은 할 수 없다.252)

다만 이 로마법상의 원리에 대해 우리 민법이 완전히 낯선 것으로 여길 것만은 아니라고 생각된다. 만일 제삼자가 변제하여 변제효를 발생시킬 수 없는 재산의 유입이더라도 그것이 변제자의 채권자가 채무를 면하는 형태로 그에게 이익이 되었다면, 그 한도에서는 급부의 원상회복에 나아가지 아니하고 그 채권자와 변제수령자의 내

---

252) 이것에 관해서는, 第四章 제2절 3에서 다시 논하기로 한다.

부관계에서 재화이동의 형평이 달성되도록[253] 법문제를 해결하도록
하게 할 필요적인 측면도 있을 수 있다.[254] 다른 한편으로는 정당한
사유로 적법하게 호주머니에 들어간 것이 이미 소비되거나 멸실되었
는데 착오 등의 사유로 잘못 지급한 자에게 보상하기 위해 다시 주
머니에 손을 집어넣을 필요가 없다[255]는 견해도 생각해 볼 수 있다.
그러나 좀 더 근본적인 입장에서 본다면, 일단 우리 법이 제삼자변
제를 원칙적으로 인정하고 있는 한(제469조)[256] 동일한 법체계 내에
서 정당한 것으로 인정한 이득수령과 보유에 관해 체계 내의 다른
제도를 들어 부정하는 것은 법체계의 일관성유지라는 차원에서 바람
직하다고 할 수 없을 것이다.

　이 로마법상의 원리가 우리 법에서도 나름대로 효용가치를 발휘할
수 있을지의 판단은 좀 더 검토해 본 연후에 내리기로 하고, 우선은
판단을 유보하기로 한다.[257]

---

253) 민법 제463조와 제464조가 그런 관념을 일부 표현하고 있는데, 타인의
　　물건으로 변제하거나 양도능력 없는 자가 변제하더라도 유효한 변제가
　　있기 전까지는 수령자가 물건의 반환을 거부할 수 있는 것이다. 이 경
　　우에 제465조 제1항의 문언에 비추어보아 아직 변제효는 발생하지 않
　　았다고 할 수 있겠으나, 수령자의 이득보유는 정당화되고 있는 것이다.
254) 民法注解 ⅩⅦ 제741조(梁彰洙 집필부분, 2005), 195.
255) v.Caemmerer (1963), 346.
256) Flume (1999), 175에서도, 제삼자변제를 인정하는 독일민법 제267조를
　　들어 suum recepit의 수용을 주장하고 있다.
257) 第四章 제2절, 제3절 참조.

4. 履行上의 財産移動

결론적으로 다음과 같이 정리할 수 있다. 지시사례에서 유효한 지시에 근거하여 재산이 경유하여 이전하였다고 하는 이 견해에 의하면, 피지시인으로부터 유래한 재산이 지시인을 거쳤든 그렇지 않든 결과적으로 수령자에게 이르렀다는 점에서는 가치평가상 동일하다는 것이다. 그러므로 지시가 결여되었거나 지시가 효력이 없는 것으로 드러난 경우에 있어서는 재산의 경유적 이전이 부정되고, 따라서 수령자는 피지시인의 손실로 얻은 부당한 이득에 대해 직접 반환해야 할 의무가 있다.

그렇지만 이 이론에 의할 때에, 그러한 재산의 흐름으로 인해 보상관계와 대가관계의 채무가 모두 변제될 수 있었다는 점, 즉 동시이행효까지 해결하려는 것은 무리한 해석이다. 적어도 채무가 변제되기 위해서는 변제할 채권이나 방법 등에 대한 객관적인 요건은 물론, 변제하고자 하는 자의 의사, 즉 주관적인 요건까지 모두 충족시킬 수 있어야 하기 때문이다.[258] 법이 일정한 사유를 두어 例外的으로 변제효 발생을 의제한다든지,[259] 타인재산으로 이행된 것의 변제

---

258) 변제의 주관적 요건을 둘러싸고 계약설과 급부실현설이 대립하고 있으나(池元林 (2005), 777 참조), 채무자 본인이든 제삼자이든 적어도 특정 채무의 변제를 실현하고자 하는 의사의 표현이 있는 것은 당연하며, 그것이 우리 법규정에서는 "지정변제충당"(제476조, 제478조)으로 나타나고 있다.
259) 가령 제465조의 채권자의 선의소비 등에 의한 변제효 발생, 제470조 채권의 준점유자에 대한 변제 등.

효를 부정하는 것은,[260] 단순한 이득의 흐름만으로는 채권을 소멸시킬 수 없음을 보여주는 것이다. 따라서 지시가 유효하게 존재함에도 불구하고 각 채권의 효력에 영향을 미치는 원인관계의 흠이 문제되는 경우에 관한 한 이론적으로 미진한 부분이 있음을 부정할 수 없다. 그리고 그런 측면에서라면 오히려 특정채무를 변제시키고자 하는 변제자의 의사적 측면을 강조한 독일의 목적적 급부개념이 오히려 더 적절한 해석론일지도 모른다.

독일의 목적적 급부개념론이 다양한 비판을 받고 있는 것은 사실이지만 여전히 영향력을 잃지 않고 있는 것은, 아마도 그 반대견해로서도 완전한 해답을 주지 못하고 있다는 데에 기인할 것이다. 전자의 이론흠결을 보충하기 위해 몇몇 보조원리를 동원하였듯이, 여기에서도 suum recepit와 같은 별도의 원리가 동원되고 있는 것을 보더라도 그런 점을 확인할 수 있다.

한 가지 부언하자면, 이처럼 재산이동이라는 사실 자체에 관심을 두는 학설의 내용에는 부당이득법과 계약법원리의 상호긴장관계를 포함되어 있지 않음을 알 수 있다. 지시사례를 중심으로 삼각관계를 고찰하고 있는 이유 중의 하나가, 수령자의 입장에서 볼 때에 계약상대방이 아닌 자로부터 이득반환을 청구당하게 된다면 응당 자신의

---

260) 대법원 2003.7.25.선고 2002다39616 판결은, 채무자 이외의 자의 소유에 속하는 동산에 대한 경매절차에서 그 동산의 매득금이 채무자에게 속하지 아니하므로 채권자가 이것을 배당받았다고 하더라도 채권은 소멸하지 않고 존속한다고 판시하였다. 그러므로 당해 배당금은 채권자의 법률상 원인 없는 이득으로서 동산의 소유자는 직접 이것의 반환을 청구할 수 있다고 하였다.

계약상 권리에 대한 침해를 부당하게 여길 것이고, 그런 이해관계의 충돌의 측면도 어떻게든 조화롭게 해석하고자 하는 의도에서이다. 이것은 이 연구의 또 다른 과제에 해당하는 것으로, 추후에 별도로 보다 상세히 고찰하기로 한다. 그것에 앞서 이하에서는 지금까지 분석해 온 두 학설의 대립구조를 전제로 하여, 우리 법의 해석에 가장 적절한 방법론을 모색하고자 한다. 결국 이것은 우리의 첫 번째 연구과제, 즉 채무변제목적과 재산이동방향의 분리에 대한 해답을 구하는 것이 된다.

　　第二章에서 네 가지 유형의 대표적인 사례를 들어 판결문에서 도출될 수 있는 삼각관계연구의 네 가지 연구과제를 정한 바 있다. 그 중 첫 번째의 것이, 지사사례를 비롯하여 삼각관계에서 공통적인 문제인 채무변제의 목적을 지정한 방향과 재산이동의 방향의 분리에 관한 것이었다. 그리고 이것에 관해 독일의 이론에 대한 검토를 바탕으로 '이행의 對向性'과 '이행의 財産移動'이라는 관념을 추출해 보았다. 적어도 지시사례에서만큼은 피지시인의 입장에서 볼 때 어느 하나가 다른 하나를 배제할 수 없을 만큼 두 가지 관념이 혼재하고 있으므로, 부당이득반환의 상대방을 정함에 있어서도 두 가지 모두에 대한 충분한 이해가 필요하다. 카나리스가 제안하는 지시사례의 해법이 아마도 거기에 해당하는 것이 아닐까 생각되기에, 이하에서는 그가 주장하는 학설을 간단히 언급하고 검토해 보기로 한다.

1. 카나리스의 제안

1) 개요

부당이득법에 카나리스가 미친 영향력은 매우 크다고 할 수 있는데, 나중에 언급하게 될 '세 가지 평가기준'[261]도 상당한 비중을 가지지만, 더욱 중요한 것은 그가 '급부개념과의 결별'[262]이라는 제하에 전개한 독자적인 주장은 당시까지도 목적적 급부개념론에 경도되어 있던 분위기를 환기시키는 기폭제로 작용하였다는 점이다.[263] 나아가 부당이득반환청구권을 그 발생원인이 존재하는 영역에 따라 그것들을 분류하고 그 각각의 해결방법을 제시하는 것처럼, 보다 체계적인 방법론을 새롭게 제시하였다.

그는 외면적으로는 급부개념에 회의적인 듯한 태도를 가지고[264] 세 평가기준들을 사용하여 그 개념의 부적절함을 부각시키려 했지만, 기본적으로는 급부개념 자체의 의의를 충분히 인지하고 있는 것

---

261) Canaris (1973), 802ff.
262) Canaris (1973), 857.
263) Medicus (2004), 465f.; Reuter / Martinek (1983), 115f.; Koppensteiner / Kramer (1988), 13ff.
264) 카나리스가 급부개념과의 결별이라는 용어를 사용한 것은 사실이지만 어디까지나 그 개념이 가지는 내재적인 한계성을 지적한 것이며, 급부관계와 급부개념 전체를 부정하려 한 것이라고 볼 수 없다. Canaris (1980), 367ff.에서는, 급부개념을 어떤 식으로든 개선시켜보려는 태도와 급부개념과 완전히 절연하려는 태도 양자 모두를 비판하면서, 자신은 어느 쪽에도 속하지 않는다고 하였다.

으로 보인다.265) 나아가 부당이득의 발생원인인 법률상 원인의 부재에 관해서도 깊은 이해를 가지고 있었던 것 같다. 그런 차원에서 그는 급부관계와는 개념적으로 구분되긴 하지만 채권과 같은 법률상 원인을 제공하는 原因關係라는 개념을 중심에 놓았다.

그는 우선 부당이득반환청구권을 발생시키는 흠이 어느 영역에 존재하는지에 따라 그러한 흠을 세 가지로 분류하고, 그 각각의 해결방법을 제시한다.266) 그의 이론에만 국한되는 것은 아니지만, 독일 부당이득법을 우리 법과 비교하면서 이해할 경우에 언제나 유념해야 할 점이 바로 원인행위와 물권행위의 독자성과 무인성이다. 즉 원인행위의 무효가 물권행위의 효력에 영향을 미치지 않는다. 그러므로 원인행위에 흠이 존재하여 채권의 효력이 상실되었음에도 불구하고 유효한 물권행위에 기한 소유권이전을 인정하는 것이어서, 이제는 더 이상 물권적 청구권이 문제될 여지는 없는 것이다. 이에 실현불가능한 물권적 청구권을 대신하여 부당이득반환청구권이 그 복원기능을 수행하게 된다고 할 수 있는 것이고, 또한 독일 내에서도 이처럼 부당이득반환청구권이 물권적 청구권의 보충기능을 수행한다는 이론267)이 널리 지지를 얻고 있는 것으로 여겨진다. 그런데 카나리스의 이론은 이와 같은 이론을 기초로 하여 새로운 방법론을 제시하고 있는 것이다.

---

265) Larenz / Canaris (1973), 129 참조.
266) Larenz / Canaris (1973), 200f.
267) Savigny, System Bd.5 (1841), 515, 523; Jakobs (1964), 168; Hähnchen (2003), 127f.

목적적 급부개념론에서는 급부와 급부관계가 기준이 되었지만, 카나리스에 의하면 "부당이득을 발생시키는 흠의 소재"[268]가 이를 대신하는 기준이 된다. 그리고 그것이 原因關係의 수준에 관련된 것인지, 아니면 物權的 수준인지, 指示 그 자체에 관련된 것인지의 구분이 이루어지는 것[269]이다. 독일 민법의 체계 내에서 원인관계 수준의 것은 당해 목적물 자체의 귀속에 영향을 주지 않는다. 반면에 물권적 수준 내지 지시 자체에 관련된 것이라면 이것은 財産의 歸屬에 영향을 주는 사유라고 할 수 있는데, 이 점은 독일의 물권귀속과 물권행위의 무인성을 상기해 보면 쉽게 이해가 될 수 있다.

그에 의하면 부당이득을 발생시키는 흠이 원인관계의 수준에 관련된 경우에 그 부당이득반환은 원칙적으로 그 부당이득을 발생시키는 흠이 비롯된 당해 원인관계의 당사자들 사이에 이루어진다고 한다. 그리고 그 원인관계라는 것은 엄밀히 말해 개념적으로 '급부관계'와 구별된다.[270] 반면에 흠이 물권적인 수준에 존재하거나 지시 자체가 문제되는 경우는 다르다. 가령 타인 소유의 부동산을 매도한 경우는 매수인에게 소유권이 귀속되지 않으므로, 이것은 물권적 수준의 법률관계에 흠이 있는 경우이다. 또 지시사례에서 지시가 아예 없거나 위조된 경우는 응당 지시의 효력에 이상이 있는 예이다. 이런 경우들에 부당이득반환은 원칙적으로 "원인관계에 따라" 이루어지지 않고, 재산이동이 직접 이루어진 당사자들, 즉 피지시인과 수령자 사이

---

268) Larenz / Canaris (1994), 222.
269) Larenz / Canaris (1994), 200.
270) Larenz / Canaris (1994), 249.

에 이루어진다.[271)

물권적 수준이나 지시에 존재하는 흠을 귀속성하자(Zurechenbar-keitsmängeln)라고 하고, 원인관계에 존재하는 흠은 유효성하자(Gültig-keitsmangeln)라고 한다.[272) 귀속성하자는 재산의 귀속 자체에 하자가 있는 것이므로 재산이동의 직접당사자들인 피지시인과 수령자 사이에서 일관되게 직접부당이득반환청구가 가능하지만, 유효성하자가 있는 경우에는 원칙적으로 원인관계의 당사자들 사이에 부당이득반환청구가 이루어진다.

2) 평가

카나리스의 방법론은 무엇보다도 급부개념과 연관되는 목적성과 같은 채무자의 주관적인 개념에 의존하지 않고, 채권이나 원인관계와 같은 실정법에 근거한 객관적인 요소를 기준으로 삼았다는 점에 특징이 있다. 또 귀속가능성과 유효성이라는 구체적인 기준을 제시한 점은 독일민법 내부적으로도 쉽게 공감을 얻을 수 있을 것이다. 요컨대 이 학설은 물권행위의 무인성의 관점과 독일 부당이득법이 독일민법 전체에서 가지는 의의를 잘 표현하였다고 평가될 수 있다. 문제는 이런 해법이 우리 법에서도 통용될 수 있는 성질의 것인지 여부이다.

결론부터 말하자면, 이것은 채권행위의 효력 여하가 물권변동에

---

271) Larenz / Canaris (1994), 250.
272) Larenz / Canaris (1994), 223.

직접적으로 영향을 미치는 우리 법에서는 원형 그대로 적용하기에 적합하지 않다고 할 수 있다. 유효하지 않은 원인행위에 기해 이루어진 물권행위는 당연히 효력을 잃게 되므로, 소유권은 당장 원래의 소유자에게로 복귀한다. 소유권을 가진 자가 물권적 청구권을 행사할 수 있음에도 불구하고 부당이득반환청구권을 행사할 것인지의 문제는 차치하더라도, 원인관계 수준에서의 흠은 곧장 물권적 귀속관계에 영향을 미치므로 독일에서와 같은 구분은 큰 의미가 없다.

그렇지만 여기에서 주장되고 있는 "귀속성의 하자"라는 관념은 생각해 볼 가치가 충분하다고 여겨진다. 어차피 물권적 청구권이든 부당이득반환청구권이든 당해 법체계를 일관되게 지배하는 결단하에 상호 간에 올바른 재산귀속을 지향하고 있는 것이고, 현재 그렇지 못한 부당한 상태를 교정하기 위한 것이기 때문이다. 단일한 법체계의 모든 제도가 이득이 귀속되어야 할 유일한 곳으로 향할 수 있게 유기적으로 관련되어 있는 것이 바람직하다. 그렇다면 물권적 청구권과 부당이득반환청구권의 긴밀한 관계로 간과될 수 없는 것이다. 또 만일 이와 같은 관념을 받아들이게 된다면, 우리처럼 채권관계의 효력이 물권관계에까지 영향을 미친다고 할 때에 결국 채권관계의 효력이 문제되는 경우도 곧장 이 귀속성의 하자에 해당한다고도 볼 수 있게 된다.

가령 給付連鎖가 있어서 A-B-C의 순서로 동산이 인도되었는데 두 채권관계 모두에 공통적으로 효력을 잃게 하는 원인이 발생했다면, 당해 동산의 소유권은 일단 최초의 소유자인 A에게 歸屬한다. 그러므로 A는 C가 선의취득하지 않는 한 C를 상대로 물권적 청구권을 행사할 수 있는 것이다. 그런데 가령 그 목적물이 C에게서 멸실되었거나 소비되었더라도 법이 A에게 목적물의 歸屬을 인정하고자 했다고 전제한다면, 부당이득법도 그에 좇아야 할 것이고, 따라서 이런 경우에 A에게 C에 대한 부당이득반환청구권을 인정할 수 있을지 모른다.

그렇지만 그런 결론은 받아들일 수 없다. 물론 위의 예에서 A로부터 B를 거쳐 C에게로 목적물이 이전되었고 두 채권관계 모두가 효력을 잃었다면, 소유권이 C에게 복귀하므로 물권적 청구권을 행사할 가능성은 있다. 그렇지만 부당이득법에서도 무조건 그와 똑같이 해석될 수는 없는데, 거기에서는 일단 이득이 누구의 손실에서 비롯된 것인지가 중요하기 때문이다. 아무리 두 개의 원인관계에 하자가 있어 모두 효력을 잃게 되었더라도 B에게는 일단 당해 재산이 귀속되었던 적이 있으므로 C의 이득은 엄연히 B의 손실에 기초한 것이지, A와는 무관하기 때문이다.

문제는 B에게 사실상 재산이 귀속한 적이 없었던 지시사례의 경우이다. A로부터 C에게로 직접 재산이 이동한다고 한다면, 급부연쇄에서 존재했던 채무변제의 時間差, 즉 첫 번째 채권이 변제된 다음에 순차로 두 번째 채권이 변제되는 것은 있을 수 없고, 따라서 B의 일시적인 재산귀속도 상정하기 어렵다. 이처럼 지시사례의 同時辨濟效는 급부연쇄와 구분되는 가장 큰 차이점이므로, 지시사례의 이중하자는 급부연쇄에서와는 다른 별도의 고찰을 요한다.

그 외에 카나리스의 제안을 통해 '原因關係'라는 객관적 기준이 부각된 점도 주목해야 할 부분이다. 그리고 이 기준은 종래 논의되었던 급부관계와는 별개의 개념임은 물론이다. 독일민법학에서 원인관계에서 발생한 채권을 변제하기 위한 목적으로 재산을 이전시키는 것을 給付라고 하였다. 그리고 그와 같은 목적성을 지닌 재산이전관계를 가리켜 給付關係라고 한다. 그렇지만 원인관계라는 것은 문자 그대로 채권을 발생시키는 원인이 되는 관계이고, 현재 부당이득이 반환되어야 하는 상황에 이르게 된 유인으로서의 법률상 원인이 존재하는 관계이다. 원인관계가 급부관계가 되는 것이 일반적이겠지만, 삼자 이상의 관계에서라면 그것이 반드시 일치해야 하는 것은 아니다.

만일 원인관계가 계약관계라면, 관련되는 당사자들이 스스로 계약을 체결함으로써 자신의 결정에 대해 부담하게 된 責任割當量을 정해둔 관계라고 해야 할 것이다. 그리고 이것은 우리 판례에서도 수차례 강조되곤 하는 계약법원리와도 일정한 관련을 가지고 있다. 그러므로 계약법원리를 최대한 존중하는 가운데 부당이득법을 운용하는 것이 가장 바람직하고, 계약관계에서 발생하는 항변위험과 파산위험의 부담은 계약당사자들 사이에서 이루어지도록 하는 것이 최선의 방법임은 물론이다.

그러므로 부당이득조정이 흠 있는 原因關係의 당사자들 사이에서만 이루어져야 한다는 규칙과, 부당이득반환이 원칙적으로 각각의 給付關係에서 이루어져야 한다는 규칙이 반드시 동일한 것은 아니다.[273) 양자가 전혀 무관한 것일 수는 없지만, 전혀 구분되지 않는 것도 아니다.[274) 전자의 관계는 계약관계이든 기타의 관계이든 재산

---

273) Larenz / Canaris (1994), 235.
274) 이와 같은 개념적 구분을 전제로 하여 삼각관계에 관한 논의를 급부관

이동을 가능하게 한 채권이 존재하는 관계이다. 반면에 후자는 그와 같은 원인관계를 바탕으로 채무변제소멸 등의 목적으로 타인재산의 증대가 이루어진 관계인 것이다.

2. 급부와 원인관계에 관한 고찰

1) 이른바 "규범적 급부개념"

일단 카나리스의 귀속관념이 작용된 방법론을 수용한다는 전제에서라면, 지시사례에서는 그의 이론 중에서도 특별히 利得의 歸屬性이 중시된다. 그러므로 비급부와 구분되는 給付라는 것은, "歸責可能한 모든 타인재산의 증대로서, 수령자가 그 증대에 타인과 原因關係로써 연결되어 있는 것"[275])이라고 정하는 것이 적절한 것으로 보인다. 이것은 양 당사자가 각각 '交付'와 '受領'으로써 채권관계에 귀속되는 것, 즉 채권을 통해 상대방에게 財産을 歸屬시킨다는 개념이 강조된 것이다. 소위 규범적 급부개념(normativer Leistungsgriff)[276])이라고도 일컬어지는데, 이렇게 정의 내

계적 접근(給付關係アプローチ)과 원인관계적 접근(原因關係アプロー チ)으로 구분하여 진행하는 일본 학설도 있다. 潮見佳男 (1999) 上, 28 이하 참조.

275) MünchKomm-Lieb, § 812, 1259f,; Bamberger-Wendehorst, § 812, 890, Rn.16. 특히 MünchKomm-Lieb, § 812, 1259f., Rn. 36f.에 서는, 이런 변제효 중심의 급부부당이득법을 카나리스의 "규범적 고찰 방식(normative Betrachtungsweise)"과 로이터-마티넥(Reuter/Martinek) 의 변제법(Erfüllungsrecht)론과 연결시키고 있다. Larenz/Canaris (1994), 251 참조.

린다면 일단 "법적인 의미의 급부(Leistung im Rechtssinn)",277) 즉 債務履行의 실현여부는 오직 原因關係를 기준으로 판단하게 된다는 것이다. 그러므로 지시사례에서 피지시인과 수령자 사이의 "순수하게 사실적인 의미의 출연(rein tatsächliche Zuwendung)"은 대가관계와 보상관계에 "동시에(Zugleich)", "귀속(Zurechnung)"될 때에 그 출연이 부당이득법적으로 의미를 가진다278)고 설명될 수 있다.

어쨌든 급부를 이렇게 정하고 난 후 잠시 독일민법 제812조 제1항의 문언을 살펴보면, 여기에는 "상대방의 급부를 통해(durch die Leistung eines anderen)" 얻은 것을 반환해야 한다는 급부반환이 규정되어 있다. 목적적 급부개념에 의하든 규범적 급부개념에 의하든, 지시사례의 피지시인과 수령자의 관계에는 목적성도 결여되어 있을 뿐 아니라, 재산의 교부와 수령이 채권관계에 동시에 귀속되지도 않는다. 그러므로 독일민법 규정에서 말하는 급부에 관해서라면 그들 사이에서는 급부이득의 반환은 이루어질 수 없다고 하겠다.

---

276) Bamberger‐Wendehorst, § 812, 890, Rn.16.
277) 여기에서 특별히 주목하게 되는 "법적인 의미"라는 것은 추측컨대 실정법을 가리키는 것으로 해석되고, 이것을 반대로 생각해 보면 목적성과 의사주의적인 요소는 비실정법적인 것으로 이해하는 듯하다. 그리고 이것은 쿠피쉬(Kupisch (1997), 218f. 참조)나 립(Lieb)이 주장하는 학설을 "경제적 고찰방식(wirtschaftliche Betrachtungsweise)"에 의한 것이라고 지칭하며, 그것과 구별을 두기 위해 강조되는 표현인 것으로도 보인다. Larenz / Canaris (1994), 251 참조.
278) MünchKomm‐Lieb, § 812, 1260, Rn.39.

2) 辨濟效를 발생시키지 못한 利得

그러면 우리 부당이득법에서는 급부라는 것을 과연 어떻게 받아들여야 할까. 우선 用語의 측면에서 지적해둘 점으로, 급부를 지칭하는 독일용어인 '라이스퉁(Leistung)'은 독일민법의 제 규정에서 빈번하게 사용되는 반면,[279] 우리에게 있어 給付는 민법상의 용어가 아니다. 다만 민법 제746조의 "불법원인급여"에 관한 규정에서 확인되는 '급여'라는 용어를 어떻게 정의할 것인지의 문제는 남아 있다. 이를테면 독일이나 일본에서 일컬어지는 '급부'를 대체할 수 있는 개념인지, 아니면 좀 더 의미의 가감을 요하는지의 문제인 것이다.[280] 그렇지만 급부라는 것이 전혀 비실정법적인 용어라고도 할 수 없는데, 왜냐하면 간혹 일부 현행법[281]에서도 발견되고 있기 때문이다.

독일민법 제241조 제1항[282]이 급부를 채권자가 채무자에 대하여

---

279) 독일민법 제2편 채권관계의 법, 제1장 채권관계의 내용(Buch 2 Recht der Schuldverhältnisse, Abschnitt 1 Inhalt der Schuldverhältnisse)의 제1절(Titel 1)은 급부의무(Verpflichtung zur Leistung)라는 제목으로 급부가 채권의 내용임을 명시적으로 규정하고 있다.

280) 전자정부구현을위한행정업무등의전자화촉진에관한법률(법률 제6871호) 제39조에서는 "급부"와 "급여"가 나란히 규정되어 있다. 그런데 "채무자회생및파산에관한법률(법률 제7428호)"을 보면 "급여"란 노동의 대가로서 받는 정기적인 소득을 의미하는 것으로 보인다(동법 제579조 제1호, 제2호 참조).

281) 현행법상 "채무자회생및파산에관한법률(법률 제7428호)"에서 "급부"와 "반대급부"라는 용어가 사용되고 있고, 그 밖에도 "전자정부구현을위한행정업무등의전자화촉진에관한법률(법률 제6871호)"과 "지방공기업법 시행규칙(부령 제272호)"에서도 "급부"라는 용어가 규정되어 있는데, 특히 후자에서의 "급부"는 사회급부를 의미하는 것으로 보인다.

청구할 수 있는 것으로 규정하고 있는 것과 동일한 선상에서, 우리 해석론에서도 給付는 채권의 효력에 기해 채권자가 채무자가 청구하는 대상으로, 즉 채권의 내용으로 서술되고 있다.283) 또 債權은 給付를 請求할 수 있는 권리(급부청구력)와 그 급부를 受領하고 이를 적법하게 保有하는 효력(급부보유력)을 지니는 것으로 표현되고 있다. 이것만 놓고 본다면 사실 독일법의 급부와 우리가 사용하는 급부는 별반 차이가 없는 것 같다.

그런데 우리 민법은 입법과정에서 의도적으로 '급부'라는 용어를 피해간 것으로 보인다. 독일민법에서 'Leistung'을 언급한 곳이 일본 民法에서는 그대로 '給付'로 번역·규정되어 있음에도 불구하고, 우리 민법에서는 굳이 '이행' 내지는 '변제'로 교체되어 규정되었고, 또 해당규정도 상당수에 이르기 때문이다. 각 실정법의 동일한 취지의 대응규정을 예시해 보면 그런 점이 확인된다. 독일민법 제241조 이하가 채권의 내용이 되는 급부의무에 관해 규정하고 있는데, 일단 독일민법의 종류채권규정은 다음과 같다.

BGB § 243 Gattungsschuld

(1) Wer eine nur der Gattung nach bestimmte Sache schuldet, hat eine Sache vom mittlerer Art und Güte zu **leisten**(종류만으로 정하여진 물건에 대하여 채무를 지는 사람은 中等의 종류 및 품질을 가지는 물건을 **급부**하여야 한다).

---

282) BGB 제241조 "[채권관계에 기한 의무] ① 채권관계에 의하여 채권자는 채무자에 대하여 급부를 청구할 수 있다. 급부는 부작위일 수도 있다."
283) 郭潤直, 債權總論[民法講義Ⅲ](2003), 52면.

이것과 같은 취지를 담은 일본 民法의 규정은 다음과 같다.

民法 第四○一条【種類債権】

①　債権の目的物を指示するに種類のみを以てしたる場合に於て法律行爲の性質又は当事者の意思に依りて其品質を定むること能はざるときは債務者は中等の品質を有する物を給付することを要す(채권의 목적물을 지시함에 있어 종류만을 가지고 한 경우에 법률행위의 성질 또는 당사자의 의사에 기해 그 품질을 정할 수 없는 때에는 채무자는 중등의 품질을 가지는 물건을 **급부**하여야 한다)。

이 조문에 대응하는 우리 민법 제375조는 '급부' 대신에 '이행'이라는 용어를 사용한다.

민법 제375조【種類債權】

①　채권의 목적을 종류로만 지정한 경우에 법률행위의 성질이나 당사자의 의사에 의하여 품질을 정할 수 없는 때에는 채무자는 중등품질의 물건으로 **이행**하여야 한다.

일본 民法에서 '履行'이라는 용어가 쓰이지 않는 것도 아니다. 거기에서는 위의 종류채권의 예처럼 채권의 目的에 관하여 규정하고 있는 부분에서는 給付라는 용어를 사용하고 있는 반면에, 동법 제412조 이하의 채권의 효력에 관한 규정에서는 '履行'으로 하고 있다. 그리고 이 점은 우리 민법 제387조 이하의 경우와 같다.

어떤 사유로 우리 민법이 채권의 목적을 규정함에 있어 급부라는 용어를 굳이 피해갔는지는 확실하지 않다. 의식적으로 일본식 용어를 피해 보려 했을 것이라 추측해 볼 수도 있고, 아니면 급부가 가지는 '대향성'을 인식하고서, 이것을 피해서 보다 객관적인 성격을 지닌 용어로 정리해 보려 했을 가능성도 있다.[284] 만일 후자의 측면이라면, 이것은 실정법적 의미의 급부, 즉 원인관계를 기준으로 한 재산이동을 의미하는 이른바 독일의 규범적 급부개념과도 조화를 이룰 수 있지 않을까 생각되기도 한다.

따라서 이 객관성을 띤 규범적 급부가 부당한 이득의 기준이 된다면, 지시사례에서도 채권관계에서만 급부가 이루어질 수 있으며, 어떤 경우에도 피지시인과 수령자 사이의 재산이동은 급부가 될 수 없다. 설령 채권의 이행을 위해 재산이동이 이루어졌다고 하더라도, 그 교부와 수령을 보상관계와 대가관계에 동시에 귀속시킬 수 없기 때문이다(위 규범적 급부개념).

그런데 이렇게 본다면 "제삼자지급계약사례"[285]의 판결의 결론은 좀 애매하다. 낙약자가 특정채무를 변제하고자 하는 목적을 둔 곳은 분명히 수익자와의 관계일 것이다. 즉 제삼자를 위한 계약에서 수익의 의사표시(제539조 제2항)를 한 수익자는 낙약자를 상대로 독자적인 채권을 가지게 되므로,[286] 이행의 '대향성'을 강조한다면 이득반환은 수익자를 상대로 청구하게 될 것이다. 그렇지만 이 관계는 규범적 급부개념을 엄격히 적용하면 재산이동의 교부와 수령을 일정한

---

284) 郭潤直, 債權總論 (2003), 239가 변제와 "그 辨濟를 위한 給付行爲"가 구별된다고 한 것도 같은 의미일 것이다.
285) 대법원 2005.7.22.선고 2005다7566, 7573 판결.
286) 제삼자를 위한 계약의 법률구조에 대해서는 第六章 제2절.

원인관계에 귀속시킬 수 없으므로 급부관계가 아니라고 할 수도 있다. 그렇지만 다른 한편으로 요약자와 낙약자의 관계도 엄밀히 말해 그 '규범적 의미에서의' 급부관계라고 할 수 없는데, 일단 요약자에게는 재산의 수령이라고 할 만한 것이 없기 때문이다. 그리고 이 판결은 제삼자를 위한 계약에서 원칙적으로 계약의 당사자인 요약자를 상대로 반환청구할 수 있다고 결론지었다. 그렇다면 이것을 두고 지금까지의 논의에 비추어, 우리 판례가 계약법을 부당이득법에 우선시키고 있다든지, 아니면 극단적으로 판례가 채권변제의 목적을 가지는 재산이동의 소재보다는 채권발생의 원인이 되는 관계의 소재를 부당이득반환관계 설정의 기준으로 삼는다고 할 수 있을 것인지는 좀 더 생각해 보아야 한다.

어쨌든 규범적 급부개념의 기본관념은 재산을 채권의 효력에 기해 재산의 수령자에게 귀속시킬 수 있는지 여부를 기준으로 삼겠다는 것이다. 즉 채권에 기한 이행의 효과 발생이 급부부당이득반환청구를 배제할 수 있는 법률상 원인이 되는 것이다. 다시 말해 "부당이득으로서 반환되어야 한다"는 것은, 적어도 급부관계에서라면 순수하게 "이행효 내지는 변제효의 부정"을 가리키는 말로 이해되어야 한다는 의미이다. 그러므로 제삼자를 위한 계약에 의해 수익자는 요약자의 수령을 위한 使者가 아닌 독립적인 주체로서 청구권을 가지는 것이므로, 궁극적으로 재산의 귀속은 수익자에게 이루어지는 것으로 법이 정하고 있는 것이다. 이렇게 보면 결국 급부부당이득반환청구권의 대상은 "변제효를 발생시키지 못한 이득"이라고 할 수 있겠다.

3) 일반규정

잠시 시각을 돌려 우리 부당이득법을 살펴보면, 일반규정인 제741조는 민법 제정 당시 의용하였던 일본민법 제703조를 모델로 한 것임을 알 수 있다. 위 일본규정을 일단 우리말로 옮겨 보면, "법률상의 원인 없이 타인의 재산 또는 노무로 인하여 이익을 얻고 이 때문에 타인에게 손실을 입힌 자는 그 이익이 있는 한도에서 이를 반환할 의무를 진다"는 것으로 해석되는데, 우리 규정은 여기에서 "그 이익이 있는 한도에서"[287]라는 구절을 삭제하는 한편, '損失'이라는 말을 '손해'로 바꾼 것이다. 이런 구조적 유사성과 발생사적 관점에서 볼 때 부당이득법 연구에 일본민법학을 검토해 보는 과정이 필요하다는 것을 깨닫게 된다.[288]

프랑스민법론을 수용하여 만들어진 일본 구민법 제361조 제1항에는 "누구라도 유의인지 무의인지, 또 착오인지 고의인지를 불문하고 정당한 원인 없이 타인의 재산에 대하여 이를 얻은 자는 그 부당한 이득을 반환하여야 한다"는 취지를 규정하고 있었다. 그러나 구민법 자체가 시행되지 못하게 된 후, 독일민법론의 영향하에 새로운 민법이 제정되었다. 이 신민법을 제정할 당시 그 기초자들은, 구민법의 부당이득은 종래의 자연법상 원칙, 즉 누구라도 타인의 손해로 인하

---

287) 이 규정을 통해 추론해 본다면, 일본 부당이득법에서는 부당이득 반환 범위의 원칙은 현존이득의 반환이며, 악의의 반환채무자의 부담범위에 대한 것은 예외규정이라고 할 수 있겠다.

288) 이하의 내용은, 民法注解 XⅦ, 부당이득 前論(梁彰洙 집필부분, 2005), 144 이하를 참조하며 정리하였다.

여 自利를 취할 수 없다는 公平主義 내지 형평주의에 근거를 두고 있었지만,[289] 신민법은 "근세일반에 기인되는 이론에 기하여 부당이득반환의 의무는 법률의 규정에 기한 것으로서, **법률상 원인 없이** 취득한 이익은 모두 반환되어야 하는 것"이라고 규정하였다.[290]

이처럼 일본 부당이득법의 기초는, 타인의 손실로 이익을 얻어서는 안 된다는 자연법적인 원칙에서 법률상 원인 없는 이익은 반환되어야 한다는 "근세의 이론"으로 전환되었다는 점이고, 이것이 바로 독일의 후기 보통법학의 성과이다. 후기 보통법학 시기는 독자적인 법제도로서의 부당이득법의 태동기에 해당하는데, 이것이 현행 독일민법에 지대한 영향을 미쳤고, 이것은 앞서 사비니에 의한 부당이득법의 대전환 과정을 통해 부분적으로 확인할 수 있었다. 그리고 일본민법 제정 당시는 독일에서도 통일된 민법을 제정하려는 활발한 움직임이 일어나고 있던 때였음은 주지의 사실이며, 무엇보다도 일본민법 자체가 독일민법초안을 모범으로 하여 그것의 상당한 영향하에 제정된 것이다. 이처럼 독일, 일본, 우리나라로 이어지는 부당이득법의 관련성은 여러 곳에서 확인되고 있는데, 예를 들어 우리 민법 제741조의 "타인의 재산 또는 노무로 인하여"라는 표현은 일본민법 제703조의 "他人ノ財産又ハ 勞務ニ因リ"라는 문구에서 유래한 것이지만, 이것 역시 독일민법 제1초안 제748조[291]의 "aus dessen Vermögen"을 참고한 것이다.

---

289) 未定稿本 民法修正案理由書, 662.
290) 未定稿本 民法修正案理由書, 662.
291) 독일민법 제1초안 제748조 제1항 "Derjenige, **aus dessen Vermögen** nicht kraft seines Willens oder nicht kraft seines rechtsgültigen Willens ein Anderer bereichert worden ist, kann, wenn hierzu ein rechtlicher Grund

이런 과정을 거쳐 결국 우리 민법은 제741조에 "법률상 원인 없이 타인의 재산 또는 노무로 인하여 이익을 얻고 이로 인하여 타인에게 손해를 가한 자는 그 이익을 반환하여야 한다"는 것을 부당이득법의 일반조항으로서 규정하게 되었다. 규정에서 알 수 있듯이 독일규정과 같은 급부와 비급부 구분의 단서는 전혀 발견되지 않는다. 어쩌면 유형론과 통일론의 의견대립은 우리 민법에서는 독일에서만큼의 의미를 지니고 있지 않을지 모른다. 그렇지만 이것이 우리 부당이득법을 해석함에 있어서 급부와 비급부를 구분하여 고찰하는 방법을 허용하지 않겠다는 의미는 아니다. 급부와 비급부가 현실적으로 확실히 구분되고, 부당이득법의 적용과 해석에서도 확연한 차이를 두고 있기 때문이다. 다만 급부와 비급부를 구분하여 완전히 별개의 체계로 운용할 것인지, 아니면 공통된 도그마를 구해서 통일적으로 해석할 것인지는 별개의 문제이다.

지시사례에서 수령자가 피지시인으로부터 수령한 이득은 복수의 채권의 효력에 기해 이동하게 된 것은 분명하지만, 재산이동의 당사자들을 특정한 원인관계에 귀속시키는 요건을 결하고 있기에 급부관계라고 할 수는 없을 것이다. 그런데 우리 법과 달리 독일민법 제812조의 규정에서는 급부로 인한 이득과 비급부로 인한 이득이 뚜렷이 구별되고 있고, 급부이득이 성립하는 한도에서 비급부이득은

---

gefehlt hat, von dem Anderen die Herausgabe der Bereicherung fordern", 그러나 위 "aus dessen Vermögen"이란 표현은 제2초안에서 "타인의 손실로"(auf Kosten eines anderen)라는 표현으로 바뀌었고, 그것이 현행 독일민법 제812조에 계승되었다.

성립하지 않는 것처럼 이들은 상호 간에 배타성을 가지기 것처럼 보이기도 한다. 그것이 바로 유형론의 기본적 입장이며, 또 목적적 급부개념론의 보조개념인 보충성원리를 통해 그와 같은 측면이 특별히 강조되기도 하였다. 그렇지만 우리 법 제741조에서는 그와 같은 배타성을 전혀 찾아볼 수 없다. 이것은 굳이 독일의 통일론을 채용하였다고 하기보다는, 일정한 이득이 급부요건을 충족시킬 경우에 급부된 것 자체의 반환으로 이어질 수 있고, 그렇지 못한 경우에는 비급부반환청구권의 요건을 충족시킴으로써도 일정한 인과관계가 입증된다면 반환될 수 있다는 것을 의미한다.

어쨌든 이행의 규범적 측면을 중시하여 "辨濟效를 발생시키지 못한 利得"은 반환되어야 한다고 전제한다면, '指示事例'에서 수령자가 얻은 이득은 계약상대방인 지시인에게든 직접 이득을 건네준 피지시인에게든 반드시 반환되어야 하는 성질의 것이다. 전자의 경우라면 어찌됐든 급부반환청구권이 문제될 것이지만, 만일 피지시인이 수령자를 상대로 반환을 구하고자 한다면, 그것은 非給付不當利得返還請求權의 성립요건을 충족시킬 때에만 가능하므로, 일단 이득의 문제가 해결되었더라도 손실과 이득 간의 인과관계의 요건이 추가로 충족되어야 할 것이다.

요컨대 우리 부당이득법처럼 일반규정이 '법률상 원인 부재', '이득', '손해', '인과관계'라는 핵심적 요건만을 갖추고 있는 한, 지시사례의 수령자가 보유하고 있는 이득은 開放性을 가지며, 급부부당이득이든 비급부부당이득이든 필요한 요건을 갖춘다면 어느 방향으로든 반환될 수 있다.

3. 履行의 對向性과 財産移動에 대한 小結

"분양대금지급지시사례"의 판결은 당해 사례가 지시사례임을 인정하면서, 이로써 피지시인의 계약상대방인 지시인에 대한 급부와 지시인의 자신의 계약상대방인 지시수령자에 대한 급부도 함께 이루어진다고 함으로써, 동시이행효와 함께 관념상 재산이 지시인을 경유하여 이동하였음도 인정하고 있다. 그러므로 이것은 독일에서 전형적인 지시사례에 전제되고 있는 가정과도 일치한다. 그런데 이런 사실에 대해 이 판결은 "급부를 이행한 계약의 일방 당사자는 제삼자를 상대로 법률상 원인 없이 급부를 수령하였다는 이유로 부당이득 반환청구를 할 수 없다"고 하였다.

이것을 앞서 논의한 지사사례 이행의 두 가지 특성, 즉 對向性과 財産移動의 대립관점을 적용해 본다면, 적어도 이 판결에서는 전자의 관념을 특별히 강조하였을 뿐 후자의 관념은 크게 고려되지 않았다고 할 수 있다. 물론 판결에서 지시사례상 채권의 동시변제효를 인정하며, "피고가 원고들로부터 분양대금을 수령한 것이 ○○유통과의 계약관계에 의한 것으로서 정당하게 수령한 것"이라고 하여 유효한 대가관계상 채권의 변제효를 전제한 가운데에 피지시인의 직접청구를 배제한 것은 사실이다. 즉 지시수령자인 피고가 취득한 것이 대가관계상 유효한 채권의 효력에 기한 것이므로 법률상 원인 있는 것으로 인정한 것이다. 그러나 이 판결에서는 이행의 대향적 측면은 강조되었을지언정, 또 다른 관점, 즉 이득이 피지시인에게서 유래하여 지시인을 거쳐 결국에 수령자에게 이르렀으나, 그 이득이 지시인의 손실에 의한 것이지 피지시인의 손실에 의한 것이 아니라는 측면은 그다지 의식되지 않고 있다. 그리고 이렇게 이행의 대향성만을 강조하는 입장을 견지하게 된다면, 결국 어떠한 경우에도 피지시인은 수령자에 대해 직접 반환청구할 수 없다는 것에 이르게 된다.

이것은 앞서 고찰한 바와 같이 不當利得法의 本質을 어떻게 볼 것인지의 문제와도 관련되어 있다. 민법은 다양한 제도를 마련해 놓고 있지만, 각 해당규정에는 각각의 성립과 작용을 중심으로 규정하고 있을 뿐, 그 청산과정에 대해서는 상세히 예정하고 있지 않다. 가령 해제만 하더라도 계약해소국면에서의 재산조정에 관해 원상회복의무가 있음을 명시하고 있지만(제548조), 그것이 구체적으로 어떤 내용을 가지는지에 대해서는 밝히고 있지 않은 것이다. 부당이득법을 민법에 산재해 있는 다양한 법제도의 청산을 일괄적으로 담당하고 있는 "일련의 규정"이라고 보면, 이 계약해소의 경우에는 계약이 있지 않았던 상태로의 回復이 중요할 것이다.292) 반면에 부당이득법

---

292) 그러므로 부당이득반환의 내용은 원칙적으로 "받은 이익"(제748조 제2항)이 되며, "현존이득의 반환"(동조 제1항)은 선의수익자에 대한 특혜가 된다. 그러나 부당이득법을 잔존이득에 관한 법제도로 본다면 오히려 현존이득반환이 원칙이 된다. 이것과 관련하여 金龍潭 (1984), 201에서는, 계약해제 시 반환범위에 관해 제548조 이하의 규정이 제748조의 특별규정이며, "修正된 不當利得返還請求權"라고 하였다. 즉 해제에 의한 반환청구권의 법적 성질은 부당이득반환청구권이며, 그 반환범위에 있어 현존이득반환을 규정한 부당이득법에 원상회복규정이 우선한다는 것이다. 대법원 1997.9.26.선고 96다54997 판결도, 매매계약의 무효에 따른 매매대금의 반환에 있어서 그 법적 성질을 부당이득반환이며, 반환범위에는 제748조가 적용되지, 그것에 관한 "특칙"인

을 민법의 최후방에서 모든 법제도를 적용하고서도 해결되지 않는 잔존이득을 조정하기 위한 "독자적인 법제도"로 보게 되면, 그런 원상의 회복보다는 잔존하고 있는 부당한 利得 자체에 관심을 가지게 된다.

이것이 지시사례에서 재현되는데, 수령자가 보유하는 이득이 적어도 변제효를 발생시키지 않는 이득이라는 전제에서 본다면, 이것은 지시인과의 관계에서는 급부이득일 수 있으나 피지시인과의 관계에는 비급부이득이 된다. 부당이득법을 "일련의 청산규정"으로 보는 전자의 입장에 의하면, 피지시인과의 관계는 계약관계가 존재하지 않으므로 계약청산과 같은 것이 문제될 리 없다. 오히려 지시인이 계약관계라는 긴밀한 법률관계에 있었던 만큼 그 관계의 청산에 관심을 두게 된다. 반면에 부당이득법을 잔존이득에 주목하는 "독자적인 법제도"로 보는 한은, 급부보유의 법률상 원인이 없는데도 불구하고 계약관계에 있지 않다고 해서 피지시인에게 반환되지 못하고 있는 수령자의 이득은 어디까지나 '부당'한 상태에 있는 것이다.

이 연구를 통해 부당이득법은 단순히 법률관계 청산을 위한 기능규정에 그칠 수 없으며, 특별히 동일한 법체계 내에서 각각의 법제도들 간의 유기성과 일관성을 유지하기 위해 존재하는 제도라는 점을 인식할 수 있었다. 즉 민법상의 여러 제도들이 그 나름대로 정당한 권리와 이득의 귀속을 향해 작동하고 있으나, 그럼에도 불구하고 현실적으로 존재하는 각 제도 사이의 틈새를 메우고 이어주는 역할

제548조 제2항이 적용되지 않는다고 하였다.

을 담당하는 독자적인 법제도로 존재하는 것이다.293) 그리고 이것은 부당이득법의 이득법적 성격을 수용하지 않고서는 가능하지 않다. 그리고 부당이득법이라는 것이 給付의 청산에만 한하지 않고, 명실상부 민법 전반에 걸쳐 부당한 재산의 이동과 보유를 공히 교정하기 위한 제도로 기능하기 위해서는 非給付 사례까지 포괄하는 제도로서의 기능을 부여하지 않을 수 없으며, 이것도 역시 부당이득법의 利得法的 성격의 수용을 전제로 할 때 가능하다.

그러므로 지시사례의 부당이득문제를 해결하기 위해 독일의 목적적 급부개념을 수용하자든지 재산이동중심론을 따르자든지의 문제는 후차적인 것에 불과할지도 모른다. 부당이득반환청구권에서 지시사례처럼 급부와 비급부가 혼재하는 사례유형에 이행의 대향성과 재산이동이라는 관념은 분명히 분리되고 있기에 어느 한쪽만을 강조하는 방법은 적절치 않으며, 양자를 면밀한 검토 끝에 실정법의 해석에 적절한 부분을 수용하는 방식을 취해야 할 것이기 때문이다.

다음과 같이 결론지을 수 있을 것이다. 우리 부당이득법 규정에서는 급부와 비급부 사이의 배타성이 발견되지 않으므로, 법을 적용함

---

293) 金曾漢, 債權各論 (1988), 404는 부당이득의 본질에 관하여, "形式的 · 一般的으로는 正當視되는 財産的 價値의 移動이 實質的 · 相對的으로는 正當視되지 않는 경우에 公平의 理念에 따라서 그 矛盾을 꾀하는 것이, 즉 이 移動을 利得者와 損失者와의 實質的 · 相對的 關係에 있어서 正當化하는 것"이라고 하였다. 일견 독일에서 일컬어지는 소위 통일론의 입장을 대변하고 있는 것으로 보이긴 하지만, 본질적으로 부당이득법은 각각의 민법상 제도를 정상적으로 작동시킨 후에도 현실적으로 잔존하는 부당한 재산이동의 상태를 교정하기 위해 존재하는 것이라는 태생적 근원을 그대로 표현한 것이라고 할 수 있다.

에 있어 원천적으로 어느 한 편의 가능성을 배제해 버리는 것은 적절치 않다. 적어도 지시수령자에게 남아 있는 이득이 법률상 원인 없는 것이라면, 당해 이득에 이해관계가 있는 당사자라면 누구나 요건이 충족되는 한도에서 급부이득반환이든 비급부이득반환이든 주장할 가능성을 남겨 놓아야 할 것이다. 따라서 지시사례에서 법률상 원인을 가지지 않은 이득이 지시수령자에게 잔존하는 한, 지시인의 급부부당이득반환청구권과 피지시인의 비급부부당이득반환청구권의 성립가능성은 함께 열려 있다. 만일 수령자의 이득이 법률상 원인을 가지는 것이라면, 피지시인의 부당이득반환청구는 오직 자신의 원인관계의 상대방인 지시인에게만 이루어져야 한다.

第四章

지시가 결여되었거나
효력을 잃은 경우

1. 기본학설

  前章에서는 유효한 지시의 존재를 전제로 하여 지시사례에서의 채무의 동시이행효 발생과 경유적 재산이동이라는 가정을 뒷받침하는 논거로 독일에서 주장되고 있는 대표적인 두 학설에 관하여 살펴보았다. 그런데 지시의 효력이 문제되는 경우에도 그와 같은 기본적인 시각에 차이가 있을 수 없다. 즉 채무변제라는 차원을 강조하는 입장과 재산이동의 차원을 강조하는 입장으로 대별되는 것이다.

  우선 전자의 학설을 간단히 언급하면, 이 학설은 채무변제를 위한 목적성을 가리키는 이른바 辨濟指定을 출발점으로 삼게 된다. 이행행위가 특정채권의 변제를 위한 것이라는 사실이 어떤 식으로든 평균적인 수령자에게 인식될 수 있을 정도로 내재해 있지 않으면 변제효는 발생하지 않는다고 하며,[294] 독일민법 제787조 제1항에 기해 지시에 좇은 실행이 있으면 보상관계상 채무에 변제효가 발생하므로, 여기에는 필연적으로 변제지정이 있기 마련이라는 것이다. 변제효의 발생을 위해서는 원칙적으로 변제지정을 요하게 되겠지만, 적어도 지시사례에서는 피지시인이 지시인으로부터 급부권한을 부여받았다는 사실에서 그와 같은 변제지정을 추단하게 되는 것이라고 한다.[295] 또 대가관계상 채무의 변제효 발생에도 동일한 논리가 적용될 것이므로 원칙적으로는 변제지정을 요하는 것이지만, 수표를 교부하는 것처럼 이미 지시인이 수령자에게 지시한 때에 이루어졌거나, 아니면 지로송금한 경우처럼 피지시인이 지시인의 使者로서 이행한 경우에 이루어지는 것으로 여긴다.[296] 즉 이론적으로 두 개의 변제효 발생에는 각각의 변제지정이 요구되겠지만, 실제로 함께 이루어지는 것이 보통이라는 것이다. 즉 지시에 좇은 지급만으로 두 개의 변제지정은 추단되는 것이고, 또 동시변제가 이루어진다.

반면에 재산이동이라는 사실 자체에 주목하는 후자의 입장에 의하면, 지시사례에서 지시인을 경유하는 재산이동이 이루어지는 것은 유효하게 존재하는 지시 자체의 효력에 의한 것으로 여기게 된다. 그러므로 위와 같은 채무의 변제지정은 크게 문제될 리 없으며, 어디까지나 지시를 통해 급부와 수령에 대해 授權하고 또 그것을 좇은 피지시인의 實行이 있어[297] 가능하다고 주장한다. 따라서 지시에

---

294) v.Caemmerer (1963), 360.
295) Larenz / Canaris (1994), 39.
296) Larenz / Canaris (1994), 39.
297) MünchKomm - Lieb, § 812, 1259, Rn.36.

좇은 급부의 효과는 지시인에게 귀속되는 것이고, 이것은 결국 "지시인의 계산으로"(독일민법 제783조 후단) 이루어지는 것으로 나타난다고 한다. 즉 지시는 지시인의 재산처분행위로서 지시인에게 귀속되는 재산상 부담을 가리킨다는 것이다.

그러므로 어느 학설에 의하든 지시사례에 존재하는 두 개의 原因關係 중의 어느 하나에 흠이 있어서 채권이 효력을 잃게 된다면 변제효를 잃게 된 급부는 채권관계의 당사자들 사이에서 반환되어야 하는 것이 원칙이다. 두 입장이 결론에 있어 차이를 보이는 곳은 두 개의 원인관계 모두가 효력을 잃게 되는 경우이다. 목적적 급부개념을 반환관계설정의 기준으로 삼게 되면, 각각의 원인관계에만 급부목적이 존재하는 것이므로 급부관계에 있지 않은 피지시인과 수령자 사이에 직접 이득을 조정하는 일은 있을 수 없다. 반면에 지시 자체로부터 해법을 찾는 견해[298])에 의하면, 재산이 경유하였든 직접 유입되었든 근본적으로 피지시인에게서 유래한 가치의 흐름이 수령자에게 이르렀다는 사실에는 차이가 없으므로, 결국 피지시인의 직접청구가 가능하게 된다.

그런데 이하에서 검토하고자 하는 것은 그런 원인관계상 채권의 효력에 영향을 주는 하자의 문제가 아니다. 指示가 무효이거나 취소사유로 효력을 잃은 경우, 아니면 아예 지시가 없었던 것으로 드러난 경우에 관한 것이다. 즉 지시에 내재하는 변제지정도 긍정할 수 없을뿐더러, 지시의 효과를 지시인에게 귀속시키는 효과도 긍정할

---

298) Kupisch (1978), 19 – 31.

수 없는 것이다. 과연 그런 경우에 위 두 학설 중 어느 입장을 취하는 것이 좀 더 적절한 것인지를 검토해 보는 작업은 앞의 章에서의 논의를 연관 지어 일반적인 원리를 도출해 내는 것에 도움이 될 것이다.

앞서 第二章에서는, 신용카드거래의 경우를 예로 들어 특별히 指示라는 독자적인 법제도 자체를 고찰할 필요성을 언급한 바 있다. 그리고 그렇게 지시 자체의 효력을 문제 삼게 되는 무현금거래의 예로 신용카드거래의 확인절차나 은행송금거래에서의 송금지시 등이 있다. 신용카드거래에 대해서는 법률관계의 삼면이 모두 계약관계에 있으므로 전형적인 지시사례와는 다소 차이가 있다고 하였다. 그렇지만 은행송금의 경우에는 송금위임을 받은 은행과 지급수령자와의 사이에 아무런 계약관계가 존재하지 않는 것이 보통이므로, 바로 이 연구에 적합한 유형에 해당한다고 할 수 있겠다. 다만 다른 지시사례와 구별될 수 있는 은행송금거래만의 특성이 있으므로 이하에서는 우선 그것에 관해 간략히 소개하고, 그런 다음에 본격적으로 지시의 효력과 부당이득의 관계에 관해 논의하기로 한다.

2. 은행송금거래의 특징

지급인이 은행으로 하여금 제삼자에게 송금하도록 위임하고 은행이 그것을 실행한 경우에 그 지급인과 은행 사이의 법률관계에 관해 商法學에서 다양한 학설이 주장되고 있다. 그런데 이들을 크게 구분하면, 기본계약과 지급지시가 결합된 것으로 보는 二元論과 지급지시 내지는 지급위탁만으로 이해하는 一元論으로 나뉘고 있다고 한다.[299] 前者에 의하면 은행과 고객 사이에 지로계약 또는 자금이체계약이라는 기본계약이 있고, 그것에 기초하여 지급위탁이 있으면 은행의 지급이체의무가 발생한다고 설명되고 있다. 그리고 後者의 견해에 의하면 그와 같은 기본계약을 요하지 않고, 지급인과 지급은행 사이에 위임계약인 지급이체위탁만이 존재하는 것이다.

그렇지만 현실의 자금이체에는 두 가지 형태가 모두 존재한다고 할 수 있다. 즉 자금이체사무처리를 위한 기초계약으로서 위임계약[300]의 일종인 자금이체계약[301]과 구체적인 지급이체를 위탁하는 지급지시에 의해 이루어지는 경우도 있고, 타인계좌에 무통장입금하는 것[302]처럼 기본계약이 없는 상태에서 지급이체가 이루어지는 경우도 있다.[303] 전

299) 상세한 학설소개는, 정대익 (2004), 266, 각주 2 참조.
300) 자금이체계약의 법적 성질에 관해서 국내학설은 제삼자를 위한 계약설과 위임계약설로 대립하고 있으나, 후자가 다수설이라고 한다. 孫晉華 (1990), 51.
301) 참고로, 독일은 독일민법 제676조 내지 제676조의g와 2002년부터 전면적으로 시행되고 있는 자금이체법(Überweisungsgesetz)이 있어, 이것이 지급이체, 즉 은행송금에 관한 기본법으로서의 역할을 수행하고 있다. 동법 시행 이전에는 은행이 고객에 대해 비현금거래에 관한 포괄적 종류채무를 부담하는 지로계약(Girovertrag)에 근거하여서만 송금지시가 이루어질 수 있었으나, 동법 시행 후에는 지로계약의 존부와는 무관하게 지급이체를 할 수 있으며, 이것은 동법에 규정된 지급이체계약(Überweisungsvertrag)을 그 계약적 기초로 한다. 그러므로 우리 학설에서와 같은 일원론과 이원론의 다툼이 생길 여지가 없이, 일관되게 지급이체계약의 성립여부에 좌우되는 것으로 하고 있다. 이것에 관해서는, 정대익 (2004) B, 309, 318, 320.
302) 은행카드 없이 이용하는 타행환공동망을 이용한 송금거래.

자의 경우에는 자금이체계약이 지급의 직접적인 법적 기초이고, 相對方 있는 單獨行爲에 해당하는 지급지시에 의해 지급이체의무가 구체화된다고 한다. 그것에 반해 후자의 경우에는 단지 고객의 지급이체의 청약과 이것에 대한 지급은행의 승낙만으로 계약은 성립하게 된다.[304]

독일의 경우에 2002년부터 지급이체법(Überweisungsgesetz)이 시행되면서 지급지시관계에 관한 이론에도 큰 변화가 있었다고 한다. 이를테면 동법 시행 전의 지급지시는 지급인의 형성권의 행사이며 은행에 대한 상대방 있는 단독행위라고 하였다. 그리고 자금관계나 대가관계의 하자에 의해 영향을 받지 않으며, 수취인의 계좌에 입금기장이 이루어지기 전까지는 언제나 반대지시(Gegenweisung)인 철회(Widerruf)가 가능한 것으로 해석하였다고 한다.[305] 그런데 동법이 시행되면서 기본계약인 지로계약의 존부와는 상관없이 지급이체의 법적 기초는 일원적으로 지급이체계약이 되었다고 한다.[306] 결국 우리의 경우는 사정에 따라 독일 지급이체법 시행 전후의 해석론을 모두 요한다고 할 수도 있겠으나, 지시의 효력이 부당이득반환에 미치는 영향을 논하기 위해서는 전자의 경우를 전제로 하는 것이 바람직하다.

그렇지만 지급이체계약은 어디까지나 자금이체사무의 처리를 위한 위임계약이라는 점을 유념해야 한다. 즉 이것은 은행의 고객에 대한

---

303) 孫晉華 (1990), 54. 정대익 (2004) B, 329에서는 이 학설을 유력한 견해로 소개하고 있다.
304) 정대익 (2004) B, 330.
305) 정대익 (2004) B, 318.
306) 정대익 (2004) B, 321.

지급채무를 발생시키는 補償關係上의 債權과는 구별된다. 은행과 그 고객 사이의 자금이체사무처리가 이루어지는 것은 통상 양 당사자 사이에 예금계약이 존재할 것을 전제로 하기 때문이다. 이를테면 은행에 예금계좌를 개설한 고객은 그 계좌에 보유된 금액에 대해서, 또는 은행과의 사이에 약정된 금액의 한도 내에서 채권을 가지는 것이며, 이것이 바로 삼각관계를 구성하는 보상관계상의 채권이다.

그러므로 지시의 효력이 크게 중시되는 은행송금의 경우나 신용카드거래의 경우에는 엄밀히 말해 前章에서 전제한 통상적인 의미의 보상관계라는 것은 확인될 수 없다고도 할 수 있다. 즉 거기에서의 지시인과 피지시인은 순수하게 채권을 청구하고 그것에 대해 이행하는 급부관계로 표현될 수 없기 때문이다. 그런데 문제는 과연 그런 송금지시와 같은 위임계약관계에도 지시사례의 특징인 채권의 동시이행효와 재산의 경유적 이동이 해당되는 것인지 여부이다.

일단 수임인인 은행은 고객의 송금지시에 좇아 선량한 관리자의 주의를 기울여 송금사무를 실행해야 하고(제681조), 위임인에게 그 비용을 청구하게 된다(제687조, 제688조). 고객과 은행 사이에 별도의 자금이체계약이 체결되어 있지 않은 채 송금위임이 이루어지는 경우에는 일반적으로 송금위임과 동시에 송금금액이 지급되는 경우가 보통이므로, 은행의 비용상환청구권은 통상의 경우에는 크게 문제되지 않을 것이다. 반면에 고객이 은행에 계좌를 개설하고 자금이체계약을 별도로 체결한 경우라면, 은행이 송금업무를 처리함과 동시에 고객의 계좌에서 지시내용에 해당하는 금액을 비용으로서 인출하게 된다. 환언하면, 은행의 송금업무는 고객에 대한 급부의무를 전제로 이루어지고 그 한도 내에서 실행되는 것이라고 할 수 있다. 또한 송금지시에 기한 은행의 업무실행은 지시인 자신의 채무이행이라는 법률적 효과로 나타난다. 즉 지시사례를 통한 재산상 부담은 지시인에게 귀속하는 것이다. 결론적으로 무현금거래에서의 지시사례도 기타의 지시사례와 특별히 구별되어야 할 것은 아니라고 생각되며, 따라서 재산의 경유적 이동이라는 가정이 부정되어야 할 이유는 없다고 여겨진다.

통상의 지시사례에서도 보상관계상 채권의 효력에 영향을 미치는 흠과 지시의 효력에 영향을 주는 흠은 개념적으로 구분된다. 다만 "분양대금지급지시사례"처럼 지시가 일회로 그치는 것이라면 그것을 지시인과 피지시인 사이의 원인관계의 문제로 이해해도 그다지 문제될 것이 없다. 그렇지만 지시를 원인관계상 채권의 효력과 더불어 부당이득반환에 영향을 미치는 독자적인 지위를 부여하는 것은, 무엇보다도 무현금거래가 가지는 비중이 현저하게 커지고 있다는 현실적인 이유에서라고 할 수 있다. 연속적이고 반복적으로 이루어지는 지급지시를 보상관계와 분리시키지 않은 채 삼각관계유형에서 부당이득반환이 문제될 때마다 매번 그 원인관계상 채권의 효력 여부를 검토할 수도 있겠지만, 그것이 현실적으로 합리적이지 못하다는 것은 부인할 수 없다. 설령 어떤 사유가 지시와 원인관계상 채권의 효력에 공통적으로 영향을 미치는 경우가 있더라도 그것은 별개의 문제이다. 요컨대 지시결여나 지시상의 무효는 원인관계의 채권 자체에 아무런 영향을 주지 않고 無因인 것이다.[307]

이제 본격적으로 무현금거래에서 유효한 지시가 존재하지 않는 경우에 관해 유형별로 고찰하기로 한다. 우선 지시가 결여되었거나 무효인 경우를 살펴보고, 이어서 지시가 취소된 경우에 대하여 별도로 고찰하기로 한다. 그리고 지시철회의 경우에 대해서는 수령자의 신뢰책임과 연결시켜 별도의 節에서 다루고자 한다.

---

307) Larenz / Canaris (1994), 39. 어음행위의 무인성에 관해서는, 대법원 1997.7.25.선고 96다52649 판결 참조.

제2절 지시가 결여 또는 무효이거나 취소된 경우

1. 지시가 결여되어 있거나 효력이 없는 경우

1) 구체적인 예

지시 자체의 효력이 문제되는 모습은 매우 다양하다. 예를 들어, 지시한 내용보다 더 많이 지급할 수도 있을 것이고,[308] 이미 지급했음에도 불구하고 이중으로 지급하거나, 또는 지시된 내용과 달리 수

---

[308] 독일연방최고법원은 이런 경우에도 여전히 유효한 지시가 존재한다고 판단하고 있다. 특히 BGH 1986.9.25., BGHZ NJW 1987, 185는, 은행이 지시에 반하여 열 배의 금액을 송금한 경우를 다룬 것이다. 여기에서 최고법원은 "여전히 유효한 지시가 존재하는 것이며, 단순히 은행이 잘못 송금한 것에 불과하다"고 하였다. 그렇지만 이런 경우는 처음부터 지시가 존재하지 않는 경우라고 해야 한다. 다시 말해 은행이 과다지급 하였다면 유효한 지시는 송금한 금액의 10분의1에 대해서만 존재할 뿐, 나머지에 대해서는 지시가 전혀 존재하지 않는다.

령자가 아닌 다른 사람에게 지급309)할 수도 있을 것이다. 또 아예 지시인이 수령자를 잘못 표시하였거나,310) 지시 자체가 이중으로 이루어질 수도 있고, 또 위조311) 내지 변조312)되는 경우도 예상할 수 있다. 이런 경우들은 모두 당해 지급행위에 상응하는 지시가 없는 경우일 것이다.

그리고 지시를 상대방 있는 단독행위로 본다면 이것도 의사표시의 하자에 관한 규율의 적용을 받게 된다. 그러므로 민법상 규정된 의사표시의 無效事由는 여기에도 그대로 적용된다. 즉 지시인이 의사무능력자이거나 지시가 무권대리인에 의해 이루어진 경우가 있을 수 있다. 또 지시의 방식상 하자가 있을 수도 있는데, 가령 배서가 없는 수표를 제시하였는데도 지급한 경우313)가 있을 수 있다. 이처럼 지시가 무효이면 지시인이 의욕한 법률효과는 당연히 발생하지 않은 것이 되므로, 결국 앞에서 제시한 지시결여의 경우와 마찬가지로 다루어진다.

이것에 관해 우리 대법원은 지시가 결여되었거나 무효인 경우에 피지시인의 수령자에 대한 직접청구를 인정하고 있는 것으로 보인다. 가령 지시가 僞造되어 무효가 된 사례의 부당이득반환을 다룬 판례로, 대법원 1997.11.28.선고 96다21751 판결에서 다루어진 사실관계는 다음과 같다. A 은행의 대부계 대리가 E를 위하여 通謀하여 A 은행을 지급지로 하는 자기앞수표를 발행하였고, E는 이것을 D

---

309) BGH 1976.5.31., BGHZ 66, 372.
310) 위 전주지법 2005.9.1.선고 2005나1585 판결.
311) 대법원 1997.11.28.선고 96다21751 판결
312) 대법원 1992.4.28.선고 92다4802 판결.
313) BGH 1976.5.31., BGHZ 66, 362.

은행에 있는 당좌예금계좌에 입금하였다. D 은행은 E의 약속어음과 당좌수표가 교환 제시되어 오자 위 자기앞수표를 그 교환결제대금으로 사용한 다음에 A 은행에 지급제시하였고, A 은행은 偽造 사실을 발견하고 부도통보를 하였으나 이것이 미결제어음 통보시각을 도과하는 바람에 D 은행에 의해 접수거절되어, 그 결과 A 은행의 당좌예금 계좌에서 D 은행의 당좌예금 계좌로 이체처리되어 결제되었다.

이에 A 은행의 D 은행에 대한 부당이득반환청구가 제기되었고, 이것에 대해 대법원은 다음과 같이 판단하였다. 즉 제시은행인 D 은행에서 자금화된 수표금액을 예금자 명의로 발행한 약속어음 및 당좌수표의 교환결제자금으로 사용한 것은 결과적으로 그 수표를 예입받아 추심 의뢰를 받은 D 은행이 어음교환소규약에 따른 그 수표의 추심 및 교환결제 결과에 바탕을 두고 행한 업무 집행으로서 적법성이 보장될뿐더러, 그 금원 지급은 순전히 지급은행인 A 은행의 출연에 기한 것일 뿐 D 은행으로서는 아무런 손해를 입은 바가 없으므로, D 은행이 예금자 E에 대하여 수표금 상당의 부당이득반환채권을 갖게 되었다고 할 수는 없다고 하였다. 그런데 A 은행으로서는 위조된 수표임에도 불구하고 이를 부도어음으로 반환할 수 없게 되어 그 결제자금 상당의 손해를 입었지만, D 은행이 이로 인하여 얻은 이득이 없으므로 부당이득반환을 구할 수 없다고 하였다. 이에 반하여, 그 수표의 예입자인 E는 그가 D 은행에 예입한 그 수표가 위조되어 현실적으로 추심될 수 없음에도 불구하고 자금화된 수표금을 D 은행으로부터 지급받았으므로, 그 수표금 상당의 이익은 사회통념상 A 은행이 입은 위 결제자금 상당의 손해로 인한 법률상 원인 없는 부당이득이라고 하였다. 결국 지급은행 G가 예금자 A를 상대로 수표금 상당의 부당이득반환을 구할 수 있음을 인정하였다.

문제되는 유가증권이 자기앞수표여서 발행인과 지급인이 동일할 수밖에 없지만, 그렇다고 해서 삼각관계의 일반적 유형과 달리 볼 이유는 없다. 즉 A 은행은 지시인임과 동시에 피지시인이 되며, D 은행은 단지 지시수령자의 수령보조자에 지나지 않는다. 결론적으로 말해, 대법원은 피지시인으로서의 A 은행에게 D에 대한 부당이득반환청구권을 인정하지 않고, 대신에 실질적인 이득의 수령자인 E에 대한 직접적인 부당이득반환청구권을 인정한 것이다.

그런데 문제는 판결문에서 제시된 논거 중에 지시가 가지는 수권적 기능이나 변제지정 기능, 또는 재산의 이동경로에 관한 구체적 논거가 발견되지 않는다는 것이다. 그렇지만 이 사례를 통해, 위조된 지시로 인해 피지시인이 입은 손실을 직접 이득의 수령자에게 청구할 수 있다는 결론을 판례의 기본적 입장으로 여길 수 있다는 것만큼은 분명하다.

2) 부당이득반환관계

지시가 아예 없거나 무효인 지시가 있는 경우에 관해 언급하고 있는 문헌의 수는 많지 않으나, 일단 몇몇 문헌은 지시로 인한 재산 이동의 효과를 지시인에게 귀속시키는 것에는 반대하고 있는 것으로 보인다.[314] 즉 피지시인의 직접청구를 인정한다.

---

314) 金亨培 (2003), 299; 金炯錫 (2006), 310.

거기에서 제시되고 있는 논거들을 정리해 보면, 우선 법형식적으로 지급지시가 결여된 경우에는 지시인의 대가관계상 채권의 변제를 위한 수권 내지 변제지정이 존재하지 않으므로 변제효가 발생하지 않는다고 한다.[315] 또 다른 하나는, 지시로 인해 이루어진 결과의 효력을 지시인에게 귀속시키는 것이 적합하지 않으며, 지시인은 어디까지나 지급과정에서 발생하는 임의의 불이익과 위험으로부터도 보호되어야 한다는 것이다.[316] 만일에 지시인에게 지시급부의 효과를 귀속시키게 된다면, 은행으로서는 이 외관상의 지시인을 상대로 지출한 필요비를 필요비지출에 대한 구상하고자 할 것이고, 결국 지시인으로서는 다시 자신의 채권자와 상대해야 한다는 것인데, 그렇게 되면 어느 모로 보나 상황을 복잡하게 만들 뿐이라고 한다.[317]

이것은 前章에서 언급한 카나리스 학설의 일부이기도 한데, 지시사례의 부당이득반환관계에 관해 카나리스[318]는 부당이득반환청구권을 발생시키는 흠이 어디에 있는지에 따라 반환관계를 정하는 견해를 내놓았다고 지적한 바 있다.[319] 이를 간략히 요약하면, 원인관계 수준에서의 흠이 있는 것은 유효성하자로서 그것으로 인한 부당이득반환은 원칙적으로 당해 원인관계의 당사자들 사이에서 이루어지는 반면, 물권적 수준이나 지시의 효력에 영향을 주는 흠이 있다면 이

---

315) 金炯錫 (2006), 310.
316) 金炯錫 (2006), 310-311; 金亨培 (2003), 298-299에서는 이것은 카나리스에 의해 전개되었으며, 현재 독일의 통설이라고 소개하고 있다.
317) Larenz / Canaris (1994), 226.
318) Larenz / Canaris (1994), 222f.
319) 第三章 제4절 1 참조.

것은 귀속성하자에 해당하므로 직접청구가 가능하다는 것이다. 그리고 이것은 카나리스 이론에 일관되게 관철되고 있는 歸屬原理와 無因性 原則320)을 집약적으로 보여주는 것이다.

그러므로 그의 견해는 물권행위 무인성과 밀접한 관계에 있는 독일 부당이득법의 현실에 비추어 본다면 그 나름대로 설득력이 있다고 할 수 있겠지만, 부당이득법에서 그와 같은 의미를 찾을 수 없는 우리의 경우에는 원형대로 수용할 수 없다고 하였다. 다만 그의 학설에 일관되게 흐르는 귀속관념은 시사하는 바가 크다고 생각된다. 특히 지시 자체의 효력과 부당이득반환의 관계를 논함에 있어서는 귀속이라는 관념은 거의 절대적인 의미를 지닌다고도 할 수 있다. 그런 까닭에 현재 대부분의 독일 학설이 그의 견해에 찬동하고 있는 것으로 확인된다.321)

그렇지만 이것도 앞서 언급한 지시사례에 대한 두 기본 학설을 대입해 보면 각각 나름대로의 입론이 가능하다. 우선 이행의 對向性을 강조한다면, 지시에 포함된 辨濟指定이 결여되어 있으므로 특정 채무가 변제효를 가진다는 것은 있을 수 없다. 그러므로 대가관계상의 채무가 변제되지 않는 것은 물론, 보상관계의 채무도 변제효를 가지지 않는다. 이행의 財産移動의 측면이 강조되더라도 지시에 포함된 급부권한과 추심권한에 대한 授權이 존재하지 않으므로 지시에 좇은 실행의 효과는 지시인에게 귀속되지 않는다고 설명된다. 어

---

320) Larenz / Canaris (1994), 248.
321) Reuter / Martinek (1983), 427; Staudinger −Lorenz, §812 Rn.51; Koppensteiner / Kramer (1988), 33; Erman / Westermann (2004), § 812, 2969, Rn.21.

느 입장을 취하든 피지시인은 수령자에게 직접 반환청구할 수 있게 되는 것이다.

그간 독일의 판례는 유효한 지시가 결여되었음에도 불구하고 착오로 지급된 경우에 은행이 그 수령자에게 직접청구하는 것을 수차례 긍정하였다.[322] 그렇지만 유효한 지시가 결여된 사실에 대해 지급수령자가 그 사실을 알고 있었는지가 은행의 직접적 반환청구권에 영향을 주는지 여부에 대해서 오랫동안 판단을 보류하고 있었다. 마침내 2001년 3월 20일 판결(BGHZ 147, 145)에서 유효한 지시가 결여된 경우에 직접부당이득반환청구는 一般的으로, 즉 善意의 수령자에 대해서도 인정되는 것이라고 하였다. 정상적인 지시사례에서는 지시인에게 지시급부의 효력이 귀속되는 것이며, 그것을 배제할 정도의 흠이 아닌 한은 응당 수령자에 대한 직접청구가 금지되는 것이 바람직하다. 그렇지만 지시가 결여되거나 효력이 없는 경우에는 아예 그런 귀속 자체를 배제한다는 것이다.

이와 같은 해석론을 당장에 그대로 수용할 수는 없는데, 우리 민법의 경우에는 의사표시가 무효인 경우에 선의의 제삼자를 보호하는 규정을 두고 있다는 점을 고려하지 않을 수 없기 때문이다(제107조 제2항, 제108조 제2항). 지급지시의 수령자가 의사표시의 무효로부터 보호되어야 할 제삼자인 것인지 여부가 문제되는 것이다.

결론부터 말하자면 그와 같은 보호는 크게 의미가 없다고 할 수

---

322) 예를 들어 BGH 1976.5.31., BGHZ 66, 362, 364f.; BGH 1976.7.1., BGHZ 67, 75, 78f.; BGH 1986.9.25., NJW 1987, 185, 186f.; BGH 1990.6.20., BGHZ 111, 382.

있다. 만일에 실제로 지급행위를 한 피지시인에게 수령자에 대한 부당이득반환청구를 부정하고 대신에 보상관계의 상대방인 지시인에게만 반환청구할 수 있게 한다면, 경우에 따라서 외관상 지시인은 피지시인에게 이득을 반환한 만큼 다시 수령자를 상대로 이득반환청구할 수 있다고 할 것이다. 그러나 지시 자체를 아예 한 적이 없는 지시인이라면 응당 직접 소송을 수행하는 번거로움을 피해가고자 하는 것이 보통이다. 그렇다면 지시인에 대해 구상부당이득반환청구권[323]을 가지는 은행은 자신의 고객을 상대로 그가 지급수령자에 대해 가지는 부당이득반환청구권을 양도해 줄 것을 청구하는 방식을 취하게 될 것이고, 이것은 결국에 "부당이득반환청구권의 부당이득반환청구"에 지나지 않는다.

  결과적으로 수령자를 부당이득반환청구권으로부터 보호하고자 하는 목적은 달성하지 못한 채 항변위험누적과 무자력위험의 누적과 같은 문제점에 처하게 된 것이다. 그렇다면 이 경우에는 오히려 피지시인이 직접 청구하는 방법이 더 적절한 것이 아닐까 생각된다. 만일 그것을 인정한다면, 피지시인이 지시수령자에게 급부로서 출연한 것은 아니었으므로, 굳이 구분하자면 이것은 '비급부'부당이득반

---

323) 만일 보상관계상의 채권이 효력을 잃는 경우라면 피지시인은 지시인을 상대로 '給付'부당이득반환청구권을 가지게 될 것이다. 그러나 여기처럼 지시의 효력이 문제되는 경우라면, 이것은 보상관계상의 채권의 효력과는 무관하다. 다시 말해 指示에 관한 건은 자금이체계약처럼 피지시인이 지시인을 위해 자금이체사무를 처리하기 위해 체결된 위임계약에 근거한 것(이 章 제2절 1 참조)이므로, 피지시인의 지시인에 대한 비용상환, 즉 '求償'부당이득반환청구가 문제된다.

환청구권에 해당한다.

2. 지시가 취소된 경우의 부당이득반환관계

　우리 법은 일정한 의사표시상의 하자가 있으면 표의자에게 의사표시의 취소를 인정하고 있다. 그러므로 지시가 무능력자에 의해 이루어졌거나(제5조, 제10조, 13조) 의사표시가 착오(109조)나 사기·강박(제110조)에 의해 이루어졌다면, 당해 의사표시에 대해서는 취소할 수 있는 것이 원칙이다. 상대방 있는 단독행위인 지시가 이 규율의 적용을 받는 것은 물론이다.

　지시가 취소될 수 있는 경우의 구체적인 예로, 송금지시를 하면서 수령자의 계좌번호를 실수로 잘못 입력하는 경우를 들 수 있고,[324] 수취인과 계좌번호의 일치여부를 제대로 확인하지 않은 채 다른 수취인의 계좌번호로 송금지시 하는 경우[325]도 예상할 수 있다. 이런 경우에 소위 당사자의 동일성에 대한 착오로서 법률행위의 내용의 중요부분에 대한 착오에 해당되어 지급인은 원칙적으로 지시를 취소할 수 있겠지만, 수취인과 계좌번호의 동일성을 제대로 확인하지 않은 것은 지급인의 중대한 과실에 해당할 것이므로 취소를 제한해야 할 것이다(제109조 제1항).[326]

　그런데 지시가 결여되었거나 무효인 경우처럼 취소의 경우에도 민

---

324) 대구지법 2004.1.28.선고 2003나10191 판결.
325) 전주지법 2005.9.1.선고 2005나1585 판결.
326) 정대익 (2004) A, 271.

법상의 선의의 제삼자에 대한 보호규정을 어떻게 해석할 것인지가 결정되어야 한다. 이것은 선의보호규정을 두고 있지 않은 무능력자 보호규정의 취지를 고려하여, 무능력자가 지시한 경우와 지시가 착오나 사기·강박에 의해 이루어진 경우를 구분하여 검토해야 할 필요가 있음을 의미하기도 한다.

민법은 행위무능력자의 법률행위에 대해 기본적으로 유효하며 取消할 수 있는 행위로 하고 있다. 가령 법정대리인의 동의가 없는 미성년자의 법률행위는 우리 법에 의하면 추인이 있기까지 유동적으로 유효한 상태이고,[327] 이것은 법정대리인의 추인으로 효력을 얻게 되는 독일의 유동적 무효인 상태와 다르다(독일민법 제108조 제1항 참조). 그러므로 지시도 무능력자나 그의 법정대리인의 취소가 있기 전까지는 그 자체로 유효한 것이다. 그렇지만 문제의 지시가 취소되면 그 효력은 처음부터 유효한 지시가 없었던 것과 마찬가지로 다루어진다. 그런 경우에 실제로 지시수령자가 보유하고 있는 이득이 어떻게 처리되어야 할 것인지의 문제인 것이다.

그렇지만 민법이 행위무능력자보호를 거래안전에 우선시키고 있다는 점을 상기한다면,[328] 이것은 무효인 경우와 마찬가지로 유효한

---

327) 그런 취지에서 우리 법에서 말하는 行爲能力者란, "절대 취소될 가능성이 없는 終局的으로도 有效한 法律行爲를 할 수 있는 자"인 것으로 독자적으로 해석되어야 한다.

328) 독일판례 중에서도 行爲無能力者가 은행에 지시하여 지시수령자에게 지급하도록 지시한 사례를 다룬 것이 있는데(BGH 1990.6.20., BGHZ 111, 382), 독일의 경우에는 무능력자의 지시는 취소가 아니라 無效이간 하지만(독일민법 제105조), 어쨌든 지시를 받은 자가 제삼자에게 지급한 것은 지시인의 급부가 아니고, 따라서 행위무능력자인 지시인

지시가 아예 없는 경우와 같이 피지시인의 직접청구를 인정하더라도 크게 문제될 것이 없다고 생각된다.[329] 그리고 어쨌든 이것은 행위무능력자의 행위로 原因關係 자체를 取消로써 소멸시키는 것[330]과는 다른 차원의 것이기 때문이다.[331] 즉 지시인에게 지시급부의 효과를 귀속시키지 않는 것으로 일관되어야 할 것이다.

한편 지시가 착오나 사기·강박에 의해 이루어진 경우는 좀 달리 생각해 볼 여지가 있는데, 민법상 이런 사유로 인해 취소하는 경우에는 선의의 제삼자 보호규정이 포함되어 있기 때문이다. 지시의 취소가능성 여하에 대해서는, 지시인의 착오가 중과실인 경우에 취소를 제한할 수 있다고 하거나(제109조 제2문), 사기·강박에 의해 상대방 있는 의사표시가 이루어졌더라도 의사표시의 상대방이 그 사실을 몰랐다면 취소할 수 없다(제110조 제2항)고 할 수는 있다. 그러

은 "대가관계에서 존재하는 채무의 이행으로 인해 이득을 얻을 수도 없는 것이며 제삼자에 대한 부당이득반환청구권을 취득할 수 없는 것"이라고 하였다. 결국 우리의 경우와 마찬가지로 행위무능력자의 보호를 임의의 신뢰보호에 우선시키는 것이다.

329) 金炯錫 (2006), 320.

330) 未成年者의 신용카드거래에 관한 사례로서 補償關係에 해당하는 카드利用契約이 取消된 경우를 다룬 대법원 판결(대법원 2005.4.15.선고 2003다60297,60303,60310,60327 판결)에서는, 그 계약의 취소여하와는 무관하게 가맹점으로서는 카드이용자에 대해 유효한 대가관계상의 채권을 가지는 것이고, 그것은 가맹점과 신용카드 발행인 사이의 가맹점계약에 따른 이행을 정당화하는 하나의 사유가 될 수 있기에, 신용카드 발행인의 가맹점에 대한 반환청구의 사유가 될 수 없다고 하였다. 第二章 제2절 1 (4) 참조.

331) 지시인이 자신이 관련된 두 개의 원인관계 모두를 취소하는 경우는 第三章에서 언급되었던 소위 '이중하자'의 경우에 해당하는 것으로, 이것은 다음 章에서 상세히 살펴보기로 한다.

나 부당이득법적으로 문제가 되는 것은 그런 취소제한의 문제가 아니라, 그와 같은 취소제한사유에도 해당하지 않아서 실제로 취소가 이루어진 경우의 利得調整에 관한 것이다.

이런 경우도 역시 지시가 없거나 무효인 경우와 다를 바가 없다고 생각되므로 직접청구를 긍정해야 할 것이다. 만일에 민법상 선의의 제삼자 보호규정과의 균형을 생각하여 피지시인의 수령자에 대한 직접청구를 배제한다고 하더라도 그것이 수령자에게 그리 큰 도움이 되지 않음을 알 수 있다. 왜냐하면 적어도 "대가관계상 유효한 채권이 존재하지 않는다면" 수령자는 직접청구에는 대항할 수 있을지 모르나 지시인에게는 역시 수령한 이득을 반환해야 할 것이기 때문이다. 선의의 제삼자에 대한 보호규정은 물권행위의 무인성을 인정하지 않는 우리 법체계에서 최소한의 거래안전을 도모하기 위한 것이다. 그런데 위 선의보호규정에 기해 원래 소유자의 소유물반환청구에 대항할 수 있는 제삼자라고 하더라도 부당하게 잔존하는 이득의 조정은 피해갈 수 있는데, 가령 형식적인 물권의 귀속여하와는 별도로 부당한 취득에 대해서는 현실적으로 가액반환이 이루어질 수 있기 때문이다. 즉 부당이득법의 영역에서는 선의의 제삼자에 대한 보호가 의도한 만큼의 의미를 가지지 못한다는 것을 알 수 있다.

그렇지만 만일에 "대가관계상 유효한 채권이 존재"한다면 이때에는 좀 달리 생각해 보아야 한다. 지시인을 상대로 유효한 채권을 가지고 있는 제삼자에게 지시의 취소를 이유로 이득보유를 박탈하는 것이 과연 적절한 것인지에 의문이 가시지 않기 때문이다. 이것은 제삼자의 신뢰보호라는 민법적 원리와도 관련되는 것으로 후에 별도로 고찰하기로 한다. 이하에서는 지시의 효력과 대가관계상의 채권의 효력이 함께 부당이득반환관계에 어떻게 작용하는지를 살펴보고자 한다.

3. 대가관계상 유효한 채권이 존재하는 경우

1) 구체적인 예

대법원 1992.4.28.선고 92다4802 판결은 어음의 액면금이 변조된 사례에 관한 것인데, 이 사례의 특징은 지시의 위조사실과 더불어 지시수령자가 지시인에 대해 대가관계상 유효한 채권을 가지고 있다는 점에 있다. 그 사실관계를 요약해 보면, A가 발행한 약속어음을 수령한 D가 이 어음의 액면금을 변조하여 E에게 배서양도 하였고, 이에 E가 A의 지급은행에 이 어음을 지급제시하여 변조된 액면금을 지급받은 것이다. 대법원은, E가 발행인인 A에 대해 변조 전의 액면금액의 범위에서 어음상의 권리를 취득하고 이를 초과하는 부분에 관해서는 아무런 권리도 취득하지 못하므로 "피고가 변조된 액면금액의 지급을 청구할 권리가 없다면 지급은행에서 정당한 액면금액을 초과한 돈을 지급받은 범위 안에서는 이를 부당이득한 것"이라고 하여, A의 E에 대한 부당이득반환청구를 인용하였다.

이 사안은 변조된 액면금액에 대해 피지시인의 직접청구를 인정하지 않고 그 대신에 지시인과 수령자 간의 이득조정으로 해결한 것으로 보일 수도 있으나, 사실 그렇지 않다. 여기에서는 지급은행이 E 를 상대로 반환청구소송을 제기한 것이 아닐 뿐만 아니라, 지급은행 의 지급에 대해서 발행인이 그것을 추인하였으므로,[332] 지시인과 지 급은행 사이에는 더 이상 분쟁의 여지가 없다. 설령 이 판결을 통해 지시인의 수령자에 대한 반환청구가 인정되었다고 하더라도 이것은 피지시인의 직접청구를 인정한다는 사실을 전제로 할 때에 가능한 것이다.

일단 이 사안을 새롭게 구성해 보면 다음과 같다. 발행인인 A와 지급은행을 피지시인으로 두고, D를 지시인, E를 지시수령자로 두는 것이다.

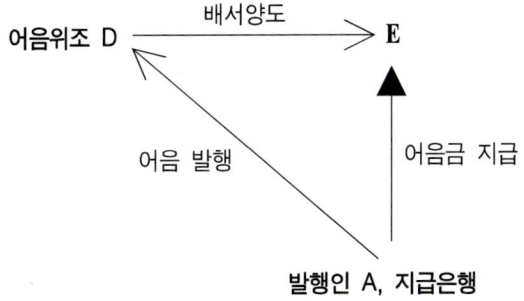

어음위조 D ──── 배서양도 ───→ E

어음 발행   어음금 지급

발행인 A, 지급은행

---

332) 金炯錫 (2006), 314.

이런 구조하에서 A의 E에 대한 반환청구는 한편으로 삼각관계에서의 직접청구로 인정될 수도 있고, 다른 한편으로 액면금을 초과하여 지급된 어음상 채권에 대한 변제의 부정을 의미할 수도 있다. 그런데 이 판결에서 위 어음을 취득한 E는 그 발행인인 A에 대해 "변조전의 액면금액인 금 ○○원의 범위 내에서만 어음상의 권리를 취득하고 이를 초과하는 부분에 관하여는 아무런 권리를 취득하지 못한다"고 한 부분을 발견할 수 있다. 이것은 다시 표현하면, 수령자인 E는 A에 대한 채권 중에 변조전의 금액에 해당하는 부분에 대해서는 정당하게 자신의 권리를 충족시킨 반면, 변조전의 금액을 초과하는 부분에 대해서는 법률상 원인 없는 이득이므로, A에게 직접 반환할 의무가 있다고 판단했다.

그런데 하급심판례[333] 중에 다음과 같은 것이 있다. A가 본래 E에게 채무금액을 송금하고자 했으나, 상대방에 대한 착오를 일으켜 자신의 거래은행인 G로 하여금 F 은행에 개설된 제삼자 D의 계좌로 송금하도록 지시한 것이었다. 그런데 D는 F로부터 송금액을 초과하는 금액을 대출받은 채 상환을 연체하고 있던 중이었기에, F는 대출금채권을 자동채권으로 하고 D의 예금반환채권을 수동채권으로 하여 상계처리한 것이다. 이에 A는 F를 상대로 부당이득반환청구한 것이다.

만일 위의 92다4802 판결에 나타난 논리를 그대로 적용하게 된다면, 이 경우에 A의 청구가 인용되어야 할 것이다. 아무리 F의 입장

---

[333] 전주지법 2005.9.1.선고 2005나1585 판결. 상고가 이루어졌으나, 대법원 2005.11.24.선고 2005다54456에서 기각되었다.

에서 자신의 것을 취득하였다고 하여 이득이 없음을 주장하더라도, 일단 A에게는 F와 D에게 이득을 귀속시킬 의사가 전혀 없었기 때문이다. 즉 귀속 자체의 부정은 직접적 반환청구로 귀결되어야 한다는 원리를 유지하고자 한다면, 위 하급심판결이 거기에 부합한다고는 할 수 없다.

그렇지만 suum recepit의 수용여부에 대한 논의와 관련하여 이처럼 지시의 효력만이 문제되는 것은 아니다. 적어도 대가관계상의 채권이 관련된다면, 이것은 변제론의 측면에서도 함께 논의되어야 하기 때문이다. 나아가 前章334)에서 논의되었던 이행의 재산이동적 측면을 강조하여 지시사례를 해결하고자 했던 학설들과의 조화도 고려하지 않을 수 없는 것이다. 그러므로 여기에서는 과연 우리 법체계 전반에서 suum recepit의 원리가 통용될 수 있는 것인지가 결정되어야 할 필요가 있다.

지시의 효력이 문제되는 경우에 suum recepit의 원리가 수용될 수 있을 것인지에 관해 우리 학설에서는 크게 논의가 이루어지고 있지 않지만, 아직 직접적으로 긍정하는 견해는 쉽게 눈에 띄지 않고 있다.335) 다만 자금이체가 행하여진 후에 지시인의 지시가 의사표시의 하자로 무효이거나 취소되었다면, 피지시인의 출연이 대가관계상 채권에 대한 급부로 인정될 수 있을 것이라고 설명하는 학설이 있기는 하다.336)

---

334) 第三章 제3절 3 (2) 참조.
335) 수용을 반대하는 견해로는, 金炯錫 (2006), 316.
336) 金亨培 (2003), 300. 그러나 같은 책, 299에서는 독일 학설을 소개하면서 대가관계상 채권이 소멸시효완성 직전에 지급되어 채무변제효과가 인정되는 것은 정당하지 않다고 하여, 이 원리를 부정하는 취지로 설

그럼 이하에서는 지시의 결여, 무효, 취소인 경우에 대가관계상 채권의 변제효를 인정하여 직접청구를 배제한 로마법 사료를 소개하고, 더불어 우리 법에서의 제삼자변제의 효력에 대해서도 검토하기로 한다.

2) 대가관계상 채권의 변제효와 제삼자의 변제(제469조)

독일판례 중에 무능력자가 지급지시한 사례를 판단한 것이 있다. 여기에서 독일연방최고법원은 수령자가 "對價關係상 존재하는 채무의 이행을 원인으로 하지 않고서는"[337) 지시에 따른 지급을 통해 이득을 얻을 수 없을 것이라고 하였다. 즉 행위무능력자인 지시인에게는 어떠한 법적 효력의 귀속도 인정할 수 없지만, 다만 만일 수령자가 무능력자를 상대로 한 채권을 가지고 있다면 달리 생각해 볼 수 있다는 것이다.

그런데 로마법사료에도 이것과 유사한 상황에서 지급지시가 이루어진 경우를 다루고 있는 것이 발견되곤 한다. 그중에도 피후견인의 채무자가 후견인의 조성[338) 없이 한 피후견인의 지시로 그의 채권자에게 지급한 경우가 있다. 로마시대의 후견인은 자신의 권력에 기하여 간접대리의 방식으로 피후견인의 재산을 관리하였다. 피후견인의

명하고 있다.
337) BGH 1990.6.20., BGHZ 111, 382, 386.
338) 피후견인의 법률행위에 대한 후견인의 助成에 관해서는, 崔秉祚 (1999), 89 참조.

법률행위가 오로지 재산상의 증가를 가져오는 것이 아닌 경우에는 항상 후견인의 助成(auctoritas)이 요구된다. 助成의 의사표시는 법률행위에 불가결한 구성요소로서 당해 법률행위의 당시에 臨在하여 즉시 이루어져야 하는 것이었다.

D.46.3.66 Pomponius libro sexto ex Plautio

Si pupilli debitor iubente eo sine tutoris auctoritate pecuniam creditori eius numeravit, pupillum quidem a creditore liberat, sed ipse manet obligatus: sed exceptione se tueri potest. si autem debitor pupilli non fuerat, nec pupillo condicere potest, qui sine tutoris auctoritate non obligatur, nec creditori, cum quo alterius iussu contraxit: sed pupillus in quantum locupetior factus est, utpote debito liberatus, utili actione tenebitur.

피후견인의 채무자가 후견인의 조성 없이 지시하는 그를 좇아서 그의 채권자에게 금원을 지급한 경우에는, 그는 피후견인을 채권자로부터 채무면제 시키지만, 그 자신은 구속된 상태로 남는다. 그러나 그는 악의의 항변으로써 자신을 보호할 수 있다. 그런데 그가 피후견인의 채무자가 아니었던 경우에 그는 피후견인으로부터 부당이득반환청구할 수 없는데, 피후견인은 후견인의 조성이 없이는 구속되지 않기 때문이며, 또한 채권자로부터도 그럴 수 없는데, 그와는 타인의 지시로 관계를 맺었기 때문이다. 그러나 피후견인은 그가 이득하고 있는 상당액을, 채무가 면제된 것인 만큼, 準訴權(utilis actio)[339]으로써 책임질 것이다.

---

339) 직접적용할 수 있는 본래소권이 없는 경우에 다른 소권으로부터 유추하여 그에 준하는 내용의 소권을 부여하는 로마법상의 제도이다. 이 제도에 관한 간단한 소개는 第三章 참조.

피후견인이 후견인의 조성 없이 한 의사표시는 무효이다. 그러나 그 법률행위로 인해 피후견인이 이미 이득한 상태에서 후견인의 조성이 없었다는 이유로 이를 무효라고 주장하면서 자신의 형식적 권리를 주장하는 것에 대하여는 피지시인이 악의의 항변으로 대항할 수 있다고 한 것이다.

그런데 이 사례를 재차 면밀히 살펴보면, 채무자가 피후견인(pupillus)의 지시(iussum)에 좇아 지급한 경우에 그것은 지시한 피후견인을 대가관계상의 채무로부터 면책시킨다는 것을 알 수 있다. 즉 폼포니우스는 그 지시를 채무자에 대한 授權으로서의 효력을 가지는 것으로 이해하였고,[340] 그 채무자의 지급에 대해서는 지시한 자에게 책임이 있다고 하였다.[341] 결과적으로 무효인 지시가 개입되었다는 사정만으로는 후견인의 조성 없는 피후견인의 행위의 효과에 변화가 없고, 그대로 그에게 귀속하는 것이다.

그런데 피지시인이 지시인인 피후견인의 채무자가 아니라면 사정은 다르다. 이 경우에는 후견인의 조성이 없다는 점 외에도 지시인과 피지시인 사이에 채권관계가 존재하지 않으므로 보상관계가 결여되어 있다. 지시인이 피후견인이 아니어서 후견인의 조성을 필요로 하지 않음을 전제로 할 때, 피지시인의 입장에서는 그것이 비채변제이겠으나, 지시인의 채무변제를 위해 지급된 것이므로 지시수령자의

---

340) 로마법의 지시는 授權(Ermächtigung)의 성격을 가진다. 그러므로 피지시인의 그것에 좇은 실행의 효과는 지시인 자신에게 귀속하고, 지시인은 자신의 채무를 면하게 된다. Kaser / Knütel (2003), 93.
341) Flume (1999), 181.

입장에서는 이를 통해 채권이 만족된 것이다(suum recepit). 결국에 피지시인의 비채변제로 지시인은 자신의 채무를 면하는 이득을 얻었으므로, 그 이득에 관해 피지시인은 반환청구할 수 있다는 것이다. 그렇지만 위 개소에서 나타나듯이, 지시인이 피후견인으로서 후견인의 조성 없이는 유효한 법률행위를 할 수 없다면 지시인을 상대로 채무면제라는 부당이득을 원인으로 하는 반환청구가 성립할 수 없으므로, 피지시인에게도 매우 불합리한 상황이다. 이 때문에 폼포니우스는 피후견인이 이득하고 있는 상당액, 다시 말해서 그가 채무를 면한 상당액에 대하여 피지시인에게 준소권342)을 인정하였다.

　요컨대 對價關係의 유효한 채권에 기해 수령자가 취득한 이득이 변제효를 가지게 되었다면, 이에 피지시인은 무효인 지시에도 불구하고 수령자를 상대로 반환청구를 할 것이 아니라, 채무를 면한 이득에 대해 지시인에게 반환청구할 수 있다는 결론에 이르게 되었다.

　이미 前章343)에서 대가관계상의 채권의 효력으로 피지시인의 직접청구에 대항할 수 있는 로마법에서 유래한 원리에 대해 언급한 바 있다. 영미법에서는 '이득소멸'의 관점으로도 전개되고 있는 이 suum recepit라는 로마법 원리는, 부당이득법적 해결에 있어 가치의 흐름을 강조할 때에 종종 그 보조적 도구개념으로 등장하곤 한다. 만일 우리가 이와 같은 원리를 수용하고자 하더라도 우리 부당이득법의 개념과 체계에 적응시킨 다음에 활용되는 것이 바람직하다.

　위 로마법 개소에서는 지시인이 급부권한을 수여하였지만 그것의

---

342) 준소권에 관해서는, 第三章 제3절 2 (1) 참조.
343) 第三章 제3절 3 (2).

효력이 문제되는 경우를 다루었다. 그렇다면 피지시인이 가지는 급부권한이라는 것이 실제로 효력이 없는 것임에도 불구하고 피지시인이 "지시인의 수령자에 대한 채권을 변제하기 위하여 지급하였다"는 이유에서 결과적으로 그 채권의 변제효를 인정한 것이다. 그리고 수령자와의 관계에서 변제되어 소멸한 지시인의 채무는 지시의 효력 여하와는 무관하게 부활하지 않았다. 따라서 이 경우에는 지시의 효력 여하와는 관련 없이 채권의 변제효가 발생하였음을 인정한 것일 뿐, 수령자에게 그 변제효를 가지고 피지시인의 직접청구에 대항할 수 있다는 것까지는 인정하지 않은 것이라고 하겠다.

이 문제는 채권관계의 相對性原則과도 긴밀하게 관련되어 있다고 밝힌 바 있다.[344] 즉 자신의 채권관계상 권리는 그 관계의 상대방에게만 주장할 수 있을 뿐, 제삼자에 대해서는 그러하지 않다는 원칙이다.[345] 그리고 로마법에서는 이런 차원에서 채권관계의 일신전속적인 견련성(iuris vinculum)이 엄격히 유지되기도 했다.

그렇지만 현대에 들어오면서 이와 같은 채권관계의 상대성은 두드러지게 완화되었고, 그것을 규율하기 위한 법규정과 제도들도 거기에 맞추어 새로이 정비되지 않을 수 없게 되었다.[346] 그리고 채권의

---

344) 第三章 제3절 3 (2) 참조.
345) 김상중 (2003), 21에서는, "채권관계의 상대성원칙은 급부를 이행한다는 의무의 부담은 가능한 한 소수의 인적 범위에 있는 권한자와 의무부담자 사이에 한정되어야만 하고 이를 통하여 의무부담자에게 개관하고 예견할 수 있는 범위 내로 머물 수 있게 된다는 인식을 담고 있다"고 하고 있다.
346) 김상중 (2003), 21에서는 헹케(Henke)의 글을 인용하면서, "채권관계의 상대성원칙 역시, 다른 법원칙과 다르지 않게, 법적 사고 내지 판단과

상대성원칙과는 좀 다른 것이긴 하지만, 우리 삼각관계관련 판례에 자주 등장하는 계약법원리라는 것도 실은 그와 같은 상대성원칙을 보다 강력하게 운용해 보고자 하는 시도라고도 할 수 있다. 그런 의미에서 지시사례의 부당이득반환문제를 다루는 입장에서도, 채권관계의 상대성원칙을 존중하는 가운데, 민법상 마련된 위 원칙의 제한규정이 허용하는 한도 내에서 그 규정들의 취지에 합치하는 해석론을 펴야 하는 임무를 갖게 된다.

일단 우리 민법은 원칙적으로 제삼자의 변제를 인정하고 있다. 그리고 변제효가 발생하기 위해서는 그 해당 요건을 충족시켜야 한다. 단순히 가치가 수령자의 수중에 흘러들어갔다고 해서 변제효가 발생하는 것은 아니기 때문이다.[347] 지시사례에서 제삼자변제의 변제효가 발생하기 위해서는, 피지시인이 "「자기 이름으로」, 그러나 「타인의 채무를 이행하려는 의사를 가지고」"[348] 재산을 출연하는 것이 보통이다.[349] 즉 타인의 변제임을 알고 변제한 경우에는 제469조에 의

관련하여 경직된 도식적 판단기준으로 기능할 수는 없으며 오히려 위의 예견가능성 및 이에 따른 기대가능성이라는 탄력적 요소가 보여주듯이 단지 하나의 방향제시의 기준으로 작용할 뿐"이라고 하고, 이어서 "채권관계의 상대성원칙은 그 자체로서 이미 제3자의 재산상 손해에 대한 채무자의 책임의 구성 가능성을 배제하는 것으로 기능할 수는 없다"고 한다.

347) 변제의 법적 성질에 관해서는 변제자의 변제의사와 수령자의 수령의사가 반드시 필요한지 여부에 관하여 의견이 나뉘고 있으나, 통설은 변제를 準法律行爲로 보고 있으므로, 변제효가 발생하는 것은 변제의사의 효과가 아닌 給付實現의 結果로 이해하고 있다. 池元林 (2005), 777. 그렇지만 급부실현이라는 것도 채무에 적합한 이행이라는 측면에서 이해되는 것이지, 단순한 재산의 유입만으로 충족되는 것은 아니다.

348) 池元林 (2005), 779. 꺾음표시도 그대로 인용.

해 변제효가 발생하고, 그 채권의 채권자에게는 부당이득반환이 문제되지 않는다. 그렇지만 반대로 변제자가 타인의 채무인지 모르고 변제한 경우에는 이것이 비채변제에 해당하여 당연히 부당이득으로 반환되어야 한다(제741조).

통상의 지시사례에서 지시인이 자신의 채권자도 아닌 제삼자를 상대로 일정한 재산출연행위를 하면서 그것이 타인채무의 변제를 위한 것인지 모르고 변제한다고는 생각할 수 없다. 그리고 은행이 지시에 따라 송금업무를 처리하더라도 은행은 자기 고객의 채무를 변제한다고 여기는 것이 당연하며, 자신의 채무변제로 여기는 경우란 생각하기 어렵다. 그렇다면 적어도 민법이 제삼자의 변제를 인정하고 있는 한, 그리고 그것에 필요한 요건을 충족하는 한 대가관계에서의 변제효를 부정할 이유가 없다는 말이기도 하다.

하지만 이것을 바꿔 말하면, 제삼변제자가 수령자의 다른 채권을 변제하고자 의도한 경우에는 그 변제효가 부정되어야 한다는 의미이기도 하다. 즉 효력이 없는 지시에 좇아 지급을 하긴 하였으나, 마침 우연히 수령자가 (외관상의) 지시인에 대해 채무를 가지고 있는 경우도 생각해 볼 수 있는 것이다. 또 위의 하급심판결에서처럼 전혀 다른 계좌로 송금지시하는 경우도 생각해 볼 수 있다. 덧붙이자면, 은행으로서는 지시에 지정된 자에게 지급하는 것으로 족한 것이지, 어떤 채무를 변제할 것인지의 의사는 가지지 않는 것이 보통이므로, 변제효를 발생시키기 위한 변제의사라는 것이 어느 정도로 충

---

349) 金炯錫 (2005), 363에서도 지시사례가 제삼자변제의 경우와 이익상황의 측면에서 다를 바 없다고 하고 있다.

족되어야 하는 것인지가 명확하지 않다.

이때에는 제삼자변제의 효력을 제한하는 제469조 제1항 2문의 규정이 활용되어야 할 것으로 생각된다. 이 규정은 제삼자의 변제를 인정하면서도 "당사자의 의사표시로 제삼자의 변제를 허용하지 아니라는 때"에는 변제효의 발생을 부정한다고 하고 있다. 즉 채무자의 변제지정이 추정적으로라도 드러나지 않는다면 변제될 수 없다는 의미이다.

어쨌든 이 제469조의 변제효는 제삼자의 채무이행에 변제효를 인정하는 원칙조항이다. 그리고 우리 민법은 예외적으로 변제효의 발생을 의제하는 조항들을 두고 있으며,350) 몇몇 조항은 受領者의 善意와 결부시켜 변제효 발생과 같은 효과를 인정하는 규정도 있다. 만일 지시 사례에서 수령자가 보유한 이득이 이런 규정들의 취지에 부합할 수 있다면, 삼각관계의 문제도 그것에 적응할 수 있을 것이다.

그런데 항상 수령자의 신뢰보호와 함께 논의되는 것으로 바로 指示가 撤回된 경우의 부당이득반환에 관한 것이다. 특히 이 경우에는 독일판례가 수령자 시각설이라는 별도의 이론을 내놓고 있다는 점에 주목하게 된다. 그러므로 이하에서는 독일학설의 소개 및 검토와 더불어, 부당이득법뿐만 아니라 민법 전반에 걸쳐 일컬어지는 선의보호라는 관념이 삼각관계에서 어떤 기능을 담당하게 될 것인지를 살펴보고자 한다. 그리고 수령자의 선의가 대가관계상 채권의 변제효 발생에 작용하는 일부 예외적인 경우를 들어 계속 검토하기로 한다.

---

350) 제463조, 제464조, 제470조, 제471조, 제472조 등.

지시가 철회된 경우 ┈┈┈┈┈┈┈┈┈┈┈┈┈

1. 기본상황

지시가 결여된 경우나 무효인 경우는 사실상 이론적으로 그리 까다로운 점은 발견되지 않는다. 실제로 주의를 기울여야 하는 것은 指示撤回의 경우이다. 이를테면 지시인이 송금을 지시했으나 아직 이행되지 않고 있는 중에 은행을 상대로 지시를 철회하였는데도 은행이 착오로 그 철회사실을 간과하고 지시받은 금액을 수령자에게 입금처리한 경우에, 과연 은행이 수령자를 상대로 입금한 것의 반환을 청구할 수 있는지의 문제이다.

사실 우리나라에서는 송금위임과 그것을 처리하는 데에 그리 긴 시간이 소요되지 않으며, 오히려 인터넷뱅킹이나 ATM기 등을 이용할 경우에는 지시와 동시에 계좌이체가 이루어지는 것이 보통이다. 송금지시와 그 실행에 시간차가 있다는 전제에서 출발하는 지시철회에 관한 논의는 독일에 특유한 송금제도에 기인한 것일 수도 있다. 독일에서는 송금을 지시하려는 자가 이것을 위해 준비된 일정한 양식을 기재하여 은행에 제출하면, 그 내용에 근거하여 은행이 실제로 송금을 실행하게 된다. 그러므로 양식을 기재하여 제출함과 동시에 송금이 이루어지는 것이 아니다.

하지만 지시철회는 비단 타인계좌로 이체하는 사례에만 한정되는 것은 아니다. 그것 외에도 가령 은행을 지급인으로 하는 수표를 발행하여 자신의 채권자에게 교부한 경우에 채권자가 이 수표를 은행에서 현금화하기 전에 발행인이 은행에 위 수표대금의 지급정지를 구하는 경우도 여기에 해당한다. 또한 금융기관이 공금수납대행계약 등에 기해 그것과 관련된 업무를 수행한 경우에 고객이 실제로 이를 납부한 시각과 금융기관이 입금시키는 시각 사이에 시간적 간격이 있을 수 있음을 충분히 예상할 수 있다.

이런 실무상의 필요성 외에도 지시철회를 별도로 연구해야 하는 이유는 이것이 부당이득법 차원에서 자주 언급되곤 하는 受領者의 信賴保護와 긴밀하게 관련되어 있기 때문이다. 독일에서 주장되고 있는 受領者 視角說이라는 것은 타인채무의 오상급부 사례에서도 언급된 적이 있다.351) 그것은 일단 부당이득반환관계를 정하기 위해서는 급부관계의 존재를 기준으로 삼게 되지만 그 급부관계의 존부는 수령자의 인식여하에 따라 정해진다는 것이었다. 그러므로 두 수령자 시각설이 본질적으로 다른 것일 수는 없는데, 둘 다 특정한 채

---

351) 第三章 제2절 2 (3).

무를 변제시키고자 하는 이행의 대향성에 해당하는 '目的指定'의 소재가 문제되는 것이고, 그것에 대한 급부수령자의 인식이 급부관계를 정하는 기준이 된다는 점[352])에는 의미를 같이하기 때문이다.

그렇다면 우선 지시철회에서 주장되는 독일의 수령자 시각설을 소개하고, 그런 다음 우리 법에 비추어 상세한 해석론을 모색해 보기로 한다.

2. 수령자 시각설

주지하는 바와 같이 유효한 지시가 존재하지 않는 경우에는 지시인에게 지시에 좇은 이행의 결과를 귀속시킬 수 없기에 피지시인의 직접청구를 긍정한다. 그런데 독일연방최고법원[353])은 지급수령자가 그 철회사실에 대해 善意라면 원칙적으로 직접청구를 배제할 수 있다고 하고 있다. 소위 受領者 視角說(Lehre vom Empfängerhorizont)[354])의 입장으로, 이것에 의하면 철회로 인해 지시가 효력을 잃은 때에는 지시가 존재하지 않거나 무효인 경우와 달리 수령자의 信賴保護가 특별히 고려되어야 한다고 한다. 그리고 그 근거로 드는 것이, 지시인은 송금위임과 지시로써 지급과정 전반을 유발하여 진행시킨 당사자이며, 또한 그가 지시를 철회한 때의 상대방은 은행이지 지급수령자가 아니어서 지급수령자로 하여금 철회사실을 제대로 파

---

352) Reuter / Matrtinek (1983), 104.
353) BGH 1973.10.18., BGHZ 61, 289, 292.
354) Larenz / Canaris (1994), 230.

악할 것을 요구하기가 곤란하다는 것이다.355) 이를테면 송금수령인
으로서는 통상 입금기장된 금액을 보고 지급지시가 이루어졌다고 인
식하게 되는데,356) 그 인식 당시에 지시가 이미 철회되었다면 그런
사실을 알 리 없는 수령자가 다시 부당이득반환청구를 받게 되는 상
황은 그에게 매우 불리하다는 것이다.

　이것에 대해 독일의 다수설357)은 대리권수여의 외관을 신뢰한 자
를 보호하는 表見代理 規定을 유추적용함으로써 해결할 수 있다고
한다. 이 경우에 使者인 급부매개인에게 부여하는 지급권능은 사자
권이 없는 사자(Bote ohne Botenrecht)로서의 권능이어서,358) 대리인
에 대한 수권과 같이 해석하더라도 크게 다르지 않다는 것이다. 그
러므로 대리권소멸을 알고 있는 제삼자에게는 대리권하에 이루어진
법률행위의 효력이 배제된다는 취지의 독일민법 제173조359)로부터
수령자의 善意要件을 도출한 것이다.

　일반적인 의미의 철회는, 이미 발생하고 있는 법률행위의 효력을

---

355) Larenz / Canaris (1994), 230.

356) 지시철회의 시간적 한계에 대해서는, 支給指示到達時點說, 入金記帳
時點說, 受信銀行承諾時點說이 있으며, 두 번째의 입금기장시점설이
일본과 독일의 다수설이며, 이것은 수취인이 독립적으로 청구권을 취
득하는 시점을 기준으로 한다고 한다. 상세한 내용은, 정경영 (1998),
348 - 354.

357) Larenz / Canaris(1994), 230; Koppensteiner / Kramer(1988), 34f.; Reuter /
Matrtinek (1983), 432f.; MünchKomm - Lieb, § 812, 1273, Rn.79;
Langenbucher / Gößmann / Werner (2004), 50f.

358) 金炯錫 (2006). 323.

359) 독일민법 제173조 “[……] 제삼자가 법률행위를 함에 있어서 대리권의
소멸을 알거나 알아야 했던 때에는 적용되지 아니한다.”

소급적으로 소멸시키는 취소와는 달리, 법률행위의 效力이 發生하기 前에 그 발생을 저지하는 것이라고 할 수 있다.[360] 그런 이유에서 민법상의 철회관련 규정에는 의사표시의 취소와 같은 제삼자 보호규정이 존재하지 않는다. 다만 한 가지 눈에 띄는 것이라면, 채권양도인 경우에 양도통지의 철회는 양수인의 동의하에서만 가능하다는 규정이다(제452조 제2항). 채권양도라는 제도로 민법이 예정하고 있는 전형적인 삼각관계 유형 중의 하나로 지시급부와 마찬가지로 급부를 단축하는 기능을 가지고 있음은 주지의 사실이다. 그렇지만 일단 지시와 채권양도의 통지를 동일시할 수 있는 것인지는 별도로 검토되어야 할 것이고,[361] 일단 채권양도라는 것은 지급지시와 달리 재산처분행위이므로 지시철회에 채권양도의 법리를 직접적으로 차용하기는 어렵다. 또 지시는 채권양도통지의 철회처럼 철회 자체에 누군가의 동의를 필요로 하는 것도 아니다.

어쨌든 이처럼 일반적인 의미의 철회가 있었음에도 불구하고 수령자의 신뢰를 보호한다는 이유에서 철회된 지시에 따른 효과를 지시인에게 귀속시키는 것은, 자신의 의사표시가 효력을 갖기 이전에 철회한 자로 하여금 그 의사표시에 구속되게 해서는 안 된다는 민법상 의사표시 해석의 원칙[362]에 부합하지 않는다. 따라서 아무리 이해관

---

360) 민법상 '철회'라는 용어를 사용하고 있는 조항은 그리 많지 않지만, 실제로 그 모든 철회가 같은 의미라고는 할 수 없다. 가령 제527조에서는 청약의 철회불가능성을 규정하고 있는데, 계약의 청약이 상대방에게 도달하기 전에 의사표시를 제거하는 것도 물론 해당되지만, 도달한 후에 제거하는 것도 여기에 해당된다고 해야 한다.

361) 第六章 제1절 참조.

계가 있는 선의의 제삼자가 있다고 하더라도, 이 원칙을 뛰어넘어 철회한 자로 하여금 그 의사표시에 구속되도록 하기 위해서는 특별한 정당화요소를 필요로 하게 된다.

일단 독일의 다수설처럼 대리권소멸에 관한 규정을 유추하는 방법을 생각해 볼 수 있다. 대리권소멸과 관련된 우리 민법의 규정 제129조를 유추적용하게 되면 대리권소멸을 알지 못했던 제삼자에게 대항할 수 없게 된다. 예컨대 통장 기타의 수단으로 계좌변동상황을 확인할 때에 입금내역에 송금인의 이름이 표시되는 것이 보통인데, 일단 수령자로서는 그 입금내역에 표시된 송금내용을 보고 송금사실을 인식하게 되며, 오직 그것만으로 지시철회가 있었다는 사실을 확인하기란 어려운 것도 사실이다. 그런데 그렇게 해서 위의 선의요건이 충족되어 지급수령자를 상대로 한 은행의 직접청구가 부정됨으로써 이제 은행이 지시인을 상대로 구상부당이득반환청구권을 가지게 된다면, 이것 또한 문제가 아닐 수 없다. 왜냐하면 이미 지적한 경우와 같은 성가신 상황, 즉 부당이득반환청구권의 부당이득반환청구와 같은 상황이 발생하게 될 수 있기 때문이다. 아무리 지시철회를 간과한 은행의 과실이 있다고 하더라도, 과연 그런 책임을 엄격히 물을 정도로 수령자의 선의가 중요한 것인지의 문제는 여전히 해결되지 않고 있는 것이다.

무엇보다 중요하게 여겨야 할 것은 善意者保護의 근본취지일 것이다. 환언하면, 유효한 대가관계가 존재하지 않는다는 이유로 지시

---

362) 郭潤直, 民法總則 (2005), 249 - 250 참조.

한 자가 그 지시를 철회하게 된 경우에 과연 보호되어야 할 지급수
령자의 선의란 것이 무엇인지의 문제이다. 또 유효한 대가관계가 존
재함에도 불구하고 지시를 철회한 경우에도 지시인에게 지급의 효과
를 귀속시켰다면, 거기에 작용하는 지급수령자의 선의라는 것이 도
대체 어떤 의미를 지니는 것인지의 문제이기도 하다. 이하에서 검토
하기로 한다.

3. 수령자의 신뢰보호 문제

1) 신뢰보호와 부당이득반환

독일연방최고법원의 확립된 공식, 즉 "독일민법 제812조 제1항에
서의 급부란 의도적이고 목적지향적인 타인재산의 증대로 이해된
다"[363)는 방식을 따르면, 지시가 존재하지 않거나 효력을 가지지 않
는 경우에는 대가관계상의 채무에 대한 지시인의 확실한 目的指定
이 결여되어 있으므로 은행의 지급은 외견상의 지시인과는 무관하게
수령자의 재산을 증가시키는 것이 된다. 반면에 指示 自體의 效力에
근거하여 경유적 재산이동을 인정하는 학설에 따르더라도, 지시에
포함된 수권이 더 이상 유효하지 않으므로 그 효과는 절대 지시인에
게 귀속되지 않는 법이다. 그런데도 지시결여나 무효 또는 취소와
달리 지시가 撤回된 경우에만 유독 달리 취급하려는 것은 善意保護

---

363) BGH 1972.2.24., BGHZ 58, 184.

라는 민법적 관념이 가장 문제시될 수 있는 영역이기 때문이다. 수령자가 지시철회사실을 알지 못한 채 지급된 것을 수령하였고, 이에 자신이 지시인에 대해 가지고 있는 대가관계상의 채권이 정당하게 소멸한 것으로 인식하고 있었는데도 불구하고 나중에 제삼자로부터 다시 이득반환의 청구를 받게 되는 경우에, 과연 반환의무가 있는 것인지에 대해서는 좀 더 숙고해 볼 여지가 있는 것이다.

지시가 철회되고 대가관계상 당해 지급을 정당화하는 지급수령자의 청구권이 존재하지 않는 경우에, 우선 독일연방최고법원은 수령자의 신뢰보호라는 관점에서 支給受領者의 善·惡意를 구분하여 부당이득반환청구를 판단한다고 하였다. 만일 지시를 철회했음에도 불구하고 지급수령자가 그 사실을 모르고 있었다면, 지시철회사실을 간과하고 지급한 은행은 수령자에 대해서는 부당이득반환청구를 할 수 없다는 것이다. 지시철회가 있다면 그것은 피지시인뿐만 아니라 수령자에 대하여도 이루어져야 하는데, 그와 같은 기회를 갖지 못한 수령자에게서 이득을 박탈하는 것은 받아들일 수 없다는 것을 논거로 한다.

이와 같은 외관책임이 등장하게 된 배경은 일면 수긍할 수 있으나, 이에 대하여는 좀 더 치밀한 이론적 논거가 필요하다고 생각된다. 플루메[364]가 지적하는 바도 있지만, 일단 처음부터 유효한 지시가 없는 경우와 지시를 철회한 경우를 구분하는 기준이 명확하지 않다. 지시의 철회를 다른 지시하자의 유형과 구별하기 위해서는 철회

---

364) Flume (1990), 170.

에 독자적인 권리외관책임발생의 유인이 있어야 하겠는데, 지시결여나 무효인 경우는 그렇다 하더라도, 지시를 취소하는 것과는 사실상 크게 구별되지 않기 때문이다. 만일 이것을 가리켜, 취소에는 지시인의 의도와 무관하게 지시의 효력을 무력화하는 객관적 요소로 인해 이루어진 것이고, 반면에 지시철회는 지시인이 그와 같은 외관을 창출하고 또 그의 자의로 철회한 것이므로 취소의 경우보다 제삼자보호가 더 강조되어야 한다고 주장할 수 있을지도 모른다. 그렇지만 지시철회의 경우이든 지시의 유효성이 결여되어 있든 지시에 따른 이행이 있을 당시에 원시적으로 지시의 효력이 결여되어 있는 점은 마찬가지이며, 이것을 카나리스의 귀속관념에 대입시켜 보더라도 수령자에 대한 이득귀속상의 하자가 있다는 사실에는 차이가 없다.

여기에서 플루메365)가 말하는 民法的 次元에서 保護되어야 하는 善意의 관념은 일면 설득력이 있는 것으로 보인다. 적어도 민법적으로 보호되어야 할 선의라는 것은, 가령 表見代理나 消滅時效의 경우처럼 책임을 면하기 위해서라든지, 아니면 取得時效나 善意取得처럼 일정한 권리를 얻기 위해 존재하는 것이다. 그런데 이 경우에 설령 수령자에게 피지시인으로부터의 직접적 반환청구로부터 대항할 수 있도록 그의 선의를 보호한다손 치더라도, 결국에 계약상대방으로서 그에게 변제할 의사가 없는 지시인으로부터 반환청구를 받게 될 것이다. 나아가 수령자의 선의가 보호된다면 수령자가 권리를 얻거나 의무를 면하는 효과가 발생해야 할 것인데, 이 경우에는 지시

---

365) Flume (1999), 171f.

인에게 지시급부의 효과가 귀속될 뿐 수령자의 법률상 지위는 전혀 변화가 없다. 단지 반환청구를 하는 상대방이 누가 되는지의 차이가 있을 뿐이다.

요컨대 지급수령자는 어떤 경우에도, 즉 그가 선의이든 악의이든 관계없이 부당하게 보유하고 있는 이득은 반환해야 한다. 적어도 그가 보유한 이득이 자신의 對價關係상의 유효한 債權을 만족시키고 辨濟效를 발생시키지 않은 한 그가 수령한 것은 법률상 원인 없는 이득인 것이다. 다만 그가 직접청구를 받게 되더라도 그가 대가관계에서 가지는 항변권은 보호되어야 하기에, 그가 피지시인으로부터 이득을 수령한 후에 지시인에게 반대급부를 했다면 그는 이득소멸을 원용하여 보호될 수 있을 것이다.[366]

부당이득법에서 가장 관심을 가져야 하는 것은 "受領者가 취득한 利得이 법이 인정하는 정당한 원인에 의한 것인지 여부"이다. 이것을 바꿔 말하면 수령자의 이득보유를 정당화할 수 있는 법률상 원인은 어떠한 것인지의 문제이기도 하다. 이하에서는 수령자의 선의와 결부하여 이와 같은 법률상 원인의 문제를 중심으로 검토하기로 한다.

2) 對價關係상 債務의 辨濟效

피지시인이 자신의 채권자도 아닌 제삼자에게 일정한 재산을 출연하였다면, 이것은 한편으로는 자신의 채무를 변제하기 위해서이지만,

---

366) Flume (1999), 172.

다른 한편으로는 타인의 채무를 변제하기 위한 것이라고도 할 수 있다. 가령 은행이 송금위임에 응하여 고객이 지정하는 자에게 그 지정된 금액을 지급하였다면, 이것은 수령자에 대한 자신의 채무를 변제한다고 여긴 것이 결코 아니다. 물론 은행으로서는 통상 자신이 관여하지 않은 대가관계상 채무의 내용에 관해 모르고 있고 알기도 어렵지만, 그렇다고 해서 대가관계의 존재 자체를 부정할 수는 없다. 그리고 "분양대금지급지시사례"에서도 바로 이 점이 확인됨으로써, 피지시인의 수령자에 대한 부당이득반환청구가 인용되지 않은 것이다. 그런데 바로 이런 점은 제삼자를 위한 계약의 경우와도 다른 것인데, 이 경우에는 계약의 성립에 대가관계의 존재가 반드시 전제되어야 하는 것은 아니다.367)

　前章에서 삼각관계의 부당이득법은 필연적으로 원인관계의 효력과 관련지어 논의되어야 한다고 하였다. 그런데 제삼자를 위한 계약을 근거로 수익자에게 직접 이행할 의무를 부담하게 되는 낙약자의 지위가, 지급상대방에 대해서는 전혀 이행의무를 지지 않는 피지시인의 지위와 결코 동일한 것일 수 없다. 삼각관계의 부당이득을 논의한다고 해서 모든 제도에 있어, 일괄적으로 지급자가 이득수령자를 상대로 한 직접반환청구권을 가진다고 해서도 안 되고, 또 일괄적으로 그것을 부정해서도 안 된다. 이 연구가 지시급부를 모델로

---

367) 대법원 2003.12.11. 선고, 2003다49771 판결에서는, 제삼자를 위한 계약의 체결원인이 된 요약자와 제삼자 사이의 법률관계의 효력은 제삼자를 위한 계약 자체는 물론 그에 기한 요약자와 낙약자 법률관계의 성립이나 효력에 영향을 미치지 아니한다고 하였다.

삼은 것도, 여기에서 도출된 몇 가지 방법론적 원리들을 다양한 삼각관계 유형에 대입하여 적용시켜 보고자 하는 기대에서이지, 모든 경우에 동일한 결론을 취하고자 하기 위해서가 아니다.

이제 위 두 제도의 對價關係에 집중한다면, 제삼자를 위한 계약의 요약자의 지위는 좀 더 깊이 생각해 볼 여지가 있다. 이것이 지급지시를 형성하는 지시인의 지위와 비교될 수 있기 때문이다. 전자의 제도는 보상관계를 기본계약관계로 하여 형성되었으므로, 만일 계약의 효력에 이상이 생겨 청산의 국면에 접어든다면 다른 무엇보다도 보상관계를 기준으로 논리를 전개하기 마련이다.

보상관계의 해석에 관한 문제이겠지만, 만일에 낙약자가 요약자에 대해서는 일절 의무를 부담하지 않은 채 수익자에 대한 이행의무만이 남아 있다고 가정해 보자. 이런 경우에는 낙약자의 요약자에 대한 채무의 변제를 위한 목적성도 인정할 수 없을뿐더러, 오직 수익자에 대한 이행의무와 재산이동사실만이 고려될 뿐이다. 그러므로 목적성을 띤 급부관계를 중심으로 하든, 현실적인 재산이동을 중심으로 하든, 어느 견해에 의하든 낙약자의 수익자에 대한 이득반환청구권을 인정하지 않을 수 없다. 그러나 학설의 입장이 그것을 용인하지 않을 뿐만 아니라,368) 판례도 결론에 관한 한 그런 입장에 있

---

368) 郭潤直, 債權各論 (2003), 78은, 요약자는 낙약자에 대하여 제삼자에 대한 채무를 이행할 것을 청구할 권리를 갖는다고 하고 있다. 낙약자가 수익자에게 이행하지 않고 있는 도중에 요약자가 자신에게 이행하도록 청구할 수 있는지 여부는 기본관계의 해석의 문제이므로 별론으로 하더라도, 어쨌든 낙약자가 당해 계약에 기초하여 요약자를 상대로 일정한 의무를 부담한다고 인정되는 한, 적어도 목적적 급부개념론의

지 않다.[369] 다시 말해 제삼자를 위한 계약을 기초로 이루어진 부당이득반환의 장면에서는 어떻게든지 요약자를 부당이득반환의무자로 삼으려는 것으로 보인다.

이상에서 보듯이 제삼자를 위한 계약에서 要約者를 반환의무자로 한다는 결론에 이르기에는, 목적적 급부개념을 사용하든 재산의 사실적 이동을 주목하든 해석상 약간의 무리가 따른다. 단지 요약자가 부당이득반환채권자의 계약상대방이었다는 사실만으로 그가 반드시 반환의무자가 되어야 한다고 하면, 여기에는 부당이득법이 문제된 것이 아니라, 오직 계약법의 원리만이 적용된 것으로밖에 볼 수 없다.[370] 계약해제에 따른 원상회복의무 등이 부당이득반환의 성질을 가진다는 것은 아직 논의가 진행되고 있기에[371] 별론으로 하더라도, 계약법과 부당이득법이 지향하는 바는 어디까지나 별개이다. 부당이

입장에서라면 낙약자의 수익자에 대한 이득반환청구도 인정될 가능성이 있다고 할 수 있을 것이다.

369) 대법원 2005.7.22.선고 2005다7566,7573 판결은 요약자를 반환의무자로 본다.

370) 民法注解 ⅩⅢ, 제539조(宋德洙 집필부분, 1995), 129에서는, "기본관계에서 무인계약이 법률상의 원인을 결한 경우에는, 제삼자는 부당이득의 항변권의 부담을 안고 있는 채권을 취득하게 된다"고 하고 있다. 무인계약의 의미에 대해서는 좀 더 생각해 보아야 하겠으나, 여기에서 의미하는 바는 아무리 기본계약이 요약자와 낙약자를 당사자로 하여 체결되었으나 이것이 법률상의 원인을 결한 것이라면 그것에 기해 이전된 이득도 법률상 원인이 없는 것이므로, 수익자는 반환의무를 부담하게 된다는 의미로 해석된다. 즉 '계약당사자가 곧 반환당사자'라는 등식은 성립하지 않는다는 의미로 이해된다.

371) "제삼자지급계약사례"에서도, "계약해제에 기한 원상회복 또는 부당이득"이라는 표현을 쓰면서 양자의 관계를 명확히 하지 않고 있다.

득법이란 것은 엄밀히 말해 계약체결 이전 상태로의 회복을 목적으로 하는 것이 아니라 부당한 이득을 올바르게 조정하기 위한 것이라고 해야 한다. 이것은 계약이전의 상태로 회복하는 것을 반대한다는 의미가 아니라, 조금이라도 잔존이득의 조정을 중시해야 한다는 의미이다.

법이 규정하고 있는 부당이득반환의 기본개념에 충실해야 한다. 일단 민법 제741조가 제시하고 있는 개념은, 법률상 원인 없는 이득과 손해(손실), 인과관계이며, 반환청구권의 성부는 이 요건들의 충족여부에 좌우된다. 그런데 최근에 제삼자를 위한 계약의 부당이득반환관계를 최초로 언급한 것이라고 할 수 있는 대법원 2005.7.22.선고 2005다7566,7573 판결[372])에서 대가관계의 효력이 부당이득반환에 미치는 영향을 간단히 언급한 바 있다. 즉 "기본관계는 해제로 인하여 무효라 하더라도 대가관계에 아무런 하자가 없는 경우 제삼자의 급부수령은 요약자와의 관계에 기한 정당한 수령으로서 부당이득반환의 대상이 되지 아니한다"고 명시한 것이다. 환언하면 수익자인 제삼자의 급부보유를 정당하게 하는 것은 요약자와의 사이에 존재하는 對價關係의 채권이라는 것이다. 그리고 이것은 바로 수령자의 "법률상 원인 있는 이득"을 판단하기 위한 기준으로 이해된다.

"분양대금지급지시사례"에서도 그렇지만, 이 판결에서도 굳이 대가관계의 측면을 논거로 채택했다는 점은 여러 가지를 생각하게 한다. 다만 이 사안에서는 대가관계가 유효한 경우를 들어 수령자의

---

372) 이 판결은 第六章 제2절의 제삼자를 위한 계약에서 다시 다루어진다.

반환의무를 부정한 것이지만, 만일 대가관계에 효력이 없는 경우에는 어떻게 할 것인지도 문제될 수 있는 것이다. 그렇지만 이것은 대가관계의 존재를 전제하고 있지 않은 제삼자를 위한 계약이란 개념의 한계를 넘은 것인지도 모른다. 그리고 그런 한계를 극복하고 대가관계의 효력을 보상관계의 효력과 동등하면서도 별개로 고찰하고자 지시급부가 모델로 등장한 것이다.

일단 대가관계가 유효하게 존재하지 않는다면 일단 수령자에게는 아무런 이득보유권한이 없으므로, 정당한 이득귀속자에게 이득을 반환해야 한다. 그리고 이때에는 수령자가 선의이든 악의이든 반환의무에 영향을 미치지 않으며, 다만 반환범위에만 영향을 주게 된다. 그런데 군이 지시의 존재여부에 관한 지급수령자의 선의여부에 초점을 맞추자면, 그 선의성은 통상 외견상의 지시인에 대한 수령자의 계약상의 채권의 존재, 즉 "對價關係상의 有效한 債權의 存在"의 인식에 관해 검토를 거친 다음에야 가능하다고 해야 할 것이다.

결과적인 것이긴 하지만, 만일 대가관계상 지급수령자의 채권적 근거가 마련되어 있고 단지 외견상에 불과하긴 하지만 지시가 있어서 그 지시에 좇은 급부가 대가관계상의 채무를 변제하게 되었다면, 외견상 지시를 받은 자에게는 지시인의 채무면책을 근거로 지시인에 대한 부당이득반환청구권을 가지게 될 것이고, 그것은 기타 방법에 의한 부당이득반환청구권이 될 것이다.

3) 수령자의 선의를 둘러싼 實定法的 根據

수령자의 선·악의에 따라 변제효 배제여부를 정하는 실정법상의 근거를 구하기가 그리 쉽지 않다. 민법이 제삼자의 변제를 규정한 제469조와 제삼자를 위한 계약을 규정한 제539조에 제한하여 제삼자변제의 이행효를 인정하고는 있으나, 이것은 "변제할 정당한 이익이 있는 자"나 "채무자의 의사에 반하지 않는 변제"와 같은 요건에 해당하는 것이지, 채권자의 선의와는 무관하다.[373]

그런데 삼각관계에서 受領者의 善意를 연결시킨 조문으로 민법 제745조를 발견하게 된다. 타인의 채무를 착오로 변제하였는데 이행을 수령한 채권자가 '善意로' 증서훼멸 등의 행위를 함으로써 당해 채권을 잃게 되었다면 이 제삼변제자는 이득반환을 청구하지 못한다는 규정이다. 그런데 이 상황은 이 연구를 진행해 가는 지시급부는 물론, 제삼자변제와도 구별을 요한다.[374] 이를테면 착오로 자신이 채무자라고 여기고 타인의 채무를 변제하였으나[375] 채권자가 우연히

---

373) 독일민법의 경우에는 제267조에서 제삼자에 의한 급부가 폭넓게 인정되고 있어 우리 법에 비해 해석의 여지가 폭넓게 존재한다고 할 수는 있겠지만, 어쨌든 우리 법의 해석론으로 직접 수용하기에 무리인 것만은 사실이다. 독일민법 제267조 "(1) 채무자가 스스로 급부하여야 할 것이 아닌 경우에는, 제삼자도 급부를 실행할 수 있다. 채무자의 승낙은 요구되지 아니한다. (2) 채무자가 이의하면, 채권자는 급부를 거절할 수 있다."

374) 梁彰洙 (2003) B, 346 – 348 참조.

375) 무권대리인의 법률행위에 대한 부당이득반환청구에 관한 것으로도 해석될 수 있는, 이른바 독일의 "오상채무자의 타인채무급부"의 사례로서, 第三章 제2절 2 (3) 참조.

'善意로' 동조에 列擧된 行爲를 함으로써 異例的으로 당해 채권에 변제효가 발생한 것처럼 다룬다는 취지의 조문이기 때문이다. 따라서 수령자의 선의가 지시사례의 대가관계에 상응하는 본래의 채무의 변제효에 관련되어 있다는 사실은 인정할 수 있겠지만,[376] 이것만으로 지시수령자의 선의가 직접적으로 작용했다고 단정 짓기엔 아직 충분치 않다.

일단 오상채무자의 변제행위는 비채변제이므로 부당이득반환청구의 대상이 되고(제741조), 만일 이것이 제745조에 마련된 요건을 충족시킨다면 그 한도에서 반환청구가 배제된다. 그러므로 여기에서도 얼핏 보아 제745조에 마련된 선의요건이 변제자의 반환청구를 배제하는 요건으로 작용하는 것처럼 보이는 것은 사실이다. 그러나 예외적으로나마 채권자의 채권에 변제효가 발생한 것처럼 하는 것은, 채권자 자신의 선의가 결정적으로 작용한 것이 아니라, 증서훼멸 등으로 인한 債權喪失의 危險[377]으로부터 채권자를 보호하기 위한 것이다.

반면에 지시철회의 경우는 구조는 유사할지 모르지만, 결코 동일하게 설명될 수 없다. 일단 지시철회의 경우에는 특별히 수령자의 채권상실의 위험과 같은 것이 존재하지 않는다. 또한 위의 제745조의 상황과 마찬가지로 변제자가 특정한 채무를 소멸시키고자 하는 의사, 즉 이행의 대향성의 측면에서 말하는 변제지정도 존재하지 않는다. 그러므로 민법상 명시된 부당이득반환의 원칙적인 규정과 다른 예외적인 상황을 규정한 민법 제745조의 원리를 지시철회의 사

---

376) 梁彰洙 (2003) B, 352.
377) 梁彰洙 (2003) B, 340.

례에 원용하는 것은 적절치 않다고 생각된다.

그런데 실상 제745조가 규정하고 있는 '선의'와 지시철회사례에서의 '선의'는 본질적으로 크게 다르지 않다. 전자에서 말하는 채권자의 선의란 유효한 변제를 받았다고 오신하는 것을 가리키며,[378] 후자의 선의도 마찬가지로 지시가 유효하게 이루어져 자신의 채무가 유효하게 변제되었음을 가리키는 것이기 때문이다. 또한 지시의 효력과 관련하여 언급한 적이 있는 것이지만 독일연방최고법원은 행위무능력자의 지시로 지시인이 지급한 사례[379]에서, 대가관계상의 변제효는 수령자가 선의인 경우에 "만일에 있을지 모르는 지급수령자의 신뢰보호가 행위무능력자보호에 반할" 것이 인정되는 경우에만 배제된다고 하였다. 즉 행위무능력자 보호를 수령자의 선의보호에 우선시킨 것이다. 판례의 태도를 문면에서 추론하자면, 지급수령자가 지시철회사실에 악의인 경우가 기본적인 상황이며, "만일에 있을지 모를" 수령자의 선의가 실제로 존재한다면 외견상 지시인의 지급이 대가관계상 변제효를 가지는 것으로 인정한 듯하다.

그렇지만 이것을 가지고 선의가 대가관계상 변제효발생의 결정적인 근거가 되었다고 해석할 수는 없다. 무엇보다도 수령자의 선의를 내세워 예외적인 변제효발생을 인정하는 규정이 있다는 것은, 일단 선의가 기초될 때에 그것에 대한 일정한 특혜를 줄 수 있다는 취지인 것이다. 그러므로 선의로 인해 외견상 지시인의 지급이 변제효를 가지게 되었다고 할 것이 아니라, 오히려 선의가 결여된 경우에 변

---

378) 梁彰洙 (2003) B, 349.
379) BGH 1990.6.20., BGHZ 111, 382.

제효가 배제된다고 해야[380]) 논리적이다. 대법원 2003.6.13.선고 2003 다8862 판결에서도, "변제를 수령함에 있어 악의 또는 중대한 과실이 있는 경우에는 채권자의 금전 취득은 피해자에 대한 관계에 있어서 법률상 원인을 결여한 것으로 봄이 상당"하다고 하여, 그와 같은 논리구조를 취하고 있다.

어차피 지시사례의 대가관계상 채권이 문제된다면 어디까지나 변제에 관한 문제가 될 것이므로, 우리 변제관련 규정도 세밀히 검토해 볼 필요가 있다. 수령자의 반환의무를 논하기 위해서는 대가관계상 채무가 유효하게 변제되었는지 여부가 중요한 판단기준 중의 하나이기 때문이다. 그런데 변제관련 조항 중에는 삼자관계를 예정하고 수령자의 선의 요건을 명시한 규정이 눈에 띈다. 제465조 제1항이 그것인데, 채무자가 채무를 변제하기 위해 자기 물건이 아닌 타인의 물건을 인도하였고, 이에 채권자가 그 물건을 "善意로 소비하거나 타인에게 양도한 때에" 변제효가 있다고 하였다.

실제로 기본적 입장에서 이것은 앞서 지적한 제745조의 취지와 다르지 않다. 두 경우 모두 채권자는 자신의 채무자에 대한 채권이 변제되는 것이라고 여겼으나, 정작 지급되거나 인도된 물건의 소유자는 그렇게 생각하지 않거나 아니면 아예 인식조차 하지 못하고 있는 경우이다. 두 조문의 표현방식으로 미루어 보아 굳이 차이점을 찾는다면, 제745조의 경우에는 원래 소유자가 자신의 재산을 이전시켰다는 것이고, 제465조의 경우는 채무자가 직접 변제행위를 했다는

---

380) Flume (1999), 175.

점이다. 그렇지만 지시급부와 같은 단축된 급부를 가능한 한 급부연쇄의 경우와 균형을 맞추는 것이 바람직하다고 한다면, 재산이 누구의 손을 거친 것인지에 집착하여 반환관계를 구분하고자 하는 것은 결코 적절하지 않을 것이다.

제465조에서도 일단은 채권의 변제효에 수령자의 선의가 어느 정도 기능을 한 것으로 보인다. 선의의 영향이 없다는 것이 아니다. 법률상 변제효가 발생하기 위해서는 선의를 요건으로 한다. 그렇지만 여기에서도 마찬가지로, 기본적으로 선의에 의해 변제효가 결정적으로 가능하게 되었다는 생각은 무리한 가정이다. 원칙적으로 타인의 물건을 인도하는 것으로는 변제효를 인정할 수 없지만, 제465조를 두어 그 예외적인 상황을 예정해둔 것이다. 이것은 선의가 변제효를 정당화한 것이라고 판단하기보다는, 법규정이 제시한 일정한 행위상황, 즉 "물건을 선의로 소비하거나 타인에게 양도"하여 물건의 원상회복이 곤란하게 되었기 때문이다. 동법 제1항의 경우에도 변제여부 또는 반환여부가 문제되는 대상이 구체적인 '물건'으로 지정되어 있는 것이 이것을 미루어 짐작하게 한다. 그런 연유로 당해 채권의 변제효 발생에 따른 이득조정은 추가적으로 동법 제2항이 규정하고 있는 것이다.

이 제2항의 규정도 참 흥미롭다. 일단 물건을 처분한 채권자의 행위가 선의인 한 제삼자의 물건에 대한 불법행위는 인정되기 어렵다. 또 동조 제1항에 기해 채권의 변제효가 발생했다면, 이것은 채권자의 입장에서 누구로부터도 이득의 반환을 청구당하지 않는 법률상 원인을 얻었다고 할 수 있다. 그리고 이 상황에서 물건의 원래 소유자는 소유권을 박탈당하였으므로 물권적 청구권도 행사할 수 없다. 그러므로 어떻게 해서든 원래의 소유자에게 귀속되어야 할 이득을 돌려주어야 한다는 목적하에 법이 적극적으로 원래의 소유자에게 이득반환의 直接請求權을 인정한 것이다. 결국 동조 제2항에서 제삼자가 채권자에 대해 청구할 수 있는 '배상'이라는 것은 성질상 부당이득반환이다.

요컨대 제745조의 '선의'와 제465조의 '선의'는 공통적으로 변제되는 채권에 대한 채권자의 잘못된 인식을 가리키는 것이며, 또 오직 채권상실의 위험이나 원상회복불가와 같은 특정한 예외적 상황과 결합할 때에만 변제효 발생의 요건 중 하나로서 작용한다고 할 수 있겠다. 다만 이것을 지시철회에 대한 선의에까지 유추적용할 수 있는 것인지에 대해서는 일순간 주저하게 된다. 지시철회의 경우에는 피지시인이 지시철회를 간과한 사실은 있을지언정, 수령자 측에 앞의 두 개 조문에 있는 것과 같은 특별한 행위유형이나 상황이 존재하지 않기 때문이다.

그런데 또 다른 하나의 조문을 참조할 수 있다. 민법 제747조 제2항인데, 이는 민법상 부당이득법의 章에 규정된 전형적인 삼각관계 사안이다. 이 규정에서는 수익자가 손실자에게 부당이득반환의 의무가 있음에도 불구하고 현실적으로 반환할 수 없는 경우에, 그 부당이득반환청구권자는 당해 목적물을 '無償으로' '讓受'한 '惡意의 제삼자'를 상대로 직접 반환청구를 할 수 있다는 취지를 담고 있다.

이 조문에서 사실상 현재 목적물을 보유하고 있는 受領者의 善意는 辨濟와 不當利得返還이라는 관계에 비추어서는 그다지 의미가 없다. 반환청구를 당한 제삼자로서는 유효한 법률행위로 목적물을 취득하였으므로 이득보유의 법률상 원인을 가지는 것이므로, 원칙적으로 이것에 관해 누구로부터도 반환청구받지 않는 지위에 있다. 다시 말해 그의 선의가 채권의 변제효 발생에 어떻게든 작용할 여지가 전혀 없다. 이 규정에서의 善意는 수령자의 善意取得을 우선시키기 위한 규정이다.[381] 즉 반환청구를 받은 제삼자로서는 유효하게 양도받아 취득하였음에도 불구하고 無償이라는 이유로 이득을 박탈당하게 되지만, 그것이 만일에 선의취득의 상황에 해당된다면 손실자의 반환청구를 거절할 수 있게 하기 위한 것이라고 해석해야 한다.[382]

오히려 이 조문의 중심에 놓여야 하는 것은 어디까지나 수령자의 無償取得이다. 원래 이득이 귀속되어야 할 자의 이익과 무상취득한

---

381) 독일에서는 선의취득에 관한 규정(독일민법 제932조 이하)과 독일민법 제822조의 반환청구권에 우선할 수 있는지 여부에 대해 다툼이 있으며, 독일연방최고법원은 그것을 긍정하고 있다. 판례와 견해를 같이하는 다수설의 대표적인 견해로, Larenz / Canaris (1994), 219; 이것에 반대하는 견해로, Bamberger - Wendehorst, § 812, 897, Rn. 62 참조. 판결로는, BGHZ 36, 56, 60f.(코크스 사건); BGHZ 40, 272ff.(전기기구 사건); BGH NJW 1974, 1132, 133f.(셔츠 사건) 참조.

382) 金亨培 (2003) 220 이하에서는, 이득보유자에게 선의취득이 인정되는 한도에서 제747조 제2항이 적용될 여지가 없으므로 이 조항의 입법이 부당함을 주장하고 있다. 그러나 우리 민법 어디에도 선의취득이 부당이득반환청구의 대상에서 제외되는 이득보유의 법률상 원인임을 밝히고 있는 조항은 없다. 즉 첨부의 경우에는 이득이 반환되어야 하는 반면(제261조), 선의취득자에게는 이득반환의무가 없다고 이야기되고 있지만, 실상 바로 이 조항을 통해 우리 민법이 독일민법과 달리 선의취득이 부당이득반환청구권에 우선하고 있다는 것을 명시하고 있는 셈이다. 다만 이런 논리는 제747조 제2항의 반환청구권의 법적 성질이 부당이득반환청구권임을 전제로 할 때에 가능하다.

수령자의 이익을 형량해 볼 때, 후자를 특별히 보호해야 할 필요성이 없다는 법정책적 판단의 결과인 것이다.[383] 더욱이 이 조문의 모범이 된 독일민법 제822조에서 수령자의 선의성이 전혀 언급되지 않았다는 점을 미루어 보더라도 그런 점이 추론될 수 있겠지만, 우리 규정만의 특징이라면 선의취득이 부당이득반환청구에 우선한다는 점을 분명히 하였다는 점이다. 요컨대 수령자의 선의를 다룬 제747조 제2항도 대가관계의 변제효와 관련하여서는 참고가 될 수 없다.

지금까지의 논의를 종합해 볼 때에 지시철회 시에 수령자의 신뢰보호를 실정법적으로 지지할 기반은 이제 점점 더 약해져 간다. 그렇지만 앞서 지적한 바 있는 表見代理의 규정으로 다시 돌아가 본다. 지시사례의 전제는 일단 급부권한과 수령권한의 수여라고 하였다. 그렇다면 이것은 형태면에서나 법률효과의 면에서나 대리규정의 유추적용 가능성을 피해할 수 없는 것으로 보인다. 그렇다면 지시가 철회되었다는 것은 대리권의 후발적 소멸과 같은 구조로 이해될 수 있겠다.

민법 제129조는 대리권의 소멸을 가지고 선의의 제삼자에게 대항할 수 없는 것으로 하고 있다. 즉 대리권이 소멸하더라도 대리인의 행위의 효과는 그대로 본인에게 귀속하는 것이다. 그러므로 지시철회의 경우에도 지시철회사실을 모르고 있는 수령자에게 철회사실을 가지고 대항할 수 없다고 해야 하므로, 지시로 인한 법률행위의 효과는 그대로 지시인에게 귀속하는 것이 적절하다. 즉 수령자에 대한

---

383) 民法注解 ⅩⅦ 제747조(梁彰洙 집필부분, 2005), 573; 독일의 경우에는 대표적으로, MünchKomm−Lieb, § 822, 1463, Rn.1.

채무의 변제를 지시하였던 지시인으로서는 그 채무변제의 효과를 그대로 인정하지 않을 수 없는 것이고, 이것은 결과적으로 대가관계상 채무의 변제를 의미하는 것이다.

그런데 동조 제2문이 선의에 과실이 있는 제삼자에게는 대항할 수 있다고 하고 있는 것은, 지시철회의 경우에 유추적용하기가 그다지 적절치 않다. 예컨대 통장 기타의 수단으로 계좌변동상황을 확인할 때에 입금내역을 통해 송금사실을 확인하게 되는 것이 통상의 경우라면, 지시사실도 그것을 통해 알게 되는데, 하물며 지시철회사실을 모르는 것에 과실이 있는 경우란 것이 어떤 것인지가 확실치 않다. 다시 말해 선의의 과실요건을 둔 동조 제2문은 그다지 의미를 두지 않는 것이 옳은 것으로 보인다.

요컨대 다음과 같이 정리할 수 있다. 어떤 사유로든 유효한 지시가 존재하지 않는다면, 그 지시에 좇은 지급행위의 효과를 지시인에게 귀속시킬 수 없으며, 따라서 수령자에게도 그 이득의 귀속을 인정할 수 없다. 즉 피지시인의 직접청구가 인정되어야 한다. 다만 수령자가 자신이 대가관계상에 가지는 채권에 근거하여 이득보유의 법률상 원인을 주장한다면 그것은 그대로 인정되어야 할 것이며, 대표적인 것이 바로 채권의 변제효발생 사실이 될 것이다. 그 밖에도 요건을 충족하는 한도에서 선의취득의 가능성도 배제할 수 없으며, 우리 민법의 경우에 선의취득은 부당이득반환청구권을 배제할 수 있는 법률상 원인으로 긍정할 수 있다.

채권의 변제효 발생에 관해서는 원칙적으로 제469조의 제삼자변제효의 발생을 충족하는 경우도 있을 것이지만, 그런 경우가 아니더

라도 지시철회사실에 선의인 수령자에 대해서 표현대리에 관한 제
129조를 유추적용함으로써 보호할 수 있을 것이다. 만일 그처럼 수
령자의 선의가 보호될 수 있다면, 그것은 결과적으로 대가관계상 채
무변제가 이루어진 것으로 받아들여지는 것이다.

4) 대가관계 변제효와 수령자의 신뢰보호

미국 판례에서도 이와 유사한 논의가 이루어지고 있다고 한다.[384]
소위 'Banque Worms Case'[385]라는 사례로, A 회사가 자신의 거래은
행인 G에게 지시하여 E에게 電信移替하도록 텔렉스를 보낸 것이다.
그런데 같은 날 A는 G에게 두 번째 텔렉스를 보내 지급을 중지하라
고 지시하고 다른 은행에게 같은 내용의 지급이체를 지시했으나, G
는 첫 번째 텔렉스의 내용대로만 E에게 자금을 이체하였다. 이에 G
는 A에게 위 자금을 반환받고자 하였으나, 이미 A는 강제청산절차
중에 있었고, 결국 G는 E를 상대로 반환을 청구하게 된 것이다.

G는 재판과정에서, 착오에 의한 지급이 있을 경우 지급된 금액을
반환하더라도 수취한 당사자가 부당하게 피해를 보는 등 지위의 변화
를 초래하지 않는다면 그 금액은 반환되어야 한다는 "mistake of fact
Rule(사실의 착오)"을 주장하였다. 이에 반해 E는 "discharge for value
Rule(대가관계상의 면책)"을 주장하며 항변하였다. 그 항변의 내용을
살펴보면, 채권자 혹은 타인의 재산에 담보권을 가지고 있는 자가 채

---

384) 정경영 (1998), 339 이하에서 상세히 소개되고 있다.
385) Banque Worms v. Bank Am. Int'l, 570 N.E.2d. 189(N.Y.1991).

무 또는 담보채무의 변제를 위해 일정한 권리를 제삼자로부터 수령한 경우에, 그 제삼자가 자신의 권리나 의무에 관해 착오를 일으켜 변제행위를 한 경우에도 반환할 의무가 없다는 "이득반환에 관한 리스테이트먼트(Restatement of Restitution)" 제14조를 원용하였다.[386]

결론적으로 E가 주장한 항변이 인용되었다. 당해 사안이 사실의 착오에 관한 규칙이 적용될 사안이라는 것은 판결을 통해 밝혀졌지만, 그것 외에도 전자자금이체에 의한 지급의 특성이 특별히 강조된 것이다. 즉 전자자금이체에 의한 지급은 현금지급과 동등하여야 하므로 신속성, 효율성, 확실성, 전국적 통일성 이외에도 특히 "'종국성(finality)'이 중요하므로, 착오로 인해 지급된 자금을 통상적인 영업과정에서 선의로 수령하였고 유효한 대가관계가 인정될 경우에 반환이 배제된다"는 것이었다.[387]

위 미국 판례의 사실관계에서도 확인되지만, 단순히 자금이 G로부터 E에게로 유입된 것이 아니라, G는 처음부터 A의 E에 대한 채무임을 지정하고 출연한 것이었다. 그러므로 E로서는 그것이 G로부터 흘러들어 온 아무런 원인 없는 이득이라고 여기는 것이 아니라, 정확히 자신의 대가관계 채무임을 인식한 것이었다. 그리고 그것은 원칙적으로 제삼자에 의한 변제의 효과를 인정해야 하는 사안이었다고 할 수 있겠다. 그런데 그것이 지시의 철회로 인해 반환되어야 할 성질의 이득이 되고 말았지만, 미국 판례에서 자금이체의 성질을 거론하든 우리 법 제129조가 유추적용되든, 어쨌든 수령자의 신뢰를 보

---

386) 정경영 (1998), 343.
387) 정경영 (1998), 345.

호하고자 하는 취지에는 큰 차이가 없다고 할 수 있다.

"선의보호로서의 신뢰보호란 善意者의 이익을 고려하여 그에게 權利를 取得시키거나 그의 權利喪失을 沮止하기 위해 보장되는 것이다. 그러나 여러 당사자 중에서 선의자에 대한 부당이득반환청구의 권리가 누구에게 귀속되어야 하는지를 근거 짓는 신뢰보호란 존재하지 않는다."[388] 수령자에게 선의취득과 같은 부당이득반환청구를 배제시킬 만한 법률상 원인이 인정되는지 여부는 별론으로 하고, 부당이득법적으로 수령자에게는 아예 이득보유의 법률상 원인이 존재하지 않는 상황에서, 아무리 선의보호를 내세우더라도 그에게 부당이득반환의무를 전혀 부담시키지 않고자 하는 것은 결코 아니기 때문이다. 특히 통상 지시인이 지시를 철회한다는 것은, 채권자를 상대로 일정한 채무를 변제하고자 했으나 실제로 그런 유효한 채무가 존재하지 않음을 알고 나서 변제를 거부하는 경우가 일반적일 것인데, 그런 경우에 이득보유의 법률상 원인도 가지지 않은 수령자를 피지시인의 직접청구로부터 보호해야 할 신뢰라는 것이 무엇인지에 의구심이 드는 것이다.

그러므로 독일 판례와 다수설이 지지하는 수령자시각설과 같은 것은 지시급부를 해결하는 것에 실제로 크게 도움이 되지 않는다. 대가관계가 유효하게 형성되어 있지 않은 한, 아무리 수령자가 선의라 할지라도 유효하지 않은 채권에 변제효를 발생시키는 것은 어떤 경우에도 가능하지 않다. 나아가 직접청구를 인정한다고 해서 반드시

---

388) Flume (1999), 173.

수령자보호에 소홀하다는 것도 받아들일 수 없는데, 왜냐하면 만일 피지시인으로부터 지급을 받은 수령자가 곧장 외견상의 지시인에게 반대급부를 했다고 하더라도, 그는 직접청구에 대해 응당 이득소멸을 주장389)할 수 있기 때문이다.

---

389) Flume, Der Bereicherungsausgleich in Mehrpersonenverhältnis(AcP 199(1999)), Bereicherung, 172 참조.

제4절 소 결

　이상으로 지시의 효력 여하와 관련된 부당이득반환관계에 관하여 고찰해 보았다. 지시의 효력이 문제되는 경우, 가령 지시의 결여, 무효, 지시가 취소 또는 철회된 경우에는, 그것에 기한 지시급부의 효력을 지시인에게 귀속시켜서는 안 될 것이기에 원칙적으로 피지시인의 직접청구를 긍정하였다.

　그런데 그것과 더불어 논의될 수 있었던 것이 지시사례의 수령자가 가지게 되는 이득보유의 법률상 원인에 관한 것이었다. 수령자의 이득이 선의취득의 요건을 확보하지 않는 한, 이득보유의 유일한 원인은 지시수령자의 債權이며, 그것은 당연히 대가관계상 지시인과의 관계에서 결정하는 것이었다. 그러므로 어떤 식으로든 대가관계상의 채권이 변제효를 가진다면, 채권의 상대성원칙에 일부 제한을 가하여 피지시인의 직접청구에 대항사유로 기능할 수 있다는 가능성을 확인하였다. 그렇지만 그것은 어디까지나 대항사유일 뿐이고, 적어도 指示가 效力을 갖지 않는 경우에 直接請求가 인정된다는 원칙에는 변함이 있을 수 없다. 또한 이것은 카나리스의 이론에 비추어 볼 때, 수령자에게 대한 利得의 歸屬性에 하자가 있는 것이라고 할 수 있어 그 나름대로 설득력을 얻을 수 있다고 하겠다.

그렇다면 이것을 原因關係의 효력이 문제되는 경우에도 대입해 볼 수 있지 않을까 생각된다. 적어도 계약관계의 당사자 사이에는 계약이 청산되는 국면에서도 계약법원리가 유지되는 것이 원칙이므로, 지시사례에서 어느 하나의 원인관계상의 채권이 효력을 잃게 된다면 그 문제는 원인관계 내부적으로 해결하는 것이 원칙이라고 하였다. 그러므로 부당이득법에 의해 계약법원리가 파괴되는 것을 막기 위해서 아무리 제삼자에게 현실적으로 이득이 남아 있다고 하여도 그에 대해 직접적 반환청구는 할 수 없는 것이다.

그런데 만일 보상관계이든 대가관계이든 어느 하나의 원인관계에만 이상이 생긴 경우가 아니라 두 개의 원인관계 모두에 흠이 있어 연속된 채권이 둘 다 효력을 잃은 경우, 즉 이른바 이중하자의 경우에는 어떻게 할 것인지의 문제가 여전히 해결되고 있지 않다. 카나리스의 이론을 수용하면 독일의 경우에 이것은 엄연히 유효성의 하자에 지나지 않으므로 직접청구를 허용할 수 없다. 그러나 우리 법에서도 과연 마찬가지로 해석해야 할 것인지가 의문인 것이다.

우선 그런 경우에 수령자가 이득을 보유할 法律上 原因인 유효한 채권이 존재하지 않는다는 것만큼은 분명하다. 그리고 第三章의 논의의 결과, 우리 부당이득법 一般規定의 開放的 性格에 비추어 급부이득과 비급부이득이 상호 배타성을 가지지는 않는다고 하였다. 이처럼 피지시인의 수령자에 대한 직접청구를 가능하게 하는 몇 가지 상황 외에도, 과연 우리 법이 이중하자의 경우에 독일법에서처럼 有效性 瑕疵에 그치는 것으로 해석할 것인지, 아니면 歸屬性瑕疵에 해당할 수 있는 것인지의 문제가 있다. 즉 이 경우에도 수령자는 지시인에게만 반환해야 하는지, 아니면 피지시인의 直接請求에 응할 수도 있는지, 만일 그렇다면 契約法原理와의 關係는 어떻게 정해야 하는지의 문제가 해결되어야 한다.

이어지는 第五章에서 그 이중하자의 경우에 직접청구의 가능성을 타진해 보고자 한다. 그리고 그에 앞서 독일 부당이득법 내부적으로도 상당히 독자적인 견해를 피력하고 있는 플루메의 이론을 개요수준으로 살펴보고, 거기에서 이 연구에 중요한 시사점을 얻기로 한다.

지급지시사례의
부당이득반환

제1절 선결문제

1. 일반조항의 의의

삼각관계 유형 중에서도 특별히 지시를 모델로 삼아 부당이득반환의 문제를 전개해 온 이유는 이것이 부당이득법 내부적으로 일관된 논리를 유지하면서 부당이득법의 외부 제도들과도 조화로운 해석을 도출하고자 사용할 수 있는 최적의 모델이기 때문이다. 이처럼 지시모델을 통해 도출된 몇 가지 원칙들은 부당이득법의 영역에서 발생할 수 있는 여러 문제점들을 상호 간에 최대한도로 조율한 것이라고 할 수 있기에, 굳이 삼각관계 유형이 아니더라도 부당이득법 일반에 적용될 수 있어야 한다.

앞서 第二章에서 급부의 목적성처럼 특별히 지시모델의 부당이득법적 해결에 적합한 개념에 관해 논리적 측면과 역사적 측면을 함께 고찰해 보았다. 목적성이라는 개념만 하더라도 필요에 의해 단숨에 창출된 것이 아니라 오랜 역사적 배경을 바탕으로 긴 시간에 걸쳐 세밀하게 다듬어져 온 것임을 확인할 수 있었다. 그 연마과정에 동원된 정당화기재들, 가령 수령자시각설이나 보충성원리와 같은 것들을 통해서, 부당이득법이 문제되는 사안에서 작동될 수 있는 여러 가지 민법상 원리들도 확인할 수 있었다. 그러나 그것 역시도 부당이득법에서 문제되는 주요 개념 중 그저 한 단면에 지나지 않는 것이어서, 그것만으로 부당이득법 전반에 관한 이해를 얻었다고 할 수 없다.

어떤 형태이든 부당이득법적 문제에 직면하게 될 때 우선적으로 실정법의 일반조항, 가령 현행민법의 경우에는 제741조를 떠올리게 된다. 그렇다면 가장 먼저 해결되어야 하는 것은, 이득이란 무엇인지, 손실이란 무엇인지, 재산의 이동과 보유를 정당화시키는 법률상 원인이란 무엇인지와 같은 기본개념이고, 삼각관계를 대상으로 삼는 이 연구에서도 예외일 수는 없다. 다시 말해 이런 모든 개념들이 부당이득법이 문제되는 어느 특정사안만을 위한 것일 수는 없다는 의미이다.

그렇지만 독일의 경우에 비추어 보면 그와 같은 기본개념들에 대해서도 다양한 학설이 존재하고 있다는 것을 알 수 있다. 그리고 그것은 바로 독일민법 제812조의 규정방식에서 출발하는 유형론과 통일론의 대립상황과도 맞물려 있다. 이제 우리가 우리 부당이득법의 일반규정을 두고 그런 기본적인 개념을 정립해 나가고자 한다면, 일단은 우리 일반법의 규정방식이 독일의 방식과 크게 다르다는 점을 인식해야 할 것이다. 그런 다음 필요에 따라 독일 학설을 참고하게 되더라도 모든 학설에 개방적인 태도로 면밀히 분석해야 할 것이며, 과연 어떤 학설이 우리 실정법을 해석함에 있어서 도움이 될 수 있을 것인지 여부가 결정적인 선택기준이 되어야 한다. 이는 결국 민법 제741조가 가장 중심이 되어야 함을 의미한다.

2. 부당이득법에 대한 다양한 관점

민법 제741조는 부당이득반환청구권의 성립요건으로, 법률상 원인 없는 이득, 손실, 그리고 이득과 손실 사이의 인과관계를 마련해두고 있다. 그리고 반환을 하게 되면 원칙적으로 '그 받은 목적물'을 반환하게 하고, 예외적으로 가액반환을 규정하고 있다(제747조 제1항). 또한 선의의 수령자는 '이득이 현존하는 한도에서' 반환책임을 지는 반면에, 악의의 수령자는 '받은 이익' 전부는 물론이고, 이자를 붙여야 하고, 경우에 따라서는 손해배상까지도 가능하다(제748조).

그런데 이와 같은 부당이득법의 기본규정의 내용은 실제로 독일이나 일본의 부당이득법도 마찬가지로 가지고 있다. 그런데도 각국의 부당이득법이 독자적인 운용방식을 가지고 있는 것은, 부당이득법이 속한 법체계의 다른 규정이나 제도, 가령 계약법이나 불법행위법과 같은 것들과 더불어, 그 법체계가 지향하는 기본원리와 조화를 이루어야 하기 때문이다. 또한 위와 같은 기본규정 외에도 그 법체계에 독자적으로 존재하는 기타 규정들과도 조화를 이룰 수 있어야 한다. 가령 민법 제745조와 같은 내용의 규정은 일본 민법에도 존재하지만 독일민법에서는 존재하지 않는다. 따라서 오상채무자의 타인채무 변제와 같은 경우에 직면하여, 독일 민법은 자체적으로 다양한 이론들을 동원해야 하는 것이지만, 우리 민법의 경우에는 이 조항으로 충분하며 더 이상의 논의를 요하지 않게 되는 것이다.

또 동일한 법규정을 두고서도 반드시 의견이 일치하는 것은 아니라는 점은 독일의 유형론과 통일론의 대립상황을 보면 알 수 있다. 일단 설명의 편의를 위해 독일 부당이득법의 일반규정을 옮기면 다음과 같다.

§ 812 Herausgabeanspruch

(1) Wer **durch die Leistung eines anderen oder in sonstiger Weise auf dessen Kosten** etwas ohne rechtlichen Grund erlangt, ist ihm zur Herausgabe verpflichtet. Diese Verpflichtung besteht auch dann, wenn der rechtliche Grund später wegfällt oder der mit einer Leistung nach dem Inhalte des Rechtsgeschäfts bezweckte Erfolg nicht eintritt.

여기에서 'auf dessen Kosten', 즉 '손실로'라는 표지가 앞의 요건인 'durch die Leistung'(급부를 통해)에까지 걸리는 것인지, 아니면 바로 앞의 'in sonstiger Weise'(기타 방법으로)에만 해당하는 것인지 여부가 바로 통일론과 유형론의 대립의 단초가 된다. 즉 이것은 급부로 인한 이득과 기타 방법으로 인한 이득이 전혀 다른 체계로 운용될 것인지, 아니면 공통의 원리하에 운용될 것인지의 문제인 것이다.

독일의 다수설과 판례가 취하고 있는 유형론의 입장에 의하면, 給付에 대한 부당이득반환의 경우에는 민법상 다른 채권법적 청구권과 동렬에서 논의된다. 가령 소비대차의 반환시기가 도래하면 차용한 것과 동종·동질·동량의 것을 반환하는 것으로 족하고 수령자의 전체 재산의 증감에는 관심을 두지 않는 것처럼, 부당이득반환청구권도 '취득한 것 자체'를 돌려주는 것이 원칙이라는 것이다.[390] 설령 선의의 수령자로 하여금 현존이득을 반환하게 하더라도 이것은 "선의인 수령자에 대한 예외적 우대"[391]가 된다.[392]

그런데 독일의 소수설은,[393] 다수설이 부당이득법을 민법상 산재한 채권법적 청구권들과 같은 차원에서 그것들의 원상을 회복하기 위한 '일련의 청산규정'으로 이해하는 것에 기본적으로 반대한다. 이를테면, 부당이득법은 利得狀況과 利得形成過程을 중심으로 그것을 교정하기 위한 '法制度'라는 것이다. 즉 단순히 계약 원래의 상황으로 회복하는 것에 초점을 두는 것이 아니라, 법체계 전체의 시각에

---

390) Larenz / Canaris (1994), 254도 같은 입장이며, "이것이 현재 완전한 다수설"이라고 밝히고 있다. 民法注解 XVII, 제747조 내지 제749조 前論: 不當利得의 效果(梁彰洙 집필부분, 2005), 536도 참조.

391) v.Caemmerer (1954), 244.

392) 선의자의 현존이득반환을 원칙적으로 보는 경우를, Reuter / Martinek (1983), 516ff.은 '낡은 교리'(alten Orthodoxie)라고 하였다. 참고로 우리 부당이득법에 막대한 영향을 미친 일본 부당이득법의 일반규정(民法 第七〇三條)은 "이득이 현존하는 한도에서(其利得を存する限度に於て)"라고 규정하여, 현존이득이 원칙적인 모습임을 명시하였다.

393) 이득개념과 관련하여 독일민법 제정과정에서 나타난 입법자의 이해에 관해서는, Flume (2000), 97 참조. 여기에서 플루메는 캐머러가 현존이득의 반환에 관해 "선의수령자에 대한 예외적 우대"이라고 주장한 것에 반대하며, 부당이득반환청구의 원형은 예외적인 형태인 절도부당이득반환소권과 달리 악의수령자를 염두에 두지 않는다고 하며, "원칙적인 본말전도"(grundsätzliche Verkehrung)라고 비판한다.

서 현실적으로 잔존하는 '부당한' 利得을 귀속되어야 마땅한 곳으로 돌려놓는 기능을 수행하는, 법체계의 最後方의 제도인 것이다. 따라서 이 견해에 따르면 현존이득의 반환을 원칙적인 모습으로 이해하게 되고, 이득자 재산의 전체적 증감에 관심을 두게 된다.[394]

이와 같은 학설대립은 사실 이 연구의 서두에서 잠시 언급해둔 바 있다. 그리고 어느 학설이 다른 학설을 압도할 만큼 완결된 이론구성을 가지고 있지 않다는 사실도 확인할 수 있었다. 또 경우에 따라서는 어느 학설을 취하더라도 동일한 결론에 이르는 경우도 있다. 그런데 만일 지시사례를 연구하는 데에 도대체 이런 학설대립이 무슨 의미를 지니는지에 회의를 갖게 된다면, 이에 대하여는 부당이득법에서 일관된 원리가 필요하기 때문이라고 답할 수 있을 것이다. 즉 지시사례는 물론이고 모든 부당이득법 적용사안에 대한 연구의 공통적인 목적은 바로 부당이득법의 정체성을 확립하고 거기에 일정한 원리를 부여하기 위함에 있다.

이하에서는 부당이득법에 관해 독일에서 다양하게 주장되고 있는 학설 중에서 일관된 논리로 부당이득법을 설명하고 있는 플루메의 주장을 소개하고자 한다. 굳이 분류하자면 그의 학설은 독일의 주류라고 할 수 없겠으나, 그의 학설을 검토하는 것이 독일에서는 우리나라에서도 부당이득법을 새로운 시각으로 정립하는 기회가 될 수

---

394) v.Tuhr (1907), 15.는 이득을 수령한 자에게 더 이상 이득이 남아있지 않은 경우에 그에게 반환의무가 없다고 하였는데, 이렇게 되면 부당이득반환청구권은 그 특성상 채권법의 다른 청구권들과는 달리 채무자의 경제적 사정의 변동, 즉 재산변동에 좌우되는 것이라고 할 수 있다.

있으리라 생각된다. 특히 독일의 부당이득법과 우리의 부당이득법이
각각의 법체계 내에서 가지는 의미가 다르다고 전제한다면, 설령 플
루메의 이론이 소수설에 불과하더라도 우리 법의 해석에 있어서는
경청해 볼 가치가 충분하다고 생각된다.

3. 플루메 부당이득론

1) 독자적 의의

플루메의 부당이득론의 특징은 한마디로 부당이득법 전체를 관통
하는 통일적인 法形象(Rechtsfigur)을 부각시키고자 한다는 것이다.
그는 유형론을 비판하면서 입법자의 의사를 고려하는 형태로 손실요
건, 즉 'auf Kosten'이라는 표징을 중심으로 통일적인 부당이득론을
제창한다.[395] 그리고 독일민법 제812조의 급부에 의한 부당이득과
기타 방법에 의한 부당이득은 단지 '취득된 것(das Erlangte)'의 상이
한 과정(unterschiedliche Vorgänge)을 특별히 강조한 것에 지나지 않
는다고 하였다.[396]

유형론이 대세인 독일에서 그의 견해가 내부적으로 광범위한 지지
를 받지 못하고 소수설에 머무르고 있는 것은 사실이다. 그렇다고
해서 그것에 대치되는 부당이득법의 유형론이 충분한 설득력을 가질

---

395) Flume (2000), 100ff.
396) Flume (2000), 101.

정도로 성숙해 있느냐 하면, 그렇다고 단언하기도 어렵다. 이미 고찰한 바와 같이 급부개념을 중심으로 '수령자 시각설'을 받아들이는 문제나 보충성원리 등과 같은 것은 단지 유형론이라는 단순한 타이틀만으로 쉽게 해결될 수 없는 것임을 확인하였기 때문이다.

플루메는 현재의 부당이득법의 해석을 위해 로마법을 탐구하는 방식, 즉 歷史的 考察方法을 따르고 있다. 따라서 그의 부당이득법은 給付不當利得을 부당이득법의 기본형태로 삼고 있다. 그렇지만 그런 한도에서 적어도 급부관계에서 비롯되는 부당이득법론에 있어서 만큼은 그가 이해하는 방식으로부터 얼마간 시사점을 얻을 수 있다. 무엇보다도 이 연구의 모델인 지시급부가 債權의 효력에 기해 재산이 이동하는 것이라는 점과 가능한 한 급부연쇄에서 도출되는 결론과 평행을 이룰 수 있는 결론에 이르고자 한다는 점에서 그러하다.

2) 부당이득이라는 '法形象'

지시사례에서 財産移動을 중시하는 학설을 통해서도 확인할 수 있었지만, 현재의 부당이득법이라는 것이 역사적인 법형성과정의 소산인 것만은 확실하다. 또 로마법상 condictio는 주로 具體的인 有體物의 返還을 대상으로 한 개별적인 반환소권이었다. 그러나 19세기의 문헌들과 특히 사비니에 의해 일반적이고 보편적인 부당이득관념이 개입함으로써 지금의 부당이득법으로 자리잡게 되었으므로, 그것은 抽象的인 利得의 返還을 그 전제로 하였다고 할 수 있다.[397]

독일연방최고법원은 다자관계의 부당이득문제에 관해 일반적으로 받아들여지고 있는 폰 캐머러의 표현을 빌려[398] 모든 '도식적인 해결방법'(schematisierende Lösung)이 배제되어야 한다고 한다. 다양한 형태로 존재하는 삼각관계는 그 각각의 법률관계에 적용되어야 할 법규에 의해 독자적으로 규율되고 있기 때문이다. 이 연구가 다루고 있는 것은 지시급부이지만, 그것 말고도 가령 채권양도, 제삼자를 위한 계약 등 각각의 원인에 의해 삼각구조가 형성된다. 만일 도식화된 해결방법의 배제를 강조하게 된다면, 부당이득법이 고려해야 하는 고유의 개념과 원리를 포기해야 한다는 의미로도 받아들여질 수 있는 것이다.

그러나 '法'이란 그 자체의 고유한 존재구조를 가진 것이다. 플루메는, 역사적으로 검증된 결과로 나타난 判斷構造를 가리켜 고대 그리스 이래로 '형태'(Gestalt) 내지 '형상'(Figur)이라는 의미를 가진 단어인 'Schema'라고 불렀다고 하면서, 그렇다면 다자관계에서의 부당이득문제에 있어서도 그것을 해결하기 위해서는 언제나 'Schema'에서 출발해야 한다[399]고 하였다. 즉 그는 모든 논의는 부당이득이라는 法形象(Rechtsfigur)에서 출발해야 한다는 것이다. 다만 어떻게 그와 같은 근대적인 부당이득법의 'Schema'가 나오게 되었는지에 관해서 상세히 보여주고 있지 않은 것 같다.

독일민법은 특징적으로 물권변동에서 무인주의를 취하고 있기 때

---

397) 第三章 제3절 2 참조. 특히 Ernst, Einleitung: Werner Flumes Lehre von der ungerechtfertigten Bereicherung, in: Studien zur Lehre von der ungerechtfertigten Bereicherung(2003), 2ff. 참조.
398) v.Caemmerer (1962), 325.
399) Flume (1999), 199.

문에 채권계약이 무효이더라도 물권계약이 유효라면 원래의 소유자는 자신의 소유권에 근거하여 무효인 계약의 청산을 요구할 수 없고, 다만 상대방의 부당한 이득을 근거로 해서만 가능하다. 그렇다면 이 경우의 부당이득반환청구란 더 이상 행사할 수 없는 所有權에 기한 物權的 請求權의 變形[400])이어야 한다. 독일 현행법이 부당이득반환의 대상을 원칙적으로 취득된 것(das Erlangte)의 반환을 청구하는 것으로 하고, 그것이 불가능한 경우에 가액반환(Wertersatz)을 청구할 수 있는 것으로 하고 있는 것(독일민법 제818조 제2항)도 그런 연유에서라고 한다(현재의 소위 "부당이득반환청구권의 물권적 청구권 보충기능").[401])

독일민법상 給付로 인한 부당이득반환은 독일민법의 기본원리 중 하나인 물권변동의 무인성에 깊이 관련되어 있는 것이라고 할 수 있다. 반면에 侵害 등 其他 方法에 의한 부당이득에 있어서는 이런 무인성 여부와는 무관한 것은 당연한 것이고, 말하자면 잃어버렸던 所有權에 기한 請求權(Vindikation)의 代償이라는 성격을 가진다고 할 수 있을 것이다. 이처럼 급부에 의한 부당이득이든 기타 방법에 의한 부당이득이든, 그 취득된 것에 대한 부당이득반환청구권은 모

---

400) Savigny, System, Bd.5 (1841), 515.
401) 특히 Jakobs (1964), 168. Hähnchen (2003), 127f.에서는, 특정소유물을 대상으로 하는 vindicatio와 금전을 대상으로 하는 condictio의 차이가 소유권개념의 발전과 더불어 그 의미의 변화를 겪는 과정을 정리하고 있다. 이를테면 물권적 청구권은 소유권의 주장을 뒷받침하는 것인 반면에, 부당이득반환청구권은 그 소유권의 효력을 확장시키는 기능(Funktion der Rechtsfortwirkung des Eigentums)을 수행하는 것으로 전개되었다는 것이다.

두 vindicatio가 전환된 형태인 것으로 통일적으로 이해될 수 있는 것이다(소위 "Vindikationstheorie").[402]

그런데 유형론 그 자체는 부당이득 일반규정인 독일민법 제812조 제1항의 규정형식에 內容的 規定性을 부여하는 역할을 담당해 왔다. 즉 급부관계 당사자 간의 청산이라는 급부부당이득유형과, 타방소유재화에 대한 침해, 즉 할당내용(Zuweisungsgehalt)의 무단사용·수익·처분이라는 침해부당이득유형으로 구분한다. 그런 의미에서 플루메가 말하는 부당이득의 법형상이라는 것이 기타의 경우를 완전히 포괄하고 있지 않다는 점에서 부당이득법 전반에 적용되는 통일적 법형상이라고 하기에 약간의 문제점은 있다고 할 수 있다.

그렇긴 하지만 독일 부당이득론에서 급부부당이득반환청구권에 재화이동질서라는 근거를 부여하였다는 점은 매우 깊은 인상을 남긴다. 또한 가치의 이동이라는 관점에 초점을 맞추어 부당이득의 요건을 통일적으로 구성하는 입장도 의미가 있다. 이런 價値移動中心의 사고에 따를 때, 부당한 이득이란 역시 기본적으로 원래 "귀속되어야 할 주체에 귀속되어 있지 않은 이득"이라는 것이 되며, 이것은 급부부당이득 중심의 부당이득법에 침해부당이득까지를 포괄하고자 했던 사비니의 이론과 비교될 만한 것이라고 생각된다.

---

402) Schlechtriem (2001), 112ff., Rn.50ff. 참조.

3) 자기 재산상의 결정

우선 플루메가 "추상적이면서도 개개인에 주관적으로 관련되어 있는 利得의 반환청구권"이라고 규정하는 근대적 부당이득반환청구권은 기존의 경제적 고찰방법으로 특징지어지는 差額說(Saldotheorie)과는 확연히 다르다.[403] 쌍무계약 청산의 특수성이 제대로 인식되지 않았던 시기에는 각 당사자가 원칙적으로 독립적인 부당이득반환청구권을 가지며 양자는 법적으로 별개라는 二請求權說이 주장되고 있었다. 그러나 이 이론이 현존이득만을 반환하게 하는 부당이득법의 특징을 제대로 반영하지 못한다는 단점을 가지고 있기에, 19세기 보통법학기에 이르러 이득과정에 관련된 모든 이익과 불이익을 계산에 넣은 경제적 관념의 차액설이 등장하게 된 것이다. 이 이론에 의하면 무효이거나 취소되는 계약에 기하여 급부가 교환된 경우에 동종의 부당이득반환청구권 간에 가치를 공제하여 양급부의 차액(Saldo)에 관하여 하나의 일방적인 부당이득반환청구권만이 성립하게 된다고 한다.

그런데 이 차액설에 의하면 매매목적물의 인도 자체가 매도인으로서는 이득상실에 해당하므로, 인도한 후 물건의 운명과 관련하여서는 매도인의 반환청구권에 아무런 영향을 미치지 않는다. 다만 이 이론에 의할 때에도 일방당사자가 선이행을 한 상태에서는 차액공제

---

403) 독일에서의 부당이득법의 이득과 위험배분과 관련하여 二請求權說과 差額說로 대표되는 학설의 대립과 전개에 관해서는 최수정 (2003), 310 이하에 잘 정리되어 있다.

대상이 없으므로, 가령 목적물을 먼저 인도한 매도인만이 물건에 대한 위험을 부담하게 된다. 이렇게 일방당사자가 급부를 선이행했는지 여부에 따라 위험부담이 좌우되는 것은 어느 모로 보더라도 타당하지 않다.

이와 같은 차액설에 대해 플루메는 이득반환채무자의 재산상 결정 (die vermögensmäßige Entscheidung)이라는 관점을 제시한다. 자신의 의사대로 쌍무계약을 체결한 자는 급부와 반대급부의 합의를 통해 약정된 반대급부의 가치 대신에 자신에게 이행될 급부를 가지고자 하는 판단을 하였다는 것이다. 가령 매매대금을 지급하고 자동차를 구입하고자 하는 자는 자신의 재산을 위해 자신의 결정을 통해 이 새로운 가치, 말하자면 자동차가 내재적으로 가지고 있는 것이든 수반하는 것이든 그것의 위험을 인수하는 것이다. 자동차를 매수한 후 이를 운행하다가 이것이 사고로 파손되었다고 해서 이것을 부당이득법상의 이득소멸로 주장해서는 안 된다.[404] 목적물 자체의 하자에 기한 손해를 제외하고 상대방의 반대급부에 상응하여 자기 재산상의 결정에 기해 투입된 자기 재산의 범위에 대해서는 위험을 부담해야 하며, 그 재산상 결정에 포섭되는 손해에 관해서는 이득소멸이 인정되어서는 안 된다는 것이다.

財産上의 決定이 不當利得法과 관련하여 현실적으로 작용하고 있음을 명시적으로 보여주는 것이 무능력자의 반환범위가 제한되는 규정이다. 무능력자는 자신이 부담하는 채무에 대한 반대급부를 얻기

---

[404] Flume (1953), 82.

위해 자신의 재산을 투입하는 의도적인 재산결정을 할 수 없다. 이 것은 무능력자에게는 비단 쌍무계약에만 한정되는 것이 아니라 법적인 의무를 발생시킬 수도 있는 모든 재산상의 결정을 귀속시킬 수 없다는 이유에서이다.405) 민법이 무능력자가 받은 이득 전부를 반환하게 하지 않고 언제나 "받은 이익이 현존하는 한도에서"406) 상환할 책임이 있다고 하는 것도 이 재산상의 결정이라는 측면과 밀접하게 관련되어 있다고 할 수 있다.

부당이득법을 구체적인 물건에 대한 청구권이 아닌 수익자, 즉 반환채무자의 재산에 주목하는 입장도 부당이득법에서 매우 중대한 사안이다. 이는 민법상 부당이득법이 차지하는 지위와도 관련된 것이기 때문이다. 플루메가 밝히는 민법상의 부당이득법은 폰 캐머러 이래 독일학설에서 주장되고 있는 바인 "유효한 쌍무계약과 동일한 형태의 반환관계"와는 확연히 다르다. 폰 캐머러의 경우407) 급부를 원인으로 하는 부당이득반환청구권을 다른 채권법상의 청산청구권, 예컨대 소비대차, 사용대차, 임대차, 임치, 해제와 동일한 평면에 있는 것으로 이해한다. 그러므로 현존이익만을 반환하는 급부부당이득반환청구권이 주어질지, 아니면 위의 엄격하게 존재하는 청구권들이 보장될지 여부는 당위성의 문제가 아니라 오직 책임범위의 문제일 뿐이라고 설명한다. 결론적으로 부당이득법은 위의 다른 채권법상의 청산청구와 완전한 균형을 이루어야 한다.

---

405) Flume (1953), 89.
406) 민법 제141조 2문 참조.
407) v.Caemmerer (1954), 219.

이것에 반발하는 플루메는408) 우선 부당이득법의 본질은 반환채무자의 추상적인 재산증가여부에 있는 것임에 반해, 위의 그 밖의 청구권들은 청구권의 구체적인 내용에 관심을 가지므로 양자는 전혀 본질을 달리 하는 것이라고 하였다. 플루메는 무효라는 법질서의 판단을 전제로 하면서 거기에 현실적으로 이루어진 "재산상의 결정"을 이득반환채무자 개인의 인격적이고 주관적인 위험부담행위로 부당이득법의 영역 내로 끌어들인다. 매수인은 자신의 재산적 결정에 의해 매매목적물을 갖기 위하여 매매대금이라는 재산을 투입한다. 따라서 매매계약이 무효이어서 부당이득법에 따라 청산하는 과정에서 물건의 우발적 멸실의 위험은 그러한 결정을 한 매수인이 부담하게 되고, 매수인은 독일민법 제818조 제3항의 이득소멸을 주장할 수 없다.

요컨대 그는, 차액설이나 이것에서 발전된 사실적 쌍무관계설 (faktisches Synallagma)409)이 부당이득법의 영역에다가 해제에 적용되는 독일민법 제326조 제1항410)을 접목시킴으로써 당해 관계의 쌍무성을 부각시키려는 것411)에 반대한다.412) 부당이득법은 그와 같은 쌍무계약상의, 또는 연장선상의 청구권들과는 차원을 달리하는 것으로서, 부당이득법 자체적으로 마련된 원리가 중심이 되어야 한다는 의미에서이다.

---

408) Flume (2000), 101.
409) 金龍潭 (1984), 200 참조.
410) 독일민법 제326조 제1항은 급부불능 및 장애 등의 사유로 "급부를 실행할 필요가 없는 경우에는 반대급부청구권은 소멸한다"고 하고 있다.
411) v.Caemmerer (1954), 260ff.
412) Flume (2000), 95ff.

차액설에 대한 플루메의 비판이 구체적으로 그 존재의의를 발휘하는 곳은 특히 급부목적물이 偶發的으로 멸실한 경우에 그것의 危險 負擔이 문제되는 경우이다.[413) 하자로 인한 경우의 해제권은 하자로 인한 손해로부터 매수인을 보호하기 위한 것이지만, 물건의 우발적 멸실은 그렇지 않다. 차액설이나 사실적 쌍무관계설에서는 매매계약을 해제한 경우에 이미 이행된 이상 독일민법의 해제규율에 따라 급부목적물의 우발적인 멸실위험을 解除權行使의 相對方에게 부담시키는 것으로 한다. 즉 급부목적물의 반환채권자인 매도인이다. 그에 반해 플루메는 당해 매매계약의 체결이 매수인의 독자적인 재산상 결정에 기하여 이루어진 이상, 당해 급부목적물의 우발적인 멸실위험은 이득반환채무자, 즉 급부목적물의 수령자이며 解除權者인 매수인 스스로 부담해야 한다고 한다.

또 차액설에 따르면, 무효인 매매계약에서 先行給付義務를 부담하는 자가 그 급부의무를 이행한 뒤에 상대방으로부터 반대급부를 받고 있지 않은 중에 자기의 급부물이 상대방의 수중에서 멸실·훼손된 경우의 법적 위험은 선행급부의무자가 부담한다. 그러나 플루메는 受領者의 財産上의 決定에 기해 재산이동이 이루어진 만큼, 그 위험은 수령자가 급부목적물을 자기 사용목적에 투입한 때에 우발적으로 발생한 멸실의 위험이므로 차액설과 달리 수령자(매수인)가 부담해야 한다고 한다.[414) 따라서 선행급부의무의 위험이 있더라도 수령자(매수인)가 가령 급부목적물을 증여하거나 낭비한 경우처럼 이득

---

413) Flume (2000), 109.
414) Flume (1953), 78.

소멸(Wegfall der Bereicherung)을 자기의 적극적인 행태(Verhalten)에 기해 초래한 경우에는 그것은 그의 자기책임에 속하는 것이기 때문에 그 위험을 매도인(선행급부의무자)에게 전가시켜서는 안 된다.[415) 이와 같은 선행급부의무사례에 대한 플루메의 차액설비판은 카나리스도 매우 높이 평가한 바 있다.[416)

다만 原始的으로 給付目的物 自體에 하자가 존재한 경우에는 급부목적물이 수령자(이득채무자)의 재산상의 결정에 근거하여 재산손해가 발생하더라도 그 재산손해는 급부목적물 자체에서 유래하는 것이기 때문에 독일민법 제818조 제3항에 근거한 利得消滅抗辯의 對象이 된다.[417) 또 다른 한편으로, 매도인의 사기로 인해 매매계약이 취소되더라도 매수인이 자기의 재산상 결정에 근거하여 급부목적물을 자기 사용목적에 두었는데 이것이 우발적으로 멸실하였다면 그 위험은 매수인에게 돌아가야 한다고 한다.[418) 왜냐하면 결과적으로 매수인의 매도인에 대한 대금반환청구권은 매도인의 동시이행항변권으로 맞설 수 있는 것이기 때문이다.

쌍무계약에 관한 플루메의 이론은 지시사례의 부당이득반환에 있어 시사하는 바가 크다. 특히 수령자에게 있어서 아무리 계약상의 이행이긴 하지만 자기 재산상의 결정에 포섭되는 것이라면, 피지시인의 반환청구에 대해 이득소멸로서 주장할 수 없다는 것이다. 즉

---

415) Flume (1953), 83.
416) Larenz / Canaris (1994), 325, 특히 Fn.90.
417) Flume (2000), 110.
418) Flume (2000), 110.

"자기 재산상의 결정"이라는 플루메의 이론을 통해 피지시인의 직접적 반환청구에 대한 대항사유로서의 현존이득반환의 의의가 상세히 설명될 수 있었던 것이다. 그리고 이것을 기초로 다수당사자가 관여하는 부당이득반환관계에서도 플루메는 기존의 다수설과 다른 독자적인 견해를 내놓는다.

4) 삼각관계에서의 출연자기준설

다수당사자 간의 이득조정문제에 대해서 플루메는 유형론의 목적적 급부개념론에 반대한다. 사례를 들어 살펴보면, 甲이 乙에게 자기 소유물을 매각해달라고 부탁하고 乙이 丙에게 甲의 물건을 자신의 것이라고 하면서 자신의 이름으로 매각하였고, 甲에게서 丙으로 목적물이 직접 인도될 것을 전제로 하여 丙이 乙에게 대금을 지급하는 사례를 생각해 볼 수 있다.[419] 이 경우에 受領者基準說을 대입해 보면, 급부목적물을 수령한 丙의 시각에서 볼 때 당해 給付關係의 당사자는 乙이므로, 부당이득조정은 乙과 丙 간에 이루어져야 하고, 甲의 丙에 대한 부당이득반환청구권은 배제된다. 이 경우 甲과 丙 간에는 소위 침해부당이득반환청구권이 문제되겠지만, 침해부당이득반환청구권은 부당이득반환청구권의 보충성으로 인해 乙과 丙 간의 급부부당이득조정과의 관계보다 열위에 서게 된다.

플루메는 이와 같은 결론에 반대하여 甲이 오상채무자이고 乙은

---

419) RG 1920.1.20, RGZ 98, 64. 소위 "맥주운송마부(Bierkutscher)" 사건.

그의 대리인으로서 丙에게 甲의 소유물을 매도하였기에 이것을 인도한 것이라고 하면서, 甲과 丙 간에 給付不當利得返還이 받아들여져야 한다고 하고, 이것은 당연히 비채변제로 인한 부당이득반환청구권(condictio indebiti)이라고 한다. 그런 다음 丙이 乙에게 지급한 매매대금을 이득소멸로 공제할 수 있다고 한다. 수령자시각설과 비교하여, 이를테면 出捐者視角說이라 할 수 있겠다.[420]

이와 같은 경우에 대해서는 유형론의 태두라 할 수 있는 폰 캐머러[421]도 직접 이행한 甲이 급부자라고 하여 플루메와 같은 입장에 있다. 여기에서 甲에게는 잠재적인 給付意思라고 할 만한 것이 애초에 존재하였고, 자신의 대리인인 乙의 말을 믿고 丙에게 급부하였다는 점을 중시한다면 오상채무자 甲의 丙에 대한 급부부당이득반환청구권을 긍정할 여지가 있다고 한다. 물론 이 경우에도 丙은 이미 乙에게 변제하였음을 이유로 이득소멸을 주장할 수 있다.

그런데 이 급부의사란 것이 반환관계를 정하는 유일한 기준이 될 수 없음을 第三章에서 확인한 바 있다.[422] 잠재적인 급부의사라는 것도 의미가 명확하지 않을뿐더러, 지시를 받은 자가 직접 계약관계에 있지 않은 제삼자에게 지급할 당시에는 아무런 급부의사가 발견되지 않아 단순히 出捐者에 불과하며 給付는 실제로 다른 자에게 이루어졌다고 하다가도, 그 지시가 효력을 잃은 경우에는 별안간 給付意思가 생기는 것처럼 이해하는 상황이 전혀 논리적이지 않기 때

---

420) Flume (1999), 166ff.
421) v.Caemmerer (1963), 356.
422) 第三章 제2절 2 (2) 참조.

문이다. 급부관계가 이해당사자 사이의 합의에서 발현되어 있지 않다면, 직접 이행하는 측에서 전달되는 급부가 누구에 대해 어떠한 법적 원인으로 급부되었는지를 표시하여야 할 것이다.423) 그러나 명시적으로든 묵시적으로든 표시되지 않는 경우에는, 결국 이해당사자 중 누가 더 보호가치가 있는지의 당위의 문제로 돌아가지 않을 수 없는데, 그런 과정에서 급부개념 자체에 결여된 객관성을 보완하려는 요구가 생기게 된다고 보아야 한다. 즉 受領者視角說은 바로 그런 객관성 확보의 기능을 수행하면서 지급자의 직접적 반환청구를 배제하는 기능을 위해 전개되고 있는 것이라고 할 수 있다.

플루메의 이른바 出捐者基準說에 의하면 재산을 출연한 자의 수령자에 대한 직접적 반환청구권이 배제되지 않는다. 출연자의 視角에 따르면 給付關係는 당연히 受領者와의 사이에 존재하는 것이기 때문이다. 그렇지만 그와 같이 직접반환청구권을 인정할 때 염려되는 점, 즉 수령자의 시각에서 급부관계 상대방이라고 여겼던 자(위의 사례에서는 乙)에 대해 가지는 항변권이 배제될지 모른다는 문제점은, 현존이득의 반환이라는 부당이득법에 특유한 원리를 통해 해결될 수 있다고 한다. 즉 직접반환청구금지라는 추상적인 방법으로 지급자의 청구권을 완전히 배제할 것이 아니라, 수령자에게 존재하는 각종의 항변사유를 그대로 주장할 수 있게 하는 것으로도 충분히 보호될 수 있다는 의미인 것이다.

---

423) 우리 법에서도 변제충당에 관한 규정에서 확인될 수 있는 변제지정은 일차적으로 채무를 이행하는 측에서 하도록 하고 있다. 민법 제476조 제1항 참조.

4. 부당이득법의 單一한 原理

    부당이득의 발생과정을 유형을 나누어 고찰하는 것은 부당이득법의 운용에 많은 도움이 된다. 가령 반환이득을 산정함에 있어서도, 비급부이득의 경우라면 이득, 손실, 인과관계 등이 별도의 절차로 각각 검토되어야 하겠지만, 반면에 급부이득의 경우라면 응당 채권을 기준으로 하게 되므로 채무이행을 위해 급부된 것이 반환되어야 할 이득인 것이다.424) 그렇지만 이런 법운용상의 기술적 측면 외에도, 이와 같은 유형화작업을 통해 부당이득법의 근간을 이루는 형평이라는 불명확한 관념을 보다 세밀한 법적 관념으로 정비하는 것도 가능하다. 나아가 부당이득법과 민법상의 다른 제도와의 경계선을 설정하는 것에도 기여함으로써 부당이득법의 독자성 확보에 도움이 된다.

    그런데 문제는, 경제활동의 증가와 다양화로 끊임없이 새로운 형태의 법률관계가 형성되고 있으므로 그에 맞춰 유형화작업이 무한대로 이어질 우려도 있다는 점이다. 비급부부당이득 내부만 하더라도 이미 침해부당이득, 비용부당이득, 구상부당이득 등으로 세분화되고 있고, 이 연구의 주요 연구대상에 해당하는 삼각관계처럼 다수당사자 사이에 법률관계가 복잡하게 얽혀 있어서 급부사례와 비급부사례로 나누어 규정하는 것이 곤란한 상황도 필요에 따라서는 얼마든지 별도의 유형으로 분류될 수 있는 것이다. 예를 들어 은행송금의 경우만 하더라도 송금지시인과 은행 사이에는 일반적인 급부관계가 존

---

424) Bamberger-Wendehorst, § 812,. 890f., Rn.21ff.; 892, Rn.30; 893, Rn.36.

재하고 있지만, 송금위임이 이루어지면서 양 당사자의 관계는 구상관계로도 설명되는 것이다. 따라서 이런 식으로 유형화작업을 반복하다 보면, 상황에 따라서 무한히 새로운 형태의 부당이득반환관계를 등장시킬 가능성도 완전히 배제할 수는 없다.

규정방식의 측면에서 보더라도 독일법과 달리 우리 민법 제741조는 급부와 비급부를 구분하지 않은 채 단지 이득과 손실(손해)만을 부각시키고 있다. 그러나 급부와 비급부가 전혀 구분되고 있지 않다고 하여 이것만을 가지고 통일론의 근거로 삼는 것은 무모한 사고이다. 채권을 발생시키는 원인관계가 존재하는 경우와 존재하지 않는 경우를 동일하게 취급하지 않는 것은, 비단 부당이득법뿐만 아니라 민법상 채권관계의 당사자들 사이에 특별한 결합관계를 인정하는 한 너무나 당연한 것이기 때문이다. 다만 부당이득법을 적용함에 있어 경계선상에 존재하는 무수한 사례까지도 포괄하여 "부당이득법"이라는 제하에서 일관된 원리를 작동시키려 한다면, 어쩌면 독일법의 규정방식보다는 우리 법의 방식이 더 적절할 수도 있지 않은가 생각하게 된다.425)

로마법학자들은 부당이득법이라는 일반적인 법원칙을 만들어 구체적인 사례에서 연역적으로 구사하려고 시도하지는 않았다. 또 D.12.6.14(Pomponius libro vicensimo primo ad Sabinum)나 D.50.17.206(Pomponius 9 ex variis

---

425) 참고로, 지리적 · 언어적 · 문화적 특징으로 인해 독일법의 막대한 영향을 받고 있는 스위스법도 부당이득법에서는 통일적인 방식의 일반규정을 두고 있다. 스위스채무법 제62조 제1항 "부당한 방법으로 타인의 재산으로부터 이득을 얻은 이는 이득을 반환(zurückerstatten)해야 한다."

lechonibus)은 현재의 개념으로 볼 때에 일반규정이라고 할 수 없을뿐더러, 부당이득법적 원리의 모든 것을 담고 있다고도 할 수 없다. 그러나 부당이득법 원리라고 지칭될 만한 교집합적 원리는 과거부터 현재까지 계속 존재해 왔다고 할 수 있는데, 즉 정당한 원인 없이 이루어진 재산이동과정으로 인해 여전히 부당하게 잔존하는 이득은 제거되어야 하고, 그 방향은 그 이득의 존재로 인해 재산상의 부담(손실)을 안게 된 자에게로 향해야 한다는 것이다.

일단 우리 법규정만을 두고 우리 부당이득법의 기본적 입장을 밝히고자 할 때에 가장 먼저 충돌하는 것은, 제747조 제1항의 원물반환의 원칙과 제748조 제1항의 현존이득반환의 원칙이다. 전자를 부당이득반환의 원칙적 모습으로 하게 되면, 부당이득법은 기능규정으로서 계약법 등 기타 제도들에서 규정해두지 않은 청산의 기능을 담당한다. 그러므로 철저히 계약법적 원리에 구속된다. 반면에 후자를 원칙적인 모습으로 하면, 부당이득법은 부당하게 잔존하는 이득상황을 교정하는 이득법으로서의 성격을 인정받게 되는 것이다. 그리고 이와 같은 입장 차이는 독일법의 다수설과 소수설의 대립상황을 재현한 것이기도 하다.

로마법상 부당이득반환소권이 구체적으로 이득한 대상에 주목한 것이지 추상적으로 반환채무자의 재산상황을 고려하는 제도가 아니었던 것은 사실이다. 19세기에 이르러서야 드디어 현존이득반환이라는 원리가 일반화되었으며, 이득자의 추상적인 재산측정이라는 방식으로 대전환을 이룬 것이다.426) 그리고 보통법학기를 거쳐 근대 민법을 제

---

426) Flume (1953), 56.

정할 당시 입법자들은 이득법으로서의 부당이득반환청구권을 염두에 두었고,[427] 그 19세기의 통설을 승계한 현재의 독일민법의 규정은 일단 이득을 얻은 자의 재산에 주목하는, 추상적인 성격의 청구권으로서의 부당이득반환청구권으로 구성되어 있다고 할 수 있다.

물론 역사적인 고찰은 하나의 참고사항일 뿐, 결론에 이르는 논거의 전부일 수 없다. 또 부당이득반환청구권을 추상적 의미에서 반환채무자의 재산증가와 관련시킨다고 한다면, 일단 이득소멸의 정도가 정확하게 측정될 수 있을 것을 전제로 하는데, 이것이 결코 쉬운 일이 아니다. 일단 부당이득자의 재산상 임의의 증가에 관해서 그것이 법률상 원인 없는 취득에 속하는 것인지, 아니면 이득자의 기타 재산에 속하는 것인지가 정확히 판단되어야 하기 때문이다. 그렇지만 그와 같은 작업의 복잡성이 부당이득법의 가치청구권성을 포기하게 하는 근거가 될 수는 없다. 또 실제 실정법에 따라 선의의 수령자는 현존이득만을 반환하고 있다.

독일입법 당시의 사정과 현재 독일민법학의 논의에 기반을 두고 부당이득법의 經濟的 觀點을 특별히 강조하는 입장에 의하면, 독일민법 제812조가 지닌 고유한 규정방식에도 불구하고 부당이득법에 단일하게 존재하는 일반원리를 부각시키고자 한다. 그런데 우리 학설에서도 이와 같은 관점에 주목하는 견해가 없는 것은 아니다. 그에 의하면 민법상의 부당이득이라는 것은 "實質的으로 不當한 財産的 價値의 移動의 調整을 目的"으로 하는 제도라는 것이다.[428] 그

---

427) 독일민법 제정 시의 이득관념에 관한 내용은, Flume (2000), 99f. 참조.
428) 金曾漢・安二濬, 新債權各論 (1965), 694. 이 부분은 民法注解 ⅩⅦ

논거를 위해 다음의 예를 들어보자. 가옥의 임차인이 타인과의 계약을 통해 매수한 재료를 사용하여 가옥을 수리하고나서 무자력 상태인 경우에 관한 사례이다. 이 경우에 재료의 매도인은 그 대금청구권을 그대로 가지고 있게 되므로 아무런 손해가 없고, 따라서 가옥의 임대인에 대하여 부당이득반환청구를 하지 못하게 된다는 결론은, 실질적인 경제적 가치는 낮게 평가하고 아직 이행되지 않은 채권 같은 단순한 권리는 높게 평가한 것이라고 하여 부당이득제도의 취지에 부합하지 않는다고 하고 있다.

부당이득법의 이득법적 성격을 강조함으로써 궁극적으로 부당이득법에 단일한 원리성을 부여하고자 하는 이 입장에 의하면, 지시수령자에게 부당한 이득이 잔존하는 이상 그에 대한 직접청구를 완전히 배제시킬 명분은 약해진다. 또한 현존이득반환이라는 부당이득법에 특유한 항변권이 존재하는 한, 수령자가 피지시인의 직접청구에 무방비로 노출되지는 않는다. 특히 플루메의 "자기 재산상의 결정"이라는 관념이 적용된다는 전제에서라면, 부당이득법의 이득법적 성격이 특별히 강조되더라도 지시수령자가 쌍무계약상 가지게 되는 이해관계가 충분히 고려되는 가운데에 일관된 논리를 유지하는 것이 가능하다.[429] 계약법이 부당이득법의 제한원리로 작용하는 것을 현실적으로 용인하지 않을 수 없다 하더라도, 부당이득법은 계약법의 일부가 아니므로, 계약법이 부당이득법의 우위에서 반환청구의 기회를 완전히 차단하는 것은 용인할 수 없다.

제741조(梁彰洙 집필부분, 2005), 231에서 재인용.
429) 최수정 (2003), 322에도, 플루메 학설의 논리일관성이 지적되고 있다.

지시사례에서 손실을 입은 피지시인으로서는 우선적으로 계약상대방에게 이득반환을 요구하려 할 것이다. 그러나 만일에 지시인이 자력이 없거나 소재불명이어서 현실적으로 소추가 불가능한데도 이득을 보유한 수령자와는 계약관계에 있지 않아 이득반환청구가 봉쇄되어 있다면, 그 '부당한' 이득상황은 계약법으로 인해 지속되고 만다. 자칫 '부당하다'라는 표현이 비법률적으로 보일 수도 있겠지만, 이것이 바로 부당이득법 특유의 성격이라고 하지 않을 수 없다.[430] 부당이득법의 가치법적 성격과 민법 최후방의 제도로서의 기능을 인정하고자 하는 것도 이와 같은 부당함을 교정하기 위한 것이라고 할 수 있다. 그리고 이하에서 그것을 보다 상세하게 논리를 구성하고자 하는 것이다.

---

430) v.Gierke (1917), 995에서는, 사회적인 정당성이라는 의미에서 형식적인 법과 실질적인 법 사이의 간극을 조정하는 것을 부당이득법의 주도관념으로 설명하고 있다.

제2절 직접반환청구의 가능성

1. 소위 二重瑕疵의 경우 수령자의 보유이득

第三章을 통해 지시사례에서 수령자가 보유하고 있는 이득이 법률상 원인을 가지지 못한 것이라면, 그 자체로 반환되어야 할 성질의 것이라고 지적한 바 있다. 설령 지시사례라는 삼각관계 유형 자체가 본래 채권의 효력에 근거하여 재산을 이동시키는 것이긴 하지만, 지금 수령자에게 남아 있는 이득을 가리켜 급부에 의한 이득이라고 하거나 비급부에 의한 이득이라며 一刀兩斷 구분하는 방식은 적어도 우리 법에는 해당사항이 없다고 하였다. 우리 부당이득법의 일반규정은 부당이득반환청구권 성립에 있어 급부와 비급부 사이의 배타성이라고는 찾아볼 수 없는 개방형을 취하고 있으므로, 어떤 이득이 급부이득에 해당한다고 하더라도 비급부이득의 성립을 저해하는 일은 없다고 해야 한다. 그러므로 법률상 원인 없이 잔존하고 있

는 이득에 관하여, 부당이득반환청구권의 요건을 갖춘 자라면 누구라도 반환청구할 수 있는 가능성이 열려 있다.

그렇지만 역시 지시사례는, 설령 실제 재산이동이 비급부관계에서 이루어졌다고 하더라도, 채권의 효력에 의해 재산이동이 이루어지는 것이고, 또 채권의 효력에 의하여 이득보유가 허용된다. 재산을 이동시키는 채권의 효력이라면 請求權的 效力을 가리키는 것이고, 재산이 이동하여 채권에 변제효가 발생하였다는 것은 수령자의 보유이득이 법률상 원인을 가지게 되었다는 것을 의미하므로, 즉 채권의 給付保有力을 가리키는 것이다.

급부보유력을 내세워 제삼자로부터 반환을 배제할 수 있다는 것이 마치 債權의 對外的 效力을 인정하는 것처럼 들릴 수도 있다. 실제로 프랑스에서는 몇몇 경우에 '계약의 대항력'이 인정되고 있는데, 그중 하나가 "이득자의 이득을 정당한 원인이 있는 것으로 하여 상대방의 부당이득반환소권을 배제시키는 경우"431)이다. 그렇지만 굳이 그와 같은 법원리를 차용하지 않더라도, 위에서 말한 '이행'이나 '변제'의 측면에서 채권의 給付保有力의 의미는 상당히 명확한 것이다.

債權關係의 相對性原則432)을 고수한다면, 그와 같은 급부보유력이라는 것도 채권관계 내부적으로 통용되는 것이지, 제삼자에게 주장할 만한 대항사유가 되지 못한다. 그러나 채권이 급부보유를 정당화한다는 것도 채권관계의 상대성원칙과 더불어 민법 차원에서 받아들여지고 있는 하나의 원칙이다. 어느 하나의 원칙이 다른 원칙을

---

431) 鄭泰綸 (2005), 463.
432) 第四章 제2절 3 참조.

완전히 배제할 수 있다면 상황은 다르지만, 현대사회에서 채권관계의 상대성원칙은 예전처럼 확고하게 유지되고 있지 못한 것이 현실이다.[433] 더욱이 우리 법은 제삼자의 변제를 원칙적으로 인정하고 있다(제469조). 법률이 제삼자에 의한 변제가능성을 인정하고 있는 이상, 이것을 다시 부당한 이득으로서 다시 제삼자에게 반환해야 한다고 하면, 이것은 일종의 법률 내부적인 평가모순이다.

그렇지만 일반적인 양자 간의 채권과 달리 지시사례는 자신의 채무자가 아닌 제삼자로부터 이득을 수령한다는 점을 특징으로 한다. 그러므로 만일 전자의 관계라면 채권이 효력을 잃은 경우에 당연히 채권관계의 상대방에게 이득을 반환하게 되겠지만, 지시사례에서는 그것을 무조건 당연하다고 할 수 없다. 前章에서도 有效한 指示가 缺如된 경우에는 원인관계의 상대방이 아니라 직접 財産을 出捐한 者에게 이득이 반환되는 것으로 결론을 지은 바 있다. 그리고 그것은 유효한 지시가 결여된 경우에는 지시수령자에게 이득의 귀속을 인정할 수 없을뿐더러, 지시급부의 효과를 지시인에게 귀속시킬 수 없기 때문이라고 하였다. 즉 피지시인에게서 비롯된 재산이 지시인을 경유하여 수령자에게 이르렀다고 하더라도, 중간자인 지시인에게 일시적으로라도 그 재산의 귀속을 인정할 수 없다는 의미이다.

위의 예는 원인관계의 유효성 여하와는 관계없이 지시의 효력을 문제 삼은 것이긴 하지만, 과연 原因關係상 債權의 效力이 문제되

---

433) 김상중 (2003), 19 이하 참조. 특히 같은 글, 21의, 채권관계의 상대성원칙이 제삼자의 재산상 손해에 대한 채무자의 "책임구성가능성을 배제" 하는 것으로 기능할 수 없다는 주장은 매우 설득력 있다고 생각된다.

는 경우에는 그와 같은 해석의 여지가 전혀 없는 것인지 의문을 갖게 된다. 다시 말해 유효한 지시가 존재하는 경우에도 원인관계상 채권의 효력이 문제됨으로써 지시인에게 지시급부의 효력을 귀속시킬 수 없는 경우는 생각할 수 없는 것인지, 동시에 수령자에게도 이득수령의 종국적 귀속을 허용할 수 없는 것으로 해석할 여지는 전혀 없는 것인지의 문제이다. 지시사례에서 보상관계든 대가관계든 어느 하나의 원인관계에서만 효력이 문제된다면, 그와 같은 가능성은 전혀 없다고 단언할 수 있다.

문제는 소위 二重瑕疵의 사례로서 원인관계상 채권 모두가 효력을 잃은 경우이다. 독일 민법하의 목적적 급부개념론을 취하게 되면 이런 경우에도 직접청구는 허용되지 않는다. 이제 우리 입장에서는 과연 어떠해야 할 것인지를 아래에서 검토하고자 한다.

2. 직접적 부당이득반환청구에 대한 심사

1) 일반조항을 통한 가능성 여부

상황에 따라 차이가 있을 수 있겠지만, 표면적으로는 직접 이득을 수령한 자로부터 반환을 청구하는 직접적인 부당이득반환청구(Durchgriffs-kondiktion)가 피지시인에게 유리한 것으로 보인다. 그러나 이 경우에도 문제점은 있다. 가령 G가 A의 지시로 매매목적물을 외국에 거주하고 있는 E에게 직접 인도하고 소유권이전까지 하였지만 매매대금이 잘못 표기되어 이를 이유로 A와의 매매계약을 취소하였는데, 이때 어떤 사유이든 G로서는 간파하기 힘든 사유로 A-E의 전매계약도 무효이거나 취소된 경우를 생각해 보자. 이때 A가 G의 청구를 거절하고 E를 상대로 직접청구 하도록 하는 것은 합리적이지도 않고 실무상으로도 적합하지 않다. 게다가 E가 그 사이에 무자력이 될 수도 있다. G가 자신의 계약상대방인 A의 무자력위험을 부담하는 것은 합리적이라 할 수 있겠으나, E의 무자력이나 소추가능성은 G와는 무관한 것이다.

G의 E에 대한 직접청구를 인정하더라도 E가 A에게 지급한 반대급부를 공제한 현존이득의 반환이라는 대항사유에 부딪힐 수 있다. 이것만 보면 G가 직접 이행의 상대방이었던 E로부터 반환받는 것이 소송수행상 유리할 것이라는 직접청구 지지론자들의 주장에 전혀 문제가 없는 것은 아니라는 사실을 알 수 있다. 명목상 소송을 줄여보고자 의도한 직접청구의 취지와는 달리, 소송물을 미리 특정하기가 곤란한 피지시인으로 하여금 두 개의 소송을 수행하도록 강요하는 것에 다름 아니기 때문이다. 즉 E로서는 차액설에 기해 반대급부를 공제한 나머지 이득이 있는 한도에서만 반환할 뿐이어서, G는 반환받지 못한 그 나머지에 관해서는 자신의 계약상대방인 A를 상대로 다시금 소송을 수행하게 된다.

그렇다고 해서 어떤 경우에도 오직 계약관계에 있는 지시인을 상대로 해서만 반환받게 하는 것에는 쉽게 수긍할 수 없다. 지시인이 지시를 하여 급부상황을 야기하였음에도 불구하고 추후에 무자력 등의 사유로 반환 자체를 불투명하게 만들 수도 있다. 이렇듯 이 연구를 통해 직접청구의 가능성을 예의 타진하는 것은, 계약상대방이 무자력이어서 반환받지 못하고 있는 중에도 계약관계에 있지 않은 제 삼자에게 자신의 손실로부터 유래한 이득이 여전히 남아 있다는 점을 매우 '不當'하게 여기기 때문이다.

전통적인 목적적 급부개념론을 내세울 때에는 이 경우에도 직접청구의 가능성이 원칙적으로 봉쇄되는 것은 주지의 사실이지만, 적어도 재산가치의 흐름을 추적해가는 다른 입장에 의하면 직접청구가 전혀 불가능한 것도 아니다. 그래서 후자의 입장에 있는 쿠피쉬는, 지시사례의 경우 財産移動은 언제나 피지시인으로부터 수령자에게로 이루어지는 것이고, 따라서 피지시인의 지시수령자에 대한 '급부' 부당이득 반환청구권만이 존재할 수 있다는 해석론[434])을 내놓았다. 다만 독일민법 제812조 제1항 제1문의 첫 번째 경우, 즉 급부부당이득반환청구권이 발생하는 경우는 당사자들 사이에 급부에 관한 법률상 원인이 결여된 경우에만 급부로 인한 이득의 반환을 인정하므로,[435]) 지시급부에 관한 한 법률흠결이 존재한다는 것이다. 결국 피지시인의 직접적 급부부당이득반환청구권을 위해서는 독일민법 제812조 제1항을 유추적용해야 한다고 한다.[436])

그렇지만 부당이득법이 일반조항을 갖추고 있는 이상 유추적용이란 있을 수 없다. 유효한 지시에 기해 이루어진 급부가 재산이동의

---

434) Kupisch (1978), 22. 여기에서 쿠피쉬는 변제효를 발생시키는 독일민법 제362조의 의미에서의 '급부'와 부당이득법적인 의미의 급부는 다른 것이므로, 不當利得法的인 意味에서 給付는 피지시인으로부터 수령자에게로 이동하였다고 하였다.

435) Kupisch (1978), 22.

436) Kupisch (1978), 29.

관점, 즉 경제적인 관점에서 지시인을 경유하여 이동한 것으로 본다면, 이것은 법적인 관점으로도 설명되어야 한다. 급부부당이득반환청구에서의 '給付'라는 것 자체가 이미 경제적 이익상황을 포함하여 이해될 수 있는 法的 槪念이기 때문이다. 독일 부당이득법의 일반조항을 두고서, 한편에서 급부나 비급부에 의해 별도로 부당이득이 발생할 수 있는 근거가 명시되었다고 하기도 하고, 다른 한편에서는 법이 언급하고 있는 급부란 것은 단지 일반적이고 포괄적인 구성요건의 예시에 지나지 않는다고 하는 등, 그들 나름대로의 의견대립이 있을 수 있다. 그렇지만 적어도 우리 민법 제741조에는 그런 端緖조차도 찾을 수 없다. 오직 일반조항하에 모든 부당이득반환관계가 설명될 수 있어야 한다.

지시사례에서 대가관계상의 채권이 변제효를 갖지 못하는 경우에 있어서 수령자의 보유이득은 법률상 원인 없는 것이라는 것을 이미 확인한 바 있다. 그렇다면 그 이득에 관해 손실과 인과관계를 입증하게 된다면 누구든지 반환청구의 가능성을 갖고 있다고 할 수 있다. 실제로 재산을 손에 넣은 적이 없던 指示人이 수령자를 상대로 급부이득의 반환을 청구할 수 있는 것은, 적어도 유효한 지시가 있다면 재산이 지시인을 우회하여 이동하여 두 채권에 동시변제효가 발생하는 결과를 수용하였기에 수령자의 이득과 지시인의 손실에 인과관계를 인정할 수 있기 때문이다.

만일 被指示人에게 부당이득반환청구권을 인정하고자 한다면, 무엇보다도 필요한 것은 수령자에게 잔존하는 이득에 대한 인과관계의 입증일 것이다. 또 그러기 위해서는 재산이동의 흐름을 추적하는 일이 가장 우선되어야 한다. 즉 "피지시인→지시인→수령자"의 순서로 가치의 흐름이 존재한다면, 과연 수령자의 보유이득이 피지시인의 손실에서 유래한 것인지, 행여 지시인에게서 단절되고 있는 것은 아닌지의 문제이다.

2) 위험분배와 가액배상에 관한 검토

지시사례에서 직접청구를 피해가려는 가장 큰 이유는 계약상 예정되었던 위험부담규칙이 파괴될 우려가 있기 때문이다. 그리고 이것은 이후에 살펴보게 될 카나리스의 세 가지 평가기준에서도 매우 구체적으로 표현되고 있다.

일반적으로 계약법 관련규정은 계약이 유효한 경우를 전제로 각 당사자의 권리와 의무에 관한 것을 내용으로 하고 있고, 계약해소 또는 계약이 효력을 잃은 경우에 계약체결시점과 해소시점 사이에 발생한 위험의 분배에 관해서는 상세히 규정하고 있지 않다. 가령 계약이 解除되는 경우에 대해서도 법은 "각 당사자는 그 상대방에 대하여 원상회복의 의무가 있다"(제548조 제1항)고만 할 뿐이고, 그 구체적인 반환내용에 관해서는 밝히고 있지 않다. 그리고 이제 '학문과 실무'의 과제로 맡겨진 반환내용과 관련하여 다양한 학설이 대립437)하고 있는 것이다. 그리고 여기 부당이득법상의 반환청구권이 문제될 수도 있다.

---

437) 金龍潭 (1984), 200 이하 참조.

그런데 부당이득법도 "부당한 이득의 반환에 관한 청구권"이라는 자체적인 기본원리가 자각될 뿐, 계약의 해소와 그로 인한 각종 위험부담의 문제를 염두에 두고 규정된 것이 아니다. 그렇지만 부당이득법적인 문제에 있어서 계약해소시의 항변위험부담와 파산위험분배에 전혀 무관할 수는 없고, 또 현실적으로도 강력한 제한을 받고 있다. 더욱이 독일 부당이득법이 여러 가지 문제점에도 불구하고 목적적 급부개념을 유지하고 있는 것은, 급부연쇄에서라면 발생하지 않았을 상황, 즉 계약상의 위험을 제삼자에게 전가하는 상황을 막아보려 하였기 때문이다. 그렇지만 거기에서의 논리를 일관하면 이중하자의 경우에 부당이득반환청구권의 부당이득반환청구(Kondiktion der Kondiktion)에 처하게 되고, 결국 위험누적이라는 문제에 이르게 되는 것을 확인한 바 있다. 위 급부개념론으로도 위험의 단절을 이루지는 못하였다.

일찍이 라렌츠(Larenz)[438]는 이 이중하자에서의 부당이득반환청구의 부당이득반환청구에 대해 파산위험의 누적은 어쩔 수 없더라도 항변위험의 전가만큼은 막아보고자 시도한 바 있다. 이를테면 그들은 피지시인의 지시인에 대한 관계에서 급부부당이득반환청구의 대상으로서 수령자에 대한 부당이득반환청구권을 청구하는 것이 아니라 수령자에게 지급된 金額의 返還을 청구하게 한다. 즉 피지시인에게는 지시인을 상대로 한 가액반환청구권이 주어진다는 것이다.[439]

---

438) Larenz (1981), 538.
439) v.Caemmerer (1962), 324는, 피지시인은 지시인에게 자신이 수령자에게 지급하는 만큼의 가치를 취득하게 하려 했던 것이지, 관심 밖에

이렇게 하면 지시인과 수령자 간에 존재하는 항변권과는 절연될 수 있을지 모른다. 그러나 부당이득반환청구의 대상은 원칙적으로 '취득된 것'이지 추상적인 가치가 아니라는 독일 다수설의 입장[440]에서 보면, 그것마저도 논리에 일관되지 못하다. 또 지시인으로서는 애초에 피지시인으로부터 수령자에게 건네진 목적물이 자신의 재산의 일부였던 적이 없고, 또 원하지도 않았으므로, 설령 대가관계상 채권에 효력이 없더라도 부당이득반환청구권을 피지시인에게 양도하는 것이면 몰라도 실제로 수령자로부터 금전을 취득하기를 원하지는 않을 것이다.[441]

한편 생각해 보면, 가액배상청구권을 인정하더라도 항변권을 완전히 배제하는 것은 가능하지 않다고 생각된다. 단축된 급부사례에서 첫 번째 매수인이 매도인의 매매대금청구에 대해 동시이행항변권을 행사할 수 있는데도, 일단 가액배상청구권을 인정하게 되면 어쩔 수 없이 항변권의 최소가치를 평가하여 이득산정에 고려하지 않을 수 없기 때문이다. 결국 매도인의 부당이득반환청구권의 부당이득반환청구를 가액반환청구권으로 바꾼다는 생각 자체는 논리일관성의 문제도 그렇지만, 실제로 항변권배제에 크게 도움이 되지 않는다. 이것

있는 지시인과 수령자 간의 내부관계로부터 영향을 받을 필요가 없는 것이므로 부당이득반환채권 자체를 청구하는 것은 피지시인의 이익에 부합하지 않는다는 설명을 하고 있는데, 라렌츠의 취지와 맥락을 같이 하는 것으로 판단된다.

440) v.Caemmerer (1954), 244 이래로 현재 독일의 다수설로 되어 있다.

441) 독일 목적적 급부개념론 내부적인 논리의 비일관성에 관해 지적한 바 있으며, 第三章 제2절 1 (4) 참조.

은 분명 독일의 목적적 급부개념론을 통해 이행의 대향성을 강조하는 것 자체가 그것이 목적으로 하였던 항변배제와 파산위험분배에 크게 기여할 수 없다는 것을 방증하는 것이라고도 할 수 있다. 또한 부당이득반환청구권을 논하면서 부당하게 존재하는 가치의 유래와 그 이동과정에 관한 고려가 완전히 배제될 수는 없다는 중요한 결론을 얻게 된다.

그렇지만 가치이동을 중심 과제로 삼을 때에 문제되는 것은 역시 계약당사자의 신뢰보호에 관한 것이다. 이것은 第四章에서 指示의 撤回와 관련하여 논한 바 있으나, 조금 관점을 달리 하여 다시 고찰해 보기로 한다.

3) 계약과 신뢰보호

계약관계에 있는 당사자들은 계약이 유효한 경우는 물론이고 계약이 효력을 잃은 경우에 대해서도 특별히 정한 것이 없는 한 계약의 연장선상에서 계약규칙에 따라 위험분배규칙을 정하는 것이 바람직하다. 계약상 그런 위험분배규칙이 전혀 예정된 바 없다고 하더라도, 이미 계약체결의 당사자들은 그와 같은 위험부담을 일정부분 감수하였다고 보는 것이다. 그런데 제삼자의 직접반환청구를 허용한다는 것은 계약상대방이 아닌 제삼자로부터 반환청구를 당하게 되는 것이므로, 계약체결로부터 예상할 수 있었던 범위를 벗어나는 것을 의미한다.

이처럼 계약관계 외의 제삼자에 대한 직접적 부당이득반환청구권

이 문제되는 경우에는 信賴保護라는 관점이 함께 고려되어야 할 것
이다. 그리고 그런 다음에 계약당사자들 사이에 존재하는 抗辯規則
과 危險規則으로부터의 이탈이 허용되는지도 논의되어야 한다.

信賴保護는 두 가지로 나뉜다. 추상적(abstrakt)인 수준의 보호와
구체적(konkret) 수준의 보호가 있는데, 지시사례에서의 부당이득법
의 경우에 직접적 부당이득반환청구를 완전히 금지하는 것은 전자에
해당하고, 후자에는 직접청구를 허용하되 현존이득반환(민법 제748
조 제1항, 독일민법 제818조 제3항)이라는 항변을 인정하는 것이
다.442) 양자의 실제적 차이점이라면, 후자의 경우에는 원인이 되는
재산출연과 그 액수가 문제되는 반면에, 전자의 경우는 그런 각각의
구체적인 모습의 '신뢰투하'와는 상관없이 일률적으로 청구 자체가
금지된다. 그런 의미에서도 직접청구금지로 정해진 곳에서 단순히
신뢰보호의 필요성만을 논거로 역설하는 것은 크게 도움이 되지 않
는다. 즉 이것은 당해 법체계의 주도이념과 주요원리, 그리고 다른
제도와의 조화를 논거로 삼아야 한다는 것을 의미한다.

그런데 이것은 지시사례에 대한 카나리스의 이론과 긴밀한 관련이
있다. 그의 이론은 '無因性原理(Abstraktionsprinzip)'와 '歸屬(Zurechnen-
barkeit)'과 같은 표현으로 압축될 수 있다. 법률관계의 효력에 영향을
주는 흠의 소재가 원인관계에 있는지, 물권관계에 있는지, 지시에 있는
지를 구분하고, 原因關係上의 瑕疵는 有效性瑕疵이며, 物權關係上의 瑕
疵와 指示上의 瑕疵는 歸屬性瑕疵로 분류한 것이다.443) 그래서 유효성

---

442) Larenz / Canaris (1994), 248.
443) Larenz / Canaris (1994), 246ff. 第三章 제4절 1 (1) 참조.

에만 하자가 있다면 부당이득반환관계는 그 원인관계의 당사자들에게만 허용되지만, 후자의 경우에는 취득 자체가 문제되는 것이므로 피지시인의 직접청구가 인정된다는 것이다. 따라서 전자의 경우에는 이득의 수령자는 자신의 신뢰를 抽象的인 수준으로 보호받아야 하는 반면에, 후자에서는 원칙적으로 직접청구가 허용되는 만큼, 현존이득반환이라는 具體的인 신뢰보호가 고려될 수 있는 것이다.

그렇지만 카나리스의 방법론은 독일의 상황에서는 물권법 원리와 채권법 원리 사이의 간극을 메우며[444] 법의 일관성과 유기성을 유지하는 고유의 역할을 담당하고 있는 부당이득법의 특성을 잘 살릴 수 있지만, 우리의 경우에는 사정이 다르다는 점을 지적하였다. 일단 우리 법에서 물권의 효력이 채권의 효력에 좌우되는 이상, 원인관계의 흠과 취득의 흠을 구분할 이유가 없기 때문이다. 즉 원인관계의 흠만으로도 당연히 '취득'에까지 영향이 있다. 그러므로 연쇄된 원인관계 모두에 흠이 있다면 이것은 물건을 가장 최초의 자리로 돌려놓는 것이므로, 카나리스의 이론을 일정부분 인용하더라도 이것은 '취득'에 영향을 미치는 흠이 된다.

환언하면, 연쇄된 급부에서 두 개의 원인관계 모두가 효력을 잃은 경우에 최초의 소유자는 여전히 소유권을 가지고 있으므로 소유권에 기한 반환청구권 역시 가능하게 된다고 할 때, 단축된 급부에서도 그것과 균형을 맞춘 가치평가가 필요하다. 여기에는 부당이득반환청

---

444) Larenz / Canaris (1994), 246에서 명시한, "물권법적 평가를 지향(Orientierung an sachenrechtlichen Wertungen)"하는 부당이득법적 해석을 목적으로 하고 있기 때문이다.

구권이 물권적 청구권의 보충물이라는 관념도 작용한다. 결국 지시사례에서 직접청구가 허용될 수 있고 수령자의 신뢰가 추상적인 수준으로까지 보호해야 할 필요성에 의문을 품지 않을 수 없다.

끝으로 현존이득반환과 계약법원리의 관계에 관해서는, 앞서 플루메의 이론을 소개하면서 잠시 언급된 바 있지만, 계약을 체결한다는 것은 계약상대방을 신뢰하여 자기 재산을 투하하면서 그것과 관련된 항변 및 상대방의 자력과 관련된 최소한의 위험을 인수한 것이라는 점을 지적하고자 한다.445) 불특정다수에 비해 계약당사자의 지위는 언제나 특별히 취급되어야 한다는 점에서도, 계약관계 외의 제삼자에 대한 책임추궁을 계약상대방에 대한 청구에 우선시키는 것에는 좀 더 생각해 보아야 한다. 계약법원리를 수호하고자 부당이득반환청구의 가능성이 완전히 차단되는 것도 받아들일 수 없으나, 적어도 계약이라는 제도를 통해 일정하게 신뢰를 투하한 제삼자에게 그 이상의 책임을 추궁당하도록 방치해서도 안 될 것이다. 즉 지시사례에서 피지시인의 직접적인 부당이득반환청구를 허용한다고 하더라도, 부당이득법의 원칙에 따라 소멸한 이득에 관해서는 반환을 거부할 수 있어야 한다.

그렇다면 이제 직접청구를 인정해야 하는 필요성과 타당성은 확보되었으나, 반환청구권의 요건이 구체적으로 어떻게 충족되는지는 아직 불투명하다. 이하에서 그 구체적인 이론구성을 시도해 보기로 한다.

---

445) 대법원 2002.8.23.선고 99다66564, 66571 판결; 대법원 2003.12.26선고 2001다46730 판결 등 판례에 자주 나타나고 있는 "자기 책임하에 체결된 계약에 따른 위험부담"이라는 표현은 바로 이 점을 지적한 것이다.

3. 직접적 부당이득반환청구권의 성립요건

1) 법률상 원인 없는 이득과 손실

지시사례에서 피지시인의 직접적 부당이득반환청구권을 인정하고자 하는 것은, 피지시인의 입장에서 계약상대방인 지시인을 상대로 이득조정을 요구하는 것이 현실적으로 가능하지 않은 경우가 생길 가능성에 대처하고자 하는 것이다. 사실 지시인이 소추가 가능한 상황에 있다면 피지시인으로서는 아무런 이해관계가 없는 제삼자를 상대하는 것보다 계약상대방에게 요구하는 것이 더 편리하다는 것은 말할 나위 없다. 문제는 그 계약상대방, 즉 지시인이 破産했거나 國外로 이주한 경우처럼 피지시인의 訴追可能性이 物理的으로 制約되는 경우가 존재할 수 있기 때문이다. 또한 수령자가 법률상 원인 없는 이득을 보유하고 있는 상황이 '부당'하다는 점도 그러하다.

지시사례에서 수령자의 보유이득이 法律上 原因이 없다는 것은, 선의취득이 성립하는 경우를 제외하고는, 일단 지시인과의 사이에 존재하는 대가관계 채권의 변제효가 발생하지 않았다는 것이다. 설령 재산을 출연한 피지시인과 그것을 수령한 자가 급부관계에는 있지 않는다고 하더라도, 그것이 부당이득반환청구권을 배제할 사유는 되지 못한다. 따라서 수령자의 수중에 있는 이득에 이해관계가 있는 자는 누구든지 부당이득반환청구권의 성립요건을 입증함으로써 이득 반환을 요구할 수 있다고 해야 한다.

그리고 급부에 의한 이득이든 비급부에 의한 이득이든 일단은 부당이득법의 일반조항에서 출발해야 한다. 그리고 이것만을 놓고 본다면, 급부부당이득반환청구권이 비급부부당이득반환청구권을 배제한다는 의미의 독일식의 보충성원리는 우리 법에 적절치 않다. 그러므로 수령자의 이득에 관해 비급부부당이득반환청구권의 성립여부를 검토하는 일에는 실질적으로 장애가 될 것이 없는 셈이다. 바꿔 말해 지시수령자가 보유하고 있는 법률상 이득은 급부이득으로서 반환될 가능성과 비급부이득으로서 반환될 가능성 모두를 가지고 있다.446)

지시수령자의 채무자인 指示人이 반환을 요구한다면, 당연히 급부이득으로서 다루어져야 한다. 그리고 이때에는 특별히 반환청구권자의 손실과 인과관계를 언급할 필요가 없는데, 채무이행을 위해 출연한 재산, 즉 給付한 것이 損失에 해당하기 때문이다.

반면에 被指示人이 반환청구하게 될 경우에는, 목적적 급부개념에 의하든 소위 규범적 급부개념447)에 의하든 수령자의 이득이 급부에 의한 것일 수는 없다. 또 통상의 경우라면 비급부부당이득을 산정함에 있어 채권을 기준으로 삼을 리 없다. 그렇지만 그런 다른 비급부 사례와는 달리 指示事例에서의 재산이동은 어쨌든 債權에 기해 이

---

446) Bamberger - Wendehorst, § 812, 894ff., Rn.51ff.에서는 피지시인의 반환청구권을 출연부당이득반환청구(Zuwendungskondiktion)라는 題下에 비급부사례로 분류하고 있다. 다른 비급부부당이득반환청구라면 보충성원칙에 따라 직접청구가 부정되겠지만, 여기에서는 이런 출연부당이득반환청구를 내세워 결과적으로 직접청구를 인정하는 셈이다.
447) 급부를 가리켜, "타인재산의 모든 책임 있는 증가"로서 "양당사자의 '교부'와 '수령'이 당해 채권관계에 귀속될 수 있는 것"이라고 정의한 것이다. 第三章 제4절 2 (1).

루어진 것이므로, 사정상 채권과 채권관계를 기준으로 삼더라도 크게 문제될 것이 없다고 생각된다. 오히려 그렇게 할 때에 반환청구권의 성립요건에 대한 심사가 용이해지는 측면이 있는데, 이는 利得의 산정문제는 차치하고라도 수령자가 취득한 것은 결국 자신이 가지는 채권의 내용에 해당하는 것이기 때문이다.

2) 인과관계

第二章에서 소개한 "분양대금지급지시사례"의 판결을 살펴보면, 채권관계의 당사자 사이에 부당이득조정이 이루어지도록 하고 채권관계 이외의 제삼자에 대해서는 그것을 배제시킴으로써, 기본적으로 급부이득에 관한 사안으로 구성되어 있음을 알 수 있다. 그러므로 재산이 피지시인 G에서 지시인 A로 이동하였고, 별도로 A에서 수령자 E로 이동하였다는 것(G→A와 A→E)임은 인정하지만, G에서 유래하여 A를 거쳐 E에게 이르는 연속된 재산이동과정(G→A→E)은 부정하고 있는 셈이다. 더욱이 판결에서 확인되는 법률관계에 비추어 보면, E의 이득은 A와의 계약상 채권에 기한 것이므로, E로서는 G의 부당이득반환청구에 적법하게 대항할 수 있는 것이다. 결국 E의 이득과 G의 손실 사이의 인과관계가 인정되지 않으므로, 직접적 부당이득반환청구권이 성립하지 않는다는 결론에 이르게 된 것은 논리적으로 당연하다.

그런데 계속 거론되고 있는 지시사례의 이중하자의 경우에는 이 인과관계 문제를 어떻게 할 것인지가 아직 해결되지 않고 있다. 위

사례의 판결에서 지시에 의한 단축급부가 있는 경우에 피지시인의
한 번의 이행행위로 두 개의 채권이 동시에 변제되는 효과를 인정한
바 있는데, 만일 두 개의 채권 모두가 효력을 잃은 경우라면 과연
그 재산이동의 경로를 어떻게 이해할 것인지가 명확해져야 한다는
것이다. 설령 지시인을 경유하여 수령자에게 이르렀다 하더라도 과
연 지금 수령자가 보유하고 있는 이득이 지시인의 손실로 인한 것으
로 결정할 수 있는지의 문제이기도 하다.

부당이득반환관계를 정하는 데에 物權法原理를 간과할 수 없다.
채권이 물권을 지향한다고 하거나,[448] 부당이득법이 물권법적 평가
를 지향해야 한다고 하거나,[449] 또는 부당이득법의 주요 사명이 물
권적 청구권에 대한 보충기능[450]에 있다고 하는 것은, 법체계 내부
에 존재하는 모든 법제도와 법규정은 상호 유기적으로 연관되어 조
화를 이루어야 한다는 것을 표현한 것이다. 바꿔 말하면, 단일한 법
체계 내에서 권리나 재산은 최종적으로 한군데로 집중되는 것이 最
善이라는 것이다. 그런데 물권은 물권법정주의와 물권변동에 있어
형식주의를 취하기 때문에, 그 법체계가 지향하는 권리귀속의 상황

---

448) Savigny, System Bd.5 (1841), 339f.
449) Larenz / Canaris (1994), 246.
450) 유형론의 입장에서는 급부부당이득반환청구권은 급부청산의 기능을, 침
해부당이득반환청구권은 물권적 청구권, 불법행위법, 사무관리법을 보
충하는 기능을 수행한다고 하고 있다. Koppensteiner / Kramer (1988),
5; Larenz / Canaris (1994), 129f. 등 참조. 반드시 유형론을 취하지 않
더라도, 가령 Savigny, System, Bd.5 (1841), 515처럼 부당이득반환청
구권을 물권적 청구권의 변형이라고 한다든지, Jakobs (1964), 168처럼
보충물이라고 하는 것과도 관련된다.

이 비교적 선명하게 드러난다고 할 수 있겠다.[451]

일단 사례를 들어보면, 가령 미성년자가 법정대리인의 동의 없이 '動産'을 매수하여 다시 타인에게 매도하는 경우를 생각해 볼 수 있다. 미성년자인 A가 G로부터 어떤 기계를 매수한 다음에 이것을 다시 E에게 판다고 한다면,[452] 그 물건의 소유권은 'A를 경유하여' E에게 이전한 것이 분명하다. 만일에 A가 법정대리인의 동의가 없었음을 이유로 두 개의 계약 모두를 취소하였다면, 우리 민법에 의하면 소유권은 G에게로 복귀하고, 따라서 G는 E를 상대로 물권적 청구권을 행사할 수 있다.

그런데 동일한 사안에서 인도가 단축적으로 이루어져, 기계가 G에게서 E에게로 직접 전달되었다고 가정해 볼 수 있다. 그리고 법정대리인의 동의가 없음을 이유로 두 계약이 모두 취소되었다고 하자. 물건의 지시취득(Geheißerwerb)이 있는 경우에는 소유권귀속 문제를 우선적으로 고려해야 한다는 점이 다를 뿐, 부당이득법과 관련된 기본적 원리는 지급지시의 경우와 차이가 없다고 할 수 있다. 즉 재산의 경유적 이전과 동시이행이라는 가정이 유지되어야 한다. 그런데 문제는, 물건의 소유권변동에 형식주의를 취하는 우리나라나 독일과 같은 법제에서는 소유권변동을 위해 물권변동에 대한 합의뿐만 아니라 공시방법도 함께 갖추어야 한다는 점이다. 이 단축급부사례에서 동산물권변동의 공시방법이라고 할 수 있는 점유의 이전은 단지 제1

---

451) 물건지시급부에 관하여 第二章 제3절 3에서 이미 언급한 바 있다.
452) 급부연쇄의 경우이긴 하지만, 설명의 편의상 단축급부의 경우와 평형을 이루기 위해 각 당사자를 'G', 'A', 'E'로 표시하기로 한다.

매도인[453])에게서 제2매수인에게로 이전한 것일 뿐, 제1매수인을 거친 바 없다. 그렇다면 지급지시에 가능했던 재산이동의 우회라는 가정이 여기에서도 유지될 수 있는 것인지 의문이 생기게 된다.

이것은 '不動産'物權變動에서도 마찬가지이며, 특히 소위 中間省略登記에 관한 문제로 자주 논의되고 있는 부분이기도 하다. 이때에도 제1매수인인 A에게는 등기가 경료된 적이 없다는 점에서 동일한 상황이다. 중간생략등기의 유효성 여부와 근거를 다투는 견해는 다양하지만,[454]) 일단은 그 유효성이 인정되고 있으므로 어쨌든 소유권은 최종매수인에게 유효하게 귀속되는 것은 분명하다.

그런데 여기에서도 두 개의 매매계약이 모두 효력을 잃게 되었다고 해 보자. 이 경우에 물권행위의 무인성을 취하지 않는 우리 법제에서는 애초에 소유권변동이 없었던 것으로 다루어진다. 따라서 소유권은 E로부터 G에게로 자동적으로 복귀하며, G로서는 소유권에 기한 물권적 청구권을 행사함으로써 상실한 점유마저 회복할 수 있다. 매매목적물이 손상 없이 E에게 그대로 남아 있고 또 그가 자력

---

453) 이하에서는 편의상, 최초의 매도인은 '제1매도인', 두 번째 매도인이자 첫 번째 매수인은 '제2매도인' 내지 '제1매수인', 두 번째 매수인은 '제2매수인'으로 지칭하기로 한다. 부동산이중매매의 경우에 존재하는 각각의 당사자를 지칭하는 용어와는 구별되는 개념이다.

454) 삼자 전원의 합의를 근거로 한다든지, 물권적 기대권을 원용하거나 또는 무권리자의 처분행위를 다룬 독일민법 제185조를 근거로 삼기도 하는 등, 대체로 그 유효성을 인정하는 태도를 취하고 있다. 판례는 태도를 분명히 밝히고 있지 않지만, 아마도 실체관계에 부합한다는 것을 근거로 그 유효성을 인정하는 것 같다(대법원 1965.8.31.선고 65다1239 판결; 대법원 1980.2.24.선고 69다967 판결 등).

이 있다면 통상 아무런 문제가 생기지 않는다. E가 매매목적물을 A에게, 또는 그의 지시로 G에게 직접 반환하면 되기 때문이다. 이미 지급된 매매대금에 관해서는 응당 계약관계의 당사자들 간에 부당이득반환이 이루어질 것이다.

그런데 때에 따라 E가 목적물을 제삼자에게 양도하였거나 또는 물건이 멸실되어 물권적 청구권의 행사 자체가 불가능한 상황이 있을 수도 있다. 만일 급부연쇄의 경우라면 제1매도인 G가 제2매수인 E를 상대로 직접 물건의 가액에 대한 부당이득반환청구를 할 수는 없다. 무엇보다도 E의 이득은 G의 손실에서 비롯된 것이라고 할 수 없기 때문이다. 그렇지만 경우에 따라서 G와 제1매수인 A 사이에 가액반환청구권의 양도가 합의될 수는 있을 것이다.

그렇지만 단축된 급부에서는 상황이 다르다. 채권은 동시에 변제효를 일으켰고, 그것이 효력을 잃음으로써 두 채권은 동시에 부활한다. 그리고 물건의 소유권은 자동적으로 제1매도인에게로 귀속하게 되는데, 이때에 제1매수인은 형식적으로 소유권을 취득한 적이 없는 것은 물론이고, 관념적으로라도 재산이 제1매수인을 거친 것으로 볼 수 없기 때문이다.

이런 점을 논증하기 위해 다음과 같은 문제를 제기할 수 있다. 만일 물건이 수령자에게 原狀대로 남아 있는데, 이중하자가 아니라 대가관계의 매매계약에만 문제가 생겨 이득반환관계에 들어서게 된 경우는 어떠할까. E의 입장에서는 매매대금의 반환을 청구할 수 있다. 그런데 거기에 대해 A가 원물의 소유권을 주장하며 물권적 청구권을 행사할 수 있을까.

동산의 경우라면 짧은 순간이나마 소유권이 A를 경유하였다고 의제하더라도 물권법 원리와 크게 차이날 것이 없기에, 그에게 소유권에 기한 물권적 청구권을 인정하더라도 큰 부작용은 없을지도 모른다. 그렇지만 중간생략등기와 같은 不動産 所有權 移轉의 경우는 좀 다른데, 여기에는 물론 물권변동의 형식성이 엄격하게 작동하고 있기 때문이다. 그렇지만 어쨌든 결론적으로 이 경우에 A에게 물권적 청구권을 인정하기 어렵지 않나 생각된다. 그러므로 물권적 청구권에 보충적으로 개입되는 부당이득반환청구권을 상정한다면, 이중하자의 경우에 제1매수인 A의 E에 대한 부당이득반환청구권을 인정하는 것 자체가 적절하지 못하다.

독일 부당이득법은 어떤 식으로든 삼각관계에서 제삼자에 의한 직접청구를 배제하려는 논리를 전개한다. 그것은 물건이 지시에 의해 급부되어 제삼자에게로 이전된 경우에 당해 물권변동이 채권의 효력 여하에 좌우되지 않게 하려는 것, 즉 물권행위 무인성의 원리를 관철하고자 하는 의지로 해석되지 않을 수 없다. 즉 아무리 채권의 효력이 문제된다고 하더라도 소유권 여하에는 변동이 없다. 그런데 만일 직접적 부당이득반환청구권이 인정된다면, 물권적 청구권을 통해서는 반환되지 않는 재산이 부당이득반환청구권을 통해 반환되어야 하는 결과에 이르며, 이것은 물권행위의 무인성원칙에 대한 실질적 파괴를 의미한다.

그러므로 그런 사정에 있지 않은 우리 법에서는, 두 개의 원인관계상 채권이 모두 효력을 잃게 될 때, 즉 소위 이중하자의 경우에 중간에 있는 지시인에게 일시적으로나마 이득의 귀속을 인정하는 시각은 존재하지 않는 것으로 보인다. 따라서 직접청구를 의미하는 독일어 '두르히그리프(Durchgriff)'의 어의에 적합하게 부당이득반환청구권은 지시인을 관통하여 지시수령자를 상대로 직접 이루어질 수 있는 것이다. 결국 이중하자의 경우에 피지시인의 손실과 수령자의 이득 사이에 인과관계를 인정하는 것이 타당하며, 피지시인의 수령자에 대한 직접적 반환청구가 부정될 이유가 없다.

다만 그와 같은 종국적 판단에 이르기 전에 다른 제도와의 조화도 함께 고려하는 것이 적절하다고 생각된다. 삼각관계에서의 부당이득론과 관련하여 중요한 문제로 이른바 전용물소권의 문제가 있다. 부당이득법과는 그 유래나 개념의 측면에서 서로 구분되지 않는 것도 아니지만, 관련되는 논점들이 지속적으로 함께 논의되어 왔기에 이하에서 간략하게나마 언급하고자 한다.

 **제3절** **'이른바 전용물소권의 문제'로부터의 법리 차용**

1. 전용물소권에 대한 논의의 의의

전용물소권의 개념은 여러 가지로 정의될 수 있겠으나 일반적으로 쌍무계약의 당사자가 계약상대방에게 계약상의 의무의 전부 또는 일부를 이행하였으나 그 상대방이 반대급부를 이행하지 않고 있고, 오히려 제삼자가 그 급부로부터 넓은 의미에서의 이익을 얻고 있을 경우에, 계약상 청구할 수 있는 반대급부에 해당하는 이익의 반환을 자신과 직접적 계약관계에 있지 않은 그 제삼자를 상대로 직접 소구할 수 있는 권리라고 할 수 있다.455) 그러므로 전용물소권에 대한 논의는 일단 그 구조적인 면에서 삼각관계상 급부관계에 있지 않은 제삼자를 상대로 한 직접청구의 논의와도 유사한 구조를 가지고 있

---

455) 民法注解 ⅩⅦ, 제741조(梁彰洙 집필부분, 2005), 228. 전용물소권의 개념은 시대에 따라 변화되어 왔는데, 이것은 보통법학기의 전용물소권을 기준으로 한 설명이라고 할 수 있다. Kupisch (1965), 23ff.

을 뿐만 아니라, 반대급부에 해당하는 것이긴 하지만 제삼자에게 남아 있는 이익을 청구한다는 측면에서도 이 연구와 밀접한 관련이 있는 것으로 보인다.

독일민법은 기본적으로 전용물소권(Versionsklage)을 부정하고 있는데, 이것은 이 연구를 통해 검토해 온 재산이동 직접성의 원칙이나 보충성원리 같은 것들이 등장한 것과 같은 맥락에서, 독일 민법상 일관되게 흐르고 있는 무인관념의 표현이라고도 이해할 수 있다. 그런데 우리 판례도 최근에 일련의 판례를 통해 전용물소권의 원칙적 부인의 입장을 보이고 있다. 전용물소권의 인정여부는 당해 법질서의 독자적인 판단이 이루어지는 부분이고, 어떻게 보면 법정책적인 고려456)도 강하게 작용할 수 있는 영역이므로, 독일 민법 속에서 전용물소권이 부정되고 있는 것은 그 나름대로 의미가 있다고 할 수 있겠다. 그런데 우리 법체계 안에서도 그와 같은 판단이 가능한 것인지에 대하여는 좀 더 논의해 볼 필요가 있다.

일찍이 폰 캐머러는 삼각관계가 문제될 수 있는 사안들을 크게 네 가지로 분류한 바 있다.457) 타인채무의 변제(Zahlung fremder Schulden), 보상관계에 따른 급부(Leistung in Abhängigkeit von Deckungsbeziehungen), 지시급부와 유가증권급부(Anweisungs – und Clearingleistungen), 제삼자를 위한 반사효를 지닌 급부(Leistungen mit Reflexwirkungen für Dritte)가 그것인데, 前 삼자는 모두 기본이 되는 원인관계가 존재하고 여기에 제삼자가 관여하는 방식으로 법률관계가 확대·변형된 것인 데에 반해, 가

---

456) Niederländer (1953), 56.
457) v.Caemmerer (1962), 325ff.

장 마지막의 경우는 좀 이질적이다. 바로 轉用物訴權(Versionsklage)이 문제되는 사례로서, 계약상대방에게 급부한 것이 바로 제삼자의 재산 속에 사용되어 버린 경우이다.

가령 건물용익권자가 임의로 내부를 현대식으로 개조하려고 그런 공사를 시행하는 회사로 하여금 새로운 내장을 부착하게 하고, 결과적으로 내장공사를 담당한 회사의 급부로 인해 실제로는 건물소유자가 이익을 얻는 경우를 가리킨다. 전용물소권에 대한 부정적 입장을 보다 실천적인 의미로 이 경우에 대입해 보면, 이 건물내부공사의 경우에 도급을 받아 공사를 시행한 회사가 자신이 투여한 비용에 대해 직접적인 계약상대방과만 상대해야 하는 것이지, 건물소유자를 상대로 해서는 청구할 수 없음을 말한다. 건물용익권자와 소유자와의 법률관계 또는 등기부상의 소유관계가 어떠한지가 이런 수급인들과는 무관한 것이기 때문이다.458)

2. 전용물소권의 유래459)

1) 로마법상의 'actio de in rem verso'

전용물소권의 유래는 로마법상의 제도로 거슬러 올라간다. 원래 원칙적으로 대리제도를 인정하지 않던 로마법에서 예외적으로 대리

---

458) v.Caemmerer (1962), 331.
459) 인용된 자료는 일차적으로 民法注解 ⅩⅦ, 부당이득 前論(梁彰洙 집필부분, 2005), 112 이하에서 얻은 것이다.

와 같은 효과를 인정하였는데, 그것이 바로 'actio de in rem verso'
이며, 이것이 현재의 전용물소권의 기원이 된다. 로마시민법상 家子
(filius familias)는 家父(pater familias)의 권력에 예속되어 고유의 재
산을 소유할 수 없으며 그가 취득한 재산은 모두 家父에게 귀속되
었다.[460] 또한 家父는 家子의 행위로 인한 채무도 부담하지 않았
다.[461] 家子의 채권자는 그를 상대로 소송을 제기하고 승소판결을
받을 수 있으나, 그 집행은 家父의 권력이 소멸하여 家子가 재산능
력을 가지게 된 이후에야 가능했고, 그나마 노예의 재산행위에 대해
서는 소추조차 불가능했다. 이처럼 家子의 채권자로서는 자신과 계
약관계를 맺지 않은 자에게 자신의 손실에 기한 부당한 이득이 남아
있는 상태는 여러모로 부당한 것이었기에, 법무관은 일정한 경우, 즉
家子가 特有財産(peculium)을 가지고 거래를 한 경우에는 그 특유재
산의 한도에서 家父를 상대로 한 부가적인 소권(actiones adiecticiae
qaulitatis)을 부여하였다.[462] 즉 家子나 노예의 재산적 행위로 인해
얻은 것이 家父나 주인의 고유재산에 이익이 되게 이용된 경우에(in
rem versum), 채권자는 직접 그 家父나 주인의 재산에 관해 이익을
얻은 한도에서(eatenus, quantenus versum) 책임을 물을 수 있는 것이
다.[463] 이것이 actio de in rem verso이다.

---

460) Kupisch (1965), 11.
461) Niederländer (1953), 57.
462) Kupisch (1965), 11f.
463) Kupisch (1965), 12. 이처럼 이익이 존재하는 것만으로 이 소권이 발생
    하는지 여부, 즉 이 소권의 발생근거를 둘러싸고 다툼이 있었다. 뒤에
    언급하겠으나, 위 소권이 발생하기 위하여 고전기 이래 家父와 家子

이처럼 전용물소권이 부당이득과는 그 유래를 달리 하는 별도의 제도로 출발한 것이긴 하지만, 사실상 부당이득제도가 민법상의 중요한 채무발생원인으로 발전해오는 데 중요한 역할을 수행하였다고 할 수 있고,[464] 또 당시의 부당이득반환책임이라는 것도 그 이전의 전용물소권상의 책임을 모델로 하여 형성되어 왔다는 학설[465]도 존재한다. 또한 직접적인 계약관계에 있지 않은 제삼자를 상대로 그에게 자신의 재산으로부터 유래한 이익이 존재한다는 이유로 그 반환을 구하는 법률구도를 다룬다는 점에서, 이 연구에서 규명하고자 하는 삼각관계의 부당이득반환에 대해서도 중요한 단서로 작용할 가능성도 있다.

그렇지만 무엇보다도 로마법 이래 역사적으로 "타인 사이의 계약으로부터의 이득"(Bereicherung ex alieno contractu)이 반환되어야 할 부당한 이득에 해당하는지 여부[466]가 중요하게 다루어져 왔다. 삼각관계의 부당이득사례와 전용물소권사례를 관련지어 고찰하기 위해서는 양자를 둘러싼 이론의 전개과정에 더욱 관심을 가지게 되며, 그

사이에 사무처리관계, 즉 위탁된 것이면 mandatum(위임)이, 위탁되지 않은 것이면 negotiorum gestio(사무관리)의 존재가 요구되었다고 주장되기도 했다. 이것에 따른다면 전용물소권의 기초는 家子가 위임이나 사무관리에 기하여 家父에 대하여 비용상환청구권의 일환으로서 가지는, 자신의 채권자에 대하여 부담하는 채무의 변제청구권(민법 제688조 제2항처럼)인 셈이라고 설명될 수 있다. 民法注解 ⅩⅦ, 不當利得 前論(梁彰洙 집필부분, 2005), 112, 각주31 참조.

464) v.Gierke (1917), 994.
465) Niederländer (1953), 57ff.
466) 民法注解 ⅩⅦ, 제741조(梁彰洙 집필부분, 2005), 228-229.

런 취지에서 이하에서는 보통법학기의 전용물소권의 발전과정을 살 펴보기로 한다.

2) 보통법학기의 전용물소권

보통법학으로 대표되는 17세기와 18세기는 "누구도 타인의 손실에 의하여 이익을 얻어서는 안 된다"는 근세 자연법적 원리가 로마법원 (D.12, 6, 14; D.50, 17, 206)을 배경으로 하여 민법상의 수많은 제도의 형성과 발전에 직·간접적으로 영향을 미친 시대이다.[467] 그리고 가장 많은 영향을 받은 것이 부당이득반환청구소권(condictio sine causa), 사 무관리(negotiorum gestio)와 전용물소권(actio de in rem verso)이라고 할 수 있다.

로마의 actio de in rem verso는 이미 고전기 당시에 노예나 家子 뿐만 아니라 자유인인 사무관리자(negotiorum gestor)의 행위에까지 확대해 있었다.[468] 독일 보통법시대에 이르러서는 이를 더욱 확대하 려는 경향이 있어서, 사무관리자의 행위에 한정되지 않고 중간자의 요건을 더욱 완화하여 계약상의 급부로부터 이득을 얻은 제삼의 이 득자가 있다면 그에게 전용물소권을 행사하는 것이 일반적으로 허용 되는, 이를테면 action de in rem verso utilis의 모습으로 이루어지고 있었다.[469]

---

467) Kupisch (1965), 17.
468) Coing (1985), 499.
469) Kupisch (1965), 24.

예를 들어 소비대차의 경우에 소비대주가 대부금을 자신의 이익을 위해 사용한 제삼자를 상대로 반환청구하거나 또는 물건을 수리하거나 그 물건에 비용을 지출한 경우에 그 물건의 소유자인 제삼자나 그 물건의 제삼취득자 등에 대한 전용물소권이 인정되었으며, 심지어 계약상대방이 무자력이 된 경우에까지 채권자는 보충적으로 계약상의 급부로부터 이득을 본 모든 제삼자에 대하여 전용물소권을 행사할 수 있다고 하는 일반명제가 성립하기에 이른다. 물론 이런 확장에 대해서는 비판 또한 적지 않았고, 그래서 전용물소권을 인정하기 위해서 본인과 중간자 사이에 사무관리관계를 요한다는 견해가 주류를 차지하게 된다.[470]

전용물소권의 법적인 근거에 관해서는 보통법학시대 이전에도 다툼이 있었으나, 이 시기에 본격적으로 여러 가지 주장이 등장한다. 사비니[471]는 사무관리자가 본인을 상대로 가지는 사무관리소권을 양도한 것으로 의제하고 있다. 한편, 폰 투르[472]의 견해를 지지하는 빈트샤이트(Windscheid)[473]에 따르면 전용물소권의 근거는 위임과 사무관리에서 유래하는 노예나 家子의 자연채권에서 구한다고 한다. 즉 이 소권은 본인에게 현존하는 부당한 이득을 기초로 하는 것이 아니고, 오직 본인을 위하여 소유자로서의 의사 없이 인수한 유익하게 개시된 사무관리에서 구해야 할 것이며, 그렇게 하여 시작된 사

---

470) 보통법학기의 actio de in rem verso와 actio negotiorum gestorum contraria의 관계에 관해서는, Kupisch (1965), 27ff. 참조.
471) Savigny, Das Obligationenrecht Ⅱ (1853), 32.
472) v.Tuhr (1895), 16ff.
473) Windscheid (1906), 1117, Fn.2.

무관련 행위의 위험이 본인에게 지워진 것이라고 하였다. 따라서 이득이 존속할 것도 요하지 않고 채권자가 사무관리의 사실을 알고 있었다는 사실도 필요치 않다. 노예나 家子처럼 가권에 복속하는 자가 가권자의 이익을 위해 채무를 부담한 경우에 전자는 후자에 대해 면책청구권을 가지는 것으로, 우리 민법 제738조(수임인이 사무처리에 필요한 채무를 부담한 경우에 위임인에게 대신 변제할 것을 청구할 수 있는 제688조 제2항을 준용한 규정)에 해당하는 것이다. 다시 말해 家權服屬者가 家權者에 대해 이와 같은 면책청구권을 가지게 되는 경우에 채권자가 그것을 대신 행사하는 것이 바로 전용물소권이라는 것이다. 결국 보통법학시대는 위임계약관계 내지 사무관리관계에서 발생하는 비용상환청구권을 중심으로 이 소권의 이론을 전개한 것으로 이해된다.

1794년 6월 1일에 시행된 **프로이센** 일반란트법[474])에서 부당이득반환청구권과 사무관리, 전용물소권 등을 모두 실정법화하였다. 우선 不當利得返還請求權들은, "변제에 관하여(Von der Zahlung)"라는 표제를 단 절(제1편 제16장 제2절)에 규정되어 있었는데, 이것은 비채변제를 중심으로 하여 목적부도달로 인한 반환청구권(제119조) 및 불법원인으로 인한 반환청구권(제205조)을 포함하는 급부반환청구를 규정하고 있었다. 한편 事務管理와 轉用物訴權은 委任(Vollmachtsauftrag)과 아울러 "제삼자에 의한 물건 및 권리의 소유권의 취득(Von Erwe-

---

474) "Allgemeines Landrecht für die Preußischen Staaten." 각 장(Titel)마다 새 조문번호로 시작된다. 이하의 법문은, Hattenhauer / Bernert, Allgemeines Landschaft für die Preißischen Staaten von 1794 (1970)를 참조하였다.

rbung des Eigenthums der Sachen und Rechte durch einen Dritten)"
이라는 표제를 단 장(제1편 제13장)에서 규정되어 있다. 거기에서 사
무관리는 제2절("Von Uebernehmung fremder Geschäfte ohne vorhergega-
ngnen Auftrag")에, 전용물소권은 "유익한 출비에 관하여(Von nützlichen
Verwendung)"라는 표제의 제3절에 각각 규정되었다.

사무관리를 규정한 제2절의 제228조[475])가 사무관리의 원칙적 금지
를 선언하고 있지만, 사무관리가 성립하는 경우의 본인의 책임에 대
해서는 그 절 제230조[476])와 제231조[477])가 부당이득원리에 기하여 설
명하고 있다. 한편 전용물소권에 관해서는, 제3절 제262조에서 "자신
의 재산으로부터 어떤 것을 타인에 유익하게 출비한 자는 그것을 원
상태로 또는 그 가액의 배상을 청구할 권한이 있다"[478])는 일반규정

---

475) "In der Regel ist niemand befugt, sich in die Geschäfte eines Andern
ohne dessen Auftrag oder ein andres besondres durch ausdrückliche
Gesetze ihm beygelegtes Recht zu mischen(원칙적으로 누구도 타인의
위임 또는 특히 명시적인 법에 의하여 부여되는 권리에 의하지 아니
하고 타인의 사무에 관여할 권한이 없다)."

476) "Doch darf sich niemand die Vortheile fremder Sachen oder Handlungen
ohne besonderes Recht zueignen, und sich also mit dem Schaden eines
Andern bereichern(그러나 누구도 별도의 권리 없이 타인의 물건이나 행
위에 의하여 이익을 취하여서는 아니 된다. 즉 타인의 손실에 기하여
이득하여서는 아니 된다)."

477) "Wer also aus dem ohne Vollmacht von einem Andern besorgten
Geschäfte einen wirklichen Vortheil genießt, muß den Andern, so weit
als dieser Vortheil hinreicht, schadlos halten(따라서 위임 없이 타인에
의하여 처리된 사무로부터 실제적인 이익을 누린 자는 그 이익의 한
도 내에서 타인에게 배상을 하여야 한다)."

478) "Derjenige, aus dessen Vermögen etwas in der Nutzen eines Andern
verwendet worden, ist dasselbe entweder in Natur zurück, oder für den

을 두고 있다.

위 전용물 규정을 살펴보면, 당시 통설이 인정하고 있는 전용물소권의 범위를 훨씬 뛰어넘는 모습을 취하고 있다. 당시 통설에 따르면 전용물소권을 인정하기 위해서는 "중간자(즉 사무관리자 또는 수임인)의 출연에 의한 매개"가 요구되었으나, 동규정은 그러한 요건을 두고 있지 않기 때문이다. 특히 제3절 제263조와 제264조는 각각, 반환당시에 물건이 현존하고 있으면 현존하고 있는 대로 반환, 현존하고 있지 않으면 가액을 상환하도록 규정하고 있다. 따라서 이들 규정만으로는 당시에 전용물소권이 일반적으로 인정되고 있었다고 판단하기 곤란하다. 다시 말해 프로이센 일반란트법상의 전용물소권은, 로마법상의 actio de in rem verso와 다른 것은 물론이고, 당시 일반적으로 인정되고 있는 전용물소권과도 구별되는 "독특한 부당이득반환청구권"을 인정하였다는 평가[479]를 받고 있다.

또 다른 보통법학의 결실이라고 할 수 있는 **오스트리아**민법 제1041조[480] 역시 프로이센의 전형에 따랐으며, 그 규정의 문언이 포

Werth Vergütung zu fordern berechtigt."

479) 諸哲雄 (2002), 59.

480) "Wenn ohne Geschäftsführung eine Sache zum Nutzen eines anderen verwendet worden ist, kann der Eigentümer sie in Natur oder, wenn dies nicht mehr geschehen kann, den Wert verlangen, den sie zur Zeit der Verwendung gehabt hat, obgleich der Nutzen in der Folge vereitelt worden ist(위임 없이 물건이 타인의 이익으로 전용되었다면 소유자는 그것을 원상대로 청구하거나, 만일 그것이 더 이상 이루어질 수 없다면 전용 당시에 가지고 있었던 가액만큼을 청구할 수 있으며, 설령 그 이익이 후발적으로 탈락한 경우에도 마찬가지이다)."

괄하는 범위가 상당히 넓었기에 오히려 일반적인 부당이득반환소권
으로 이용될 여지가 있었을 것이다.

3) 전용물소권을 둘러싼 독일민법제정 당시의 논의

독일민법 제정당시에 로마법상의 actio de in rem verso가 부당이득
법과는 근본적으로 다르다고 인식하고 있었기에 전자를 후자의 영역
에 포함시키기를 꺼렸고,[481] 결국 민법에서 일반적인 전용물소권에
대하여 규정하는 것은 좌절되었다. 부당이득법이 아닌 事務管理 부문
에서 논의되고 있는 전용물소권에 관해, 채무법 부분초안(Theilentwurf
des Obligationesrecht) 제245조에 대해 이루어진 논의의 내용[482]을 살
펴보면 다음과 같다.

우선 사무관리자(negotiorum gestor)가 사무본인을 위해 자신의 이
름이 아닌 사무본인의 이름으로 제삼자와 계약을 체결하였으나 본인
이 그 추인을 거절한 경우(직접대리 사안)에는, 굳이 전용물소권을
인정하지 않더라도 "일반적인 부당이득법에 기해" 제삼자는 본인을
상대로 condictio ob rem 또는 condictio sine causa를 가질 수 있다
고 한다. 그것이 본인이 제삼자의 급부로부터 직접 수령한 것인지
중간자를 통해 간접적으로 수령한 것인지는 문제되지 않는다. 직접
대리의 모든 법률행위의 효과는 본인에게 귀속되기 때문이다.

---

481) Jakobs / Schubert (1983), 65ff., § 668ff.
482) Prot Ⅰ 1668 내지 1671. 이것은 Jakobs / Schubert (1983), 163f.에도 수
　　 록되어 있다.

이와 달리 위임인 또는 법정대리인 또는 사무관리자(negotiorum gestor)가 자신의 이름으로 제삼자와 계약을 체결하여 그 계약으로부터 본인이 이득을 얻은 경우가 있다(간접대리 사안). actio de in rem verso가 문제되는 것은 바로 이 경우라고 한다. 그러나 이때 제삼자는 대리인 또는 사무관리자 같은 중간자를 상대로 부당이득반환청구권을 가지며, 또 그에게 의사에 기하지 않은 재산손실이 있다고 할 수도 없으므로 본인을 상대로 한 부당이득반환청구권의 발생요건을 갖추고 있지 않다는 것이 제1위원회의 입장이었다. 그런데 제삼자가 중간자를 상대로 계약상 이행을 청구하였으나 그가 무자력이어서 이행청구가 실효를 거두기 어렵다면, 이제는 본인에 대한 제삼자의 전용물소권 인정여부를 검토하는 것에 기대를 걸어보고자 할 수도 있다. 그렇지만 이유서는 다음과 같은 이유에서 그것을 부정하였다.

즉 중간자는 자신의 계약상대방으로부터 받은 급부를 본인에게 다시 인도할 의무가 있다고 해서 본인에게 이득이 있다고 할 수 없는데, 통상 본인은 중간자에 대해 위임계약이나 사무관리에 기한 비용상환의무(actio mandati와 actio negotiorum gestorum contraria)를 부담하기 때문이다. 이 의무가 이행되었다면 본인에게 이득이 존재하지 않는 것이고, 따라서 제삼자의 본인에 대한 부당이득반환청구권은 인정되지 않는다. 이것이 아직 미이행인 상태라야만 제삼자가 본인을 상대로 당해 계약으로부터 취득한 이익의 반환을 청구할 가능성이 생길 뿐이다. 이런 경우에 관해 바이에른민법초안 제750조[483]

---

483) "제삼자와 사무관리자가 체결한 행위에 기하여 제삼자의 재산으로부터 사무본인에게 이득이 주어진 경우, 제삼자는 그의 선택에 따라 사무관

는 중간자가 본인에 대해 가지는 권리를 양도할 것을 청구할 수 있는 권리를 제삼자에게 인정한다. 그러나 중간자가 무자력이 되었다면 설령 권리를 양도하더라도 권리의 양수인인 제삼자로서는 직접 중간자에 대해 계약상의 청구권을 행사하는 것보다 나을 것이 없다. 왜냐하면 중간자가 위임계약이나 사무관리에 기한 행위로 얻은 이득을 본인에게 인도할 수 없다면 본인으로서는 중간자에 대한 비용상환을 거부할 수 있기 때문이다. 즉 권리양도로 중간자가 부담하는 항변위험까지 모두 제삼자에게 양도되고 만다. 앞의 章에서 확인된 부당이득반환청구권의 부당이득반환청구(Kondiktion der Kondiktion)시 발생할 수 있는 항변누적이 여기에서도 문제가 되는 것이다. 결론적으로 권리를 양도하는 과정이 없이 제삼자의 본인에 대한 직접적 반환청구권으로 존재하고 그 범위 내에서 중간자의 권리를 주장할 수 있는 권한이 인정되는 구조를 취해야만 그나마 제삼자에게 도움이 될 여지가 있게 된다.

그렇지만 그런 구성방식 역시 결국에는 대리인의 청구권을 행사하는 것에 지나지 않으며, 해당하는 계약관계를 넘어서서 부당이득여부를 판단하는 청구권을 고려하는 것에까지 이르지는 않는다. 그런데 그것처럼 계약관계의 범위를 초월한 청구권을 인정한다면 여기에 관련되는 당사자들의 관계는 지극히 복잡해진다는 것이 제1위원회의 생각이다. 즉 비용상환채무자인 본인은 제삼자와 사무관리자라는 두

리자에 대한 청구권을 행사하거나 그로부터 사무관리에 기하여 본인에 대해 성립하는 소권의 양도를 청구할 수 있다" 이것은 사비니의 견해를 입법화한 것이다.

명의 채권자로부터 채무전액에 관해 청구받을 수 있는 일종의 연대채권이 성립한다. 그러나 그것 외에도 이때의 제삼자의 지위란 것이 지극히 불안정하다고 할 수 있는데, 중간자가 본인에 대한 자신의 권리를 처분해버리는 경우에는 보호받을 수 없는 것처럼 전적으로 중간자에게 의존하는 지위에 불과하기 때문이라는 것이다. 다른 한 편으로 제삼자에 대해서는 본인도 사무관리자도 모두 전부를 이행할 책임을 지게 되는 일종의 연대채무가 발생하여, 또다시 새로운 혼란이 생겨날 것으로 예상되기도 한다. 이와 같은 이유로 전용물소권은 제삼자에게 완전한 도움을 주지 못하면서도 복잡하고 혼란스러운 법률관계만을 발생시킬 뿐이라는 결론에 도달하였고, 결국 독일민법상 명시적으로 거부되었다.

3. 현행법상 전용물소권의 인정여부

1) 전용물소권이 문제되는 영역

지금까지의 내용을 정리해 보면, 전용물소권은 계약상의 급부를 이행한 자(甲)와 중간자(乙) 사이의 계약관계가 유효한 가운데 중간자와 수익을 얻은 자(丙)가 事務管理관계에 기한 것이든 委任契約을 근거로 한 것이든, 乙이 丙을 상대로 費用償還請求權을 가지는 경우에 인정되는 것이라고 하는 것이 보통법학기의 주류였다. 물론 전용물소권과 기타의 비용상환청구권의 관계 내지는 전용물소권이 포괄하는 범위에 관해서는 보통법학기 당시에도 다양한 견해로 나뉘어 있었던 것이 사실이다.[484] 그러나 독일민법의 입법자들은 이러한 전용물소권을 명시적으로 거부하였으므로, 현재 독일에서 로마법시대의 의미로든 보통법학시대의 의미로든 전용물소권은 원칙적으로 인정되고 있지 않다. 그럼에도 불구하고 현실적으로 전용물사안에 해당하는 것이 아닌지 하는 의문을 갖게 하는 경우가 발견되고 있고, 이것이 특히 삼각관계의 부당이득법적 논의와도 맞물려 있다는 점에서 문제가 된다.

전용물소권이 문제되는 사안들로 언급되고 있는 것들은 대략 다음과 같다. 우선 위에서 보통법학시대에 대표적인 轉用物 事案으로 문제되었던 경우, 즉 중간자 乙과 본인인 丙이 事務管理關係나 委任契約關係에 있는 경우이다. 또 乙과 丙 간에 委任契約 以外의 契約關係가 존재하고, 그래서 乙이 丙에 대한 계약상의 채무를 이행하기 위하여 甲과 계약을 체결하여 그로부터 受領한 재료 등으로 丙의 소유물에 비용을 지출한 경우가 있을 수 있다. 乙이 甲으로 하여금 丙의 소유물에 비용을 들이도록 指示하는 경우, 전형적인 지시사례이지만 위의 사례와 다를 바가 없다.

이런 것들을 더욱 확대해 보면, 乙이 丙의 물건을 훔친 후에 甲과 물건수리계약을 체결하여 이에 甲이 당해 물건에 비용을 지출한 경우가 있을 수도 있고, 또는 甲과 乙이 계약관계에 있고 乙과 丙이 계약관계에 있는 가운데 乙과 丙 사이의 계약이 무효이거나 취소된

---

484) 상세한 내용은, Kupisch (1965), 17ff. 참조.

경우도 있을 수 있다. 이 모든 경우에 과연 甲이 丙을 상대로 지출한 비용의 상환을 청구할 수 있는지가 문제된다.[485] 그러므로 현재로서는 이처럼 본래적 의미의 전용물소권 사안에서 확대 내지는 파생되어 널리 포괄적인 의미로 사용되고 있는 실정이다.

2) 외국의 경우

독일의 경우는 일찍이 민법의 입법 당시에 상당한 논의를 거쳐 이 소권의 채택을 명시적으로 거부한 바 있기에 현재로서는 이런 기본적인 태도의 변화가 없는 한 전용물소권의 허용여부에 관한 논의를 전개하는 데에 상당한 장애가 있음은 사실이다. 그러나 앞서 언급한 바와 같은 보통법학이 상정한 형태 이외에도 기타의 계약관계를 기초로 한 전용물사안이 생겨날 수 있는 것은 부인하기 어렵다. 다만 특이하게도 독일민법은 '예외적'인 전용물소권 적용례[486]로 볼 수 있는 규정으로 제822조[487]를 두고 있어, 직접 내지 유추적용의 여지가 아예 없는 것은 아니라고 생각된다. 이 규정에 따르면, 중간

---

485) 무권대리인인 乙과의 계약에 근거하여 甲이 丙에게 급부하고, 甲이 직접 또는 중간자를 통하여 그 급부를 수령한 경우도 생각할 수 있을 것이다. 직접대리사안으로, 이 경우에 甲이 丙을 상대로 부당이득반환청구권을 가진다는 것에 관해서는 독일민법 제1초안 이유서가 명시적으로 인정하고 있음은 앞서 확인한 바와 같다.

486) Reuter / Martinek (1983), 512; Wieling (2003), 81.

487) "수령자가 취득한 것을 무상으로 제삼자에게 출연한 때에는, 이로 인하여 수령자의 부당이득반환의무가 배제되는 한도에서, 제삼자는 부당이득청구권자로부터 법적 원인 없이 출연을 받은 경우에 준하여 반환의무를 진다."

자로부터 無償으로 이득을 취득한 제삼자에 대해서는 그 이득에 상
응하는 재산상의 손실을 입은 자가 직접 이득의 반환을 청구할 수
있다. 이것은 손실을 입은 자에 비해 무상의 제삼취득자를 특별히
더 보호해야 할 필요나 가치가 없다는 독일입법자의 정책적 판단을
기초로 한 것이다.

프랑스의 전용물소권(actio de in rem verso)은 애초에는 부당이득
(l'enrichissement sans cause)에 기한 반환소권과 동일한 것으로 이해
되었다. 프랑스의 부당이득법은 법형식상 독일을 비롯한 일본 및 우
리나라의 부당이득법과는 달리 민법에 일반규정을 두고 있지 않다.
다만 비채변제(paiement de l'indu, 프랑스민법 제1376조 내지 제
1381조)에 의한 부당이득을 상세히 설명하고 있으며, 그 밖에는 사
무관리의 법리에 의하여 해결할 수 있게 하고 있다. 이 두 제도, 즉
비채변제에 관한 규정과 사무관리(gestion d'affaires)에 관한 규정이
"준계약에 관하여(Des quasi-contrats)"라는 절에 함께 규정되어 있
다(동법 제1371조 이하 참조).

이와 같은 배경에서, 전용물소권(actio de in rem verso)의 이름으
로[488] 일반적인 부당이득반환청구권을 최초로 인정한 1892년의 부디
에(Boudier)판결[489] 이래 프랑스의 부당이득법은 판례법의 형태로 발

---

488) 전용물소권을 일반적인 부당이득반환소권의 이름으로서 지칭한 것은
  1820년 8월 28일의 렌느항소법원(la Cour de Rennes)의 판결에서 유
  래한다고 한다. 鄭泰綸 (2002), 192 참조.
489) Cass. req. v.15.6.1892, D. 1892.1.596. 원고인 부디에가 농지의 용익임
  차인에게 비료를 팔았고, 이에 비료가 인도되어 임차인이 이를 施肥하
  였다. 그런 후에 위 농지임대차계약이 합의해지 되었다. 임차인과 임

전해왔는데, 그것은 애초에 사무관리규정만으로는 다양한 轉用事例를 모두 포섭하는 것이 심히 곤란하였기 때문이다. 특히 이 판결은 법률상 규정이 아니라 직접 형평에 기하여 일반적 부당이득반환청구권을 인정한 최초의 판결로서 의미가 있다. 물론 이 판결이 지극히 완화된 형태로 일반적 부당이득반환소권을 인정하였기에 이후의 학설의 비판과 판례를 통해 부당이득반환소권의 요건들이 착실히 정비되어 간 것은 사실이다.[490] 다만 '전용물소권'이라는 표현은 일반적 부당이득반환소권이 적용되는 일부의 예만을 파악한 것일 뿐이라는

대인 간에는 미수확의 농작물을 임대인이 인수하되 그 가액을 미지급된 임료에 충당하기로 합의되어 있었다. 이에 원고는 무자력인 임차인 대신에 직접 임대인에게 비료가액의 지급을 청구하였고, 이 판결을 통해 위 청구가 인용되었다. 民法注解 ⅩⅦ, 부당이득 前論(梁彰洙 집필 부분, 2005), 128‒129 참조.

490) 부디에판결에서는 "…… 이 소권은 타인의 희생하에 이득을 보는 것을 금하는 衡平의 원칙에서 나오는 것이지, 우리의 어떠한 실정법규정에 의하여 규율되는 것이 아니며, 그것이 받아들여지기 위해서는 청구권은 그가 소를 제기하는 자에 대하여 개인적인 행위나 犧牲에 의하여 자신이 가져다주었을 이익의 존재를 주장 및 입증하는 것으로 족하므로 ……"라고 판시하여 부당이득반환소권의 적용영역을 광범위하게 열어주었다. 그러나 실상 프랑스민법의 입법자들이 이것의 일반규정을 두지 않은 것은 그 법리가 지나치게 확장되어 버릴 위험성을 염려해서였다. 鄭泰綸 (2002), 197 참조. 그런 의미에서 破棄院은 판례를 변경하여 다음과 같은 일반부당이득반환소권의 요건을 구성하였다. 첫째, 이득과 손실이 존재하고 양자는 인과관계가 있어야 한다. 둘째, 손실자 측에 과실이 없어야 한다. 셋째, 손실자가 스스로의 위험부담으로 개인적인 이익을 위하여 한 행위가 아니어야 하고, 넷째, 이득의 원인이 없어야 하며, 다섯째, 보충성을 가진다. 이 중 두 번째 요건은 더 이상 요구되지 않는 것으로 보인다고 한다. 鄭泰綸 (2002), 199 이하; Chiusi (2001), 196ff. 참조.

반성에서, 오늘날에는 독일법에서 유래한 '부당이득(l'enrichissement sans cause)'이란 용어로 통용되고 있다.[491] 그러므로 엄밀히 말해서 프랑스에서의 논의는 전용물소권에 한정되어 있지 않다고 할 수 있겠지만, 어쨌든 프랑스 부당이득법의 역사적 발전과정은 전용물소권의 전개와 맞물려 있는 것만은 틀림없다.

일본은 1970년의 소위 불도저사건(ブルドーザー事件)[492]에서 最高裁判所가 轉用物訴權 사안에서의 청구를 인용한 것을 기점으로 전용물소권에 관한 논의를 활발히 전개시켰다. 일본도 민법에 전용물소권과 직접적으로 관련된 규정을 두고 있지 않으며, 그래서 여전히 그 인정여부에 관하여 찬반양론으로 나뉘어 있는 실정이다. 그런데 위 불도저사건은 소유자로부터 불도저를 임차한 중간자가 도급계약을 체결하여 제삼자에게 불도저의 수리를 부탁하였고, 제삼자는 수리 후 이것을 중간자에게 반환하였는데, 그 후 중간자가 '破産'하자 제삼자가 직접 불도저의 소유자를 상대로 비용상환을 청구한 사례이다. 이 사례에서 最高裁判所는 원심과는 달리 원고의 손실과 피고의 이익 사이에 직접적인 인과관계가 있다고 판단하여 청구를 인용하였다.

그러나 이 판결 역시 전용물소권의 적용범위가 지나치게 확장될 우려가 있다는 이유[493]로 1995년의 건물개보수공사 관련 판결[494]에

---

491) 民法注解 XⅦ, 不當利得 前論(梁彰洙 집필부분, 2005), 129.
492) 最判昭和45年7月16日民集24卷7号900頁.
493) 이 판례변경은 加藤雅信 (1986), 713 이하의 주장을 받아들인 것으로 판단된다. 판례변경 이전에 있었던 三宅正男, 好美清光, 加藤雅信, 四宮和夫의 학설에 관해서, 藤原正則 (2002), 380 이하에 일목요연하게 정리되어 있다.

서 사실상 변경되었다. 이 사건은 건물임차인으로부터 부탁을 받아 건물을 개축한 자가 건물소유자의 임대차계약 해제와 임차인의 '所在不明'에 처하게 되자 건물소유자를 상대로 공사대금을 부당이득으로서 청구한 사례이다. 판결에서는 건물소유자가 법률상 원인 없이 공사에 들인 재산 및 노무에 상당하는 이득을 얻었다는 하는 것에 대하여 건물소유자와 공사도급인 사이의 賃貸借契約이라는 對價關係 없이 이익을 얻은 때에 한해 인정되는 것이라고 하였다. 만일 임대인이 이 임대차계약에 기해 그 이익에 상응하는 出捐 내지 財産上의 負擔을 한 때에는 그 이익은 法律上 原因에 기초한 것이라고 해야 한다고 판시하여, 불도저사건에 비해 전용물소권을 한정적으로만 인정하게 된 것이다.

이 변경된 판례상의 결론에는 사실상 독일민법 제822조나 우리 민법 제747조 제2항에서 규정하고 있는 無償性에 대한 부당이득법적 판단이 포함되어 있다.[495] 즉 일본 民法에는 無償受益者의 반환의무에 대한 규정을 두고 있지 않으므로, 실정법을 통해서는 무상성에 대한 판단이 불가능한 것이다. 따라서 부득이 판례를 통해 이득반환의 제한요건을 마련하고자 했던 것으로 보인다. 즉 판례로써 利得의 無償性에 대한 고려를 기초로 利得保有의 法律上 原因 不在에 상호 동치시킨 것이다.

---

494) 最判平成7年9月19日民集49卷8号2805頁.

495) 潮見佳男 (2005), 313에서도, 위 판결과 관련하여 무상취득자의 보호 필요성 여부에 대해 언급하고 있다.

3) 전용물소권 인정여부

최근 국내에서도 조금씩 전용물소권을 염두에 둔 논의들이 전개되고 있다. 더욱이 종전까지만 해도 명확한 입장을 내놓고 있지 않던[496] 대법원이 2002년에는 전용물소권을 원칙적으로 부인하는 내용의 판결[497]을 내놓은 바가 있다. 간단히 살펴보면 다음과 같다.

이 판결은 피고와 더불어 건물을 공유하고 있는 甲이 피고의 동의 없이 원고와 위 건물의 窓戶공사를 도급하는 계약을 체결한 것에서 비롯된 것인데, 공사가 완료되었는데도 원고에게 공사대금이 지급되지 않자 원고는 건물가치의 증가분 중 피고의 건물지분에 상응하는 금액을 부당이득으로 반환할 것을 청구하였다. 청구를 인용한 원심판결과 달리 대법원은 이를 파기환송하였다.

판결의 논거는, "계약상의 급부가 계약의 상대방뿐만 아니라 제삼자의 이익으로 된 경우에 급부를 한 계약당사자가 계약상대방에 대하여 계약상의 반대급부를 청구할 수 있는 이외에 그 제삼자에 대하여 직접부당이득반환청구를 할 수 있다고 보면, 자기 책임하에 체결된 계약에 따른 위험부담을 제삼자에게 전가시키는 것이 되어 계약법의 기본원리에 반하는 결과를 초래할 뿐만 아니라, 채권자인 계약당사자가 채무자인 계약 상대방의 일반채권자에 비하여 우대받는 결과가 되어 일

---

496) 전용물소권사안에서 권리를 인정하는 판결로, 대법원 1966.10.4,선고 66다1441 판결; 대법원 1794.7.26.선고 73다1637 판결(梁彰洙 (1987), 70-71 참조). 권리를 인정하지 않는 판결로, 대법원 1970.11.24.선고 70다1012 판결(梁彰洙, 같은 논문, 77 참조).

497) 대법원 2002.8.23.선고 99다66564, 66571 판결.

반채권자의 이익을 해치게 되고, 수익자인 제삼자가 계약상대방에 대하여 가지는 항변권 등을 침해하게 되어 부당하므로, 위와 같은 경우 계약상의 급부를 한 계약당사자는 이익의 귀속주체인 제삼자에 대하여 직접 부당이득반환을 청구할 수는 없다고 보아야" 한다는 것이다.

이 판결 이후에 나온 전용물소권사안의 경우[498])는 물론, 삼각관계 중 지시사례의 부당이득반환관계를 명시적으로 언급한 것으로 판단되는 대법원 2003.11.26.선고 2001다46730 판결("분양대금지급지시사례")에도 동일한 논거가 그대로 적시되고 있다. 즉 계약상의 위험부담을 타인에게 전가시켜서는 안 되는 것이 계약법의 기본원리이며, 수익자의 계약상 항변권을 침해하는 것은 용인할 수 없다는 것이다. 따라서 우리 판례는 전용물사안이든 지시사례이든 공통적으로 직접청구로 인해 계약법의 기본원리가 파괴되어서는 안 된다는 주장을 주요 논거로 내세우고 있고, 결국 수익자에 대한 직접청구의 원칙적 부인이라는 입장을 견지하고 있다고 판단된다. 결국 지시사례와 전용물사례는 서로 결론에 영향을 주는 관계라고 규정지을 수도 있겠다.

사실 삼각관계를 전용물사안으로 구성하고자 하는 입장에 대해서는 판례를 비롯하여 이에 반대하는 입장이 강하다.[499]) 무엇보다도 중간자의 무자력위험을 제삼자에게 전가한다는 점이 가장 큰 문제점이다.[500]) 그 밖에도 중간자가 무자력인 경우에 수익자에 대한 전용

---

498) 대법원 2005.4.15.선고 2004다49976 판결.

499) 民法注解 ⅩⅦ, 제741조(梁彰洙 집필부분, 2005), 231 이하. 전용물소권을 일반적으로 인정하다가 1995년에 제한적으로 인정하는 것으로 판례를 변경한 일본에서도, 여전히 전용물소권으로 이론구성하는 것에 비판적인 견해가 강력하게 주장되고 있다. 潮見佳男 (2005), 313 참조.

물소권을 인정한다고 하면, 중간자가 다른 채권자에 비해 우선하는 지위를 갖게 된다는 점도 생각해 볼 수 있다.[501] 이것 외에도 일본 판례에서 지적된 수익자의 이중부담이라는 점도 생각해 볼 수 있겠지만, 그것은 우리 법의 경우에 제747조 제2항을 통해 해결되고 있기에 문제가 되지 않는다고 할 수 있다.

원칙적 부인이라는 판결의 결론만을 두고 본다면 우리나라에서는 전용물소권을 비롯하여 모든 직접청구가 부인되므로, 이 연구에서 진행되고 있는 논의를 비롯해 관련되는 모든 것들이 현실적으로 큰 의미가 없는 것이 아니냐는 우려도 없지 않다. 그러나 이것은 원칙적인 입장표명일 뿐이며, 이것을 사안에 따라 부득이 허용해야 할 예외적인 경우까지도 결코 허용하지 않으려는 의지를 표명한 것으로 판단하는 것은 조금 성급하다고 생각한다. 현실적으로 이 소권이 단순히 본인과 수임인 내지 본인과 사무관리자의 관계를 근거로 삼는 본래적 의미의 전용물소권이라는 한정된 영역에만 머무르지 않고 보다 확대된 범위에서 논의되고 있으므로, 우선 해당되는 사안의 특성이 제대로 파악되어야 하기 때문이다.

일단 우리나라에서 비교법의 영향으로 전용물소권에 대하여 의식하기 시작한 것은 비교적 최근의 일이므로, 종래의 학설을 분류하고 정리하는 작업은 시기상조일 듯하다. 또 사실 이 연구에서 다루어지

---

500) 梁彰洙 (1987), 273은, 전용물소권을 주장하는 자는 대부분 자신의 급부를 선이행한 자인데, 쌍무계약상의 항변권 등을 이미 포기한 자에게 제삼자에 대한 반대급부를 주장하도록 허용하는 것은 타당하지 않다고 하는 것도 이 점과 관련이 있다고 생각된다.
501) 梁彰洙 (1987), 270.

는 것도 전용물소권의 개요에 불과한 것이므로 좀 더 깊이 있는 논의가 필요하다는 것을 절감하게 된다. 그렇지만 최근의 몇몇 문헌을 통해 이 소권의 認否를 둘러싼 논의가 활성화되고 있는 것은 사실이다.

현재 국내문헌에서 전용물소권이라는 超實定法的인 訴權을 인정하는 것에 있어 전혀 거리낌이 없다는 견해는 보이지 않는다. 다만 경우에 따라 필요에 의해 전용물소권을 인정함으로써 보다 공평성을 확보할 수 있지 않을까 하는 의견[502]이 있을 뿐이다. 또한 그 견해에 의하더라도 전용물소권을 일반화시키자는 결론에까지 이르는 것은 아닌 것으로 보인다.

무상으로 취득한 것에 대해서 보호필요성을 낮게 평가함으로써 전용물소권의 예외적인 허용사안으로 평가되고 있는 독일민법 제822조의 규정방식이 우리 법 제747조 제2항의 방식과 완전히 일치하지는 않는다. 독일법에 따르면 무상으로 취득한 제삼의 수익자는 "不當利得請求權者로부터 법률상 원인 없이 출연을 받은 경우에 준하여(wie wenn er die Zuwendung von dem Gläubiger ohne rechtlichen Grund erhalten hätte)" 반환의무를 부담한다. 즉 삼각관계에 대입해 보자면 수익자의 무상성이 대가관계상의 법률상 부재와 동일시되는 것이 아니라, 반환을 청구하는 제삼자로부터 '직접' 법률상 원인 없이 취득한 이득에 준하여 다루어진다는 의미이다. 그러므로 만일에 대가관계에서 선의취득의 요건을 충족시킬 경우에, 法律上 原因 不在로

---

502) 鄭泰綸 (2002), 214 이하.

인한 부당이득반환청구권과 수익자의 선의취득이라는 法律上 原因 있는 이득보유가 서로 상충할 여지가 있게 된다.[503]

우리 제747조 제2항은 이것과 접근방법이 약간 다르다. 이 무상취득자가 대가관계로부터 법률상 원인을 가지고 '讓受'한 것이므로 대가관계상의 이득보유의 법률상 원인은 그대로 인정되기 때문이다. 즉 이것은 독일민법 제822조가 이미 그 요건에서 무상취득자의 취득방식을 특정하지 않은 채 단지 출연(Zuwendung)을 통해 얻은 것이라고 하는 것과도 차이가 있다. 즉 독일민법이나 일본판례가 입법상의 기술을 발휘하여 법률상 원인 없는 이득이나 그에 준하는 것을 박탈시킨다는 전제하에 있는 반면에, 우리 법은 무상수익자의 이득은 법률상 원인을 가지고 취득한 것이라 하더라도 반환하게 한다는 것이다. 이렇게 본다면 제747조 제2항의 무상취득자의 이득반환은, 제741조의 법률상 원인 부재라는 일반적 요건에 대한 완전히 이질적인 조항이라고 할 수 있을지도 모르겠다.

그렇지만 독일민법 제822조와 민법 제747조 제2항이 관념상 전혀 다른 것을 규율하고 있다고 생각되지는 않는다. 후자의 유래가 전자에서 구해지는 것이라는 점도 분명한 사실일뿐더러, 무엇보다도 이

---

503) 독일에서는 선의취득에 관한 규정(독일민법 제932조 이하)과 독일민법 제822조의 반환청구권에 우선할 수 있는지 여부에 대해 다툼이 있으며, 독일연방최고법원은 그것을 긍정하고 있다. 판례와 견해를 같이하는 다수설의 대표적 견해로, Larenz / Canaris (1994), 219; 이것에 반대하는 견해로, Bamberger - Wendehorst, § 812, 897, Rn. 627 참조. 판례로는, BGHZ 36, 56, 60f.(코크스 사건); BGHZ 40, 272ff.(전기기구 사건); BGH NJW 1974, 1132, 133f.(셔츠 사건) 참조.

득귀속이나 반환의 방향에서 양자가 궁극적으로 일치하고 있기 때문이다. 다만 법률상 원인이나 손실과 이득 사이의 인과관계가 그다지 명확하지 않은 다수당사자 사이의 관계에 대해, 해당 독일민법 규정이 부당이득법의 일반원리에 크게 벗어나지 않는 범위에서 전용물소권의 예외적인 허용조항을 마련해두었다고 하더라도, 과연 우리 법에서도 반드시 그런 식으로 해석되어야 할 것인지를 결정함에 있어서는 좀 더 주의를 기울여야 할 것으로 보인다.

소위 전용물사안이라고 일컬어지는 영역에 대해서, 위의 독일 규정에서도 알 수 있듯이 현행법의 차원에서는 不當利得法으로 理論構成하여 해결하는 방식 외에는 생각하기 어렵다. 즉 法律上 原因과 價値의 흐름을 중심으로 반환관계를 정하는 방식이다. 채권관계의 상대성원칙이나 계약법의 일반원리가 점점 약화되고 있다고는 하지만, 계약상대방이 아닌 제삼자에 대해 계약상의 반대급부를 청구한다는 논리가 그대로 용인되기를 기대할 수는 없기 때문이다.

그러므로 보통법학기 이래 본인과 중간자 사이에 사무처리 등을 목적으로 하는 일정한 계약관계가 있는 것이 전용물사안의 본래적인 모습이라고 한다면,504) 거기에서 본인의 사무를 처리한 자만이 본인

---

504) Chiusi (2001), 1은, 유럽에 있어 전용물소권의 역사는 제도오해와 개념남용의 역사라고 하고 있다. 같은 책, 211에서는, 독일민법 시행 후 30년 후의 시점에 이루어진 F. Pringsheim의 연구를 소개하며, 전용물소권을 포기함으로써 그 주변영역이라고 할 수 있는 부당이득론, 사무관리론, 대리론을 가지고 이를 확장시켜 흠결을 보충하고자 한 시도를 언급하고 있다. 이것으로 미루어 볼 때, 전용물소권의 포기가 과연 독일민법의 완전한 논리일관성의 확보에 기여하는 것인지에 대해 전혀 의문을 품지 않은 것도 아니다. 나아가 주변영역과의 관계정립과 조율

에 대해 지출한 비용에 상당하는 가액을 구상청구할 수 있고, 사무를 처리하는 자와 계약을 체결한 제삼자는 사무본인에 대해서 반대급부를 청구할 수 없는 것은 물론이다. 나아가 이때에 본인이 가지는 이득이란 것도 중간자와의 사이에 존재하는 위임계약 등에 기한 것이므로 법률상 원인 없는 것이라고 할 수 없을뿐더러, 중간자와 계약관계에 있는 제삼자 역시 중간자에 대한 반대급부청구권을 여전히 보유하고 있는 한 손실이 있다고 할 수 없을지도 모른다. 그러므로 전용물소권이 문제되는 사안에서 제삼자의 본인에 대한 부당이득반환청구가 성립할 여지가 없으며, 전용물소권의 認否는 전혀 문제될 여지가 없는 것으로 생각될지 모르겠다.

그렇지만 이렇게 계약법상 용인될 수 없는 제삼자에 대한 반대급부청구의 허용여부를 둘러싸고 논란이 계속되고 있는 이유는, 그렇게 중간자만을 상대하도록 강요할 경우에 예상될 수 있는 現實的인 返還不可의 발생 가능성을 완전히 배제할 수 없기 때문이다. 즉 중간자가 무자력에 빠진 것처럼 제삼자에게 현실적인 소추가능성이 없다고 판단되는 경우라면, 無用한 反對給付請求權을 가지는 것보다 실제적인 가치로서의 이득을 보유한 사무처리의 본인에게 반대급부를 청구할 수 있도록 하는 것이 보다 현실적인 보호일 수 있는 것이다. 또한 중간자가 부재인 상황이라면 그에 대한 반대급부의 의무를 부담하지 않는 수익자의 이득을 박탈하여도 형평에 반하지 않는다는 판단도 작용할 수 있다. 다시 말해 전용물소권의 논의의 기초

이 불가피하다고 한다면, 전용물소권 하나만을 놓고 그 인정여부를 간단히 단정 지을 만한 성질의 것이 아님을 알 수 있다.

는 지금까지 논의된 부당이득법적인 측면에서의 이득잔존의 不當性과 동일한 기반 위에 있다고 할 수 있겠다.

그런데 프랑스 판례가 제시하고 있는 전용물소권의 성립요건이 혹시 여기에 참고가 될 수 있지 않을까 하는 생각에 이르게 된다. 프랑스의 전용물소권이 부당이득법과의 연관 속에서 발전되었다고는 하였지만, 실상 일반적으로 언급되는 프랑스 전용물소권 성립요건의 대부분은 실제로 지금까지 논의해 온 일반적인 부당이득반환청구권의 성립요건과 크게 다를 바가 없다고 할 수 있다. 다만 그중에서도 주목을 끄는 것으로서 이 청구권이 '補充性을 가진다'는 요건505)만큼은, 적어도 우리 부당이득법에서는 그다지 익숙하지 못한 것이다.

그렇지만 생각해 보면 이 연구를 통해 부당이득법이 민법의 최후방의 제도임을 강조한 바도 있거니와, 여기에는 전용물사안처럼 삼자 이상이 관련되는 법률관계에서는 언제나 직접적인 관계, 가령 契約關係의 당사자들 사이의 관계가 우선적으로 고려되어야 한다는 의미도 포함되어 있다고 생각된다. 그런데 우리 민법상 전용물소권

---

505) 프랑스법에서 비채변제를 제외한 기타의 부당이득에 대한 반환소권을 의미하는 actio de in rem verso, 즉 전용물소권이 성립하기 위해서는 몇 가지의 요건을 갖추어야 한다. 그중에서도 '부당이득반환소권의 보충성'에 주목할 필요가 있는데, 이것은 어떠한 사유이든 법률상의 장애로 인해 원고가 다른 소권을 이용할 수 없거나, 또는 계약상대방의 파산으로 인해 다른 소권을 통해서도 결과를 실현하기 어려운 경우를 가리킨다. Chiusi (2001), 197, Rn.25 참조. 그리고 같은 책, 200에서는, 이처럼 계약상 채권의 실현을 불가능하게 하는 상대방의 파산이 사실상의 장애사유(obstacle de fait)로서 전용물소권의 성립을 가능하게 하는 점이 바로 독일법과의 차이임을 지적하고 있다.

에 관한 논의의 단서가 될 여지를 안고 있는 제747조 제2항을 보더라도, "그 이득을 반환할 수 없는 경우"에 한해 제삼자에게 반환청구하도록 하고 있다는 점에서, 계약관계에 있지 않은 제삼자에 대한 이득의 반환청구권은 다른 민법상의 청구권이 실현될 수 없는 경우에 보충적으로 이루어지는 것임을 발견하게 된다.

이렇게 본다면 과연 제747조 제2항이 독일법처럼 전용물소권을 원칙적으로 배제하기 위한 조항인지에 대해서도 의심을 품게 된다. 독일민법이 제822조를 例外的으로 인정되는 전용물소권 규정이라고 하고는 있지만, 독일의 경우에는 입법작업 시 예외적인 전용물사안으로서 의도적으로 제822조를 규정하였으니 그렇게 해석되는 것이 타당하며, 또 전용물소권이 독일민법의 무인관념을 대변해 주고 있다는 점이 근거가 되기도 한다.

반면에 우리 민법의 입장에서 전용물소권의 원칙적 부인이라는 입장을 뒷받침하기 위해 제시되는 논거는 계약법원리와의 조화를 강조하는 것이 유일하다고 할 수 있다. 그런데 실제로 우리 민법에서 과연 부당한 이득의 반환청구권이 절대로 계약법원리의 벽을 넘어설 수 없는 것인지에 대해서는 일말의 의문이 든다. 민법 제747조 제2항을 보아도 알 수 있겠지만, 당해 이득반환의 청구권은 유효한 계약에 의해 이루어진 '讓受'에 대해서조차도 그 이득을 박탈하고 있기 때문이다. 바꿔 말해 계약관계에 있지 않은 제삼자의 반환청구권을 통해 계약에 기해 취득한 이득까지도 부정할 여지가 인정되는 이상, 계약법원리와의 조화를 내세워 전용물소권의 가능성을 완전히 봉쇄해 버리는 것이 과연 적절한 것인지 다시 생각해 보게 된다.

이 제747조 제2항의 청구권의 반환의무의 성질을 단순히 법률이 정하는 특수한 반환청구권으로 볼 수도 있겠지만, 동조 동항이 '전항의 규정에 의하여' 반환의무가 있는 것으로 정하고 있으므로 역시 부당이득반환청구권이라고 해야 할 것이다. 또 그렇게 이해하는 것이 이 조항의 모법이라고 할 수 있는 독일민법 제822조가 법률상 원인을 들어 부당이득반환청구권의 성격을 명확히 하고 있는 점에도 부합한다. 또 선의취득한 이득에 대해서는 부당이득반환의무를 부담시키지 않겠다는 취지에도 부합한다. 그런데 만일 이처럼 이 수익자의 반환의무의 성격을 부당이득반환이라고 한다면, 무상취득한 '악의의 제삼자'에 대해서는 규정대로 당해 목적물을 반환청구할 수 있는 것을 물론이고, 무상취득한 선의의 제삼자에 대해서는 동산선의취득의 경우가 아닌 한 '現存利得의 返還'을 요구할 수 있지 않을까 라는 생각에까지 이르게 된다. 결론을 말하자면, 민법 제747조 제2항은 전용물소권의 예외만을 인정하려는 규정이 아니라, 오히려 전용물소권의 근거조항으로 해석될 여지도 있는 것이다. 수익자가 중간자와 제삼자로부터 이중으로 부담을 안게 된다는 전용물소권을 둘러싼 우려[506]는, 수익자의 무상성을 고려한 민법조문을 통해 해결될 수 있는 것이다.

제747조 제2항 외에도 전용물소권의 관념이 포함된 것으로 해석될 수 있는 것이 제465조 제2항인데, 여기에서는 타인 물건을 변제로 취득하거나 양도능력 없는 자로부터 변제로 취득한 물건을 소비

---

506) 潮見佳男 (2005), 312 - 314.

하거나 양도한 경우에 물권의 원래 권리자로부터 '배상의 청구'를 받을 가능성을 예정하고 있다. 여기에서도 변제를 받은 자와 변제목적물의 원래의 권리자와의 사이에 계약관계가 존재하지 않는 것은 물론이지만, 물건의 소비나 양도 등으로 인해 현실적으로 수령자가 보유하고 있는 이득에 관해서는 직접적인 반환청구가 허용되고 있다는 것을 알 수 있다.

전용물소권에 관해서는 좀 더 심도 있는 연구가 필요하겠지만, 일단 전용물사안을 부당이득법적으로 구성한다는 전제에서라면, 통상의 전용물사안에서 이득보유자가 대가관계상의 정당한 법률상 원인에 기해 취득한 것이 아닌 한 반환청구에 응해야 할 것이다. 여기에는 물권행위의 무인성을 부인하는 프랑스와 일본에서, 利得의 移動 經路와 所在 자체에 초점을 맞추어 전용물소권을 완전히 배제하고 있지 않는 점도 참고가 될 수 있다고 생각된다.

그런데 다른 한편으로 시각을 돌려, 전용물소권을 배제하는 주요 근거가 되는 계약법원리에 대해서 좀 더 생각해 볼 필요가 있다. 이 것은 전용물사안에 관한 판례에서는 물론이고, 특히 "분양대금지급지시사례"와 같은 전형적인 지시사례와 "제삼자지급계약사례"와 같은 제삼자를 위한 계약에서도 계약관계 이외의 자에 대한 부당이득 반환청구권을 배제하는 주요 원리로 등장하고 있음을 확인할 수 있다. 이에 지시사례의 일반적인 결론에 도달하기에 앞서, 과연 우리 법에서 부당이득법과 계약법이 어떤 관계를 유지해야 할 것인지의 문제에 대해 고찰하고자 한다.

계약법원리와의 관계

1. 판례상 표현되고 있는 "계약법의 기본원리"507)

  "분양대금지급지시사례"에서 피지시인의 수령자에 대한 직접적 반환청구를 제한한 것은, 부당이득법이 적용되는 사안에서도 계약법원리가 존중되어야 하기에 계약관계의 청산은 각 당사자 사이에 이루어져야 하며 제삼자에게 전가해서는 안 된다는 것이 강조된 결과이다. 그렇다면 이 판결은 계약해제로 인한 원상회복의무가 부당이득반환의무의 성질을 가지는 것인지는 별론으로 하더라도,508) 계약법

---

507) 대법원 2002.8.23.선고 99다66564, 66571 판결(소위 전용물사안에 대한 판결); 대법원 2003.12.26.선고 201다46730 판결(이 연구의 "분양대금지급지시사례"); 대법원 2005.7.22.선고 2005다7566, 7573 판결(이 연구의 "제삼자지급계약사례").
508) 판결의 "원심은 또 원고들이 ○○유통과 사이의 분양계약이 적법하게 해제되었으므로, 이에 기하여도 피고에게 부당이득반환청구권을 행사할 수 있다고 부가적으로 판단하고 있으나, 기록상 원고들이 위 분양

원리가 부당이득반환청구를 배제하는 강력한 제한사유가 되는 것임을 인정한 것이라고 할 수 있다.

채권이 발생하는 原因關係가 契約에 기해 발생한 것이라면 그 契約關係의 당사자들은 자신의 재산적 운명을 스스로 결정하고 약정된 재산을 각각 상대방에게 귀속시키려는 것이고, 바꿔 말하면 계약을 통해 스스로 일종의 責任割當量을 부담한 것이다. 그리고 이것이 우리 판례에서는 "자기 책임하에 체결된 계약에 따른 위험부담"509)으로 자주 표현되고 있음을 확인하게 된다. 제한원리로는 작용하되, 어느 정도로 작용할 것인지의 문제를 이제 논의하려는 것이다. 다자관계의 부당이득법적 사례해결을 위해 개별사례의 특수성이 간과될수 없는 이상, 부당이득법이 민법의 다른 법원리와 어떻게 조화를이룰 것인지도 매우 중요하다. 더욱이 우리 판례에서처럼 계약법원리에 의해 부당이득반환이 완전히 배제되고 있는 상황에서는 이것에관한 논의가 더욱 중요하므로, 앞서 이 연구의 두 번째 과제로 삼은것이다.

계약이 해제되었다는 주장을 한 바 없을 뿐만 아니라, 가사 원고들이 위 분양계약을 적법하게 해제하였다고 하더라도 그 계약관계의 청산은 계약의 상대방인 ○○유통과 사이에 이루어져야 하고, 피고를 상대로 분양대금을 지급한 것이 부당이득이라는 이유로 그 반환을 구할수 없다"는 문언에서, 양자의 관계를 확정짓지는 않은 것으로 보인다. 다만 대법원 1997.9.26.선고 96다54997 판결이 계약해제에 의한 원상회복의 범위를 규정한 제548조 제2항이 제748조의 특칙이라고 한 것으로 보아, 해제로 인한 원상회복의무를 부당이득반환의무로 이해한것으로 판단된다.

509) 대법원 2002.8.23.선고 99다66564,66571 판결; 대법원 2003.12.26선고 2001다46730 판결 등.

이에 우선 다자관계에서 부당이득반환관계를 정하는 방법론들의
타당성 여부를 심사하려는 목적에서 카나리스가 제안한 세 가지 평
가기준을 소개하고자 한다. 부당이득반환관계를 정함에 있어 급부관
계를 대체하여 원인관계를 기준으로 삼은 그의 이론을 통해 부당이
득법과 계약법의 관계를 정립하는 것에 여러모로 시사점을 얻을 수
있을 것이다.

2. 카나리스의 평가기준

카나리스가 제안한 바 있는 세 가지 평가기준[510]은, 삼각관계를
해결하기 위해 제시되는 다양한 방법론들이 과연 적절한 것인지 여
부를 심사하기 위해 그 심사기준으로서 제시된 것들이다. 독일 내부
적으로 일반적인 지지를 얻고 있다[511]고도 할 수 있는 이 평가기준
의 내용은 다음과 같다.

우선, (ⅰ) **흠 있는 원인관계의 당사자들로 하여금 상대방에 대한**
항변을 유지할 수 있도록 하여야 한다. 가령 대가관계만이 무효인데

---

510) Canaris (1973), 802f.
511) 이것에 찬동하는 견해로는, Esser / Weyers (2000), 47; Koppensteiner / Kramer
(1988), 13; Medicus (2004), 465f., Rn.667, 686; Loewenheim (1975), 24;
MünchKomm - Lieb, § 812, 1260f. Rn.40; Reuter / Martinek (1983), 396 등. 그
러나 유념해야 할 점은, 이 카나리스의 평가기준은, 삼각관계를 해결하기
위해 마련된 규칙이 이 기준에 비추어 적절한 것일 수 있는지, 아니면 적어
도 비교적 단점을 최대한도로 커버할 수 있는 것인지를 심사하기 위한 검
토기준에 불과하다. 그러므로 이것 자체가 지시사례를 해결을 위한 직접적
인 규범이 될 수는 없다.

도 수령자(E)가 피지시인(G)으로부터 부당이득반환청구를 받게 된다면, 그는 지시인(A)에 대한 자신의 항변권을 위협받게 된다. 즉 이 경우에 E는 무효인 계약의 상대방(A)에 대해 가지는 동시이행항변권이나 상계가능성을 가지고 G에게 대항할 수 있어야 한다. 만일 그렇지 못하다면 무효인 대가관계상에 존재하는 대립상황이 무의미해진다.

(ii) **당사자는 자신의 계약상대방이 제삼자와 맺은 법률관계에서 발생하는 항변권으로부터 보호되어야 한다.** 가령 보상관계가 무효인 경우 이를 원인으로 G가 E를 상대로 부당이득반환청구를 할 수 있게 한다면, E로서는 자기와 무관한 법률관계의 무효로부터 영향을 받게 된다. E로서는 보상관계의 무효에 아무런 영향을 줄 수 없는 지위에 있을 뿐만 아니라, 만일에 있을지 모를 보상관계의 무효를 인식하기에도 상대적으로 훨씬 불리하다. 즉 보상관계의 흠은 자신의 영역에서 발생한 것이 아니고, 또 그러한 보상관계의 흠을 회피할 가능성 내지는 인식할 가능성의 관점에서도 책임의 당사자가 되어서는 안 된다. 상황을 바꾸어 대가관계가 무효인 경우에도 동일한 논리가 적용될 것이다.

(iii) **파산위험은 정당하게 분배되어야 한다.** 무자력위험도 원칙적으로는 흠 있는 원인관계의 당사자들에게 부과되어야 하고, 제삼자는 가능한 한 그것을 면하게 하는 것이 적절하다. 왜냐하면 계약관계의 당사자들은 상대방의 신용가치를 믿은 자이며, 또 상대방과의 계약을 통해 위험을 창출했으므로, 그는 제삼자보다 위험에 근접해 있다고 해야 하기 때문이다. 다시 말해 계약상대방을 선택하고, 상대방의 재산상태를 검토하여 계약내용의 한계를 정할 수 있었던 지위

에 있고, 또 재산상태의 악화를 제삼자보다는 더 잘 인식할 수 있었으며, 상대적으로 그러한 위험에 대한 예방조치도 가능한 위치에 있었기 때문이다. 이런 관점에서 가령 보상관계가 무효인 경우에 A가 파산에 빠졌는데 G에게 E에 대한 직접반환청구를 인정하게 되면, G로서는 A의 무자력위험으로부터 벗어나 이것을 E에게 전가할 수 있게 되고, 이것은 관련되는 계약의 당사자가 아닌 제삼자가 위험을 부담하게 되는 것이다. 결국 A는 파산으로 인해 반환책임을 면하게 됨으로써 부당하게 이익을 얻는 결과가 된다.

이 밖에 네 번째 원칙으로 부가되고 있는 것이,[512] (iv) 소송절차에서도 이미 정해진 올바른 역할분담을 유지하려는 노력이 있어야 한다는 것이다. 즉 각각의 당사자들은 원인관계의 유효성에 관해 가능한 한 자신의 상대방과 이해관계를 조정해야 하는 것이지 제삼자와 할 것은 아니다.

3. 계약법원리와의 조화

1) 계약법원리와 직접청구금지

이상의 세 가지 또는 네 가지 평가기준을 가리켜 종전에 전혀 의식되고 있지 않던 완전히 새로운 규칙으로서 제시된 것이라고는 할 수 없다. 그 내용적인 면에서 이것은 민법 내 부당이득법과 계약법

---

512) Larenz / Canaris (1994), 247.

의 조화를 특별히 강조한 것이기 때문이다. 계약체결로 당사자들은 이미 그 내용과 상대방에 대해 자유로운 판단에 기해 충분히 검토하였고 스스로 계약에 구속되었다. 계약법 원리라는 것은 자신의 재산적 운명에 대해 자유롭게 결정할 수 있는 것이고, 그 결정이라는 것은 거기에 관련된 예상가능한 모든 것에 대한 책임을 가리키는 것이다. 그러므로 위의 평가기준들이 지향하는 바는 不當利得法을 통해 이미 존재하고 있던 契約이라는 제도의 내재적인 원리가 파괴되는 것을 경계해야 한다는 것이다. 그리고 그 계약법원리가 抗辯危險負擔과 破産危險分配처럼 구체적인 예시와 강조를 통해 재차 구현된 것이라 할 수 있다.

나아가 위의 평가기준을 실제로 삼각관계 내에 대입하여 이해한다면 부당이득반환은 원칙적으로 흠 있는 원인관계에서만 문제 삼아야 하고, 어느 하나의 원인관계에 흠이 있는 경우에는 제삼자에 대한 직접청구를 허용해서는 안 된다는 것이다(직접청구금지, Durchgriffsverbot). 만일 그런 경우에까지 계약관계에 있지 않은 제삼자를 상대로 직접청구를 인정한다면, 그것은 계약에 의해 예정된 항변권 내지 반대권리를 무력하게 할 가능성이 있고 당사자 간에 합의된 위험분배규칙을 벗어날 가능성이 큰 것이어서 거래안전과 신뢰보호라는 관념이 문제되지 않을 수 없다. 그리고 앞서 밝힌 재산이동의 직접성원리라든지 목적적 급부개념론, 급부반환청구권에 대한 비급부반환청구권의 보충성원리, 그리고 전용물소권(Versionsklage)에 관한 논의도 모두 어떻게든 직접청구를 막아 계약법원리가 파괴되는 것을 막아보려는 의도에서 비롯된 것이다.

그런데 이와 같은 直接請求의 認否라는 문제는 단일한 사법체계 내에 함께 존재하는 다른 원리, 가장 대표적으로는 물권법적 원리와 더불어 고려되어야 한다.[513] 일단 독일민법에서는 부당이득법이 물권행위의 무인성과 밀접한 관계를 가지고 있다는 점[514]을 상기할 필요가 있다. 물권행위의 무인성을 인정하는 법체계에서라면 부당이득반환청구권은 물권법적 차원에서 완전히 교정되지 않는 재산이동상태에 후차적으로 개입하여 이득을 조정하는 역할을 수행한다. 즉 법적 안정성을 위해 희생당한 소유권의 가치만큼을 반환받게 되는 것이고, 그것으로부터 부당이득반환청구권이 물권적 청구권을 보충한다는 견해로까지 이어지는 것이다. 좀 더 부언하면, 독일에서 전용물소권이 원칙적으로 부인되고 있는 것도, 물권행위의 무인성을 인정하는 것과 마찬가지로, 원인관계의 효력 없음을 당사자에게만 제한하고 제삼자에게 전가하지 않겠다는 것이다. 즉 이 모든 것들이 독일사법체계 전반에 일관되게 흐르고 있는 기본의식[515]을 드러내는 것이다.

우리 민법처럼 물권행위는 원칙적으로 채권행위의 효력에 좌우된다고 보는 입장에서는 독일이론과는 별도로 부당이득법의 기본적 성격을 새롭게 정립하는 작업이 필요하다. 부당이득반환청구와 물권적 청구의 상관관계는 물론이고, 우리 판례[516]가 원칙적으로 전용물소권을

---

513) 채권이 어떻게 해서는 물권법을 지향한다고 하는 것으로, Savigny, System Bd.5 (1841), 339f.
514) Motive, 830; Larenz / Canaris (1994), 248; Schäfer (2002), 288, 692.
515) 보충성원리(Subsidiaritätsregel)와 전용물소권과의 관계에 작용하고 있는 무인관념에 대해서는, Wieling (2003), 96 참조.
516) 대법원 2002.8.23.선고 99다66564,66571 판결 등.

인정하지 않는 입장을 취한 것으로 평가되는 이상, 가능하다면 이것과도 균형을 맞추는 것이 최선일 것이다. 계약법원리와 부당이득법원리의 관계를 설정하는 것에도 마찬가지의 고려가 필요하다. 다시 말해 계약법원리를 가지고 직접청구를 일괄적으로 금지시켜 버리는 것이 과연 우리 법체계 내의 다른 규정 내지 제도와 조화를 이루는 것인지가 문제된다. 그러므로 이것은 계약법원리 자체에 대한 해석으로 끝나서는 안 되고, 지시사례에서 직접청구가 허용되는 경우를 찾아내는 작업에 하나의 보조적 기준으로 작용하게 될 것이다.

2) 준계약이론의 형식 극복

부당이득반환의 본질을 어떻게 이해할 것인지의 문제에 대해서 잠시 언급한 바가 있다. 민법의 각 제도에 그 청산내용에 관해 상세히 규정하지 않은 채 그것을 부당이득법에서 정하도록 하고 있다고 본다면 부당이득법은 결코 독자적인 법제도가 될 수 없고, 민법 전반에 공통적으로 존재하는 일련의 청산규율에 지나지 않는다. 따라서 계약이 해제된다면 그 계약에 기해 이행된 것들의 반환 자체에 관심을 가지게 된다. 반면에 부당이득법을 독자적인 채권발생원인인 독자적인 제도로 보면 원상회복을 규정한 계약해제법과는 별도로 부당이득법은 수익자에게 남아 있는 이득 자체에 주목하게 되는 것이다.

이 대립관점은 이득과 손실, 반환내용을 비롯하여 부당이득법 전 영역의 해석과 적용에 관련된 것일 뿐만 아니라, 민법 전반에 걸쳐 법의 유기성과 일관성을 염두에 두고 결정되어야 할 문제이므로 설불리 결론에 이르러서는 안 된다. 다만 그것에 관한 결정에 도움이 될 만한 하나의 근거를 마련한다는 차원에서, 지시사례에 국한하여 논해 보고자 하는 것이다.

사실 부당이득반환관계를 계약관계 청산을 위한 규율로 보는 생각은, 과거 보통법학기에 부당이득반환소권을 준계약으로 이론구성하였던 것을 연상하게 한다. 準契約(Quasivertrag)517)으로 구성되는 부당이득반환소권이란, 이를테면 계약은 아니지만 '계약과 유사한 형태로' 발생하는 '訴權'이라는 이야기다. 환언하면, '계약 없이 발생하는 소권'이 된다.518) 요컨대 causa를 상실한 급부가 반환되기 위하여 새로이 형성될 급부반환관계는, 당사자들 사이에 계약은 없지만 종전의 유효한 계약관계의 연장선상에서 계약유사한 관계로 의제함으로써 새로이 準契約關係를 형성하게 된다는 것이다. 그렇다면 '준계약관계를 의제한다는 것' 자체가 이미 사실상 종래의 契約關係의 延長이 된다.

그런데 이것이 사비니를 비롯한 후대학자들에 의해 청산의 대상이 된다. 앞서 살펴본 바와 같이, 사비니는 dare 같은 구체적인 계약내용의 형

---

517) 채권법에 있어 계약법과 불법행위법의 이분법을 고수하는 영미법에서는 부당이득법과 사무관리법과 같은 영역을 "묵시적 계약(Implied Contract)"과 같은 계약유사의 법률관계로 전개했지만, 내부적인 비판에 처하게 되었다. 사무관리법과 부당이득법이 채권법상의 독자적인 법제도로서 부상하는 과정에서 이 준계약이론을 탈피하는 유럽 각국의 전개과정을 서술한 것으로, von Bar (2001), 93ff. 특히 영국에 관해서는, 같은 글, 105f.

518) 여전히 프랑스 민법에는 비채변제(paiement de l'indu)에 관한 규정과 사무관리(gestion d'affaires)에 관한 규정이 '준계약에 관하여'(Des quasi-contrats)라는 절에 함께 규정되어 있다. 동법 제1371조 이하 참조.

태를 계약과 무관하게 발생하는 이득과 같은 추상적인 모습으로 바꿔간 것이다. 즉 비채변제반환청구권의 요건인 indebitum, error, datio ob causam의 전통적인 모습에서, sine causa로 발생하는 부당이득으로 옮겨 놓으려 했다. 비채란 것은 '계약의 부존재'이며, 이것을 달리 표현하면 '법률상 원인의 부존재'이기 때문이다.

준계약이론을 청산한 후 사비니는 두 가지 문제를 해결할 수 있었다.[519] 우선 악의인 자가 과실을 소비한 경우와 같은 비급부사례를 계약유사소권으로 구성하는 것은 과도한 이론구성이었으므로, 이제는 이런 의제된 계약이론을 피해갈 수 있게 되었다. 또 causa유형론을 좇아 이루어지는 정당화작업에 얽매이지 않을 수 있게 되었다. 오히려 법률상 원인을 적극적으로 정의하기보다는 '계약 없이'처럼 '법률상 원인 부재'라는 消極的인 표현방식을 통해 부당이득을 보다 넓게 정의할 수 있게 된 것이다. 그리고 현재 '계약 없이'라는 표현이 'sine causa'라는 매개를 거쳐 일반적인 법률상 원인 개념에까지 이르렀으므로, condictio는 계약유사의 것이 아니라 아예 계약의 반대편에 있게 되었다.

정리하면, 부당이득반환관계를 준계약으로 구성하는 것은 부당이득반환이 급부의 청산만을 목적으로 할 경우에는 적합하지만, 부당이득법이 비급부의 영역까지를 포괄하는 이득조정법으로서 기능하고 있는 현재에는 적절하지 않다. 특히 지시사례에서는 채무이행을 위해 재산이전이 이루어졌기에 그 이득이 관념상 지시인을 경유한 것

---

519) Schäfer (2002), 140.

으로 의제될 수 있었다. 그렇지만 지시사례에서 재산의 경유적 이전을 설정한 것은 그것이 수령자의 이득수령으로써 지시인의 채무변제를 인정할 수 있게 하고자 하는 의도에서 이루어진 것이지만, 그런 사실과 더불어 수령자의 보유이득이 원래는 피지시인으로부터 유래하였다는 것도 사실이다. 그러므로 이처럼 급부와 비급부의 한계선 상에 놓인 이득이동에 관해, 오직 급부관계로 이론구성하는 것만을 고집할 것은 아니라고 생각한다. 특히 우리 법처럼 급부와 비급부 모두에 개방적인 규정방식을 취하고 있다는 전제에서면 더욱 그러할 것이다.

다만 문제되는 것은 특정 계약관계에 놓인 당사자들의 책임과 신뢰의 문제이다. 부당이득법의 이득법적 성격만을 강조하면서 계약법 원리를 완전히 무시해 버릴 수는 없는 것이고, 카나리스는 그것을 세 가지 기준으로 표현하였다. 카나리스의 기준을 완벽하게 충족시키기 위해서는 어떤 경우에도 직접청구를 배제하도록 하는 것이 가장 이상적이다. 그런데 이와 같은 평가기준이 등장했다는 사실은 그와 같은 제삼자로부터의 부당이득반환청구권의 가능성을 전혀 고려치 않은 것이 아니라, 오히려 반대로 그와 같은 직접청구의 가능성을 예상한 것이라고 해석하는 것이 보다 현실적이다. 그러므로 카나리스의 평가기준이 그 자체만으로 계약법원리를 충실히 반영한 매우 설득력 있는 자료라 하더라도, 그것이 대원칙으로서 모든 부당이득반환청구권을 배제한다고 한다면 매우 부당하다.

그렇지만 그렇게 직접적 부당이득반환청구권의 가능성을 열어놓고 있는 이상, 지시수령자가 채권관계에 기한 자신의 권리를 제삼자에 대해 주장할 수 있는 가능성도 마찬가지로 보장되어야 한다. 특히 수령자가 대가관계에서 주장할 수 있는 항변권 행사의 문제는 특별히 중요하다. 대가관계상의 채권이 변제되었으므로 이득이 소멸하였다고 항변할 수도 있어야 하고, 다른 한편으로 지시인과의 쌍무계약관계에 기한 동시이행의 항변 내지 선이행의 항변도 충분히 고려되어야 할 것이다.

지시사례의 소결

    지금까지 삼각관계의 부당이득반환에 관한 연구를 위해 그 대표유형인 지급지시를 예로 삼아 다각도로 고찰해 보았다. 그런데 이미 이 연구의 서두에서 네 가지의 과제를 설정한 바 있다.[520) 지시사례에서 피지시인이 지시수령자에 지급함으로써 의무이행을 위한 목적을 설정해둔 방향과 실제 재산이 이동한 방향이 분리된 경우에 부당이득이 반환되어야 할 상황에 과연 누구를 상대로 반환할 것인지의 문제를 해결하는 것이 첫 번째 과제였다. 두 번째 과제는 판례상 계약법이 부당이득반환의 제약원리로 등장하는 가운데 그 양자를 어떻게 조화시킬 것인지의 문제였다. 세 번째 과제는 지시수령자가 타인의 이득반환청구에 대항할 수 있는 이득보유의 법률상 원인이란 어떤 것인지를 밝히는 것이었다. 마지막으로 지시사례의 특징인 지시 자체의 효력과 부당이득반환과의 관계였다. 이에 지금까지 연구한

---

520) 第二章 제2절 2 참조.

결과를 순서에 관계없이 다음과 같이 정리할 수 있겠다.

1. 무엇보다도 민법 제741조이 제시하고 있는 부당이득반환청구권의 성립요건을 중심으로 검토해야 한다. 그러므로 지시수령자가 이득을 보유할 수 있는 '法律上 原因'이라는 것은 일단은 대가관계상 채권의 급부보유력에 기한 것이 될 것이다. 만일 善意取得의 요건이 충족된다면 부당이득반환청구권에 대항할 수 있는 독자적인 법률상 원인이 되겠지만,[521] 그런 경우를 제외하면 일단 이득의 일차적 법률상 원인은 수령자의 채권인 것이다.

만일 수령자에 남아 있는 이득이 법률상 원인 없는 것일 경우, 즉 선의취득이 성립되지 않거나 대가관계상 채권이 변제효를 갖지 못한 경우에는 그 이득은 당연히 반환청구의 대상이 된다. 그런데 우리 부당이득법의 일반규정에서는 독일법과 달리 급부이득과 비급부이득 상호 간에 배타성이 발견되지 않는다는 점을 분명히 해두어야 한다. 말하자면 법률상 원인 없는 이득이 존재하는 경우에 그 이득에 대하여 이해관계에 있는 자는 급부관계의 존부를 불문하고 반환청구권의 요건을 충족하는 한 누구든지 반환청구할 수 있다. 그렇다면 지시사례에서 법률상 원인 없이 존재하는 수령자의 이득에 대하여는 지시인의 급부부당이득반환청구권과 피지시인의 비급부부당이득반환청구권, 두 가지 경우 모두에 가능성이 열려 있다.

2. 부당이득반환청구권이 성립하려면 위의 법률상 원인 없는 이득 외에도 반환청구권자의 손실과의 사이에 인과관계가 입증되어야 한

---

521) 第四章 제3절 3 (3) 참조.

다. 부당이득반환이 문제되는 사례에서 因果關係를 결정하는 것은 財産의 移動過程이다. 독일민법이 규정하고 있고 우리 판례도 인정하듯이, 지시사례는 피지시인의 재산출연으로 보상관계와 대가관계의 채권에 동시에 변제효가 발생하는 것을 특징으로 한다. 따라서 실제로 재산이 피지시인으로부터 수령자에게로 이동하였다고 하더라도, 관념상으로는 지시인을 경유한 것으로 의제할 수 있는 것이다. 그렇다면 피지시인과 지시인, 그리고 지시인과 수령자의 각각의 관계에서는 인과관계 입증이 문제되지 않을 뿐만 아니라, 이득과 손실을 모두 당해 채권을 기준으로 산정하게 된다. 요컨대 어느 하나의 원인관계상 채권이 효력을 잃게 되면, 그 원인관계의 당사자들 사이에 이득조정이 이루어지는 것이 원칙이다.

그런데 문제는 피지시인과 지시수령자 사이의 인과관계 여부이다. 대가관계는 유효한데 보상관계에만 이상이 있는 경우에는 직접청구가 불가능하다. 수령자에게 존재하는 이득은 법률상 원인 있는 이득이므로 반환대상이 아닐뿐더러, 보상관계상 채권의 하자를 들어 이를 제삼자인 지시수령자에게 주장한다는 것은 지시수령자의 계약상 권리를 침해하는 것이므로 정당하지 않은 것은 물론이다. 그렇지만 무엇보다도 이 경우에는 지시수령자의 이득이 피지시인의 손실을 기초로 형성된 것이라고 볼 수 없다는 점이 중요하다. 수령자의 이득은 어디까지나 지시인의 재산상 행위에 기해 지시인의 손실을 기초로 발생한 것이기 때문이다.

문제가 되는 것은 역시 지시수령자의 채권도 함께 효력을 잃는 경우이다. 소위 二重瑕疵의 경우로, 이 경우에도 피지시인과 수령자 사이의 손실과 이득에 인과관계가 인정될 수 있는지, 바꿔 말하면 수령자의 이득이 피지시인의 손실을 기초로 형성된 것인지의 문제인 것이다.

이 경우에도 일단 피지시인이 자신의 채권자인 지시인에게 이득반환을 청구할 수 있는 것은 당연한데, 그들 사이에는 이미 채무이행을 위한 재산이 전달되었다고 인정할 수 있기 때문이다. 지시인이 취득한 부당한 이득이란 것은, 지시인이 수령자로부터 반환받은 이득일 수도 있고, 필요에 따라서는 지시인이 수령자에게 대해 가지는 부당이득반환청구권일 수도 있을 것이다.

그런데 이 경우에 피지시인이 수령자에 대해서도 직접 반환을 청구할 수 있다고 할 것인지는 여전히 문제이다. 그렇지만 가능하다고 해야 한다. 일단 수령자가 보유하고 있는 부당한 이득이 대가관계상 채권에 기해 취득한 것이라고 하더라도, 우리 부당이득법 일반규정의 특성에 비추어 그것이 비급부부당이득반환청구권의 성립을 완전히 차단하는 것은 아니라고 해석되기 때문이다. 또한 법체계 내부의 유기성을 확보한다는 관점에서, 단일한 법체계라면 물권적 청구권이든 부당이득반환청구권이든 그것들을 지향하는 권리나 이익의 귀속은 일치하는 것이 바람직하다고 생각된다. 그런 취지에서 민법의 물권변동규칙을 검토해 보면, 우리의 경우에는 독일법과 달리 물권행위의 무인성을 인정하지 않기에 부당이득법의 기능도 달리 해석되어야 한다는 점을 유념해야 한다. 따라서 이중하자의 경우에 두 개의 연속된 원인관계가 모두 효력을 잃게 된다면 채권이 동시에 변제되는 효과는 인정될 수 없을뿐더러, 물건 자체의 소유권도 최초의 소유자에게로 자동적으로 복귀된다. 그러므로 최초소유자의 물권적 청구권이 실현불가능한 경우에 부당이득반환청구권이 개입한다는 원리가 타당하다면, 이 경우에 피지시인의 수령자에 대한 직접청구도 허용되어야 한다. 물론 채권의 상대적 효력이라는 원칙에 어느 정도 제한이 가해지겠지만, 필요에 따라 동원칙에 일정한 제한을 가하는 결과가 될 것이다.

요컨대 지시사례에서 피지시인에게 있어 변제목적지정방향과 재산이동이 분리되는 경우에 모든 가능성이 열려 있어야 하며, 어느 한 편이 다른 한편의 절대 우위에 서서는 안 된다고 해야 한다.

3. "指示가 效力을 잃었다"는 것은 학설에 따라 채무에 대한 辨濟指定이 존재하지 않는다고 해석할 수도 있고, 지시상 포함되어 있는 授權效가 없어서 지시에 기한 법률행위를 지시인에게 귀속시킬 수 없다는 의미로도 해석될 수 있다. 그러므로 지시가 없거나 무효인 경우에는 재산이 지시인을 경유하여 수령자에게 이르렀다는 가정이 성립하지 않는다.

이것은 카나리스의 귀속관념과도 연결될 수 있는데, 일단 그는 지시사례를 해결하기 위해 부당이득반환청구권을 발생시키는 사유가 존재하는 곳을 중심으로 한 방법을 제안하고 있다. 그래서 원인관계의 효력에 영향을 주는 사유와 물권관계의 효력에 영향을 주는 사유, 지시의 효력에 영향을 주는 사유, 이 세 가지로 분류되어, 後二者에서만 歸屬 자체에 영향을 주는 부당이득사유가 발생하며 직접청구가 허용된다. 물론 이것이 채권행위의 효력이 물권행위에 영향을 미치지 않는 독일민법학에 통용될 수 있는 분류법이긴 하지만,

그 이론의 주요 관념만은 우리 법체계에서도 큰 부작용 없이 받아들여질 수 있는 것으로 판단된다. 따라서 우리 법에서는 이와 같은 삼분류는 필요치 않겠지만, 어쨌든 지시상 하자가 수령자에게 이득을 귀속시키는 것에 영향을 미치는 점에 대한 결론만큼은 충분히 수긍할 수 있다고 생각된다. 결국 유효한 지시가 없는 경우에 원칙적으로 피지시인의 직접적 반환청구는 가능하다는 결론에 이른다.

다만 수령자가 대가관계상 유효한 채권을 가지고 있는데 지시가 철회된 경우에, 과연 수령자가 채권의 변제효를 가지고 피지시인에게 대항할 수 있는지 여부의 문제가 제기될 수 있다. 이것에 관해서는 지시를 급부권한과 수령권한의 수여로 해석하는 한 대리권소멸 후의 표현대리에 관한 규정이 유추적용될 수 있다. 그렇지만 이 경우에도 수령자의 선의가 채권의 변제효발생의 원인이 되었다고 해석하기보다는, 일단 지시급부라는 것이 제삼자의 변제로서 변제효를 발생시킨다는 것을 원칙으로 하되, 지시철회사실을 알고 있는 악의의 수령자까지는 보호할 필요가 없으므로 변제효발생을 배제한다는 식으로 해석되어야 할 것이다.

4. 우리 판례에서 부당이득반환청구의 제한원리로서 자주 契約法原理를 거론하곤 한다. 지시사례에서 피지시인의 직접청구를 허용하게 된다면, 수령자의 입장에서는 자신의 계약관계상 주장할 수 있는 권리가 박탈될 수도 있으므로 수령자의 지위는 매우 약화된다. 사실상 독일 민법에서는 물권행위의 무인성을 비롯하여 법체계 전반에 무인관념이 철저히 일관되고 있고, 부당이득법 역시 어떻게 해서든 직접청구를 막아 계약법원리를 유지하기 위한 시도의 연속이었다고

표현할 수도 있다.

그렇지만 우리 민법은 그와 같은 무인관념에 의해 지배되고 있지도 않을뿐더러, 계약법원리가 부당이득법원리를 원천적으로 봉쇄한다는 것도 쉽게 받아들여질 수 없는 것이다. 가령 민법 제465조 제2항에서 타인 물건을 변제로 취득하거나 양도능력 없는 자로부터 변제로 취득한 물건을 소비하거나 양도한 경우에 계약관계에 있지도 않은 물권의 원래 권리자로부터 '배상의 청구'를 받을 가능성을 예정하고 있다. 또 동법 제747조 제2항은 반환의무자가 이익을 반환할 수 없을 때에 무상으로 그 이익의 목적물을 취득한 선의의 제삼자에게 반환의무를 부과하고 있다. 그런데 여기에서도 선의의 제삼자는 원래의 반환의무자로부터 목적물을 '양수'한 자이다. 즉 법률상 원인 있는 이득의 보유자임은 물론이고 계약상의 권리실현으로서 이득한 것임에도 불구하고, 법률에 의해 그 이득을 박탈당하고 있는 것이다. 요컨대 우리 민법에서 계약법원리를 부당이득법원리가 결코 넘지 못할 장벽이라고는 할 수 없다. 그렇다면 피지시인의 이득에 대한 비급부부당이득반환청구권의 요건을 충족하는 한은 수령자의 이득은 반환될 수 있는 성질의 것이며, 그 가능성이 계약법원리에 의해 원천적으로 차단되어서는 안 된다.

다만 비급부부당이득반환청구권의 補充性에 대해서는 다시 생각해 보게 된다. 즉 지시사례에서 피지시인이 지시인에 대한 급부부당이득반환청구권과 수령자에 대한 비급부부당이득반환청구권을 동시에 가지게 될 때, 이것을 어떻게 行使할 것인지의 문제인 것이다. 결론부터 말하자면, 비급부부당이득반환청구권은 급부부당이득반환청구권에 補充的이어야 한다.

이때의 '보충'이라는 것은, 부당이득법에서 통상 일컬어지는 것과 같은 '배제'된다는 것이 아니라,[522] 어느 하나를 통해 완전히 회수하지 못할 경우에 한해 다른 것이 개입하게 된다는 의미이다. 여기에는 전자에 대한 소추가능성이 사실상 불가능한 경우에 후자를 행사할 수 있다는 의미도 당연히 포함된다. 카나리스의 평가기준에서 보듯이 계약관계에서는 계약법원리가 우선적으로 고려되어야 한다는 점도 반영될 수 있을 것이다. 그리고 완전히 회수할 수 없는 경우는 프랑스 전용물소권의 요건 중에서 참고할 수 있듯이, 가령 지시인이 무자력에 처했거나, 국외에 체류하고 있어 사실상 소추가능성이 불가능한 경우가 대표적인 경우가 될 것이다. 그리고 이렇게 해석할 때에, 제747조 제2항의 규정방식, 즉 "수익자가 그 이익을 반환할 수 없는 경우"와 균형을 이루게 된다. 다시 말해 직접청구라는 것은 어디까지나 보충적으로 적용되어야 하는 것이라는 의미이다.

물론 이 경우에 지시수령자로부터의 이득반환에는 현존이득반환이 적용된다. 그러므로 그것이 피지시인이 반환받고자 하는 가액을 충족하지 못하게 될 경우도 예상할 수 있다. 그러나 이런 경우를 두고서 직접청구의 무용성을 주장하는 것은 적절하지 않은 듯하다. 어차피 이득을 반환받더라도 그 부족한 부분에 관해서 계약상대방인 지시인에 대한 채권이 존속할 것이므로, 재차 지시인에게서 반환받을 가능

---

522) Medicus (2004), 508, Rn.727에서도, 독일 부당이득법의 보충성(Subsidiarität) 원리는 양자관계에만 적합한 것이며, 삼자관계에서는 급부반환청구권과 비급부반환청구권이 상호배제관계에 있지 않다고 설명하고 있다.

성이 존재하는 것이다. 이것에 관해서는 피지시인에게 이중소송의 부담을 지운다는 사유로 반박할지도 모르겠다. 그러나 지시인에 대해 사실상 소추가 가능하지 않음에도 불구하고 제삼자에 대한 직접청구를 완전히 봉쇄함으로써 피지시인을 그대로 방치하는 것보다는, 어떤 식으로든 재산의 반환을 주장하고 보상받을 수 있는 가능성을 열어두는 것이 피지시인에게 도움이 된다는 것은 말할 나위 없다.

피지시인에게만 그와 같은 직접적 부당이득반환청구권을 인정함으로써 지시인의 다른 채권자에 비해 사실상 우선적으로 변제받을 수 있게 하는 것은 채권자평등에 반한다고 할 수도 있다. 그런 측면에 전혀 없다고는 할 수 없겠지만, 그것은 우리 민법상 부당이득법이라는 제도가 존재하고 있다는 것 자체가 그와 같은 상황을 용인한 것이라고 하지 않을 수 없다. 즉 계약법원리만을 관철할 경우에는 어떤 경우에도 직접청구가 인정될 수 없겠으나, 그런 상황이 결과적으로 '부당'하다는 판단하에 이득상황을 교정하겠다는 것이고, 그것이 바로 부당이득법의 존재의의인 것이다.

이상 지금까지의 연구결과를 정리해 보았다. 그러나 이와 같이 대가관계 채권의 변제효를 중심으로 이득조정을 구하는 방법론에도 전혀 문제점이 없는 것은 아니다.

우선 債務의 存否가 다투어지는 경우를 생각해 볼 수 있다. 가령 대가관계의 채권이 消滅時效에 걸리는 것은 채무자로서는 이득이 아니다. 소멸시효에 관한 효력은 지시사례에도 당연히 적용된다. 채무자가 소멸시효완성사실을 알고 급부했든[523] 모르고 급부했든[524] 결과적으로 시효완성된 채무에 대해 급부한 것은 반환될 수 없다.

유효한 지시가 있었다면 은행의 이행은 그대로 辨濟效를 가지게 되고, 이것은 부당이득반환청구권의 대상이 되지 않는다. 그렇지만 유효한 지시가 없는데도 소멸시효가 완성한 채권을 지급하였고, 외견상의 지시인이 그 채권에 소멸시효를 원용한다면, 외견상의 피지시인으로서는 수령자를 상대로 不當利得返還請求權을 행사할 수 있어야 한다. 즉 지시인에게 지시효력에 따른 법률효과를 귀속시킬 만한 유책성을 발견할 수 없는 경우에는 변제효를 배제할 만한 장치가 마련되어야 하며, 이때는 제삼자변제의 효력을 저지할 수 있는 '채무자의 의사'가 존중되어야 할 것이다(제469조 제1항 참조).

그 밖에 辨濟期 前 지급이 문제될 수 있다. 만일 외견상 지시를 받은 자가 변제기에 이르지 않은 채권을 미리 이행했다면 당해 채무 이행은 효력을 가지게 되지만, 그가 외견상의 지시인에 대해 가지게 될 부당이득반환청구권은 채권의 이행기가 도래해야 행사할 수 있다고 해야 한다. 이때 외견상의 지시인이 가지는 수령자에 대한 반대권리도 모두 외견상의 피지시인의 부담으로 이전될 것이다.

그렇지만 가장 곤란한 상황은 지시가 효력을 잃은 가운데 受領者가 破産한 경우이다. 대가관계상의 채권이 항변권이나 반대권리가 붙지 않은 채 존재하고 외견상의 지시인과 수령자가 자력이 있다면 부당이득반환의 관점에서 문제가 생길 리 없다. 지시인으로서는 피지시인의 지급을 자신의 채무의 이행으로 여기지 않을 이유가 없기

---

523) 민법 제742조의 악의의 비채변제.
524) 민법 제744조의 도의관념에 적합한 비채변제. 독일민법 제214조 제2항의 부당이득반환청구권의 배제규정도 참조.

때문이다. 그렇지만 정작 외견상의 지시인이 수령자에게 반대권리를 가지고는 있으나 수령자의 파산으로 더 이상 그것을 주장하는 것이 어려워지면, 이제는 이득이라고 할 것이 없으므로 피지시인의 보호는 어렵게 된다. 이때 수령자의 파산은 온전히 외견상 피지시인의 부담으로 가는 결과가 되기 때문이다. 다른 한편으로, 만일 외견상의 피지시인이 지급한 것의 변제효가 부정된다면 대가관계상 청구권을 여전히 가지는 지급수령자의 파산재단은 그 청구권만큼의 이득을 가지는 반면, 외견상의 피지시인은 그 파산배당만을 받을 수 있을 뿐이다. 요컨대 대가관계상 채무의 변제효에 주목하여 문제를 해결하는 방식의 가장 큰 약점은 무엇보다도 수령자의 무자력이다.[525]

지금까지의 내용은 지시사례를 중심으로 한 연구결과를 정리한 것이다. 이처럼 부당이득법 일반규정을 중심으로 한 해법은 다른 유형의 삼각관계 사례에서도 그대로 유지될 수 있어야 하므로, 다음 章에서 채권양도와 제삼자를 위한 계약을 대상으로 그 유형에 적절한 해답을 구해 보고자 한다.

---

525) 이런 경우를 대비해 지시인의 유책성을 검토하는 방법도 있을 수 있다. 그런데 착오로 타인의 채무를 지급한 경우에 관해 민법 제745조가 규정하고 있는데, 이것을 지시사례의 수령자가 무자력이거나 기타 소구불능상태에 있는 경우에서도 함께 논의될 수 있는지는 좀 더 검토를 요한다. v.Caemmerer (1963), 348ff. 참조.

第六章

기타
삼각관계 유형

지금까지는 지시사례를 대상으로 그 부당이득반환관계를 정하는 방법론에 관한 논의가 이루어졌다. 서두에 밝혔듯이 여러 삼각관계 유형 중에 지급지시사례를 대표유형으로 삼은 이유는 그것이 각각의 채권의 효력 여하에 따른 부당이득반환구조의 차이를 하나의 유형 안에서 확인할 수 있는 가장 이상적인 형태를 하고 있기 때문이다. 그리고 그런 지급지시를 중심으로 하여 부당이득반환을 위한 몇 가지 원리를 도출해 낼 수 있었다. 이제 더욱더 확고한 일반성을 확보하기 위해 그 밖의 삼각관계 유형에도 그런 원리들이 별 무리 없이 적용될 수 있는지가 검토되어야 한다.

이 장에서는 第二章에서 언급된 유형으로서 민법상 대표적인 삼각관계유형이라고 할 수 있는 指名債權讓渡와 第三者를 위한 契約에 관해 살펴보기로 한다. 특히 관련되는 사안에 관해 명시적으로 입장을 피력한 판례를 중심으로 거기에 제시된 논거를 차례차례 검토해가기로 한다.

제1절 **지명채권양도의 경우**

1. 문제제기

A가 채권자 B의 지명채권에 대한 양도의사표시에 따라 새로운 채권자인 C에게 채무를 이행하였으나,526) 실제로 채권이 무효이거나 부존재하거나 법률행위가 취소되어 효력을 잃게 되는 경우가 있을 수 있다. 이 경우에 채무를 이행한 채무자는 채권의 양도인과 양수인 중 누구로부터 이행한 것을 반환받을 수 있는지가 분명치 않다. 채권양도가 이루어지는 원인은 다양하지만 급부단축도 그중 하나가 될 수 있다. 그러므로 실제로 재산을 출연하는 자가 부당이득사안에서 자신과 계약관계에 있지 않은 제삼자를 상대로 반환청구할 것이라는 점은 지시사례와 다를 바 없다. 그러므로 채권양도라는 법제도

---

526) 채무자는 'A', 채권양도인은 'B', 채권양수인은 'C'로 표기하기로 한다. 이하, 같다.

자체의 특성은 물론이고 지시사례와의 균형을 고려하지 않을 수 없기에, 연이어 그 반환청구에 대하여 논하고자 하는 것이다.

일단 제도의 차별성이라는 구조적인 측면을 부각시킨다면 양자는 엄밀히 구분될 수 있다. 일반적인 지급지시는 각각의 개별적인 계약관계가 연쇄적으로 존재하고 그에 따른 이행의무도 연쇄적으로 존재하는 것을 특징으로 한다. 그런 가운데에 중간자의 지시로 그 목적물이 중간자를 거치지 않고 직접 이행된다. 따라서 보상관계, 대가관계, 지급관계는 모두 전혀 별개로 존재할 뿐만 아니라 상호 간에 無因이다. 그에 반해 지명채권은 채권의 동일성을 잃지 않고 양도되는 것이고, 채권양수인은 재산출연자에 있어 단순한 이득수령자가 아닌 자신의 새로운 채권자이다.

또 지시급부에서는 지금까지의 논의로부터 도출된 결론에 따르면 대가관계상 채권의 효력유무가 수령자의 이득보유원인으로 작용하여 반환의무를 결정하는 데에 결정적인 영향을 미치지만, 채권양도는 양도계약 자체만으로 종래의 원인관계상 채권은 변제되어 소멸하였으므로 사실상 대가관계가 존재하지 않는다. 물론 채권을 양도함으로써 기존에 존재하지 않던 원인관계가 새로이 성립하는 경우[527])도 있겠지만, 양도의 대상인 채권이 만족을 얻는 것은 이 양도인과 양수인 사이의 새 대가관계상 채권과는 전혀 무관하다.

그런데 第二章에서 소개한 바 있는 대법원 2003.1.24.선고 2000다22850 판결("분양대금채권양도사례")은 채권양도사례에서의 부당이

---

527) 대법원 1996.9.20선고 96다1610 판결 참조.

득반환관계에 관한 입장을 명시적으로 밝히고 있다. 그 결론부분만을 지적하면, "이 사건 분양계약상의 분양대금채권 중 미수금채권을 양도받은 피고는 원고에게 그 양수 이후 원고로부터 지급받은 판시금원을 반환할 의무가 있다"고 하여, 讓受人을 원상회복의 의무자로 판단한 것이다.

이처럼 채권자가 자신의 채권자에 대해 종래 가지고 있던 금전채무의 변제를 위해 그에게 자신의 채권을 양도한 사례 외에도, 다음과 같은 경우도 있을 수 있다. 가령 부동산을 매수하여 다시 매도하면서 소유권이전등기청구권을 양도하였고, 이에 중간생략등기가 경료되었으나 최초양도인과 중간자 사이의 계약이 무효가 된 경우이다. 이런 경우는 사실관계만을 놓고 볼 때에 물건의 지시급부와 별반 차이가 없다. 또한 양수인의 채권행사는 자기의 중간자에 대한 채권을 실현하는 하나의 방법으로 이루어졌다.[528] 그런데 양수인은 그 소유권이전등기청구권을 양수함으로써 종전에 양도인에게 가지고 있던 채권이 변제되어 더 이상 존재하지 않는다. 그런데도 양수한 채권이 효력을 잃게 되어 부당이득반환청구를 받게 된다면, 그것은 당해 채권의 발생원인이 되는 계약관계에 개입할 여지가 전혀 없었던 양수인으로서는 매우 부당한 것이라고 하지 않을 수 없다.

채권양도를 발생하게 하는 동기에는 여러 가지가 있다. 그런 의미에서도 채권양도의 모든 경우를 지시사례와 유사한 것으로, 또는 별개의 것으로 일괄적으로 평가해서도 안 된다. 바꿔 말하면 채권양도

---

528) 諸哲雄 (2000), 143.

사례라면 채권양도라는 제도 자체에 수반하는 민법규정의 적용이 우선적으로 고려되어야 하고, 후차적으로 부당이득법이 개입하여야 한다. 즉 민법 제451조 제2항이 양도인이 채권양도통지를 한 경우에 채무자는 "그 통지를 받은 때까지 양도인에 대하여 생긴 사유로써 양수인에게 대항할 수 있"다고 규정하고 있는데, 이 대항사유에 부당이득을 발생시키는 채권의 효력여하도 포함되는지 여부가 문제된다. 다시 말해 이와 같은 양도법 규정들이 個別事例의 特殊性이 重視되어야 하는 삼각관계의 부당이득반환에서 어떤 의미를 가지는지 깊이 생각해 보아야 한다.

그렇다면 우선 참고로 독일의 이론전개상황을 살펴보기로 한다.

2. 독일의 판례와 이론

채권양도에 관해서는 독일의 판례의 입장이 어떠하다고 단언하기 어렵다. 로렌츠(Lorenz)[529]에 따르면 독일제국법원(RG)은 "채무자에게 讓受人에 대한 이득반환청구권을 부여한 판결이 다수이다"고 하고, 쾨니히(König)[530]는 한 걸음 나아가 제국법원은 讓受人에 대한 반환청구권을 보장했다고 밝히고 있다. 이에 반해 독일연방최고법원은 보험계약자가 일으킨 방화를 근거로 화재보험회사가 보험계약자의 보험금지급청구권을 양수한 자에게 보험금을 지급한 사례(이하,

---

529) Lorenz (1968), 283ff.
530) König (1981), 1588.

화재보험사례)531) 등에서 다수설의 견해를 좇아 원칙적으로 讓渡人에 대한 부당이득반환청구를 지지하고 있지만, 소수견해 역시 이와 거의 비등한 정도로 양수인에 대한 반환청구를 고수하고 있다. 그 후 리스한 자동차를 도난당한 것으로 조작한 리스이용자의 보험계약상의 권리를 양도받은 리스업자에게 차체보험회사가 보험금을 지급한 차체보험사례(Kaskoversicherung)처럼 讓渡人에 대한 반환청구를 지지하는 판례가 이어진다.532)

위 독일연방최고법원 판례에서도 지시급부에서처럼 모두 "두 사람 이상이 관여하는 과정에 관한 부당이득법적 취급의 경우에 모든 도식적인 해법이 금지"된다는 방식을 그대로 원용하고 있고, 오히려 "타당한 부당이득법적 청산을 위해서는 우선적으로 개별사례의 특수성들이 유의되어야 한다"고 한다. 실제로 이 사례들은 "개별사례의 특수성의 관점"을 부각시키는 것에 철저했던 것들이다. 다만 문제는 판결상 그러한 사안별 '특수성'만이 부각되었을 뿐 부당이득법의 관점은 그다지 중시하지 않은 판결이라는 점이다.

특히 화재보험사례에서는 개별사례의 특수성이 극명하게 드러나는데, 이 사례가 다른 경우와 구분되는 특수성이라고 한다면 본질적으로 양수인의 행위로 자신에게 양도된 수익청구권보다 과다하게 지급하도록 한 사례로서 채무지급을 위해 强壓을 사용한 사실이 있었다는 점이다. 이렇게 이루어진 과다지급이 부당이득반환청구권의 발생근거가 된 것이다. 그러나 부당이득반환청구권의 발생원인으로 '부당

---

531) BGH 1988.11.2, BGHZ 105, 365.
532) BGH 1993.3.10, BGHZ 122, 46.

한 요소'를 강조하는 특정한 법제에서라면 모를까, 양수인의 행위의 강도533)를 반환청구권의 발생과 직접 관련짓는 것이 독일법에서도 일반적으로 받아들여지고 있는 것인지가 의문이다.

위 두 판결은 구도적으로 채권양도사례와 지시사례를 부당이득법 적으로 동치시키고 있는 것으로 확인된다. 즉 讓渡通知를 指示와 동 일시하는 형태이다. 지시사례의 보상관계에 대응한다고도 할 수 있 는 양도인과 채무자 간에 채권이 존재하지 않는 이 사례에서 부당이 득조정이 양도인과 오상채무자 사이에서 이루어졌다. 가령 화재보험 사례에서 독일연방최고법원은 양도된 채권의 채무자 A가 양수인 C 에게 채무를 이행했다면 이것은 보험계약자와 체결한 보험계약에 근 거하여 契約關係상 존재하는 給付를 이행하였다고 하여, 양도인 B 에게 급부를 이행한 것으로 봐야 한다고 하였다. 즉 부당이득반환청 구권의 근거로 給付개념이 이용된 것이다.

그런데 독일연방최고법원의 판결 내부에서도 이런 판단이 일관된 것이라고는 볼 수 없는데, 가령 동법원이 판단한 어느 책임보험사 례534)에서는 책임보험업자가 피해자에게 지급한 것을 보험에 가입한 가해자가 피해자에게 급부한 것으로 보지 않는다고 하고 있다. 결국 양도채권의 채무자에게서 유래한 일정한 가치가 양도인에게 전달된

---

533) 이것은 영국법상의 소위 '부당한 요소'(unjust factors)에는 해당하는 것이다. 독일법이 "법률상 원인 없는 이득"과 같은 추상적인 개념을 사용함에 반해, 영국의 부당이득법은 좀 더 실용적이고 적극적 요건으로 '부당한 요소'를 사용한다. 이를 비교한 것으로는 다수의 문헌이 있으나, 대표적으로 Maier (2002), 37 이하 참조.
534) BGHZ 113, 69f.

것으로 보면서도, 양수인이 취득한 가치는 양도인에게서 비롯된 것이 아니라고 하고 있는 것이다. 즉 'A→B'는 인정하지만, 'B→C'는 아니라고 하였는데, 그렇다면 현재 C가 보유하고 있는 가치는 과연 어디에서 유래한 것인지 의문이 들지 않을 수 없다. 결국 독일연방최고법원의 판단도 그리 일관된 것으로 보이지 않는다. 그리고 채권양도 시의 부당이득반환청구권자를 양도인으로 보고 있다는 결론으로 미루어 볼 때, 채무자는 실제로 새로운 채권자에게 이행하는 것으로 인식하였을 것으로 추정된다면, 독일연방최고법원이 말하는 급부의 목적성이라는 것이 제대로 기능하지 못하고 있음을 알 수 있다.

오상채무자가 讓渡人에게 부당이득반환청구권을 가진다는 독일의 판례와 다수설의 견해[535]는, 만일 채무자가 양수인에게 반환청구해야 한다면 양수인이 자력이 없거나 소재가 파악되지 않거나 채무자의 반환청구에 대해 현존이득이 없다는 항변을 제기할지 모를 위험을 채무자가 부담하게 된다고 한다. 또 "채무자의 지위에 관한 한 양도로 인해 그 법적인 지위가 악화되어서는 안 된다는 것이 양도법의 원칙"임을 강조한다.

우리 민법에서도 채권양도를 둘러싸고 존재하는 다양한 양도법규정들은 그 대부분이 양도되는 채권의 채무자보호 내지는 제삼자보호를 위한 내용으로 구성되어 있다.[536] 가령 채권양도 시에 이루어지는 채무자에 대한 통지 내지는 채무자의 승낙으로 인해 그 채권양도는 채무자와 제삼자에 대한 대항사유를 얻게 된다(제450조 제1항).

---

535) Larenz / Canaris (1994), 237; König (1981), 1590.
536) 민법 제449조 내지 제452조 참조.

통지나 승낙이 없는 경우에 채무자에게 "대항하지 못한다"는 것의 의미는 양수인이 채무자에게 자신이 채권자임을 주장하지 못한다는 의미이다.537) 그런데 이런 규정이 채권양도 시 계약이 무효·취소 또는 해제되어 부당이득반환관계로 들어간 경우에도 적용될 수 있는 것인지는 좀 더 검토가 필요하다.

이와 같이 다른 삼각관계유형과 비교되는 채권양도 고유의 특징을 중심으로 부당이득반환관계를 살펴보고자 한다. 만일에 양도법 원칙과 부당이득법 원칙 간에 충돌이 존재한다면, 필요한 한도에서 그 사이에 조화로운 해석론을 도출해 내야 할 것이다.

3. 부당이득반환의무

1) 채권양도의 구조와 이익상황

채권양도는 채권의 양도인과 양수인 사이의 원인행위538)를 근거로 양자 사이에 이루어지는 채권에 대한 처분계약이자 준물권계약이다.539) 따라서 채권양도의 효력발생을 위해 별도의 공시방법을 요하

---

537) 池元林 (2005), 1032.
538) 채권양도와 그것의 원인행위를 개념적으로 구분하는 것에 대해서는, 民法注解 X, 債權讓渡 前論(李尙勳 집필부분, 1995), 533. 다만 지명채권의 경우에 여기에서는 양자의 독자성과 무인성을 부정하는 것이 다수설이라고 하는 반면, 池元林 (2005), 1024에서는 지명채권양도가 의무부담행위, 즉 원인행위와 동시에 행하여지면 유인행위, 양자가 분리되어 행하여지면 무인행위로 보는 것이 통설의 입장이라고 한다.

지 않고 양 당사자의 합의만으로 이루어진다.540) 또한 이행의 문제를 남기지 않는다는 점에서 의무부담계약과 다르다. 채권양도로서 채권은 기존의 동일성을 유지하며 양수인에게 이전하고, 양수인이 그 채권의 새로운 채권자가 된다. 채권이 동일성을 유지한다는 의미에서도 그렇겠지만, 채권양도계약의 당사자가 아닌 채무자가 채권양도에도 불구하고 종전보다 더 열악한 지위에 처해져서는 안 된다는 것은 제도의 취지에 비추어 당연하다.

채권양도가 있더라도 계약인수나 계약양도541)와 달리 계약당사자에 고유한 해제권과 취소권이 당연히 승계되지 않는 것542)은 분명하다. 또 별도의 양도의사표시 없이 계약당사자로서의 지위에 수반하는 해제권이 자동적으로 승계된다고 보아서는 안 된다.543) 그러므로 만일 특약에 의한 양도로 해제권의 승계가능성을 인정하게 되면544) 이때에는 계약인수와 같은 형태가 될 것이다. 따라서 그런 정황이 갖추어지지 않은 상태라면 계약당사자가 아닌 채권양수인이 계약해제권이나 취소권 등과 같은 양도인에게 고유한 권리를 행사하는 것은 허용되지 않는다.

채권양도는 흔히 이익상황에 있어서 지시급부와 비슷하게도 보이

---

539) 池元林 (2005), 1024; 民法注解 Ⅹ, 債權讓渡 前論(李尙勳 집필부분, 1995), 531 – 532.
540) 郭潤直, 債權總論 (2003), 206.
541) 民法注解 Ⅹ, 채무인수 前論(閔亨基 집필부분, 1995), 626 이하 참조.
542) 취소권자와 그 지위의 승계에 관해서는, 최수정 (2005), 303 이하; 해제권자와 그 지위의 승계와 관련하여서는, 같은 글, 308 이하.
543) 최수정 (2005), 309.
544) 최수정 (2005), 310.

지만, 양자 사이에는 간과하기 쉬운 매우 중요한 차이점이 있다. 지시급부에서 피지시인이 수령자에게 재산을 이전시킴으로써 보상관계와 대가관계에 존재하는 두 개의 채권이 동시에 변제되는 효과를 가져오는 것은 이미 널리 받아들여지고 있다. 그렇지만 채권양도에서는 채무자의 변제시점에 채권양도인과 양수인 사이에 채권관계가 존재하지 않는다. 양도인과 양수인 사이의 원인행위와 채권의 양도계약은 구분된다.[545] 다시 말해 지시사례의 대가관계에 대응한다고 할수 있는 두 사람의 사이에 존재했던 원인관계상 채권은 양도계약과 함께 이미 이행되었고, 또 변제되었다. 채권관계의 당사자는 이제 양도인이 아니라 讓受人이며, 채무자가 채권양수인에게 지급함으로써 변제효를 가지는 것은 둘 사이에 존재하는 단 하나의 채권이다.

위의 제시된 독일연방최고법원의 사례들에서는 채권양도통지와 지시가 동치되었다. 물론 지시사례처럼 채권양도도 단축된 급부를 위해 이용될 수 있다. 그렇지만 지시와 양도통지는 원칙적으로 다르다. 유효한 지시는 채권의 변제를 지정하는 것이거나 아니면 급부권한 내지 수령권한을 수여하는 것이라고 하였다. 어느 견해에 의하든 지시가 효력을 잃으면 지시사례의 특징인 가치의 경유적 이동과 동시 변제의 효과는 발생하지 않는다.

그런데 채권양도통지는 그런 가치이동이나 채무변제요건의 역할을 수행하는 것이 아니다. 채권양도사실을 채무자에게 통지하는 것은 채무자 또는 제삼자에 대한 대항요건일 뿐(제450조), 부당이득법에서

---

545) 郭潤直, 債權總論 (2003), 207.

가장 관심의 대상이 되는 채무변제나 재산이동과는 아무런 관련이 없는 것이다. 효력이 없는 지시는 효력 없는 채권양도통지와 동치될 것이 아니라, 굳이 동치시키려면 채권양도의 대상이 되는 채권이 존재하지 않는 경우와 동치되어야 한다.546) 즉 무효인 지시를 근거로 피지시인이 지급하는 것은 양도대상이 없어 무효인 채권양도에도 불구하고 이행한 것에 대응하는 것이다.

계약관계가 해제되면 계약상의 채권과 채무가 소급적으로 소멸하고 해제되는 계약에 기해 소멸한 권리들은 다시 부활한다. 따라서 계약이 해제되었다면 이미 이행된 채권은 해제의 효력으로 소급적으로547) 비채변제가 되고, 당연히 채무자에게 반환되어야 한다(condictio ob causam finitam, 제741조). 이것은 해제가 해제권을 가지는 계약관계의 당사자인 양도인에 의해 이루어졌든 채무자에 의해 이루어졌든 채권이 존재하지 않게 되었다는 점에서는 차이가 없다.

채권의 양수인의 입장에서는 다음과 같은 해석이 가능하다. 계약의 해제는 계약당사자들을 계약적 구속으로부터 해방시키는 효력을 가진다(소위 계약의 해방효). 민법규정이 해제의 효과가 제삼자의 권리를 해하지 못하게 하고 있는데도(제548조 제1항 2문), 판례548)가 채권양수인을 그 대상에서 제외하고 있는 이유는 무엇보다도 채권양

---

546) Flume (1999), 184.
547) 해제의 효과와 관련하여 직접효과설과 청산관계설의 대립이 있지만, 전자가 해제의 소급효를 인정하며 판례의 입장이다. 예컨대 대법원 1977.5.24. 선고 75다1394 판결 등.
548) 대법원 1964.9.22.선고 64다596 판결; 대법원 2000.4.11.선고 99다51685 판결 등 참조.

수인 자신이 해제의 제1차적 효력이라고 할 수 있는 위 해방효의 당사자이기 때문이다. 다시 말해 양도인과의 관계에서 일정한 金額이나 物權의 취득을 단념하고 가치의 회수가능성이 상대적으로 불확실하다고 할 수 있는 債權을 취득하였다면, 이미 양수인 스스로 해제를 비롯하여 무효나 취소와 같은 계약에 내재적으로 존재하는 위험을 이미 인수한 것이라고 보아야 한다.

요컨대 양수인은 계약해제의 효력을 받는 당사자에 해당한다.[549] 그렇다면 양수인으로서는 양도인과의 관계에서 취득한 채권의 효력이 후발적으로 소멸하여 이미 수령한 것조차 부당이득으로 반환해야 할 성질을 취득한 것이라면, 그런 사유로는 채권양도인을 상대로 담보책임[550] 등 실효성 없는 채권을 양도한 것 자체에 대한 책임을 구해야 하는 것이지, 채무자를 상대로 이득의 반환을 거부할 것은 아니다. 물론 이 경우에도 해제되는 계약이 쌍무계약이라면 이행된 급부의 반환에 반대급부의 동시이행항변권의 성립여부도 함께 고려되어야 한다.[551]

---

549) 註釋 債權各則 I (金龍潭 집필부분, 1985), 427; 民法注解 XⅢ, 제548조(金龍德 집필부분, 1995), 320.

550) 民法注解 X, 債權讓渡 前論(李尙勳 집필부분, 1995), 536 이하에서는, 프랑스민법의 예를 들어 채권양도의 목적인 채권이 존재하지 않는 경우나 채무자가 무자력인 때의 양도인의 담보책임에 관해서 언급하고 있지만, 우리 민법의 경우에는 매매와 관련한 제570조 이하의 담보책임규정으로 해결하는 것이 일반적일 것이다.

551) 이 점은 "분양대금채권양도사례"의 판단과 다르다. 이 판결에 반대하는 견해로, 梁彰洙 (2003) A, 369 이하 참조.

2) 계약해제와 부당이득반환의무

사실관계를 법률관계로 구성하는 경우 가장 우선적으로 결정되어야 하는 것이 當事者確定의 문제이다. 그런데 만일 채권양도가 아니라 당사자 고유의 지위를 수반하는 권리에 대한 양도특약까지 포함하는 — 마치 契約讓渡 내지 契約引受와 유사한 — 형태로 양도계약이 이루어졌다면 부당이득을 반환해야 할 의무자가 누구인지에 대해 이견이 없을 듯하다. 양도인은 더 이상 당해 계약체결의 당사자로서의 이해관계가 없으며, 이제는 그 대신에 양수인이 그 법률관계의 당사자가 되기 때문이다.

그런데 그 정도에 이르지 않고 채권양도에 그치는 것으로 해석된다면 양수인은 단지 새로운 채권자가 될 뿐이고, 따라서 계약당사자의 지위에 수반하는 해제권이나 취소권 등을 행사할 수 있는 지위는 채권자의 지위와 분리된다. 이 해제권 등의 권리는 계약체결당사자의 지위에 수반하는 것으로 채권양도가 있다고 해서 자동적으로 양수인에게 이전하는 것이 아님은 물론이다. 그런데 이 해제권의 귀속이 부당이득반환의무와는 도대체 어떤 관계일까.

사실 일단 자기 채권을 처분한 양도인은 그 채권에 간여하지 않으려는 것이 통상이므로 계약을 해제하는 경우는 극히 드물 것이고, 통상은 채무자가 해제권을 행사하게 될 것이다. 그러나 설령 讓渡人이 해제권을 행사하였다고 하더라도, 그런 경우에는 채무자가 해제하는 경우와 비교하여 그다지 복잡한 문제가 되지 않는다. 어차피 해제권행사의 상대방도 채무자일 것이고, 해제 후 원상회복할 것이 있다면 그것의 상대방도 채무자일 것이기 때문이다. 문제는 債務者가 해제하는 경우이다. 즉 해제의 상대방은 계약체결의 상대방인 양도인임이 분명하나, 부당이득반환청구의 상대방도 역시 계약상대방인 양도인으로 해야 할 것인지, 아니면 채권에 기해 재산이 이동한 양수인을 상대로 할 것인지의 문제인 것이다.

계약을 해제한 당사자는 원상회복의무를 지게 된다(제548조 제1항). 원상회복의무의 성격이 부당이득반환과 비교하여 어떻게 해석되어야 하는지에 관해서는 견해가 분분하다. 부당이득반환과 본질적으로 다르지 않다는 것이 다수설의 견해이긴 하지만,552) 양자가 차원을 달리 하는 법제도라는 견해도 있다. 그러나 계약해제에 기해 당사자가 원상회복의무를 부담하여 받은 이득을 타방에게 반환하든 부당이득법에 기해 이득이 잔존하는 만큼을 반환하든, 당사자를 정하는 문제에서는 양자에 차이가 없다. 부당이득반환은 부당한 이득을 발생하게 하는 원인관계가 존재하였다면 그 당사자들 간에 이루어지는 것이 원칙이다. 즉 원래의 원인관계에서의 채권자는 부당이득반환의무자가 되고, 원인관계의 채무자는 이제 반환채권자가 된다.

부당이득이 채권채무를 발생시키는 원인관계를 기초로 발생하였다면 그 반환도 원인관계의 당사자들 사이에서 이루어져야 한다는 원

---

552) 해제법규정과는 달리 취소의 경우에는 그 효과에 관한 규정이 없지만, 부당이득법에 기해 청산된다는 점에 이견이 없다. 최수정 (2005), 315. 다만 해제의 경우에는 민법상 원상회복의무를 명시하고 있지만 그것이 부당이득법과 본질적으로 다르지 않다는 것이 다수설과 판례의 견해이지만, 金龍潭 (1984), 200 이하에서는 해제법에 특유한 청산관계의 성립을 주장하고 있다.

칙의 첫 번째 근거는, 그 부당한 이득의 발생이 그 계약상의 채권으로 인해 이루어진 것이라면 이제 그 이득의 보유를 정당화할 법률상 원인인 채권이 더 이상 존재하지 않기에 반환되어야 한다는 것이다. 또 두 번째 근거는 계약당사자의 무자력위험은 그의 계약상대방이 부담하는 것이 타당하고 그것과 무관한 제삼자에게 전가하는 것이 부당하다는 것이 보편적인 계약법원칙이기 때문이다. 그런데 채권양도로 계약당사자의 지위와 채권자가 분리되는 경우라면 누가 부당이득반환의무자가 되어야 하는지가 주요 관심사인 것이다.

계약의 당사자가 아닌 제삼자에게 이행하는 예로 민법상 "제삼자를 위한 계약"이 있다. 얼핏 채권양도와 삼각구도라는 점에서 이익상황이 유사한 것으로 보이기도 하겠지만, 본질적으로 다른 제도임은 물론이다. 제삼자를 위한 계약의 요약자의 지위는 좀 특수하다. 제삼자를 위한 계약에서도 낙약자의 채무불이행이 있다면 요약자가 계약당사자로서 해제할 수 있음은 물론이지만, 과연 그가 채권자로서의 지위도 가지고 있는지가 문제이다. 여기에서 제삼자약관을 통해 낙약자의 이행이 요약자 자신에게 이루어질 수 있도록 정하는 경우도 있겠지만, 그렇지 않더라도 일반적으로 낙약자를 상대로 제삼자에게 급부할 것을 청구할 수 있는 권리가 있다고 해석된다.553) 그러므로 낙약자로 하여금 제삼자에게 급부하도록 청구할 수 있는 요약자의 지위가 부당이득반환에도 어느 정도 영향을 미칠 수 있을 것인지 별도로 고찰되어야 할 것이다. 제삼자를 위한 계약에 관해서는

---

553) 거의 일치된 견해이다. 民法注解 ⅩⅢ, 제539조(宋德洙 집필부분, 1995), 168 참조.

다음 절에서 살펴보기로 한다.

　어쨌든 제삼자를 위한 계약의 요약자와도 달라서 채권양도의 양도인은 더 이상 채권자가 아니므로 채무의 내용을 이행할 것을 청구할 수 있는 지위에 있지 않다. 다만 해제권 등과 같은 계약당사자로서의 지위에 있을 뿐이다. 그런데 계약법이 해제라는 제도를 마련하고 있는 것은 계약당시에는 예상하지 못했던 계약상대방의 사정에 대한 신뢰를 이제는 더 이상 유지할 수 없는 사정에 처한 것으로 평가되어 그러한 관계에서 벗어나는 것을 허용하기 위함이다. 특히 해제권의 발생요건은 상대방의 (귀책사유 있는) 채무불이행이다(제544조, 제546조). 계약관계를 더 이상 유지하는 것이 무의미하다는 판단하에 해제권자는 자신에게 이행된 것을 반환해서라도 자신이 상대방에게 이행한 것을 돌려받겠다는 의사표시로서 해제권을 행사하게 된다. 즉 "해제권을 가진다"는 것은 스스로 계약에서 벗어나면서 취득한 것을 내놓을 수 있는 가능성을 보유한다는 것의 표현이지, 부당이득반환청구에 대해 당연히 반환의무를 부담하게 될 가능성이 있음을 가리키는 것이 아니다.

　계약의 당사자라면 응당 계약해제의 효력을 받으며, 제삼자는 당연히 그 효력으로부터 배제된다(제548조 제1항 2문). 그리고 판례554)가 이 제삼자에 채권양수인을 포함시키지 않음은 앞서 언급한 바와 같다. 채권의 양수인은 계약체결에 직접 관여하지는 않았지만 채권자로서 채무자를 상대로 직접 이행을 청구할 수 있고, 이에 채무자

---

554) 대법원 1964.9.22.선고 64다596 판결; 대법원 2000.4.11.선고 99다51685 등 참조.

는 계약상대방이 아닌 자에게 이행의무를 진다. 즉 채권을 근거로 請求함으로써 財産移動의 法律上 原因을 보유하고, 또한 그 수령한 利得을 정당하게 保有할 수 있는 권한을 지닌 자는 讓受人이다. 그러므로 계약이 해제된다면 그 계약의 해방효의 영향하에 있게 되는 당사자이기도 하다.

설령 쌍무계약상의 채권 중 어느 하나가 양도되더라도 해석이 달라지지 않는다. 쌍무계약이란 쌍방의 당사자가 부담하는 채무가 서로 대가적인 의미를 갖는 계약이라는 의미이지, 그 채무가 반드시 계약상대방의 방향으로 이행되어야 한다는 것이 아니다. 그러므로 계약이행의 방향과 쌍무계약의 견련성은 상호 무관하다. 따라서 계약이행의 방향이 다르더라도 급부와 반대급부가 동시이행관계에 있는 것이라면, 쌍방의 부당이득반환이 방향을 달리하더라도 그 동시이행관계까지 부정되어야 할 이유는 없다고도 해석될 수 있다.

계약해제로 이루어지는 원상회복과 같은 급부부당이득반환은 다음과 같이 해석해야 한다. 채권계약에 근거하여 발생한 채무를 이행한 것이 부당한 이득으로 반환되는 것은 그 계약이 무효 또는 해제 등의 사유로 더 이상 존재하지 않으므로 더 이상 이행된 것을 보유할 법률상 원인이 없기 때문이다. 다시 말해 급부된 것이 반환되는 것은 다른 도구적 관념이 개입할 필요도 없이, 오직 법률상 원인 없는 재산이동이 이루어졌고 부당이득반환채권자와 채무자가 얻은 이득과 손실이라는 것이 바로 그 채권을 기초로 한 것이기 때문이다.

요컨대 있지도 않은 채권 또는 존재하였으나 소멸하게 될 채권에 기해 이행을 청구한 자가 부당이득반환채무자이며, 해제권이나 취소권을 가지고 있다는 것은 이득반환의무의 요건이 될 수 없다. 부당이득반환관계는 채권이든 뭐든 재산적인 관점에서 의미를 갖는 것이지, 재산이동과 무관한 법적 지위는 아무리 원인관계의 당사자일지라도 이득이 없고 손실이 없는 한 관련이 없다. 좀 더 직설적으로 표현하자면, 채권양도와 더불어 해제권까지 양도하는 계약양도와 같은 형태가 되면 부당이득반환의무를 지지 않게 된다고 할 경우, 어차피 해제권을 행사할 가능성이 희박한 양도인으로서는 부당이득반환의무를 지지 않기 위해서도 채권양도에 그치지 않고 해제권양도를 내용으로 하는 특약까지 염두에 두어야 할지도 모른다.

3) 채권양도와 채무자보호

비채변제의 반환과 관련하여 당사자의 이해관계를 형량해 보는 것도 하나의 고려사항이 될 수 있다. 채무자로서는 계약을 해제함으로써 양도인으로부터든 양수인으로부터든 당연히 이행된 부분을 반환받고자 한다. 그런데 채권양도로 인해 채무자가 이전보다 더 불리한 상황에 처해져서는 안 된다는 채권양도법의 원칙을 근거로 양도인으로부터 부당이득을 반환받아야 한다는 견해는 좀 더 생각해 볼 여지가 있다. 과연 누구로부터 반환을 받는 것이 채무자보호에 좀 더 적합할 것인가.

양수인에 대한 반환청구를 부정하는 입장에서는 양수인이 무자력이 되거나 이득이 소멸하여 반환의무를 면하게 되는 위험을 지적한다.555) 또한 계약의 당사자들은 상대방의 무자력위험에 대한 부담을 감수해야 하는 입장이므로 이를 제삼자에게 전가해서는 안 되는 것이 계약법의 일반원칙이라고 한다. 그러나 채무자의 지위를 더 열악하게 하는 채권양도란 있을 수 없다. 채권양도 시 주장할 수 있는 채권양도금지특약(제449조 제2항)이란 것이 채무자의 이익에 비추어 그다지 유용한 것일 수 없는 것은 어쩔 수 없는 현실이다. 그러나 채권양도 시의 부당이득반환과 관련하여 문제되는 채무자의 지위란 것은 별 문제될 만한 것이 없다.

채무자가 아무런 이해관계를 갖고 있지 않던 제삼자에게 변제의 의사로 이행하였다는 사실 자체는 그가 이미 채권양도를 인정하고 승낙하였음을(제450조 제1항) 추단하게 한다. 채권양도의 대항요건인 통지나 승낙을 둘러싼 양도법상의 제도들(제450조 내지 제452조)은 채무자가 이행청구를 받았을 당시의 辨濟拒絶事由 내지 抗辯事由를 구성하는 등 채무자보호를 위한 것이다. 하물며 채무자가 계약당사자도 아닌 채권양수인에게 자기 재산을 처분하면서 선이행하였고 이제 부당이득반환에 관한 논의까지 도달한 시점이라면, 이젠 더 이상 양도로 인한 채무자보호를 논할 단계는 지났음을 뜻한다. 다시 확인하는 것이지만, 이제는 채권양도법의 영역을 떠난 부당이득법의 영역이다.556)

한편 채권양도로 인해 양수인의 무자력위험 등을 채무자가 부담하

---

555) 최수정 (2005), 319 참조.
556) 諸哲雄 (2000), 143에서, 제451조 제2항의 적용범위를 債務履行 以前에 한정시켜야 한다고 이해하는 것도 같은 맥락이라고 생각된다. Flume (1999), 187도 참조.

게 되어 債務者의 地位가 惡化된다는 주장은 더욱 설득력이 없다. "분양대금채권양도사례"에서 보듯이 보통은 양도인보다 양수인에게 자력이 있다. 양수인의 무자력위험이 우려된다면, 반대로 양도인의 무자력위험 가능성에 대해서는 또 어떻게 할 것인가. 이것에 대해서도 채무자로서는 원래의 계약상대방인 양도인의 무자력위험에 대해서 이미 계약을 체결함으로써 감수해야 할 처지라고 할 수 있겠으나, 이미 양도인에게 반대급부에 대한 이행능력과 이행의사가 없음을 확인하고 계약을 해제한 채무자에게 이제 와서 제삼자(양수인)에게 지급한 부분까지 양도인에게 반환받도록 요구하는 것은 무리이다. 이를테면 채무자보호를 위해서 양도법원칙을 들고 있는 견해가 사실상 채무자보호에 그다지 충실하지 못하다는 것을 알 수 있다. 결론적으로 양도인과 양수인 어느 편의 무자력위험을 문제 삼는 것은 부당이득반환의무자를 정하는 것에 직접적 논거가 되기 어렵다.

채권양도가 이루어지면 원래의 채권이 동일성을 유지하며 그대로 양수인에게 이전한다. 그렇지만 쌍무계약에 기해 발생한 급부와 반대급부 간의 쌍무성이 부인되거나, 채권양도인과 채무자 간에 존재하던 대항사유가 부당하게 박탈되어서는 안 되는 것은 물론이다. 그런 동일성유지의 측면에서, 채무자가 양도에 대해 승낙을 했든 그렇지 않든, "채무를 소멸하게 하기 위하여 양도인에게 급여한 것이 있으면 이를 회수할 수 있고 양도인에 대하여 부담한 채무가 있으면 그 성립되지 아니함을 주장할 수 있"는 것이고(제451조 제1항 2문), 채권양도의 통지가 있기 전에 "양도인에 대하여 생긴 사유로써 양수인에게 대항할 수 있"는(동조 제2항) 효과를 인정하는 것이다.

또한 급부와 반대급부의 견련관계가 유지되므로, 채무자는 양도인의 채무불이행을 이유로 자신의 채무이행을 거절할 수 있으며(제536조), 양도인의 귀책사유 없는 이행불능으로 인해 자신의 채무를 면하게 된다(제537조). 그렇지만 부당이득반환의무자가 누구인지의 문제와 해제에 기한 원상회복관계에서 동시이행의무의 문제(제549조)는 별개이다. 계약이 해제된 다음에도 쌍무계약의 견련관계의 연장을 인정하여 급부와 반대급부의 반환이 상환으로 이루어지도록 하는 것은 소송법상의 기술을 발휘하여 해결될 수 있는 것이지만, 그 반환의무자가 누구인가의 문제는 부당이득법의 영역이다. 그러므로 채무자가 양수인에게 부당이득반환을 구함으로써 쌍무계약의 견련관계를 무너뜨려 부당하게 채무자를 유리하게 한다는 주장은 설득력이 부족하다.557)

4) 기타 채권의 양도

채권발생원인이 반드시 계약에 한하는 것도 아니다. 계약상의 채권이 아니라 불법행위에 기한 손해배상채권, 구상금채권, 부당이득반환채권을 양도하는 것도 가능하다. 계약상의 채권과 구분되는 점은

---

557) 그런 의미에서 위 2000다22850 판결이 일부양도한 채권에 대해 동시이행을 인정하지 않은 것은 아쉬운 부분이며, 쌍무계약의 견련관계의 취지를 몰각시키지 않기 위해서도 계약내용의 전반에 걸쳐 동시이행관계를 인정하는 것이 타당하다. 梁彰洙 (2003) A, 375에서는 一部債權에 관해서 양도가 이루어진 경우에 양도인과 양수인 두 당사자를 상대로 한 소송가능성을 소개하고 있다.

계약관계로 들어가고자 하는 자들이 스스로의 의사에 기해 상대방과 계약의 내용을 결정한 바가 없다는 점이다.

예컨대 불법행위에 의한 손해배상청구권을 양도하였고, 이에 불법 행위의 가해자가 양수인에게 손해배상금을 지급하였으나 실제로 가해자의 동일성에 착오가 있었거나 공동불법행위자 간 부담부분산정이 잘못되었음이 밝혀진 경우를 생각해 볼 수 있다. 채권의 양도인에게 부당이득반환청구를 인정할 수 있으려면 무엇보다도 반환채무자로서 무언가 이득이라고 할 만한 것을 보유하고 있어야 한다. 여기에서 이득이라는 것은 원래 양수인과의 사이에 존재했던 원인관계상의 채무를 면한 것이겠지만, 그것은 그 자체로 이득일 뿐이며 채무자가 양수인에 대해 일정한 가치의 재산을 이전시킨 것과는 전혀 무관하다.

그렇지만 이때에는 계약법에서 말하는 계약당사자의 위험분배에 관한 규칙을 고려할 여지가 없다. 나아가 취소권이나 해제권의 존재 따위는 애초에 고려할 여지가 없다. 계약관계에 특유한 지명채권양도사례의 부당이득이론을 전개한다면 모를까, 지명채권일반에 통용될 수 있는 부당이득반환관계를 정하기 위해서는 債權 자체를 기준으로 삼는 것이 가장 타당하고 바람직하다고 여겨진다.

4. 채권양도의 반환관계에 관한 소결

하급심판결 중에 이중의 채권양도에 관한 것이 있다. 지명채권이 이중양도 되었는데 채무자가 두 명의 양수인 중에 확정일자를 갖추지 않은 채권양도통지를 한 채권양수인에게 채무를 변제한 사안558)이다. 이 판결에서 채권양도에 있어서는 확정일자 있는 증서에 의한 채권양도통지를 한 채권양수인(민법 제450조 제2항)만이 채권양수에 의한 적법한 채권자가 된다고 할 것이고 채무자는 이 채권자에게만 채무변제의 의무가 있으므로,559) 그렇지 못한 채권양도의 讓受人들은 이미 변제받은 채무를 부당이득으로서 채무자에게 반환할 의무가 있다고 한 것이다. 즉 확정일자 있는 증서에 의한 채권양도통지를 한 채권양수인은 다른 채권양도를 부인할 수 있을 만큼 우월한 지위에 있으므로, 그 밖의 양수인은 자신의 양수채권을 채무자에게 주장할 수 없고 일단 취득한 채권도 취득하지 않은 것으로 된다는 것을 논거로 한다.

위 판결의 사실관계를 살펴보면 무효인 채권을 양도한 사례로 아닐뿐더러, 독일의 다수설과 판례가 말하는 급부관계를 매개로 해결할 만한 사안도 아니다. 채무자는 일단 채권양도사실에 기초하여 이행하려 하였음은 분명하지만, 실제로 채무자의 이행을 수령한 채권자는 辨濟受領權限이라는 면에서 확정일자 있는 양도인에게 우선당하는 지위에 있다는 점이다. 부당이득반환에서 중시되어야 할 위험분배의 문제는 계약에 기한 재산이동이 존재한 경우에만 고려되는 것일 뿐이다. 결론적으로 말해, 채무이행과 부당이득반환을 표리관계로 구성하는 기준이 되는 채권의 변제효 발생여부가 가장 기본이 되

---

558) 인천지법 1993.2.12.선고 92가합16801 판결.
559) 대법원 1972.1.31.선고 72다2697 판결 등 참조.

어야 한다. 결론적으로 "분양대금채권양도사례"의 결론이 타당하다
고 생각한다.

5. 履行引受의 문제

이 연구에서는 주로 지시급부를 중심으로 고찰하였지만, 사실 지
시급부라는 유형은 이행인수의 구조와 유사한 면이 있다. 이행인수
(Erfüllungsübernahme)란 실정법상의 제도는 아니지만 민법상 일반적
으로 인정되고 있는 제도로서 인수인이 채무자에 대하여 그 채무를
이행할 것을 약정하는 채무자와 인수인 사이의 계약으로, 변제인수
또는 면책인수라고도 한다.[560] 이행인수는 채무자와 인수인 사이의
계약이므로 구조는 채무인수와 유사하지만, 이행인수는 인수인이 채
권자에게 채무를 이행할 의무를 채무자를 상대로 부담하는 데 그친
다는 점이 채무인수와 다르다. 그러므로 급부를 수령하는 자가 인수
인의 채권자가 아니라는 점에서, 이행인수는 진정한 의미의 제삼자
를 위한 계약에 속하지는 않는다.[561] 그리고 이런 점이 피지시인이
지시인의 지시에 좇아 자신과 직접적으로 채권관계에 있지 않은 수
령자에게 일정한 재산출연행위를 할 의무를 부담하게 되는 지시급부

---

560) 民法注解 X, 債務引受 前論(閔亨基 집필부분, 1995), 624.
561) 대법원 2006.1.26.선고 2005다54999 판결은 이행인수와 제삼자를 위한
계약의 판결기준으로 受領者의 債權歸屬 여부를 제시하고 있다. 판결
내용에 관해서는 다음 절의 제삼자를 위한 계약 참조. 民法注解 X Ⅲ
제539조(宋德洙 집필부분, 1995), 149도 참조.

와 크게 다르지 않다.

그런데 최근에 이행인수에서의 반환문제로 대법원562)에서 다루어진 것이 있어 소개하면 다음과 같다. C(피고)는 A에 대한 양수금 채권을 보전하기 위하여 A의 소유로 등기되어 있는 甲 임야에 대하여 청구금액 1억 원의 가압류등기를 하였다. 그 후 B(원고)가 A로부터 甲 임야를 매매대금 1,500만 원에 매수하면서 임야 위의 가압류 피보전채권을 B가 이행하기로 하였다. 그리고 A를 대위하여 위 피보전채권 중 40,258,360원을 C에게 변제하였고, 이에 C는 위 가압류등기를 말소하였다. 그런데 원고인 B가 주장하기를, 甲 임야는 등기부상으로만 존재할 뿐 실체가 없는 토지이며, B가 A로부터 기망을 당하여 이 사건의 매매계약을 체결하였으므로 매매계약은 무효이고, 또 B가 A의 C에 대한 가압류채무를 인수하기로 한 약정도 무효이며, C의 甲 임야에 대한 가압류등기도 무효이므로, B가 C에게 변제한 가압류채무금은 C가 원인 없이 부당이득한 것으로서 반환하여야 한다고 주장하였다.

취소의 효력을 받게 되는 제삼자의 범위에 대해 원심을 파기환송한 대법원 판결의 요지는 다음과 같다. A와 원고 사이의 계약은 원고가 변제 등에 의하여 A의 채무를 소멸하게 하여 A의 책임을 면하게 할 것을 약정하는 내용으로서 원고는 A에 대한 관계에서 A를 면책케 하는 채무를 부담하게 될 뿐 "피고로 하여금 직접 원고에 대한 채권을 취득하게 하는 것은 아니므로 그 계약은 이행인수"라고 하였

---

562) 대법원 2005.1.13.선고 2004다54756 판결. 未公刊된 판결로, 그 사실관계와 판결내용에 관해서는 金炯錫 (2006), 284 이하를 참조하였다.

다. 그리고 위 계약이 이행인수계약이라면 피고는 원고의 변제를 받는 것 외에는 그 계약에 기초하여 새로운 이해관계를 맺은 것이 아니므로 결국 "민법 제110조 제3항에서 말하는 제삼자라고 보기는 어렵고", 단순히 그 계약에 의하여 반사적으로 이익을 얻는 정도의 지위에 있는 자에 불과하다고 하였다. 결국 정작 판단되어야 할 부당이득반환관계에 관해서는 아무런 언급이 없고, 단지 법률행위 일반론의 차원에서 '선의의 제삼자'의 해석을 다르게 한다는 입장을 피력하는 것에 머무르고 말았다.

위의 이행인수의 정의에서 알 수 있듯이, 일단 이행인수가 이루어지면 채권자와 채무자의 지위는 그대로 유지되며, 다만 채무이행과 관련된 의무만이 이행인수인에게 이전되는 것이다. 그러므로 이행인수인은 채무자에 대해서는 그를 대신하여 채권자에게 이행할 의무를 부담하지만, 채권자를 상대로 해서는 아무런 법적인 의무를 부담하지 않는다고 하는 것이 개념적으로 타당하다. 그것은 이행인수계약이 채무자와 인수인 사이의 계약으로 이루어지며, 채권자가 개입할 여지가 없다는 점에서도 이해될 수 있다.

이것을 부당이득법적으로 검토하면 역시 履行의 對向性과 財産移動을 중심으로 고찰하게 된다. 우선 前者를 도구로 삼게 되면, 이행인수인의 재산출연행위의 목적은 채권자와 채무자 사이의 채권을 변제하기 위한 것이므로, 급부자는 이행인수인이 아닌 채무자 자신이다. 따라서 당해 채권의 효력상 문제가 있더라도 이행인수인은 반환권리자가 되지 못한다. 또 財産移動이라는 관점에서 검토하더라도 당해 채무이행의 재산상 효과가 귀속되는 자를 누구로 볼 것인가라고 한다면, 그것은 당연히 채권자에 대해 채무를 면하게 된 채무자이다. 즉 재산이 실제로 이행인수인에게서 채권자에게로 이동되었더라도 이것은 채무자의 손실로 이루어진 것이라고 해석되는 것이다. 따라서 적어도 채권의 효력이 문제되어 청산상황에 들어선 것이라면, 어떤 견해를 취하더라도 이행인수인이 채권자를 상대로 부당이득반환을 청구하는 일은 있을 수 없다. 결국 이행인수의 재산상 손실에 관해서는 자신의 인수계약의 상대방인 무효채권의 채무자와 상대해야 한다.

그런데 만일 위 2004다54756 판결의 사안처럼 이행이 인수된 채권만이 무효가 아니라 채무자와 인수인 사이의 이행인수계약까지도 무효이면 어떻게 되는가. 마치 지시급부의 이중하자와 비교될 수 있는 상황이다. 이행의 대향성을 중심에 두고 생각해 보면 이행인수인이 당해 채권의 채권자를 상대로 부당이득반환을 청구하는 일은 있을 수 없다. 이행인수인으로서는 채권자를 상대로 변제의 목적을 둘 만한 채무를 가지고 있지 않기 때문이다. 그렇지만 그것이 아니라 오직 순수하게 財産移動過程만을 주목한다면 좀 다른 결론이 도출될 수 있을 것 같다.

이행인수계약이 이루어진 경우에 인수인이 채무자에 대해 부담하는 채무의 내용이란 것이 인수인이 채무자에 대해 직접 재산적 이득을 취득하게 하는 것이 아니며, 오직 채권자를 상대로 일정한 행위를 할 의무인 것은 사실이다. 그렇지만 인수인의 이행행위로 채권자는 채무자의 손실로 이득을 취득한 동시에, 인수인 역시 채무자를 상대로 채무를 이행한 것이며, 이런 구조는 마치 指示給付 사례에서와 같은 同

時辨濟의 효과와도 비교될 수 있는 것이라고 할 수 있다. 바꿔 말하면 이행인수된 채무의 채무자가 직접 재산을 취득하지는 않았다 하더라도 일단 인수인의 재산출연행위로 인해 자신의 채무를 면하게 되었으므로, 그것도 역시 채무자의 재산상 이득이기 때문이다.

결론적으로 말해, 이행인수의 법률구조는 지시급부의 경우와 크게 다를 바가 없다. 지시급부사례에서 문제되는 원인관계의 효력여하는 물론이고, 관념적 재산이동의 과정에 관한 것도 양자에 공통적인 것이기 때문이다. 이것은 어떻게 보면 당연한 것인데, 지시급부에서는 지시가 補償關係를 전제로 한 相對方 있는 單獨行爲로서 피지시인에게 이행권한을 수여한 것으로 평가될 수 있다면, 이행인수의 경우에는 그것이 채무자와 인수인 사이의 契約으로 형성된 것이기 때문이다. 일단 두 경우 모두 수령당시의 거절의사가 존재하지 않은 한 수령을 둘러싼 변제요건에 있어서 문제될 것이 없다. 그러므로 지시에 의한 급부이든 이행인수계약에 기한 급부이든 법률적 이론구성에서 차이를 둘 필요는 발견되지 않기에, 지금까지 지급지시에 관해서 전개되어 온 부당이득반환에 관한 논의는 이행인수의 경우에도 마찬가지로 적용된다고 할 수 있겠다.

다시 위 2004다54756 판결로 돌아가 보면, 단지 대법원은 인수채권의 채권자가 민법 제110조 제3항에서 보호하고자 하는 '제삼자'에 속하지 않는다고만 하였다. 이행인수계약을 청산하는 과정에서 이행인수인의 반환청구 상대방을 확실히 특정하지 않았기에, 위 판결만으로 대법원이 채권자의 반환의무를 인정하는 결론에 이르렀다고 섣불리 단정 지어서는 안 된다. 직접 취소의 효과를 부담하는 제삼자에는 속하지 않더라도, 직접적 채권관계에 있지 않은 이행인수인과 채권자를 부당이득반환관계의 당사자로 정하기 위해서는 非給付不當利得返還請求權의 성립여부가 필수적으로 검토되어야 하기 때문이다. 지시급부에서 전개된 논의를 그대로 대입시킬 때,563) 이 사안은 지시급부의 이중하자에 해당하는 것으로 평가되기에 이행인수인은 채권자를 상대로 반환청구를 할 수 있다고 결론짓고자 한다.

이행인수계약으로 채무자는 적어도 이행인수계약의 내부관계에서는 채무이행의무를 면하게 된다. 그런데 채무자와 인수인 사이에 채권자로 하여금 인수인에 대하여 직접 이행을 청구할 수 있는 특약을 하는 경우가 있다. 이렇게 되면 이것은 더 이상 이행인수가 아닌 重疊的 債務引受이다.564) 중첩적 채무인수는 채권자로 하여금 채권을 취득하게 하는 것을 목적으로 하는 계약이므로 第三者를 위한 契約의 일종이다.565) 이에 다음 절에서 제삼자를 위한 계약에서의 부당이득반환관계를 살펴보고자 한다.

---

563) 第五章 제5절 참조.
564) 民法注解 X, 債務의 引受 前論(閔亨基 집필부분, 1995), 602, 625 참조.
565) 民法注解 X, 債務의 引受 前論(閔亨基 집필부분, 1995), 626.

제삼자를 위한 계약 ····································

第二章에서 소개된 "분양대금지급지시사례"는 판결문에서 "지시 등으로 급부과정을 단축하여"라고 표현한 결과, 이후 우리 민법학에서도 指示給付라는 영역을 다룰 직접적 계기가 마련되었다고 할 수 있다. 그런데 반드시 지시급부가 아니더라도 민법은 급부를 단축시킴으로써 이행을 용이하게 하기 위한 방법을 이미 마련해 놓고 있다. 경우에 따라서는 앞서 살펴본 債權讓渡도 그런 예이다. 그런데 여기에서 다룰 第三者를 爲한 契約도 단축급부를 위해 이용되는 대표적인 실정법상의 제도이다.[566] 또 지시급부에서 나타난 義務負擔行爲와 義務履行行爲의 방향이 분리되는 특징이 여기에서도 발견된다. 그러므로 이제는 제삼자를 위한 계약을 가지고 지시급부를 통해 도출된 원리의 일반적 적용가능성을 검토해 보고자 한다.

---

566) 裵豪根 (2006), 315에서도 第二章에서 언급된 "분양대금지급지시사례"의 예를 제시하며, 제삼자를 위한 계약도 단축급부를 위한 것이니 만큼 판례 상호 간에 균형을 이루어야 한다는 취지를 적고 있다.

1. 제도에 대한 개관

1) 수익자의 권리

일반적으로 계약은 발생하는 권리와 의무가 계약당사자에게 온전히 귀속되는 데 반해, 제삼자를 위한 계약은 계약당사자가 아닌 제삼자로 하여금 직접 계약당사자의 일방을 상대로 일정한 권리를 취득하게 하는 것을 목적으로 한다(제539조 제1항).[567] 이 제삼자를 위한 계약에 대해서는, 수익자에게 낙약자를 상대로 주장할 수 있는 '債權'을 발생시키는 것만이 진정한 의미의 제삼자를 위한 계약이며,[568] 제삼자가 단지 낙약자로부터 給付를 受領할 權限만을 갖게 되는 "不眞正한 제삼자를 위한 契約"은 수익자가 債權을 갖게 되는 진정한 의미의 제삼자를 위한 계약과 구분되어야 한다고도 한다.[569] 법규정 자체만을 본다면 제삼자를 위한 계약을 근거로 수익자에게 낙약자를 상대로 "직접 그 이행을 청구할 수 있"는 권리를 부여하는 것으로 하고 있다. 그러므로 일차적으로 제삼자를 위한 계약을 근거로 수익자가 얻게 되는 '이행청구권'의 의미를 밝혀야 한다.

'이행을 청구한다'는 것은 일정한 채권에 근거하여 채무자로 하여금 채무내용에 적합하게 일정한 행위를 할 것으로 요구하는 것이다. 제삼자를 위한 계약은 채권의 발생만을 목적으로 할 뿐, 물권을 취

---

567) 대법원 1996.1.26.선고 94다54481 판결.
568) 郭潤直, 債權各論 (2003), 71.
569) 宋德洙 (1996), 46.

득하게 하는 계약이나 준물권계약은 이에 해당하지 않는다고 한다.570) 물권변동에 관한 형식주의를 염두에 둔 견해로 이해되지만, 오히려 '이행을 청구할 수 있다'고 규정한 제539조 제1항의 문언을 통해서 더욱 설득력을 얻을 수 있다. 물권행위나 준물권행위는 處分行爲이다. 처분행위란 의무를 부담하는 행위와 대립되는 개념으로, 통상 직접 권리의 변동을 일으키며 "이행의 문제를 남기지 않는 행위"를 일컫는다.571) 결국 제삼자를 위한 계약은 의무부담행위, 즉 채권계약일 수밖에 없다.572)

그렇다면 物權取得에 있어 단축급부의 이미지를 가장 선명하게 한다고 할 수 있는 中間省略登記와 같은 경우가 과연 제삼자를 위한 계약을 가지고 설명될 수 있지 않을까 생각해 보게 된다. 이것은 중간생략등기 자체를 둘러싼 논의와도 관련지어져야 하는 것이지만, 만일 물권취득과 관련하여 제삼자를 위한 계약이 가능하다면 채권계약에만 제한되는 제삼자를 위한 계약의 성격에 비추어 과연 물권변동을 위한 합의, 즉 물권적 합의를 어디에서 구할 것인지도 문제될 수 있다.

현재 우리 학설은 대체로 중간생략등기의 합의에 근거한 등기청구를 긍정하고 있다.573) 그리고 판례도 관계당사자 전원의 의사합치가 있다면 최종매수인은 최초매도인을 상대로 소유권이전등기를 청구할

---

570) 民法注解 XIII 제539조(宋德洙 집필부분, 1995), 179.
571) 郭潤直, 民法總則 (2005), 204.
572) 반대견해로, 郭潤直, 債權各論 (2003), 72; 池元林 (2005), 1126 – 1127.
573) 池元林 (2005), 402의 학설소개 참조.

수 있다는 입장이다.[574] 그리고 관련당사자 전원의 의사합치가 없다면 두 번째 매수인은 자신의 매도인을 대위하여 최초매도인에게 이전등기를 청구할 수 있을 뿐이라고 한다.[575] 나아가 대법원은 "중간생략등기의 합의란 부동산이 전전 매도된 경우 **각 매매계약이 유효하게 성립함을 전제로** 그 이행의 편의상 최초의 매도인으로부터 최종의 매수인 앞으로 소유권이전등기를 경료하기로 한다는 당사자 사이의 합의에 불과할 뿐, 그러한 합의가 있었다고 하여 **최초의 매도인과 최종의 매수인 사이에 매매계약이 체결되었다는 것을 의미하는 것은 아니**"[576]라고 판시하기도 했다.

정리하자면, 중간생략등기의 합의는 각각의 매매계약과는 달리 별도로 이루어지는 이행방법에 관한 합의라고 볼 수밖에 없다. 판례가 "각 매매계약이 유효하게 성립함을 전제로" 한다고 밝힌 점에서도 알 수 있다. 그리고 최종매수인이 최초매도인에게 등기를 청구할 수 있다는 것은 이미 물권변동에 관한 물권적 합의도 어찌됐든 이미 성립하고 있다고 생각해 볼 수 있다.

앞서 제삼자를 위한 계약을 통해 발생되는 권리는 이행청구가 가능한 것에 한한다고 하였다(제539조 제1항 참조). 그것은 바꿔 말하면 물권취득을 위한 제삼자를 위한 계약은 있을 수 없다는 것이다. 생각해 보면 형식주의하에서 물권취득을 위해서는 반드시 등기나 인도가 필요하기에 통상 물권취득을 위한 등기청구권이나 인도청구권

---

574) 대법원 1995.5.24.선고 93다47738 판결.
575) 대법원 1991.4.23.선고 91다5761 판결.
576) 대법원 1997.11.11.선고 97다33218 판결.

을 인정하고 있고 그 법적 성격이 채권적 청구권이라는 것은 이미 주지의 사실이다. 만일 물권취득을 위해 제삼자를 위한 계약이 존재한다고 하더라도 이것은 그와 같은 계약의 성격에 비추어 登記請求權이나 引渡請求權을 歸屬시키는 것에 지나지 않으며, 소유권이나 저당권과 같은 물권 자체를 제삼자에게 귀속시키는 것은 가능하지 않다. 결국 제삼자로 하여금 소유권이나 저당권과 같은 물권취득을 위한 물권적 합의, 즉 이들 처분행위는 제삼자를 위한 계약을 통해서는 발생할 수 없으며, 오직 만일에 있을지 모를 요약자와 수익자 간의 對價關係를 통해서만 가능하다는 결론에 이르게 된다. 이것은 물권변동의 형식주의라는 논거 외에도, 제539조 제1항의 규정 자체에서 비롯된 것임이 재차 상기되어야 한다.

따라서 중간생략등기의 합의에 기한 최종매수인의 최초매도인에 대한 등기청구권을 인정하는 문제에 관해서는 제삼자를 위한 계약의 성립이 가능하다. 이를테면 수익자의 낙약자에 대한 등기청구권은 제삼자를 위한 계약을 통해 얼마든지 수익자에게 귀속될 수 있다. 그러나 그와 같은 登記請求權 자체의 發生은 제삼자를 위한 계약을 통해서가 아니라, 강조하지만 對價關係상의 物權的 合意를 통해서이다. 판례가 중간생략등기의 합의와 관련하여, "최초의 매도인과 최종의 매수인 사이에 매매계약이 체결되었다는 것을 의미하는 것은 아니"라고 한 것은, 제삼자약관의 내용으로 중간생략등기의 합의가 이루어질 수 있는 것은 사실이지만 그것이 매매계약뿐만 아니라 등기청구권의 전제가 되는 물권적 합의로도 볼 수 없는 것임을 암시하는 것이기도 하다.

요컨대 중간생략등기에 관한 합의를 제삼자를 위한 계약으로 이론 구성할 때에 수익자가 얻게 되는 권리는 오직 등기청구권이라는 행위에 관한 청구권이다. 수령자가 취득한 이득은 자신의 매도인과 체결한 물권변동의 합의에 기한 것이며, 등기청구권 자체는 이득과 관련된 채권이라고 할 수 없다. 그리고 이득과 무관한 채권은 부당이득반환의 대상이 아니다. 따라서 중간생략등기의 경우를 제삼자를 위한 계약의 구조를 빌어 부당이득반환관계를 정하려는 시도는 큰 의미를 가질 수 없다고 하겠다.

한편 제삼자를 위한 계약에 근거하여 어떤 식으로든 낙약자는 수익자에게 채무에 근거하여 일정한 행위를 할 義務를 부담한다는 이유에서, 이행인수와 채무인수와 같은 것이 제삼자를 위한 계약으로 이루어질 수 있는가도 문제가 될 수 있다. 履行引受에 관해서는 이미 확인한 바대로 제삼자를 위한 계약으로의 구성이 가능하지 않다는 것을 결론을 얻었으므로, 채무인수의 경우만 살펴보기로 한다.

債務引受는 이행인수와 달리 채무 자체가 동일성을 유지하며 이전하는 것을 목적으로 하는 채권계약이다.[577] 채권양도와 더불어 이것도 새로운 이행청구권을 발생시키는 것이 아니라는 이유에서 제삼자를 위한 계약으로 볼 수 없다. 그런데 이른바 면책적 채무인수라고 하는 이 본래적 의미의 채무인수와는 약간 다른 개념으로 重疊

---

[577] 郭潤直, 債權總論 (2003), 228에서는, 채권자와 채무자, 인수인의 삼면계약으로 인수계약을 하는 경우에는 채권계약과 준물권행위가 결합한 것으로 보지만, 채무자와 인수인의 계약에 의한 채무인수계약은 단지 채권행위로서의 성질을 가지며, 이것에 대한 채권자의 승낙이 준물권행위라고 하고 있다.

的 채무인수 내지 並存的 채무인수가 있는데, 이것은 인수인이 종래의 채무자와 더불어 새로이 동일내용의 채무를 부담하는 계약이다. 대법원578)은 면책적 채무인수와 비교되는 후자에 대해 이것이 채무자와 인수인 사이에서만 이루어졌다면 이를 第三者를 위한 契約으로 보고 있고, 이것은 학설의 일치된 견해이기도 하다.579) 이는 병존적 채무인수를 통해 채권자는 원래의 채무자에 대한 채권을 잃지 않는 동시에, 인수인을 상대로 또 다른 하나의 債權을 갖게 된다는 이유에서 그렇게 해석된다.

이상과 같이 제삼자를 위한 계약으로 수익자에게 발생할 수 있는 권리의 측면에서 내린 결론을 종합하면 다음과 같다. 제삼자를 위한 계약은 원칙적으로 이행을 청구할 수 있는 권리를 대상으로 하므로 債權的 權利를 목적으로 한다. 그리고 제삼자의 수익의 의사표시를 통해 그 권리가 발생하고 수익할 제삼자에게 귀속된다(제539조 제2항). 또 채권관계 당사자로서의 채무자의 지위에 변함이 없는 이행인수계약은 제삼자를 위한 계약으로 보지 않는다. 요컨대 제삼자를 위한 계약을 통해 수익자에게 귀속하게 되는 권리는 완전한 債權이다.

그런데 이런 결론은 위 "분양대금지급지시사례"의 결론과 비교할 때 좀 더 생각해 보아야 할 점이 있음을 알 수 있다. 만일 위 판결문에서 말하는 "지시 등으로 급부과정을 단축"하는 과정을 제삼자를 위한 계약과 연관 지어 생각한다면, 이 사건의 피고와 원고 사이에는 채권이 존재해야 하는 것으로 해석된다. 반면에 A회사와 이 사건

---

578) 대법원 1989.4.25.선고 87다카2443 판결 등.
579) 民法注解 XⅢ 제539조(宋德洙 집필부분, 1995), 150, 각주163 참조.

의 원고는 보상관계상의 계약당사자들이다. 그리고 채권에 기해 재산은 원·피고 사이, 즉 채권관계에 있는 자들 사이에서 이동하였고, 보상관계는 채무불이행을 이유로 효력을 잃게 되었다. 결국 이 판결에서 말하는, 급부는 계약상대방인 A회사에게 이루어졌을 뿐이고 원고에게서 피고로 이동한 것은 급부가 아니라고 한 결론은, 채무와 급부의 의미를 되새겨볼 때 전혀 논리적이지 못하다. 요컨대 위 "분양대금지급지시사례"의 판결은 제삼자를 위한 계약의 부당이득반환청구로 해석될 수 없다. 그리고 제삼자를 위한 계약의 부당이득반환을 위한 별도의 이론구성이 필요하다.

2) 법적 구조

제삼자를 위한 계약은 제삼자의 수익의 의사표시를 통해 일정한 권리를 발생시키지만(제539조 제2항의 '생긴다'), 수익자가 수익의 의사표시를 하지 않더라도 계약 자체의 효력에는 영향을 주지 않는다고 해석하는 것이 일반적이다.[580] 즉 제삼자 의사표시와 무관하게 계약은 여전히 유효하게 존재하며, 나아가 要約者는 여전히 契約當事者의 지위를 유지하면서, 그것에 수반하는 해제권이나 취소권 등의 권리도 행사가 가능하다.

그런데 제삼자의 수익의 의사표시와 무관하게 요약자도 이행을 청구할 권리가 있는지도 문제되겠지만, 엄밀히 말해 이것은 보상관계

---

580) 民法注解 XⅢ 제539조(宋德洙 집필부분, 1995), 158.

의 계약에 포함된 제삼자약관의 해석을 포함한 법률행위해석의 문제이다. 제삼자약관581) 또는 제삼자조항582)은 다른 계약과 구별되는 제삼자를 위한 계약만의 특징으로, 요약자와 낙약자 간의 기본계약 중에 포함되어 제삼자에게 권리를 취득하게 하는 특약부분을 가리키지만, 이를 통해 요약자의 법률상 지위도 추론될 수 있는 것이다.

제삼자약관을 포함한 계약이 쌍무계약이라면, 낙약자가 수익자에게 이행함에 따라 요약자가 낙약자에게 반대의 이행의무를 부담하는 것이 쌍무계약의 견련성에 비추어 당연하고, 補償關係라는 용어는 바로 이 점을 포착한 것이다.583) 그런데 낙약자가 이행의무를 다 하였음에도 불구하고 요약자의 채무불이행이 있었다면, 낙약자는 계약을 해제하고 이미 이행한 것의 반환을 구할 수 있다. 그렇다면 역시 이제는 낙약자가 요약자와 수익자 중 누구를 상대로 반환청구할 수 있는지의 문제가 남는다. 통상의 제삼자를 위한 계약이라면 여전히 채권자는 受益者인 것이며, 要約者에게는 계약당사자로서의 지위는 인정되지만, 그에게도 채권자의 지위를 인정할 것인지는 법률행위해석의 결과에 좌우된다.

그런데 이것과 유사한 구도를 채권양도를 검토하는 과정에서 확인한 적이 있다. 즉 제451조 제2항에 의해 채무자는 양도통지를 받은

---

581) 郭潤直, 債權各論 (2003), 72; 池元林 (2005), 1126.
582) 宋德洙 (1996), 52.
583) 民法注解 XⅢ 제539조(宋德洙 집필부분, 1995), 128에서는, 제삼자를 위한 계약에 존재하는 요약자와 낙약자 사이의 원인관계에 대해, 제삼자를 위한 계약이 반드시 쌍무계약으로 이루어질 필요는 없기에 보상관계라는 용어 대신에 '기본관계'로 지칭할 것을 제안하고 있다.

때까지 양도인에 대하여 생긴 사유로써 양수인에 대항할 수 있는 것이다. 그런데 제삼자를 위한 계약에서는 민법 제542조에서 낙약자는 제삼자를 위한 계약에 기한 항변을 가지고 수익자에게 대항할 수 있다고 하고 있다. 가령 보상관계가 결여되었거나 무효 등의 사유로 계약이 효력을 잃게 되는 경우나 동시이행항변권과 같은 것이다. 그러므로 이런 사유에 기해 낙약자는 수익자에게 이행을 거절할 수 있다.

그렇다면 이미 이행한 후에는 어떻게 될 것인지, 이 경우에도 위의 조항을 원용하여 부당이득반환을 청구할 수 있는지가 논의의 중심이다. 이것은 채권양도에 대한 규정인 제451조 제2항에 관한 논의와 비슷한 논점이 된다. 그것과 더불어 해제권이나 취소권 같은 계약당사자의 지위에 수반하는 권리를 지닌 요약자에게 낙약자의 부당이득반환청구가 가능한지 여부도 마찬가지이다. 차이가 있다면 채권양도인과는 달리 요약자는 낙약자를 상대로 일정한 채무내용을 청구할 수 있는 가능성이 배제되지 않는다는 점이다.

두 제도는 모든 면에서 확연히 구분되는 별개의 제도이므로 채권양도에서 도출된 방법론이 제삼자를 위한 계약에서 그대로 통용되기를 기대할 수는 없다. 각각의 제도에 적절한 부당이득반환관계가 정비되어야 하겠지만, 다만 부당이득법적 해결에 동원되는 보편적 원리를 논리적으로 배체하는 작업에서는 양자가 균형을 이루어야 할 것이다.

2. 부당이득반환관계

1) 관련 판례

대법원판결례 중에서 명시적으로 제삼자를 위한 계약의 사안임을 언급하면서 부당이득반환문제를 다룬 것으로 第二章에서 "제삼자지급계약사례"584)를 소개한 바 있다. 그 원심585)은 이것이 공장설비에 관한 매매계약으로서 제삼자를 수익자로 한 제삼자를 위한 계약에 해당한다고 한다고 전제하였다. 그리고 이 계약이 적법하게 해제된 이상, 낙약자는 제542조에 기해 위 해제를 항변사유로 하여 수익자에게 잔금지급을 거절할 수 있다고 하였다. 그리고 이 연구의 중심 주제인 부당이득반환청구에 관해서는 다음의 논거로 부인했다.

첫째, 수익자에 대한 낙약자의 모든 급부는 기본관계를 이루는 이 사건 매매계약의 당사자인 요약자와 낙약자 사이의 **채권관계**에 기한 것일 뿐이므로 이로 인한 부당이득반환의무는 당연히 낙약자와 요약자 사이에서만 발생한다. 둘째, 기본관계는 해제로 인하여 무효라 하더라도 대가관계에 아무런 하자가 없는 경우 제삼자의 급부수령은 요약자와의 관계에 기한 정당한 수령으로서 부당이득반환의 대상이 되지 아니하며, 또한 제삼자에 대한 낙약자의 급부에 의하여 요약자가 채무를 면하게 되며, 요약자와 제삼자 사이의 유효한 결제를 부

---

584) 대법원 2005.7.22선고 2005다7566,7573 판결.
585) 광주지법 2004.12.31.선고 2002나2443,2450 판결.

인할 필요가 없으므로, 낙약자로서는 제삼자가 아닌 요약자에 대하여 부당이득의 반환을 청구하여야 한다고 한다. 셋째, 낙약자가 수익자에 대하여 직접 부당이득반환청구를 할 수 있다고 보면, 자기 책임하에 체결된 계약에 따른 위험부담을 제삼자에게 전가시키는 것이 되어 계약법의 기본원리에 반하는 결과를 초래하게 된다. 대법원은 원심의 위와 같은 논거를 그대로 받아들여 상고를 기각하였다.

먼저 첫 번째 논거를 검토해 보면, 판결에서 사용된 낙약자가 수익자에게 '급부'하였다는 표현이 정확히 무엇을 가리키는 것인지가 확실치 않다. 제삼자를 위한 계약을 통해 수익자가 채권자의 지위를 가지게 되므로 기본적으로 낙약자와 수익자는 채권관계에 있다고 할 수 있다. 이행의 대향성을 강조했던 독일의 목적적 급부개념론이 궁극적으로 의도하고자 했던 바는 변제의 목적을 둔 채권의 소재를 부당이득반환관계의 기초로 삼고자 했던 것이다. 그렇다면 이 판결에서 표현하고 있는 방식, 즉 "Y에 대한 X의 모든 급부"라는 표현은 사실상 타당하다. 그러면서도 다른 한편으로 매매계약의 당사자인 요약자와 낙약자 사이의 "채권관계에 기한 것"이라고 하였다. 그러나 이것만으로는 과연 낙약자가 누구에 대해 변제하려고 했는지, 수익자인지, 아니면 수익자와 더불어 요약자에 대해서도 변제하고자 했는지가 분명하지 않다.

민법상 제삼자를 위한 계약이야말로 義務負擔行爲의 방향과 履行行爲의 방향이 문제되는 전형적인 실정법제도이다. 이 연구가 중심모델로 삼은 지시급부사례가 기본적으로 두 개 이상의 원인관계를 전제로 하여 중간인의 지시로 원인관계와는 다른 방향으로 재산이동이 이루어지기에 의무이행방향과 이행방향의 분리가 논리상 추론된다. 그에 반해 제삼자를 위한 계약은 제도의 개념 자체 내에 의무부담행위와 이행행위의 방향의 분리를 담고 있음이 확인된다.

결론만으로 판단한다면, 이 판결은 의무를 부담하고 그것을 이행하고자 하는 목적을 둔 방향을, 의무이행이 실제로 이루어진 방향에 우선시킨 것, 즉 이행에 있어 재산이동보다 對向性을 강조한 것이라고 할 수 있다. 만일 이 판결이 매매계약의 당사자인 요약자와 낙약자 사이의 채권관계를 강조한 것이 혹시 지시사례에서처럼 재산의 우회적 이전이라는 가정을 정당화하기 위한 給付關係를 염두에 둔 것이라면, 여기에도 문제는 있다. 진정으로 재산이 요약자를 거쳐 수익자에게로 이동한 것인지가 명확히 정해져야 할 것이기 때문이다.

어쨌든 수익자의 방향으로 이루어진 것이 給付이며 이것이 要約者와의 債權關係에 근거한 것이라는 판결문상의 표현을 통해, 판례는 아직 제삼자를 위한 계약의 특징은 물론이고 삼각관계의 부당이득반환 사례에서 여전히 강하게 작용하고 있는 '급부' 내지는 '급부관계'586)라는 용어가 미치는 영향의 심각성을 아직 깊이 의식하고 있지 않았거나, 그렇지 않으면 수익자의 채권자로서의 성격을 이미 인정하고 있는 것이 아닌가 생각된다.

첫 번째 논거가 이행의 대향성을 중심으로 한 논거를 제시한 것이라고 한다면, 두 번째 논거는 그것과는 반대의 입장이라고 할 수

---

586) 특히 제삼자를 위한 계약의 낙약자와 수익자의 관계에 관해서는, 급부관계(池元林 (2005), 1126)나 실행관계(民法注解ⅩⅢ 제539조(宋德洙 집필부분, 1995), 130) 등과 같이 용어가 정리되고 있지 않다.

있는 이행의 재산이동이라는 관점을 고려한 것이다. 사실관계에서 수익자는 요약자에게 유효한 채권을 가지고 있으므로 제삼자가 지급한 것을 수령하더라도 이것은 정당한 대가관계에 근거한 정당한 수령인 것이어서 부당한 이득이라고 할 수 없고, 결과적으로 요약자 A는 Y에 대한 자신의 채무를 면하게 된다고 하였다.

그런데 이런 표현도 생각해 볼 점이 있다. 대가관계를 언급한 판결문의 표현에 잘못이 있음이 아니라, 제삼자를 위한 계약이라는 개념은 절대 대가관계상 채권의 존재에 관한 긍정을 담고 있지 않다는 점587)이다. 제삼자를 위한 계약에서 수익자가 수령한 이득이란 것이 과연 '낙약자→요약자→수익자'의 과정으로 전달되었다고 할 수 있는 것인지가 의문이다. 채무자가 채권양수인에게 지급한 것에 대해서는 그와 같은 가치경유를 인정할 수 없기에 양수인에게 부당이득반환청구할 수 있다고 결론지은 바 있다.

이것은 그 자체로 대가관계상의 채권을 전제로 하는 지시급부사례와 완전히 구별되는 것이다. 후자의 경우에는 제도의 특징이라고 할 수 있는 재산의 경유적 이전이 거의 원칙처럼 인정되고 있다. 즉 적어도 지시가 개입된 단축급부에서는 '피지시인→지시인→지시수령자'의 가치이동이 이루어짐으로써 연속된 두 개의 원인관계가 동시에 변제된다는 점은, 이행의 대향성을 강조하든 가치이동성을 강조하든 어떤 입장에서도 마찬가지이다.

제삼자를 위한 계약에서 판례처럼 대가관계상의 법률상 원인 있는

---

587) 池元林 (2005), 1126도, 대가관계는 요약자와 수익자 사이의 내부관계에 불과하여 제삼자를 위한 계약의 내용이 아니라고 하고 있다.

이득을 논거로 내세운 것이 부당이득법에서 문제 삼는 利得 自體에 관한 것이었다면, 그리고 손실과 因果關係에 있는 이득만이 반환되는 것이 우리 부당이득법의 원칙이라면, 적어도 제삼자를 위한 계약에서 수익자가 보유할 수 있는 이득의 이동경로만큼은 분명히 해두어야 한다고 생각된다. 만일 제삼자를 위한 계약이 수익자가 대가관계상의 채권에 기해 이득할 수 있도록 하는 제도가 아니라는 점을 의식하고 이것을 극복하고자 한다면, 제도가 포용하는 범위를 넘어서는 것이긴 하지만 대가관계상의 채권이 존재하는 경우와 존재하지 않는 경우를 나누어 각각의 법률관계가 별도로 검토되어야 할 것이다.

세 번째 논거에서는 계약당사자는 계약에 따른 위험을 스스로 부담해야 하는 것이며 제삼자에게 전가해서는 안 되는 것이 契約法의 原則이라고 하였다. 계약청산의 국면에서 항상 염두에 두어야 할 점은 해제효로부터 보호되어야 할 제삼자의 범위에 관한 것이다. 이 판결은 원심에서 언급되지 않은 해제의 효과와 제삼자를 위한 계약에서의 제삼자의 지위의 관계를 명시함으로써 해제의 효과인 원상회복이 부당이득반환의 실질을 가지고 있음을 확인하였다. 그리고 "제삼자를 위한 계약에서의 제삼자가 계약해제 시 보호되는 민법 제548조 제1항 단서의 제삼자에 해당되지 않음은 물론이나, 그렇다고 당연히 계약해제로 인한 원상회복의무를 부담해야 하는 것은 아니"라고 하였다.

양도된 채권의 양수인이나 채권 자체를 압류 또는 전부한 채권자[588]가 보호대상에 포함되지 않는 것처럼, 제삼자를 위한 계약의 수익자도 계약상 채권의 채권자로서 해제의 효과를 받지 않는 제삼자일 수가 없다. 즉 '계약으로부터의 해방효'로 표현한다면 그 해방효의 당사자인 것이다. 바로 그 점이 낙약자가 보상관계에 기한 항변을 요약자에게 대항할 수 있는 제542조과 관련될 수 있는 것이다. 그리고 이 판결에서도 제548조 제1항 단서의 제삼자에 해당하지 않는다고 하였다. 그런데도 계약해제로 인한 원상회복의무를 '당연히' 부담해야 하는 것은 아니라고 하였다.

판례의 취지를 종합해 보면, 다음과 같이 이해되어야 할 것 같다. 판례는 원칙적으로 제삼자를 위한 계약의 수익자를 계약상 원상회복의무의 당사자인 동시에 낙약자의 부당이득반환청구권의 상대방으로 인정하고 있다고 판단된다. 그러나 만일 수익자 측에서 그와 같은 반환의무를 배제할 수 있는 일정한 항변이 가능하다면 그것 역시 인정되어야 한다는 의미일 것이다. 부당이득법적으로 이를테면 현존이득이 없다거나(제748조 제1항), 앞서 언급한 유효한 대가관계상의 채권이 변제되었음을 주장할 수 있음을 인정하는 것으로 추측된다.

행여 그런 의도가 아니라면, 단순히 첫 번째 논거에서처럼 수익자의 채권은 어디까지나 보상관계의 효력에 좌우되는 것이며, 낙약자의 이행의무는 어디까지나 보상관계에서의 반대급부를 확보하기 위한 것이고, 또 계약청산은 어디까지나 계약당사자 사이에서 이루어지는 것이 원칙임을 강조하고자 한 것인지도 모른다. 그러나 그렇게 해석한다면 역시 부당이득법을 논하면서 부당이득법의 원리는 외면한 채 오직 계약법상의 위험분배규칙만을 기준으로 삼았다는 비판을

---

588) 대법원 2000.4.11.선고 99다51685 판결.

피해갈 수 없을 것이다.

2) 반환관계

제삼자를 위한 계약에 해당하는 사례는 매우 다양하지만, 그중에서도 제삼자에 대한 이득의 귀속을 목적으로 체결되는 보험계약은 제삼자를 위한 계약의 가장 전형적인 사례라고 할 수 있다. 가령 "특정 또는 불특정의 타인을 위하여 보험계약을 체결"하는 일반적인 의미의 "타인을 위함 보험"(상법 제639조)이나, "피보험자가 보험기간 중의 사고로 인하여 제삼자에게 배상할 책임을 진 경우"에 보험자가 그것을 배상할 책임을 진다는 내용의 '책임보험'(상법 제719조)이 있다.[589] 두 제도의 차이점이라면, 전자의 '타인'은 직접 보험이익을 갖는 자인 반면에, 후자의 피해자는 보험관계 외의 자로서 전자의 타인처럼 직접 보험이익을 갖는 자가 아니다. 그러나 책임보험

---

[589] 그 밖에도 "피보험자와 어떠한 법률관계를 가진 보험계약자의 채무불이행으로 인하여 피보험자가 입게 될 손해의 전보를 보험자가 인수하는 것을 내용으로 하는 손해보험"(대법원 2000.12.8.선고 99다53483 판결)으로서의 보증보험이란 것도 있다. 그렇지만 보증보험은 "형식적으로는 채무자의 채무불이행을 보험사고로 하는 보험계약이나 실질적으로는 보증의 성격을 가지고"(대법원 2004.12.24.선고 2004다20265 판결) 있으므로, 엄밀히 말해 여기에서 말하는 제삼자를 위한 계약이라기보다는, 이해관계에 있는 제삼자의 변제(민법 제469조 제2항 참조)에 해당한다고 해야 할 것이다. 대법원 2004.12.24.선고 2004다20265 판결에서는, 보증계약에 민법상 보증관련 규정이 적용된다고 하며, 주채무의 존재를 전제로 하는 별개의 독립적인 채무이지만, 주채무가 소멸하는 한 보증인은 변제를 수령한 채권자를 상대로 이미 이행한 급부를 부당이득반환청구할 수 있다고 하였다.

계약에서 보험자가 보험사고로 말미암아 지급하는 보험금은 궁극적으로 피해자에게 돌아가는 것이므로 피해자에게 직접 보험금을 지급하는 길을 마련할 필요가 있어,[590] 1991년 개정된 상법 제724조 제2항에서 "제삼자는 피해자가 책임을 질 사고로 입은 손해에 대하여 보험금액의 한도 내에서 보험자에게 직접 보상을 청구할 수 있다"고 하여, 이른바 직접청구권을 인정하게 되었다.

이 책임보험상의 직접청구권과 관련하여 판례가 직접 그 부당이득 반환관계에 대해 입장을 밝힌 것으로, 대법원 2000.12.8.선고 99다37856 판결이 있다. 판결에서 추론되는 사실관계를 정리하면 다음과 같다. 교통사고가 발생한 후에 자동차종합보험의 보험자 甲이 피보험자 乙에 대하여 보험금채무부존재확인의 소를 제기하였지만 패소·확정되자 교통사고 피해자 丙에게 직접 손해배상금을 지급하였다. 그런데 후에 교통사고 발생원인에 보험계약의 효력이 미치지 않아 출연의 목적 내지 원인이 결여되었음이 밝혀졌고, 이에 출연금에 대한 부당이득반환을 청구한 사례이다.

일단 위 대법원판결은 상법 제724조 제2항의 직접청구권의 법률구조에 관하여 보험자가 피보험자의 피해자에 대한 損害賠償債務를 並存的으로 引受한 것이라고 보았다. 그리고 앞서 重疊的 채무인수 내지 並存的 채무인수에 관해, 판례[591]는 이것을 第三者를 위한 契約이라고 보고 있고, 학설[592]도 이에 일치하고 있다

---

590) 梁承圭 (1995), 76.
591) 대법원 1989.4.25.선고 87다카2443 판결 등.
592) 民法注解 XⅢ 제539조(宋德洙 집필부분, 1995), 150, 각주163 참조.

그렇다면 해석상 이것은 책임보험계약에 근거하여 피해자가 원래의 채무자인 피보험자에 대한 채권을 잃지 않는 동시에, 보험자에 대한 또 하나의 債權을 가지게 된다고 해야 한다. 그리고 이것은, 위 99다36856 판결이, 보험자가 피해자에게 손해를 보상하였다면 그것은 피해자에 대한 보험자 '자신의' 손해배상채무를 변제할 의사로 한 것이지, 타인채무에 대해 변제한 것이 아니라고 한 것과도 논리적으로 일치한다. 결국 이와 같은 변제의사의 소개를 주요 논거로 하여 위 판결은 보험자의 피해자에 대한 부당이득반환청구를 인용하였다.

제삼자를 위한 계약은 補償關係를 중심으로 계약의 효력여부가 결정되는 것은 물론이다.593) 우선 계약체결의 당사자는 요약자와 낙약자이지 제삼자인 수익자는 아니므로, 계약과 관련된 유효요건 등은 당연히 보상관계의 당사자를 기준으로 정해진다. 또 수익하게 될 제삼자와 그 수익의 내용도 보상관계에서 결정되므로, 그런 의미에서도 수익자는 선의가 보호되는 제삼자에 해당하지 않는다.594)

그런 의미의 연장에서, 이 보상관계가 효력을 잃게 된 경우에 제삼자를 위한 계약의 낙약자는 당해 "계약에 기한 항변으로 그 계약의 이익을 받을 제삼자에게 대항할 수 있다"는 제542조의 해석론에 비추어, 제삼자가 부당이득의 항변권의 부담을 안고 있는 채권을 취득하게 된다고 주장하는 견해595)가 있다. 이 견해에 따르면 보상관계상 채권이 효력을 잃게 될 경우에 낙약자는 수익자를 상대로 반환

---

593) 民法注解 XⅢ 제539조(宋德洙 집필부분, 1995), 128.
594) 池元林 (2005), 1128; 대법원 2005.7.22선고 2005다7566, 7573 판결.
595) 民法注解 XⅢ 제539조(宋德洙 집필부분, 1995), 129, 172.

청구를 할 수 있다는 결론에 이르게 될 것이다. 이것은 제삼자를 위한 계약의 채권자는 요약자가 아닌 受益者이며, 당해 채권이 효력을 잃게 된 경우에 낙약자의 변제는 비채변제로서 수익자에게 반환청구할 수 있다는 것과도 해석상 조화를 이루며, 더불어 책임보험에 관한 위 99다36856 판결의 결론과도 균형을 맞출 수 있다. 또 해제로 인한 원상회복의무를 지지 않는 제삼자의 범위(제548조 제1항 2문 등 참조)에 제삼자를 위한 계약의 제삼자가 포함되지 않는 것과도 논리적으로 일치한다.

그러지만 부당이득법을 다루는 입장에서는 가치의 이동상황에 대해서도 면밀히 살펴보지 않을 수 없다. 위 책임보험사례에서 보험자가 피해자에게 직접 배상금을 지급하였다는 사실로부터는, '보험자→피보험자→피해자'의 형태의 재산이동이 나타나지 않는다. 피보험자의 피해자에 대한 손해배상채무를 면하게 되었다는 이득은 있겠지만, 적어도 피보험자로서는 보험자로부터 얻은 이득이라고 할 만한 것이 없기 때문이다. 다시 말해 보험자의 입장에서 볼 때 그에게는 피해자에 대한 채무와 피보험자에 대한 채무, 이 두 개의 채무가 존재하지만, 어느 하나의 채무가 변제됨으로 인해 다른 하나가 자동적으로 소멸하는 원리인 것이다.[596] 그러므로 현재 피해자가 보유하고 있는 법률상 원인 없는 이득은 보험자의 손실로 인한 것이므로, 피해자에 대한 반환청구가 가능하다.

---

[596] 이를테면 선택채권에서처럼 두 개의 채권과 하나의 이행이 존재(Ven. D.45.1.138.1: duae in obligatione, una in solutione)라는 논리를 채권의 목적물이 아닌 당사자에게도 인정할 수 있지 않을까 생각해 본다.

그런데 이 글의 주요연구대상인 "제삼자지급계약사례"에서 다루어진 사실관계는 다르다. 물론 제삼자를 위한 계약의 수익자가 낙약자에 대해 채권자로서 직접 자신의 채권을 주장한 것은 물론이다. 그러나 역시 여기에서의 재산이동의 경로를 살펴보면, 수익자가 보유하고 있는 이득은 '낙약자→요약자→수익자'의 경로로 이동하여 도달한 것임을 알 수 있다. 이유인즉 판결문으로 추론되는 사실관계에 비추어 보면, 이 사건의 낙약자는 요약자가 제삼자에게 부담하고 있는 채무를 변제하기 위해 당해 매매계약을 체결한 것이었으므로, 낙약자의 수익자에 대한 대금지급으로써 자신의 요약자에 대한 매매대금채무는 물론이고, 요약자가 수익자에 대해 부담하고 있는 채무도 함께 동시변제될 수 있었다. 그리고 이것은 낙약자로부터 비롯된 가치가 요약자를 경유한 것으로도 해석될 수 있는 것이다.

결론적으로 이 "제삼자지급계약사례"의 경우에 낙약자가 수익자를 상대로 반환청구하는 것은 허용되지 않는다고 해야 하는데, 적어도 수익자의 보유이득은 유효한 대가관계상 채권에 기해 취득한, 법률상 원인 있는 이득이기 때문이다. 만일에 그 대가관계상 채권의 효력에도 문제가 있다면, 낙약자는 자신의 채권자였던 受益者에 대해 '給付'不當利得返還請求權을 행사할 수 있다고 해야 한다.

그런데 제542조를 두고서 채무자가 자신의 채무를 이행하기 전에는 보상관계에 기한 항변이 가능하지만, 채무를 이행한 이후에는 부당이득반환청구권이 제삼자인 수익자가 아닌 要約者에 대해 행사되어야 한다는 견해[597]가 있다. 그리고 채권양도에서 讓渡人이 반환의무자라고 한 것과도 균형을 이루고 있다.

제542조의 규정은 분명히 이행을 청구하고 거절하는 단계를 위해 규정된 것이지 청산단계를 위한 규정이라고 할 수 없다. 일단 낙약자의 항변이라는 것은 채무이행을 거절하기 위한 것이 기본이며, 일단 이행된 국면에서 낙약자의 항변은 무의미하다. 그러므로 채무의 履行前과 履行後를 분리하여 고려하는 것은 수긍할 수 있다. 그러나 履行後라고 하여 부당이득반환의무자를 要約者로 해야 한다는 것에 좀 더 설득력 있는 논거가 필요하다. 아마도 이 견해는 "제삼자지급 계약사례"가 밝히고 있는 것, 즉 수익자에 대한 낙약자의 모든 급부는 기본관계를 이루는 이 사건 매매계약의 당사자인 낙약자와 요약자 사이의 채권관계에 기한 급부일 뿐이므로, 이로 인한 부당이득반환의무는 '당연히' 그 보상관계 당사자 사이에서만 발생한다고 한 것과 입장을 같이하는 것으로 보인다.

그렇지만 이런 논리는 부당이득법을 계약법의 일부로 평가한 결과이다. 설령 부당이득법을 계약청산을 담당하는 규정으로 이해한다고 하더라도, 이 제삼자를 위한 계약의 수익자는 계약해제의 효과를 받는 제삼자이므로 그도 역시 계약해제에 기한 원상회복의무의 당사자인 것이다. 계약상 채권에 기해 受益者의 방향으로 實際의 財産이 移動했음에도 불구하고 요약자로부터 부당한 이득을 반환받기 위해서는, 要約者가 취득한 利得이란 것이 무엇인지, 어떤 경로로 그렇게 利得하게 되었는지에 대한 논증이 필요할 것이다.

요컨대 제삼자를 위한 계약의 수익자는 契約法原理에 비추어 계

597) 諸哲雄 (2000), 143.

약해제로부터 영향을 받는 제삼자에 해당하며, 기본적으로 원상회복 의무를 부담한다. 즉 반환의무를 부담하게 될 可能性은 열려 있다. 그렇지만 수익자가 취득한 이득이 반환할 성질의 것인지, 계속 보유할 수 있는 것인지 여부를 논하기 위해서는, 그의 對價關係上 債權의 效力에 근거한 法律上 原因의 존부를 간과할 수 없다. 그리고 그것이 만일 법률상 원인 없는 이득이라고 하더라도, 그것의 반환을 청구하는 자가 주장하는 손실과의 인과관계의 존재여부는 반드시 검토되어야 한다.

"제삼자지급계약사례"의 결론은 정당하다고 생각된다. 적어도 수익자는 자기 채권의 변제효를 주장하여 반환을 거절할 수 있기 때문이다. 다만 낙약자가 반환을 청구하는 要約者의 不當한 利得이 무엇인지는 판결에 나타나 있지 않다. 그것은 실제로 수익자에게로 이동했지만, 관념상 요약자를 경유하지 않을 수 없었던 매매대금의 가치에 해당하는 금액일 것이다.

第七章

결 론

1

　부당이득법을 연구하면서 독일의 모범적 선례를 간과할 수 없다. 이제 100년 남짓 이어진 부당이득법의 일반조항, 독일민법 제812조는 여전히 불확실한 모습이라고 할 수 있다. 그런데도 독일을 제외한 다른 나라, 이를테면 같은 독일어권인 오스트리아나 스위스 같은 나라에서 독일 민법으로부터 받는 영향이 상당한 것은 말할 것도 없고, 심지어 우리나라나 일본과 같은 나라도 부당이득법에서만큼은 "독일민법이라는 황금제왕(goldene Königin BGB)"[598]에 상당한 비중을 두고 있음을 발견한다. 그렇지만 그것은 독일이론이 지극히 정밀해서 허점이 발견되지 않기 때문이 아니라, 부당이득법 자체를 놓고 오랜 시간 이루어졌을 관심과 고민의 결과물이기 때문일 것이다.

　어차피 민법의 모든 부분이 무수한 교차점에서 전통과 현대 사이의 타협점을 걷고 있는 것이라고 할 수 있다. 부당이득법의 일반규

---

598) Kono (2000), 525.

정을 마련하는 것에서도 마찬가지이다. 독일민법의 입법자는 법률상 원인 없는 부당한 이득에 관한 법을 엄격하게 통일론으로 일관할 것인지, 아니면 그것을 분해시켜 놓을 것인지를 명확히 해두지 않았고, 그런 이유에서 독일 부당이득법은 여전히 진통 중이다. 그리고 그것은 비단 입법자들만의 책임이 아니라, 원래 다른 성격의 소권을 일정한 체계 안으로 실정법화하는 시도 자체에서도 일정부분 기인한다. 그리고 그런 상태의 법을 계수한 우리 법도 나름대로의 입장이 있는 것이다. 선택은 그 자체로 의미가 있는 것이고, 그 선택에 대해서는 법학을 통해 근거를 마련하고 교정함으로써 내적인 논리일관성을 마련해야 한다.

독일의 경우에 지급지시는 물론이고, 부당이득법적 사안에서는 언제나 통일론과 유형론의 대립이 존재해 왔다. 그렇지만 이 연구에서도 확인될 수 있듯이, 다양한 개별소권에서 일반적인 반환청구권으로 변천해 온 부당이득법의 유래와 특성을 이해하는 한, 그와 같은 대립의 완전한 종식은 불가능한 것임을 알 수 있었다. 따라서 두 학설의 차이점을 부각시켜 어느 한 이론이 다른 이론에 비해 얼마나 우월한 것인지를 입증하기보다는, 오히려 어떤 이론의 장점을 통해 실정법이 얼마나 더 명쾌하게 해석될 수 있는지를 논하는 것이 더 유익한 토론이 될 수 있음도 함께 확인할 수 있었다.

그러므로 독일의 다수설을 추종하여 유형론의 입장만을 고수하며 선험적인 給付槪念으로써 모든 삼각관계사례를 해결하고자 하는 것이 방법론적으로 그리 적절하지 못한 것임을 알 수 있다. 특히 지시사례처럼 급부와 비급부 중 어느 영역이라고 쉽게 단정 지을 수 없는 경계영역에 있는 것이라면, 그와 같은 개념적 방법론을 가지고 결론을 내리고자 하는 시도 자체가 설득력이 없다. 급부를 단축하기 위해 이루어진 지급지시는 기본적으로 채권의 효력에 기해 재산이 이동한 것이지만, 실제로 재산의 이동이 이루어진 당사자 사이에는 채권관계가 존재하지 않는 것이 보통의 모습이기 때문이다.

그러므로 여기에 財産移動이라는 관점을 추가적으로 고려하자는 것이다. 설령 지시사례에서 실제 재산의 이동으로 수령자가 취득한 것이 비급부이득이라고 하더라도, 그것이 지시인의 손실로부터 비롯된 이득이라는 것이 입증될 수 있다면 응당 피지시인에게 부당이득 반환청구권을 인정하는 것이다. 특히 우리 부당이득법의 일반조항은 독일의 예와는 달리, 법률상 원인 없는 이득과 손실, 그리고 인과관계와 같은 부당이득반환청구권 성립의 핵심적인 요소로만 구성되어 있다. 그리고 여기에는 급부이득이 비급부이득에 대해 배타성을 가지지 않는다. 그러므로 수령자에게 잔존하는 이득이 법률상 원인 없는 것이라면, 채권관계의 존재여부를 불문하고 누구든 반환청구권의 성립요건을 갖추어 청구할 수 있어야 한다.

물권적 관념을 완전히 배제하고 순수하게 이득적인 측면에만 주목하기 위해 무현금거래라는 유형을 모델로 삼긴 했지만, 부당이득법이든 물권법이든 동일한 법질서 내에서 정당한 재산의 귀속을 위해 함께 작동되고 있는 것임을 고려한다면, 상호조화를 위한 충분한 고려가 반드시 필요하다. 각각 다른 원리에 의해 작동하는 별개의 제도라고 하더라도, 적어도 동일한 법체계 내에서 정당한 권리나 이익이 귀속하여야 할 곳에 관해서는 일치되도록 해석하는 것이 바람직하기 때문이다.

그중 가장 문제가 되는 것이 계약법원리와의 관계이다. 계약법은 계약당사자로서의 특수성을 강조하는 법원리를 기초로 한다. 즉 개인의 자유로운 의사에 기해 스스로 그 계약에 구속된 당사자들은 계약관계에 있지 않은 제삼자들과는 다른 원리에 의해 지배되는 것이다. 그런데 일정한 사유로 그 계약이 해소되는 단계에 이르면, 여기에는 다른 법제도의 해소에서와 마찬가지로 부당이득법이 작동하게 되겠지만, 그러나 과거 일시 계약관계에 있었던 자들의 특수한 지위를 결코 간과할 수 없는 것이다. 부당이득반환청구권의 제한사유로 계약법원리가 자주 등장하는 것은 바로 그런 이유에서이다.

그렇지만 계약법원리를 동원하여 부당이득반환의 가능성을 완전히 차단해 버리는 것은 온당치 못하다. 특히 판례를 검토하다 보면, 부당이득법 측면에서 필요한 요건이 심사되어야 할 부분임에도 불구하고, 이것이 거의 간과되고 오히려 계약법원리와 같은 제한사유가 전면에 부각되는 것을 자주 발견하게 된다. 부당이득법이 태생적으로 채권관계를 전제로 한 이득청산에서 비롯된 것이라고 하더라도, 그것이 오랜 시간 동안 연구되는 과정에서 재산이동을 중심으로 하는 이득법으로서의 성격을 가지고 실정법에 들어오게 된 이상, 그런 관점과의 조화도 염두에 두어야 하는 것이다. 그래서 이 연구를 통해, 채무이행에는 특정한 채무를 변제하겠다는 변제자의 목적설정이 존재한다는 것, 즉 對向的 性格과, 일정한 가치가 어느 일방에서 타방으로 이동한다는 財産移動이 공존하며, 타당한 부당이득법적 해결을 위해서는 양자가 모두 고려되지 않을 수 없음을 강조하였다.

지시급부는 연속되는 두 개 이상의 원인관계와 그 중간자가 자신의 채무자로 하여금 중간자 자신의 채권자에게 직접 이행할 것을 지시함으로써 이루어진다. 실제로 재산이동은 피지시인으로부터 지시수령자에게로 직접 이루어지지만, 원인관계의 채권은 동시변제되어 관념적인 재산의 이동은 지시인을 경유하는 것으로 받아들여진다. 이 유형은 다른 삼각관계의 유형에 비해 두 개의 원인관계의 각각의 효력여하에 따른 각각의 부당이득반환관계를 다양한 각도에서 고찰해 볼 수 있다는 장점을 가진 이상적인 모델이라고 할 수 있다.

이 유형을 중심으로 이행의 대향성을 강조한 해법과 재산이동의 측면을 강조한 해법을 각각 대입해 보고 그 차이점을 알아가는 과정에서 우리 부당이득법의 현실에 적합한 해법을 마련해 보고자 했다. 결론적으로 말해, 부당이득법의 一般條項에 충실한 해석론을 전개하는 것이 가장 바람직하다. 어느 하나의 학설이 문제상황을 완전하게 해결해 주는 것이 아니라면 어느 하나의 학설에 대한 전적인 지지와 반대편에 대한 부정으로 일관하기보다는, 실정법을 가장 명확하게 설명할 수 있도록 각 학설이 가진 장점을 제대로 포착하여 전반적인 조화를 도모하는 것이 바람직하다고 여기기 때문이다.

2

 이 연구를 통해 지시사례와 채권양도사례, 그리고 제삼자를 위한 계약이 있는 경우의 부당이득반환관계에 대해 검토해 보았다. 일단 세 제도가 급부를 단축하는 기능을 위해 이용될 수 있다는 점에서는 공통적이다. 그리고 이 제도들을 상호 비교하여 결론적으로 균형을 맞추고자 "이익상황에 차이가 없다"라고 표현하는 것을 자주 목격하게 된다.

 어떤 법률관계를 선택하든 "이익상황(Interessenlage)에 차이가 없다"는 것으로 다양한 형태를 부당이득법 차원에서 동일하게 취급하려는 시도는 좀 더 생각해 보아야 할 것이다. 만일 이익상황에 차이가 없다고 한다면, 모든 형태의 삼각관계와 관련된 제도의 특수성을 고려하지 않은 채 일률적으로 결론을 내릴 수 있을 것이기 때문이다. 그렇지만 보통은 그렇지가 않다. 가령 매매대금을 지급하는 수단으로서 지급지시이든 채권양도든, 여기처럼 제삼자를 위한 계약이든, 계약당사자가 자유롭게 선택될 수 있다. 그리고 그 선택된 제도에 관해서 법률이 마련한 합당한 규칙이 적용된다. 이것이 바로 '개별상황의 특수성'이라는 것으로 표현되고 있다.

그런데 채권양도의 경우 부당이득반환관계를 정함에 있어서, 만일 양도인이 계약당사자이므로 부당이득반환의무를 져야 한다고 하면, 계약인수처럼 아예 해제권이나 취소권 같은 계약당사자의 지위에 수반하는 권리를 모두 양도해 버리면 양도인이 결코 부당이득반환의무를 부담하는 일은 없을 것이라고 하였다. 그렇지만 원칙적으로 제삼자를 위한 계약에는 그것이 가능하지 않으므로 요약자가 계약당사자의 지위를 잃는 경우는 생각할 수 없다. 따라서 당해 계약으로부터 발생하는 취소권이나 해제권 등을 항상 유지한다. 또 제삼자의 수익의 의사표시여부와는 무관하게 제삼자를 위한 계약 자체는 특별한 사유가 없는 한 유효하게 성립하며, 수익의 의사표시가 있다면 요약자는 낙약자로 하여금 수익자에게 이행할 것을 청구할 수 있다. 즉 요약자의 지위는 수익의 의사표시의 전후에 전혀 변함이 없다는 점은 채권양도에서의 양도인의 지위와 분명히 구분된다고 할 수 있다.

각각의 사례에 적용되고 있는 규정들은 각각 고유의 이념을 실현하기 위해 존재할 뿐만 아니라 그 나름대로의 원리에 기해 작동하고 있기에, 현실적으로 존재할 수밖에 없는 제도들 간의 간극을 완전히 부정하기란 어려운 일이다. 이처럼 다수의 당사자가 개입하였다는 점 외에는 전혀 공통점이라고 찾을 수 없는 제도들이 모두 동일한 목적으로 이용되었다는 점을 가장 깊이 이해하고 고려함으로써 서로 최대한 균형을 맞추기 위해서는 그 가치의 이동경로를 살피는 것이 가장 좋은 방법일 것이다. 부당이득법의 존재의의는 바로 거기에 있다.

부당이득법이 그 제도 나름대로의 독자적인 원리도 없이 단지 계약법원리에 좌우된다고 한다면, 그와 같은 제도 간의 균형은 기대하기 어렵다. 부당이득법 고유의 원리는 부당이득법의 利得法性을 인정하고서야 얻을 수 있는 것이기 때문이다.[599] 즉 재산이라는 용어로 대표되는 가치가 누구로부터 비롯되어 어떤 식으로 이동하여 누구에게 이르렀는지를 탐색해 가는 과정이야말로 부당이득법의 기본적 원리라고 하지 않을 수 없다. 물론 단축급부를 위해 이루어진 갖가지 제도들 사이의 독자적 원리도 충분히 고려되어야 한다. 요컨대 개별사례의 특수성과 부당이득법 고유의 원리는 모든 삼각관계유형에서 항상 균형을 이루어야 한다.

개별사례의 특수성과 도그마성의 긴장관계, 그리고 통일론과 유형론의 대립관계가 지난 한 세기 동안 계속되었다고 했다. 그렇지만 연구를 마무리 지으며, 부당이득이라는 법적 형상 자체가 어쩌면 그저 물건이 속해야 할 곳에 속해 있지 않음의 부당함, 또는 물건이 향하고 있어야 할 방향이 잘못 되어 있음의 부당함, 그와 같은 것을 교정하는 것, 결국에는 衡平을 벗어날 수 없는 것이 아닌가, 그리고 그것이 바로 '不當한 이득'의 관념으로 법률상 표현된 것이 아닌가 하는 생각이 든다. 다만 법의 최종적인 모습이란, 피상적인 형평의 빈약한 기술이 아니라 법률가들에 대한 끊임없는 도전으로서 도덕의 기술로까지 성숙한 위대한 법학(Cels. D.1.1.1.1: ius est ars boni et aequi)[600]으로 나타나는 것임을 기억해야 한다.

---

599) 金曾漢 (1988), 405은, 부당이득제도는 사법질서의 체계 속에서 '潤滑油'의 작용을 하는 것이라고 한다.
600) 崔秉祚 (1995), 314-315.

참고문헌

* 국내문헌은 일차적으로 단행본과 논문으로 나눈 후, 著者名의 가나다 順에 따른다.
* 국외문헌은 크게 독일문헌과 일본문헌으로 나누고, 독일문헌은 著者名 의 로마알파벳順에 따르고, 일본문헌은 著者名의 五十音順에 따른다.
* 문헌명 뒤에 굵은 글씨체로 표기되어 있는 것은 본문 중에서 각주로 인용되는 표시방법을 가리킨다.

국내문헌

단행본

郭潤直, 民法總則[民法講義 I], 第七版, 2005.

郭潤直, 物權法[民法講義 II], 第七版, 2002.

郭潤直, 債權總論[民法講義 III], 第六版, 2003.

郭潤直, 債權各論[民法講義 IV], 第六版, 2003.

金大彙, 民法注解 X I (변제 부분), 1995.

金龍潭, 註釋 債權各則 I (해제의 효과 부분), 1985.

金龍德, 民法注解 X III(계약해제 · 해지 부분), 1995.

金曾漢, 債權各論[民法講義 IV], 1988.

金曾漢 · 安二濬, 新債權各論(下), 1965.

金亨培, 事務管理 · 不當利得, 2003.

閔亨基, 民法注解 X(채무인수 부분), 1995.

宋德洙, 民法注解 XⅢ(제3자를 위한 계약 부분), 1995

梁彰洙, 2005년판 독일민법전

梁彰洙, 民法注解 XⅧ(부당이득 부분), 2005.

李尙勳, 民法注解 X(채권양도 부분), 1995.

池元林, 民法講義 第4版, 2005.

崔基元, 民法注解 Ⅵ(지시채권 부분), 1995.

崔秉祚, 로마법강의, 1999.

최수정, 급부장애와 위험부담, 2003.

논문

金大元, "재개발조합으로부터 상가건물을 매수한 자로부터 상가를 분양 받고 그의 지시에 따라 상가분양대금을 재개발조합에 납부한 자가 재개발조합을 상대로 직접 분양대금의 반환을 부당이득반환 청구로 할 수 있는지 여부(소극)", 대법원판례해설 2003년 하반기(통권 제47호), 법원도서관, 2004, 86 이하.

金東勳, "第3者를 위한 契約에서 基本契約의 解除와 原狀回復", 考試硏究 제31권 제4호, 2004.4, 191 이하.

김상중, "채권관계의 상대성원칙과 제3자의 재산상 손해", 財産法硏究 제20권 1호, 2003. 8, 15 이하.

金龍潭, "雙務契約을 淸算하는 여러 가지 制度에 관하여 ―制度上의 比較를 中心으로―", 溫山方順元先生古稀記念 民事法의 諸問題, 1984, 189 이하

金炯錫, "第三者의 辨濟·求償·不當利得", 서울대학교『法學』제46권 제1호[통권 제134호], 2005.3, 340 이하.

金炯錫, "支給指示·給付關係·不當利得", 서울대학교『法學』제47권 제3호[통권 제140호], 2006.9, 284 이하.

裵豪根, "제3자를 위한 계약관계에서 낙약자와 요약자 사이의 법률관계(이른바 기본관계)를 이루는 계약이 해제된 경우, 낙약자가 이미 제3자에게 급부한 것에 대해 계약해제에 기한 원상회복 또는 부당이득을 원인으로 제3자를 상대로 그 반환을 구할 수 있는지 여부(소극) (대법원 2005.7.22. 선고 2005다7566, 7573 판결: 공보불게재)", 대법원판례해설 2005년 하반기 (통권 제57호), 법원도서관, 2006, 302 이하.

孫晉華, "電子資金移替去來의 法的 規制에 관한 硏究 ─ 美國法의 應用可能性 ─", 고려대학교 박사학위논문, 1990.

宋德洙, "第3者를 위한 契約의 補完的 硏究", 法學論集 創刊號, 1996.5, 梨花女子大學校 法學硏究所, 43 이하

梁彰洙, "一般不當利得法의 硏究", 서울대학교 박사학위논문, 1987.

梁彰洙, "不動産實名法 제4조에 의한 名義信託의 效力 ─ 소위 登記名義信託을 중심으로 ─", 서울대학교『法學』38권 1호, 1997.5, 52 이하=民法硏究 제5권, 73 이하[梁彰洙 (1997) A].

梁彰洙, "不動産實名法의 私法的 規定에 의한 名義信託의 規律 ─ 소위 契約名義信託을 중심으로 ─", 省谷論叢 28輯 3卷, 1997.7, 353 이하=民法硏究 제5권, 135 이하[梁彰洙 (1997) B].

梁彰洙, "賣買代金債權 一部의 讓受人이 代金을 受領한 후에 賣買契約이 解除된 경우 그 金錢返還義務는 買受人의 目的物引渡義務와 同時履行關係에 있는가? ─ 대법원 2003년 1월 24일 판결 2000다22850사건(판례공보 2003상, 685면)", 法律新聞 3169호, 2003.5.12, 14=民法硏究 제7권, 369 이하[梁彰洙 (2003) A].

梁彰洙, "他人債務의 錯誤辨濟", 人權과 正義 324호, 2003.8, 103 이하

＝民法研究 제7권, 335 이하[梁彰洙 **(2003) B]**.

梁承圭, "被害者의 保險金 直接請求權의 法的 性質", 損害保險 제3호하.

李鍾馥, "不當利得 ―三者關係를 中心으로―", 民事法學 제4・5호, 1980〜1984, 251 이하.

정경영, "資金移替去來에서 支給指示(payment order)의 撤回 ― 'Discharge for Value' Rule의 적용과 관련하여―", 상사법연구 제17권 제2호(통권 제21호), 1998, 339 이하.

鄭淇雄, "不當利得法에 있어서의 給付槪念에 대한 考察", 民事法學 제9・10호, 1993, 361 이하.

정대익, "타인의 계좌 또는 지정하지 않은 수취인계좌로 이루어진 지급이체의 법률문제 ― 대구지법 판결(2004.1.28선고 2003나10191 판결)에 대한 평석을 겸하여―", 比較私法 제11권 4호(통권 27호), 2004.12, 263 이하[**정대익 (2004) A]**.

정대익, "지급이체의 법률관계 ― 원인관계를 중심으로 한 독일법의 비교법적 분석―", 商事判例硏究 제17집, 2004.12, 307 이하[**정대익 (2004) B]**.

정병호, "로마법텍스트 釋義: 古典前時代의 任置訴權(actio depositi), 켈수스(Iuventius Celsus)의 善과 衡平에 근거한 不當利得返還訴權(소위 condictio Iuventiana)", 江原法學 第12卷, 2000, 287 이하.

鄭泰綸, "轉用物訴權에 관한 一考察", 比較私法 제9권 1호(통권 16호), 2002.4, 181 이하.

鄭泰綸, "橫領한 金錢의 不當利得", 民事判例硏究 [ⅩⅩⅦ], 民事判例硏究會 編, 2005, 436 이하.

諸哲雄, "補償關係 또는 對價關係에서의 흠결이 이미 경료된 중간생략등기에 미치는 영향", 저스티스 제33권 제1호, 2000.3, 137 이하.

諸哲雄, "3자관계에서의 부당이득: 특히 전용물소권의 사안을 중심으로", 저스티스 통권 제67호, 2002, 54 이하.

崔秉祚, "로마法上의 不法原因給與", 서울대학교『法學』 제30권 3·4호, 1989.12, 146 이하=로마法研究(Ⅰ) 法學의 源流를 찾아서, 1995, 308 이하.

崔秉祚, "삼각관계상의 부당이득 반환청구 ― 로마법상의 지급지시 사례 연구: D.46.3.66에 대한 연구", 서울대학교『法學』 제40권 1호, 1999, 86 이하.

최수정, "지명채권양도에 있어서 다수인 사이의 부당이득반환", 民事法 學 제30호, 2005, 301 이하

국외문헌

독일

Bamberger, Heinz Georg / Wendehorst, Christiane, *Kommentar zum Bürgerlichen Gesetzbuch* Band Ⅱ, München, C.H. Beck, 2003, 886ff.
[Bamberger−Wendehorst]

von Bar, Christian, "Die Überwindung der Lehre von den Quasiverträgen in den Privatrechten der Europäischen Union", Festschrift für Hans Stoll zum 75. Geburtstag, 2001, 93ff..

von Caemmerer, Ernst, "Bereicherung und Unerlaubte Handlung", Festschrift für Rabel *− Rechtsvergleichung und internationales Privatrecht*, Tübingen, J.C.B. Mohr(Paul Siebeck), 1954, S.333ff. *=Gesammelte Schriften Ⅰ −Rechtvergleichung und Schuldrecht*, Tübingen, J.C.B.Mohr(Paul Siebeck), 1968, 210ff.

von Caemmerer, Ernst, "Bereicherungsansrüche und Drittbezieungen", JZ 1962, 385ff.=*Gesammelte Schriften* I *−Rechtvergleichung und Schuldrecht*, Tübingen, J.C.B.Mohr(Paul Siebeck), 1968, 321ff.

von Caemmerer, Ernst, "Irrtümliche Zahlung fremder Schulden", *Vom Deutschen Zum Europäischen Recht* Bd. I, Festschrift für Hans Dölle, 1963, S.135ff.=*Gesammelte Schriften* I *−Rechtvergleichung und Schuldrecht*, Tübingen, J.C.B.Mohr(Paul Siebeck), 1968, 336ff.

Canaris, Claus−Wilhelm, "Der Bereicherungsausgleich im Dreipersonenverhältnis", *Festschrift für Karl Larenz zum 70. Geburtstag*, Münschen, Beck, 1973, 799ff.

Canaris, Claus−Wilhelm, "Der Bereicherungsausgleich im bargeldlosen Zahlungsverkehr", MW Nr.14 vom 5. April 1980, 354ff.

Chiusi, Tiziana J., *Die actio de in rem verso im römischen Recht*, Münchener Beiträge zur Papyrusforschung und Antiken Rechtsgeschichte 91.Heft, C.H.Beck, München, 2001

Coing, Helmut, *Europäisches Privatrecht* Band I *Älteres Gemeines Recht*(1500 bis 1800), C.H.Beck, München, 1985.

Enneccerus−Lehmann, *Schuldrecht. Recht der Schuldverhältnis*, 15.Aufl., Mohr Tübingen, 1958.

Erman, Walter / Westermann, Harm Peter, *Bürgerliches Gesetzbuch*, 11. neubearbeitete Auflage, Aschaffendorff Verlag, Münster · Köln, 2004. **[Ermann / Westermann]**

Esser, Josef / Weyers, Hans−Leo, *Schuldrecht Band II Bedonderer Teil, Teilband 2 Gesetzliche Schuldverhältnisse*, 8.völlig neubearbeitete Auflage, C.F.Müller Verlag, Heidelberg, 2000.**[Esser / Weyers]**

Flume, Werner, "Der Wegfall der bereicherung in der Entwicklung vom römischen zum geltenden Recht", *Festschrift von H. Niedermeyer zum 70. Geburtstag*, Göttingen, Otto Schwartz, 1953, 103ff. = *Studien zur Lehre von der ungerechtfertigten Bereicherung*, Mohr Siebeck, 2003, 27ff.

Flume, Werner, "Die Zahlung des Putativschuldners", Anmerkung BGH 5 / 10 / 1961, JZ 1962, 281ff. = *Studien zur Lehre von der ungerechtfertigten Bereicherung*, Mohr Siebeck, 2003, 215ff.

Flume, Werner, "Zum Bereicherungsausgleich bei Zahlungen in Drei − Positionen − Verhältnissen", NJW 1991, 2521ff. = *Studien zur Lehre von der ungerechtfertigten Bereicherung*, Mohr Siebeck, 2003, 233ff.

Flume, Werner, "Der Bereicherungsausgleich in Mehrpersonenverhältnis", AcP 199(1999), 1ff. = *Studien zur Lehre von der ungerechtfertigten Bereicherung*, Mohr Siebeck, 2003, 165ff.

Flume, Werner, "Die ungerechtfertigte Bereicherung eine Rechtsfigur der Bereicherung", 50 Jahre Bundesgerichtshof, Festgabe der Wissenschaft, 2000, 525ff. = *Studien zur Lehre von der ungerechtfertigten Bereicherung*, Mohr Siebeck, 2003, 92ff.

von Gierke, Otto, *Deutsches Privatrecht Band III*, Schuldrecht, München und Leipzig, 1917.

Hähnchen, Susanne, *Die causa condictionis Ein Beitrag zum klassischen römischen Kondiktionenrecht*, Duncker&Humbolt Berlin, 2003.

Hattenhauer, Hans / Bernert Günther(herg.), *Allgemeines Landschaft für die Preußischen Staaten von 1974*, Alfred Metzner Verlag, Frankfurt am Main · Bern, 1970.**[Hattenhauer / Bernert]**

Jakobs, Horst−Heinrich, *Eingriffserwerb und Vermögensentscheidung in der Lehre von der ungerechtfertigten Bereicherung*, Bonn, Röhrscheid, 1964.

Jakobs, Horst−Heinrich / Schubert, Werner(hrsg.), *Recht der Schuldverhältnisse*, Die Beratung des Bürgerlichen Gesetzbuchs Band Ⅲ, de Gruyter, Berlin · New York, 1983.[Jakobs / Schubert]

Kaser, Max, *Das Römische Privatrecht*, 1.Abschnitt, 2.Auflage, München, Beck, 1971.

Kaser, Max / Knütel, Rolf, Römisches Privatrecht, 17.Auflage, 2003[Kaser / Knütel]

Knütel, Rolf / Kupisch, Berthold / Seiler, Hans Hermann / Behrends, Okko, *Corous Iuris Civilis Text und Übersetzung Digesten* Band Ⅱ (1995), Ⅲ(1999), Ⅳ(2005), C.F.Müller Verlag, Heidelberg.

König, Detlef, "Ungerechtfertigte Bereicherung", *Gutachten und Vorschläge zur Überarbeitung des Schuldrechts* Band Ⅱ, Köln, Bundesanzeiger, 1981, 1515ff.

Koppensteiner, Hans−Georg / Kramer, Ernst A., *Ungerechtfertigte Bereicherung*, 2.Auflage, Gruyter & Co., Berlin · New York, 1988.[Koppensteiner / Kramer]

Kupisch, Berthold, *Die Versionsklage*, Heidelberg, Carl Winter Universitätverlag, 1965.

Kupisch, Berthold, *Gesetzespositivismus im Bereicherungsrecht, −Zur Leistungskondiktion im Drei−Personene Verhältnis*, Duncker & Humbolt, Berlin, 1978.

Kupisch, Berthold, *Ungerechtfertigte Bereicherung, Geschichtliche Entwicklungen*, R.v.Decker & C.F.Müller, Heidelberg, 1987.

Kupisch, Berthold, "Rechtspositivismus im Bereicherungsrecht", JZ 1997, 213ff.

Langenbucher / Gößmann / Werner, *Zahlungsverkehr Handbuch zum Recht der Überweisung, Lastschrift, Kreditkarte und der elektronischen Zahlungsformen*, München, Beck, 2004.

Larenz, Karl, *Lehrbuch des Schuldrechts* Band Ⅱ, Besonderer Teil, 12.Auflage, 1981.

Larenz, Karl / Canaris, Claus‒Wilhelm, *Lehrbuch des Schuldrecht*, Band Ⅱ Teilband 2, Besonderer Teil, 13.Auflage., München, 1994. **[Larenz / Canaris]**

Liebs, Detlef, "The History of Roman Condictio up to Ustinian", *The Legal mind*. Essays for Tony Honoré, Oxford, Clarendon, 1986, 163ff.

Lorenz, Werner, "Gläubiger, Schuldner, Dritte und Bereicherungsausgleich", AcP 168(1968), 286ff.

Löwenheim, Ulrich, *Bericherungsrecht*, 2.Auflage, C.H.Beck'sche Verlagsbuchhandlung, München, 1975.

Maier, Sonja, "Unjust factor and legal grounds", *Unjustified Enrichment: Key Issues in Comparative Perspective*, Cambridge, U.K., New York, Cambridge University Press, 2002, 37ff..

Medicus, Dieter, *Bürgerliches Recht*, 20.Auflage, Carl Heymanns Verlag, 2004.

Mugdan, Berno, *Die gesamten Materialien zum Bürgerlichen Gesetzbuch für das Deutschereich*, Band Ⅱ, Recht der Schuldverhältnisse, Berlin, 1899.

Münchener Kommentar‒Lieb, Manfred, 5.Schuldrecht, Besonderer Teil

Ⅲ, §§705 − 853, Partnerschaftsgesellschaftsgesetz, Produkthaftungsgesetz, 4.Auflage, 2004.[MünchKomm − Lieb]

Niederländer, Hubert, *Die Bereicherungshaftung im klassischen römischen Recht*, Hermann Böhlaus Nachfolger, Weimar, 1953.

Reeb, Hartmut, *Grundproblem des Bereicherungsrechts*, C.H.Beck'sche Verlagsbuchhandlung, München, 1975.

Reuter, Dieter / Martinek, Michael, *Ungerechtfertigte Bereicherung*, J: C.B.Mohr(Paul Siebeck), Tübingen, 1983.[Reuter / Martinek]

von Savigny, Friedrich Carl, *System des heutigen römischen Rechts*, Band Ⅰ(1840), Band Ⅴ(1841), Berlin, 1841[Savigny, System].

von Savigny, Friedrich Carl, *Das Obligationenrecht Ⅱ*, Berlin, 1853.

von Savigny, Friedrich Carl, Aldo Mazzacane(hrsg.), *Vorlesung über juristische Methodologie 1802 − 1842*, Frankfurt am Main, V. Klostermann, 1993.

von Savigny, Friedrich Carl, Horst Hammen(hrsg.), *Pandektenvorlesung 1824 / 25*, Frankfurt am Main, V. Klostermann, 1993.

Schäfer, Frank L., *Das Bereicherungsrecht in Europa − Einheits − und Trennungslehren im gemeinen, deutschen und englischen Recht*, Berlin, 2002.

Schlechtriem, Peter, *Restitution und Bereicherungsausgleich in Europa − Eine rechtsvergleichende Darstellung* Band Ⅱ, Tübingen, 2001.

Schulz, Fritz, *Classical Roman Law*, Oxford, Clarendon Press, 1954.

Solomon, Dennis, *Der Bereicherungsausgleich in Anweisungsfällen − Rechtsvergleichende Untersucheúng zum deutschen Recht und zu den Rechtsordnungen des Commen Law*, Tübingen, Mohr Siebeck, 2004.

von Staudinger, Julius－Marburger, Peter, *Kommentar zum BGB* 2.Band, Recht der Schuldverhältnis, §§ 779－811, Neubearbeitung, Sellier －de Gruyter, Berlin, 2002[Staudinger－Marburger].

von Staudinger, Julius－Lorenz, Werner, *Kommentar zum BGB* 2.Band, Recht der Schuldverhältnis, §§ 812－822, Neubearbeitung, Sellier －de Gruyter, Berlin, 1999[Staudinger－Lorenz]. －

von Tuhr, Andreas, *Actio de in rem verso: ein Beitrag zur Lehre von der Geschäftsführung*, Freiburg im Breisgau, Leipzig, 1895

von Tuhr, Andreas, *Zur Lehre von der ungerechtfertigten Bereicherung*, Böhlau, Weimar, 1907.

Ulmer, Eugen, "Akkreditiv und Anweisung", AcP 126(1926), 131ff.

Wieacker, Franz, "Leistungshandlung und Leistungserfolge im bürgerlichen Schuldrecht", *Festschrift für Hans Carl Nipperdey zum 70. Geburtstag*, 21. Januar, Band Ⅰ, Beck, 1965.

Wieling, Hans Josef, *Bereicherungsrecht*, 3.Auflage, Spinger, 2003.

Wilburg, Walter, *Die Lehre von der ungerechtfertigten Bereicherung nach österreichischem und deutschem Recht*, Leuschner & Lubensky, Graz, 1934.

Wilhelm, Jan, *Rechtsverletzung und Vermögensentscheidung als Grundlagen und des Anspruchs aus ungerechtfertigter Bereicherung*, Ludwig Röhrscheid Verlag, Bonn, 1973.

Windscheid, Bernhard, *Lehrbuch des Pandektenrechts* Band Ⅱ, Frankfurt am Main, 1906.

Zimmermann, Reinhard, *The Law of Obligations －Roman foundations of the civilian tradtion －*, Cape Town · München · Juta, Beck, 1990. [reprinted 1992]

Motive zu dem Entwurfe eines Bürgerlichen Gesetzbuches für das Deutsche Reich, Band Ⅱ Recht der Schuldverhältnisse, Amtliche Ausgabe, 2.unveränderte Auflage, 1986.**[Motive]**

일본

加藤雅信(かとう　まさのぶ), 財産法の体系と不当利得法の構造, 有斐閣, 1986

Kono Toshiyuki, Eine Skizze der Entwicklung des Bereicherungsrechts in Japan－anläßlich des hundertjährigen Bestehens des BGB, AcP 200(2000), 519ff.

川角由和(かわすみ　よしかず), 不当利得とはなにか, 日本評論社, 2004.

潮見佳男(しおみ　よしお), 「第三者への給付」と不当利得(上)(下), 旬刊 金融法務事情 1539, 1999年2月25日号, 24頁以下; 旬刊 金融法務事情 1540, 1999年3月5日号, 26頁以下.

潮見佳男(しおみ　よしお), 債權各論Ⅰ－契約法・事務管理・不当利得, 新世社, 2005.

藤原正則(ふじわら　まさのり), 不当利得法, 信山社, 2002.

未定稿本 民法修正案理由書, 自第一編至第三編(廣中俊雄　編), 民法修正案(前三編)の理由書, 1987.

박세민

▌약력

이화여자대학교 법정대학(법학사)
서울대학교 대학원 법학과(법학석사)
서울대학교 대학원 법학과(법학박사)
숭실대, 한림대 강사
대법원 전문계약직재판연구관
현재 경북대학교 법학전문대학원 전임강사

Anweisungsfall

초판인쇄 | 2009년 2월 28일
초판발행 | 2009년 2월 28일

지은이 | 박세민
펴낸이 | 채종준
펴낸곳 | 한국학술정보㈜
주 소 | 경기도 파주시 교하읍 문발리 513-5 파주출판문화정보산업단지
전 화 | 031) 908-3181(대표)
팩 스 | 031) 908-3189
홈페이지 | http://www.kstudy.com
E-mail | 출판사업부 publish@kstudy.com

등 록 |
가 격 | 41,000원

ISBN   978-89-534-1188-3 93360(Paper Book)
       978-89-534-1203-3 98360(e-Book)